Günther Kebeck
Wahrnehmung

Grundlagentexte Psychologie

Herausgegeben von
Manfred Sader

Günther Kebeck

Wahrnehmung

Theorien, Methoden und Forschungsergebnisse der Wahrnehmungspsychologie

2. Auflage 1997

Juventa Verlag Weinheim und München

Der Autor
Günther Kebeck, Jg. 1954, Dr. habil., ist Privatdozent an der Universität Münster. Seine derzeitigen Forschungsschwerpunkte liegen in den Bereichen Wahrnehmung und Gedächtnis.

Die Deutsche Bibliothek - CIP-Einheitsaufnahme

Kebeck, Günther:
Wahrnehmung : Theorien, Methoden und Forschungsergebnisse der Wahrnehmungspsychologie / Günther Kebeck. - 2. Aufl. - Weinheim ; München : Juventa Verlag, 1997
(Grundlagentexte Psychologie)
ISBN 3-7799-0316-4

Umschlaggestaltung: Atelier Warminski, 63654 Büdingen
Printed in Germany

ISBN 3-7799-0316-4

Vorwort

Der vorliegende Band zur Wahrnehmungspsychologie versucht, einen Einblick zu geben in wichtige Theorien, Methoden und Forschungsergebnisse der experimentellen Wahrnehmungsforschung. Die leitende Idee hierbei ist, daß man am ehesten ein Verständnis für diesen grundlegendsten aller Erkenntnisprozesse gewinnt, wenn es möglich ist, viele der hier angesprochenen Demonstrationen und Experimente selbst nachzuvollziehen oder mit eigenen Erfahrungen zu konfrontieren. Damit wird ein Mittelweg versucht zwischen einem einführenden Text und einem klassischen Lehrbuch. Angestrebt ist die Systematik und Reichhaltigkeit eines Lehrbuchs und die Anschaulichkeit einer Einführung. Daß dieser Weg notwendigerweise mit Kompromissen verbunden ist, bedarf keiner Erklärung.

Das Buch gliedert sich in vier Teile, die aber nicht unabhängig voneinander lesbar sind. Teil I gibt einen Überblick über „Aufbau und Funktion der Wahrnehmungssysteme" und berücksichtigt die physiologischen Grundlagen. Teil II versucht gemeinsame Organisationsprinzipien von „Wahrnehmung und Vorstellung" herauszuarbeiten und trägt damit der neueren Forschungsentwicklung Rechnung, die auf eine engere Verbindung von Wahrnehmung und Gedächtnis verweist. Teil III stellt ausgewählte Anwendungsbereiche vor, und Teil IV schließlich versucht noch einmal einen ganz anderen Zugang, ausgehend von unterschiedlichen Forschungsperspektiven, die sich im Laufe der Geschichte der experimentellen Wahrnehmungsforschung entwickelt haben. Dahinter steht die Auffassung, daß man die Heterogenität der heutigen Wahrnehmungsforschung nicht versteht, wenn man nicht erkennt, daß man sie von sehr unterschiedlichen theoretischen Ausgangspositionen betreiben kann. Diese führen dann zu einer abweichenden Gewichtung der Bedeutung einzelner Fragestellungen und zu einem unterschiedlichen Methodenverständnis.

Eine günstige Voraussetzung für das Entstehen dieses Bandes war die Bitte von Frau Prof. Dr. Lenelis Kruse, für die FernUniversität Hagen einen Kurs „Wahrnehmungspsychologie" zu erstellen. Dieser Kurs liegt der vorliegenden Monographie in einer überarbeiteten Fassung zugrunde. Mein Dank gilt daher sowohl der Arbeitseinheit von Frau Professor Kruse für die Betreuung, als auch der FernUniveritä Hagen für die Zurverfügungstellung der Rechte. Ferner habe ich vor allem Gebhard Janssen, Christian Innig, Stephan Cieler und Ulrich Pinkernell zu danken, die mit unterschiedlichen Aufgaben und in unterschiedlichen Phasen des Projektes, aber alle sehr engagiert, mitgearbeitet haben.

Ich widme dieses Buch meiner Frau Stefanie und meinen Kindern Stephan, Anne und Christine.

Münster, im Juli 1993
Günther Kebeck

Inhalt

Einleitung ... 11
Überblick ... 18

Teil I: Aufbau und Funktion der Wahrnehmungssysteme ... 19

1. Visuelles System ... 19

1.1 Anatomische und physiologische Grundlagen ... 19
1.2 Diskrimination und Strukturierung ... 31
1.3 Formwahrnehmung ... 34
1.4 Farbwahrnehmung ... 49
1.5 Raumwahrnehmung ... 60
1.6 Bewegungswahrnehmung ... 69

2. Auditives System ... 89

2.1 Anatomische und physiologische Grundlagen ... 89
2.2 Physikalische Eigenschaften akustischer Reize ... 93
2.3 Auditive Raumwahrnehmung ... 97
2.4 Sprach- und Musikwahrnehmung ... 103

3. Andere Wahrnehmungssysteme ... 107

3.1 Geruchssinn ... 107
3.2 Geschmackssinn ... 111
3.3 Haptisch-taktile Wahrnehmung ... 113
3.4 Wahrnehmung des eigenen Körpers ... 118

Teil II: Wahrnehmung und Vorstellung ... 123

4. Organisationsprinzipien der Wahrnehmung ... 124

4.1 Konstanzphänomene ... 124
4.2 Wahrnehmungstäuschungen ... 139
4.3 Gruppierungs- und Gestaltgesetze ... 150

5. Wahrnehmung und Kognition ... 157

5.1 Aufmerksamkeit ... 157
5.2 Wahrnehmung als produktiver Prozeß ... 164
5.3 Motivationale und differentialpsychologische Faktoren ... 179
5.4 Kulturelle Einflüsse ... 184

6. Vorstellungsbilder 186

6.1 Charakteristika von Vorstellungsbildern 187
6.2 Perzeptuelle und konzeptuelle Verarbeitung 190
6.3 Funktionale Äquivalenz 195
6.4 Isomorphieproblem 201
6.5 Anwendungsmöglichkeiten der Vorstellungsforschung 205

Teil III: Ausgewählte Anwendungsbereiche 207

7. Lärmwahrnehmung 207

7.1 Begriffseingrenzung 207
7.2 Physikalischer Aspekt: Schalleigenschaften 208
7.3 Psychologischer Aspekt: Belästigung 209
7.4 Beschreibungsmöglichkeiten von Lärm 211
7.5 Verhältnis von physikalischen und psychologischen Merkmalen 215
7.6 Einfluß von Lärm auf individuelle Leistungen 217
7.7 Lärmschwerhörigkeit 218

8. Ergonomie der Raumbeleuchtung 221

8.1 Grundbegriffe der Lichttechnik 221
8.2 Einfluß der Beleuchtung auf individuelle Leistungen 223
8.3 Kriterien der Raumbeleuchtungsgestaltung 225

9. Software-Ergonomie 228

9.1 Fragestellungen der Software-Ergonomie 228
9.2 Konzept der „direkten Manipulation“ 232
9.3 Gestaltung von Bildschirmmasken 233

Tei IV: Grundlegende Forschungsperspektiven 237

10. Psychophysische Perspektive 238

10.1 Programm 238
10.2 Methoden 240
10.3 Schwellentheorie 242
10.4 Signalentdeckungstheorie (SDT) 246
10.5 Psychophysische Skalierung 250
10.6 Psychophysische Gesetze 253
10.7 Heutige Bedeutung 257

11. Kognitive Perspektive 259

11.1 Programm 259
11.2 Schematheorie 262
11.3 Logik der Wahrnehmung 264
11.4 Komputationale Theorie 274
11.5 Vergleich kognitiver Wahrnehmungstheorien 288

12. Ökologische Perspektive 290

12.1 Ausgangspunkt und Entstehungsgeschichte 290
12.2 Bodentheorie 291
12.3 Oberflächen und Textur 294
12.4 Licht als Informationsträger 295
12.5 Invarianten 297
12.6 Direkte Wahrnehmung 301
12.7 Theorie der Angebote 303
12.8 Wahrnehmung von Handlungsmöglichkeiten 305
12.9 Raum- und Entfernungswahrnehmung 308
12.10 Ereignis- und Bewegungswahrnehmung 310

13. Schlußbemerkung 315

Glossar 316

Abbildungen 326
Tabellen 330

Literatur 331

Sachregister 345

Einleitung

Wahrnehmung, wissenschaftliche Erkenntnis und Alltagsbeobachtung

Die Erforschung der Wahrnehmung ist durch einen Widerspruch gekennzeichnet: Ausgangspunkt aller naturwissenschaftlichen Erkenntnis ist die Beobachtung. Sie geht in jeden Erkenntnisprozeß ein. Aber unser Verständnis dieses grundlegendsten aller Erkenntnisprozesse ist bei allem Detailwissen, das wir bereits erworben haben, noch relativ gering. Unsere Modellvorstellungen vom Prozeß der Informationsverarbeitung ba-

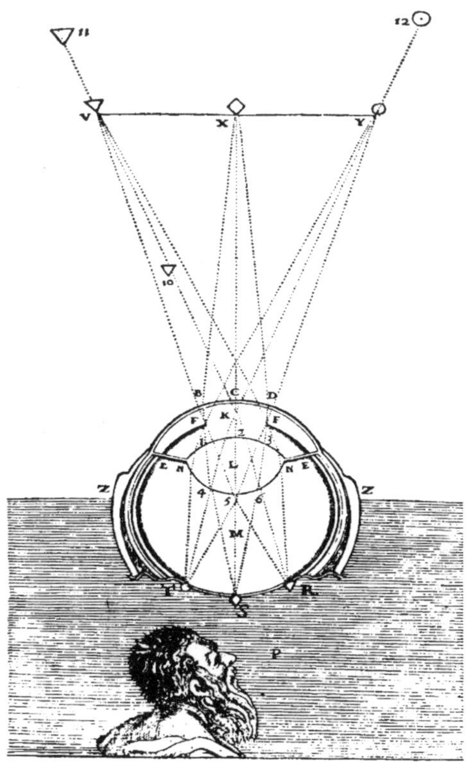

Abb. 1: Skizze von Rene Descartes zur geometrisch-optischen Abbildung der Punkte X, Y, Z auf der Netzhaut. Es entsteht wie bei einer Kamera ein seitenverkehrtes und auf dem Kopf stehendes Bild. Die Zeichnung bezieht sich auf ein Experiment von Ch. Schreiner, der die Rückwand eines aufgeschnittenen Ochsenauges mit Papier bedeckt hatte. Auf diesem „Schirm" konnten umgekehrte Abbilder der Objekte beobachtet werden, die sich vor dem Auge befanden (nach DESCARTES, 1637).

sieren noch weitgehend auf recht groben Metaphern, die zum Teil auch Eingang in die Alltagssprache gefunden haben (etwa: „das Auge funktioniert wie eine Kamera" oder „unser Gehirn arbeitet wie ein Computer").

Diese *Metaphern* haben zunächst eine wichtige Funktion: Sie liefern uns eine Vorstellung von einem an sich wenig anschaulichen Prozeß. Sie verführen allerdings auch leicht zu einer Ontologisierung, d.h. wenn man die Modellvorstellung eine Zeitlang verwendet hat, bedenkt man nicht mehr, daß es sich lediglich um ein Modell handelt. So hat sich etwa die Analogie zwischen Auge und Kamera zwar als nützlich zum Verständnis des Vorgangs erwiesen, wie das Bild eines Gegenstandes auf die Netzhaut projiziert wird, aber als Modell des Wahrnehmungsprozesses insgesamt ist es bei weitem zu reduktionistisch und zu mechanistisch und lenkt damit die Forschung in eine falsche Richtung.

Die gleiche grundlegende Bedeutung, die die Wahrnehmung für die wissenschaftliche Erkenntnis hat, besitzt sie auch für unsere alltäglichen Handlungen und unsere Orientierung in der Umwelt. Sie ist die Voraussetzung für jede koordinierte Bewegung, ob wir nun eine Straße überqueren wollen oder mit Messer und Gabel essen. Doch auch hier besteht eine Diskrepanz: Normalerweise ist uns diese Bedeutung nicht bewußt, ja wenn wir während der Handlung anfangen würden darüber nachzudenken, so würde der weitgehend automatisierte Handlungsablauf sogar gestört. Wie kommt es, daß wir uns über die Funktion der Sinnessysteme, von denen wir existenziell abhängig sind, so wenig Gedanken machen? Eine Antwort lautet: Weil sie so leistungsfähig sind. Gerade weil die Sinnessysteme sehr schnell, effizient und zuverlässig arbeiten und im „Normalfall" keine Störungen auftreten, besteht auch keine Notwendigkeit, über ihre Funktion zu reflektieren. Die *Anpassung* zwischen Umwelt und Sinnessystemen scheint so optimal, daß gar kein Interesse geweckt wird, sich damit zu beschäftigen.

Interesse und Verständnis gerade für diesen auf den ersten Blick eher uninteressant erscheinenden Prozeß der Wahrnehmung zu wecken, ist aber das Anliegen dieses Bandes. Und die Erfahrung zeigt: Wenn es einmal gelungen ist, die wissenschaftliche Neugier für dieses Gebiet zu fördern, dann geht von der Erforschung der Wahrnehmung eine Faszination aus, wie von kaum einem anderen Teilbereich psychologischer Forschung. Dies hängt meiner Ansicht nach zum einen damit zusammen, daß man im Bereich der Wahrnehmung wesentliche Gesetzmäßigkeiten des Psychischen überhaupt exemplarisch und dabei sehr anschaulich studieren kann, zum anderen, weil man immer wieder in Erstaunen gesetzt wird über Dinge, die man schon tausendmal gesehen hat, die einem aber nicht aufgefallen sind, oder die man sich, wenn sie einem aufgefallen sind, nicht erklären konnte.

Mit zwei ausgewählten *Wahrnehmungsphänomenen* soll diese Neugier jetzt geweckt werden:

Beispiel 1: Amodale Konturen und Oberflächen

Die Abbildung 2 zeigt eine Figur aus KANIZSA (1955).

Abb. 2: Amodale Figur (nach KANIZSA, 1955)

Man sieht ein weißes Dreieck, das drei schwarze Scheiben und ein anderes weißes Dreieck mit schwarzem Rand überlagert. Objektiv gibt es aber für große Teile der anschaulichen Begrenzung des oberen (weißen) Dreiecks keine Helligkeitssprünge, die eigentlich die Reizgrundlage für die Wahrnehmung von Kanten und Konturen bilden. Wie kann es hier zur Wahrnehmung einer geschlossenen Figur kommen, wenn die zugehörige Reizgrundlage weitgehend fehlt? Die Abbildung 3 aus KANIZSA (1979), die vielleicht noch instruktiver ist, zeigt einen weißen Kreis über unregelmäßigen schwarzen Linien, obwohl kein einziges Kreissegment eingezeichnet ist.

Diese Figuren, für die in der Reizvorlage keine Helligkeitsunterschiede enthalten sind, werden in der Literatur als *amodale Figuren,* als *kognitive* oder *subjektive Figuren,* oder als *Figuren ohne Gradienten* bezeichnet.

Beispiel 2: Größenkonstanz

Die Abbildung 4 ist eine Darstellung aus der Zeitschrift „Science" aus dem Jahre 1972.

Abb. 3: Amodale Figur (nach KANIZSA, 1979)

Sie zeigt in einer perspektivischen Zeichnung zwei Personen in unterschiedlicher Entfernung auf dem gleichen Weg. Dabei erscheint die hintere Figur deutlich größer als die vordere. Mißt man nun die Höhe und Breite der Figuren nach, so stellt man fest, daß beide Figuren die gleichen Maße haben.

Wieso ist aber die hintere Figur anschaulich größer als die vordere, zumal man doch weiß, daß die Abbildung von Objekten auf der Netzhaut des Auges mit zunehmender Entfernung immer kleiner wird? Andererseits macht man aber auch täglich die Erfahrung, daß bei einer Person, die sich vom Betrachter entfernt, die anschauliche Größe dieser Person über eine längere Strecke hinweg kaum abnimmt (Ich habe als Betrachter den Eindruck „Die Person entfernt sich", nicht aber „Die Person wird kleiner".). Mit dieser *Konstanz der anschaulichen Größen von Objekten,* bei gleichzeitiger Abnahme der Größe des zugehörigen Netzhautbildes (Größenkonstanz), spielt diese Abbildung.

Abb. 4: Größenvergleich: Welche Figur ist größer? Lösung: Beide Figuren haben die gleiche Höhe und Breite (Titelseite von SCIENCE, Vol. 175, Nr. 4028, March 1972)

Physikalische und phänomenale Welt

Die gerade besprochenen Beispiele (amodale Figuren und Größenkonstanz) geben einen ersten Hinweis darauf, daß das Verhältnis zwischen der äußeren, physikalischen Welt und der durch Wahrnehmung und Gedächtnis geschaffenen phänomenalen Welt kein einfaches 1:1-Abbildungsverhältnis sein kann. Denn, würde ein solches Abbildungsverhältnis gelten, dann müßte die Reizseite die phänomenalen Gegebenheiten immer eindeutig determinieren. Dies ist aber offensichtlich nicht der Fall. Nicht nur kann, wie bereits gezeigt wurde, etwas wahrgenommen werden, wo Teile der Reizgrundlage fehlen, sondern umgekehrt kann man leicht auch Situationen herstellen, bei denen etwas nicht wahrgenommen wird, obwohl die Reizvorlage vollständig ist und der gesuchte Gegenstand nicht verdeckt wird (vgl. Abbildung 5 nach METZGER, 1975).

Abb. 5: Suchbild (nach METZGER, 1975). Wo befindet sich auf dem Schreibtisch der zweite Bleistift? Lösung: Auf der unteren Kante des schwarz umrandeten Papiers in der Mitte des Bildes liegt der Bleistift.

Schließlich verdient noch ein letzter, theoretisch sehr interessanter Fall Erwähnung, bei dem ein und dieselbe Reizgrundlage zu verschiedenen Wahrnehmungen führen kann. Dazu gehören u.a. die sogenannten Kippbilder, für die hier der Necker-Würfel als Beispiel stehen soll (vgl. Abb 6). Bei etwas längerer Betrachtung stellen sich zwei gleichwertige Wahrnehmungsergebnisse (Sichtweisen auf den Würfel) ein, die aber nicht gleichzeitig gesehen werden können, sondern sich ständig abwechseln *(Multistabilität).*

All diese Hinweise sind weniger mit der Absicht aufgeführt, unser Vertrauen in die Wahrnehmungssysteme zu erschüttern, als vielmehr, um auf den *aktiven und produktiven Charakter der Wahrnehmung* aufmerksam zu machen. Denn unter sich ständig verändernden Reizbedingungen (man denke nur an die Veränderung der Beleuchtungsverhältnisse am selben Ort im Laufe eines Tages) ist ein System, dessen primäres Ziel eine fotographische Abbildungsgenauigkeit ist, nicht das effizienteste. Wirkungsvoller in Hinblick auf eine schnelle Orientierung in einer komplexen Umgebung ist ein System, das in der Lage ist, bei aller Veränderung auch die Konstanten oder Invarianten zu ermitteln und zu berücksichtigen. Eine hohe Korrespondenz zwischen physikalischer und phänomena-

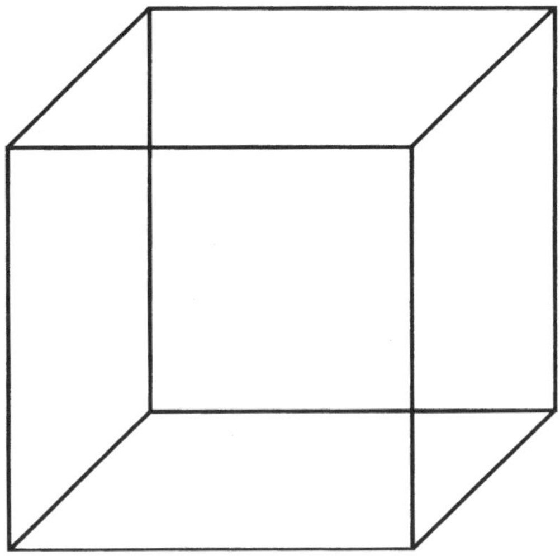

Abb. 6: Necker-Würfel

ler Welt ist biologisch notwendig, das bedeutet aber nicht, daß diese Korrespondenz über ein starres System hergestellt werden muß.

Geht man, so wie hier vorgeschlagen, nicht einfach von einer Identität zwischen physikalischer und phänomenaler Welt aus, so hat dies eine weitreichende methodische Konsequenz für die psychologische Wahrnehmungforschung: Eine strikte Trennung zwischen zwei Beschreibungsebenen, der *physikalischen Beschreibung* der Reizverhältnisse und der *phänomenalen Beschreibung* des anschaulich Gegebenen, wird notwendig. Nur wenn diese beiden Ebenen beim Experiment sorgfältig getrennt werden, lassen sich nach dieser Auffassung Wahrnehmungsphänomene überhaupt angemessen untersuchen.

Überblick

Einen auch nur annähernd vollständigen Überblick über die wichtigsten Theorien, Methoden und Ergebnisse der Wahrnehmungsforschung zu geben, ist heute praktisch unmöglich. Es ist also eine Auswahl zu treffen und diese ist zu begründen. Der vorliegende Band gliedert sich in die Teile I – IV: Aufbau und Funktion der Wahrnehmungssysteme (I), Wahrnehmung und Vorstellung (II), ausgewählte Anwendungsbereiche (III), grundlegende Forschungsperspektiven (IV).

Ziel des Teil I ist es, in übersichtlicher Form die anatomischen und physiologischen Grundlagen der Sinneswahrnehmung vorzustellen und wesentliche Leistungen der einzelnen Systeme zu veranschaulichen. Auf diese Weise soll das Verständnis für die grundlegenden Beziehungen zwischen Reizgegebenheiten, physiologischen Vorgängen und Wahrnehmungserlebnissen gefördert und in die experimentelle Arbeitsweise der Wahrnehmungsforschung eingeführt werden. Im Teil II liegt der Schwerpunkt auf der Analyse der menschlichen Informationsverarbeitungsprozesse und den gemeinsamen Organisationsprinzipien von Wahrnehmung und Vorstellung, die unser Bild von der Welt bestimmen. Damit wird der Bereich der reizgebundenen Wahrnehmungsforschung überschritten und die neuere Forschung zum „visuellen Gedächtnis" und zu „Vorstellungsbildern" einbezogen. Teil III stellt eine Reihe ausgewählter Anwendungsbereiche vor (Lärmwahrnehmung, Raumbeleuchtung und Software-Ergonomie). Diese sollen exemplarisch die Umsetzung grundlagenorientierter Forschung in angewandte Fragestellungen verdeutlichen. Teil IV erläutert drei übergreifende theoretische Ansätze, die sich im Laufe der Geschichte der experimentellen Wahrnehmungsforschung entwickelt und als zentrale „Perspektiven" auf die heutige Forschung etabliert haben (Psychophysik, kognitive Psychologie und ökologische Optik).

In allen vier Teilen finden sich als besondere Gestaltungsmittel folgende Arten von „Boxen", die einzelne Themen besonders hervorheben oder vertiefen.

Info-Box

„Infos" beinhalten zusammengefaßte Informationen zu einem bestimmten Gegenstandsbereich.

Experimente

„Experimente" stellen einzelne bedeutende psychologische Versuche vor. Neben der Vertiefung des Stoffes bieten sie die Möglichkeit, einen Einblick in die experimentelle Arbeitsweise der Wahrnehmungspsychologie zu gewinnen.

Selbstversuch

In den *„Selbstversuchen"* sind Anleitungen für kleine Demonstrationen enthalten, die sich ohne großen Aufwand durchführen lassen. Hier besteht die Möglichkeit, Wahrnehmungspsychologie nicht nur theoretisch zu betreiben.

Teil I: Aufbau und Funktion der Wahrnehmungssysteme

1 Visuelles System

1.1 Anatomische und physiologische Grundlagen

Das Auge ist ein kugelförmiger, mit Flüssigkeit gefüllter Hohlkörper (Bulbus), in dem von außen einfallende Lichtstrahlen optisch gebündelt und in Nervensignale umgewandelt werden, die dann in den visuellen Gebieten des Großhirns (Cortex) weiterverarbeitet werden können – der Vorgang, den wir „Sehen" nennen. Das Auge „sieht" also nicht, sondern es ist ein *Sinnesorgan,* das die für die visuelle Wahrnehmung notwendigen Sinnesinformationen liefert.

Das menschliche Auge, das einen Durchmesser von etwa 24 mm besitzt, wird von einer weißen Lederhaut (Sklera) umschlossen, die an der Vorderseite, wo die Lichtstrahlen auftreffen, in die durchsichtige Hornhaut (Cornea) übergeht.

Die nach vorne konvexe Hornhaut bündelt bereits die auftreffenden Lichtstrahlen, bevor sie durch eine dahinter liegende Öffnung, die Pupille, in das Augeninnere einfallen können. Die Pupille ist nichts anderes als ein „Loch" mit veränderbarer Größe in einem ringförmigen Muskel, der Iris. Die Iris reguliert durch Kontraktion oder Dilatation die Größe der Pupille und damit die Menge des in das Augeninnere einfallenden Lichts, abhängig von der Lichtintensität, der das Auge ausgesetzt ist. Sie besitzt bei jedem Menschen eine bestimmte Farbe, die genetisch bestimmt ist und als „Augenfarbe" beispielsweise als Identifikationsmerkmal gilt. Der Durchmesser der Pupille kann zwischen 2 und 8 mm variieren, er läßt sich aber nicht willkürlich beeinflußen, sondern wird reflexhaft, also „automatisch" kontrolliert. Die Veränderbarkeit der Pupille ist eine der Möglichkeiten des Auges, sich an die veränderlichen Umweltbedingungen anzupassen.

Unmittelbar hinter der Pupillenöffnung befindet sich die Linse des Auges. Sie bündelt die einfallenden Lichtstrahlen so, daß Strahlen aus einer bestimmten Entfernung in einem Brennpunkt hinter der Linse zusam-

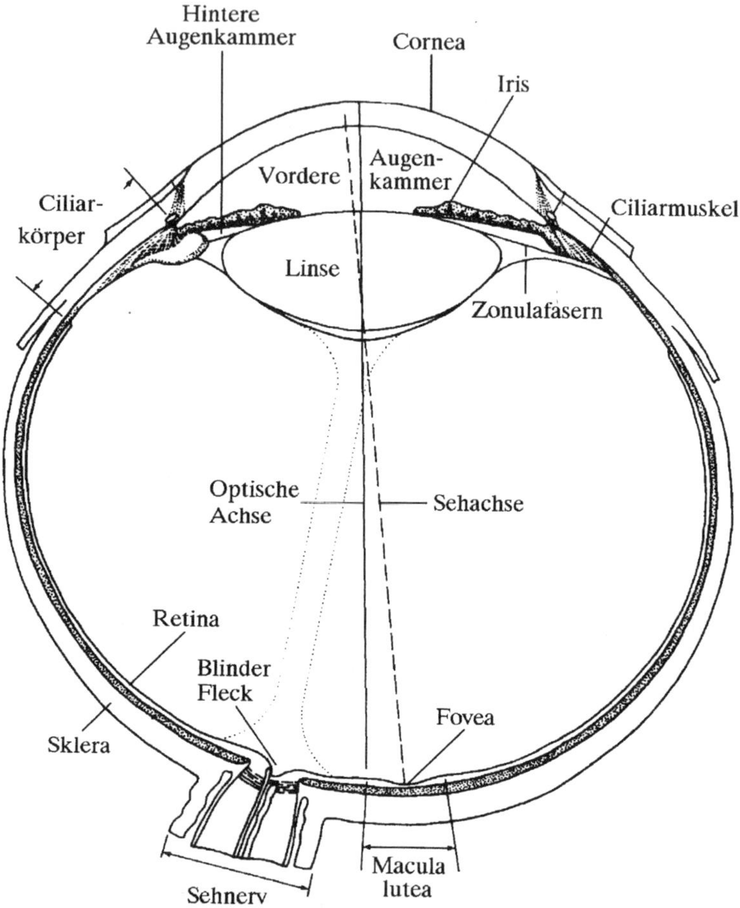

Abb. 7: Horizontalschnitt durch das menschliche Auge

menfallen und erfüllt damit eine wichtige optische Funktion: Nur wenn von einem bestimmten Punkt ausgehende Strahlen auch auf einen einzelnen Punkt projiziert werden, erscheint das entstehende Bild scharf.

Die Linse ist durch Veränderung ihrer Form in der Lage, Strahlen von unterschiedlich entfernten Gegenständen so zu bündeln, daß ihr Brennpunkt auf die die hintere Wand des Auges bildende Netzhaut fällt. Auf diese Weise können mal nahe, mal weit entfernte Gegenstände „scharf" eingestellt werden. Diese Anpassung des Strahlengangs an die Entfernung des betrachteten Objekts wird als *„Akkomodation"* bezeichnet. Die Form und damit die optische Brechkraft der Linse wird mit Hilfe des sog. Ciliarmuskels verändert, der mit der Linse verbunden ist und durch Kontraktion oder Entspannung die Linse runder oder flacher werden läßt. Durch Anspannung des Ciliarmuskels wird die Linse beispielsweise runder, wodurch sich ihre Brechkraft (Refraktion) erhöht und Objekte in geringer Entfernung scharf auf der Netzhaut abgebildet werden. Bei entspannten Ciliarmuskeln ist der optische Apparat des Auges dementsprechend auf größere Entfernungen eingestellt. Das optische System des Auges wird als *„dioptrischer Apparat"* bezeichnet.

Info-Box 1: Strahlengang, Sehschärfe und Sehschwächen

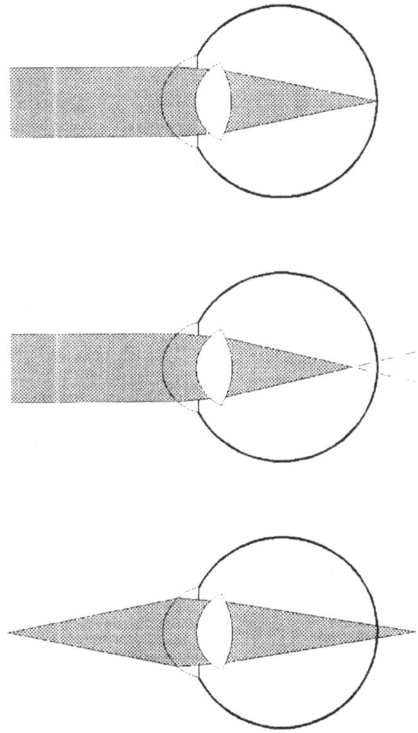

Abb. 8: Schematische Darstellung des Strahlengangs bei Normal- (oben), Kurz- (Mitte) und Weitsichtigkeit (unten).

Der Strahlengang im Auge wird durch die Brechung in der Cornea und durch die Akkomodationstätigkeit der Linse bestimmt. Zwei der häufigsten Sehschwächen, nämlich die Kurzsichtigkeit (Myopie) und die Weitsichtigkeit (Hyperopie), beruhen auf der Unfähigkeit des Sehapparates, für Objekte in bestimmten Entfernungsbereichen den richtigen Strahlengang einzustellen, sie also scharf auf der Netzhaut abzubilden. Bei der Kurzsichtigkeit liegt der Brennpunkt für alle Strahlen ab einer bestimmten Entfernung (die vom Ausmaß der Kurzsichtigkeit abhängt) vor der Netzhaut, d.h. sie werden, auch wenn die Linse auf ihre minimale Brechkraft eingestellt ist, zu stark gebündelt. Der Grund dafür kann in einer dauerhaft erhöhten Brechung durch Cornea und Linse oder in einer „Deformierung“, d.h. einer Überlänge des Bulbus liegen. Gegenstände, die außerhalb dieses Bereiches liegen, können nicht mehr scharf abgebildet werden. Umgekehrt ist der Fall bei der Weitsichtigkeit: Ein zu kurzer Augapfel oder zu geringe Brechkraft führen hier dazu, daß Strahlen aus geringerer Entfernung ihren Brennpunkt erst hinter der Netzhaut haben. Die Objekte erscheinen in geringerer Entfernung (z.B. die hier gedruckten Buchstaben) unscharf, während größere Distanzen keine Probleme bereiten.

Beide Sehschwächen lassen sich durch eine Korrektur des Strahlengangs mit „zusätzlichen“ Linsen, nämlich Brillengläsern oder Kontaktlinsen, ausgleichen. Korrekturlinsen für Kurzsichtige zerstreuen die Lichtstrahlen und wirken so ihrer übermäßigen Bündelung im Auge entgegen, während Sehhilfen für Weitsichtige die Brechkraft des Auges durch zusätzliche Bündelung der Strahlen unterstützen.

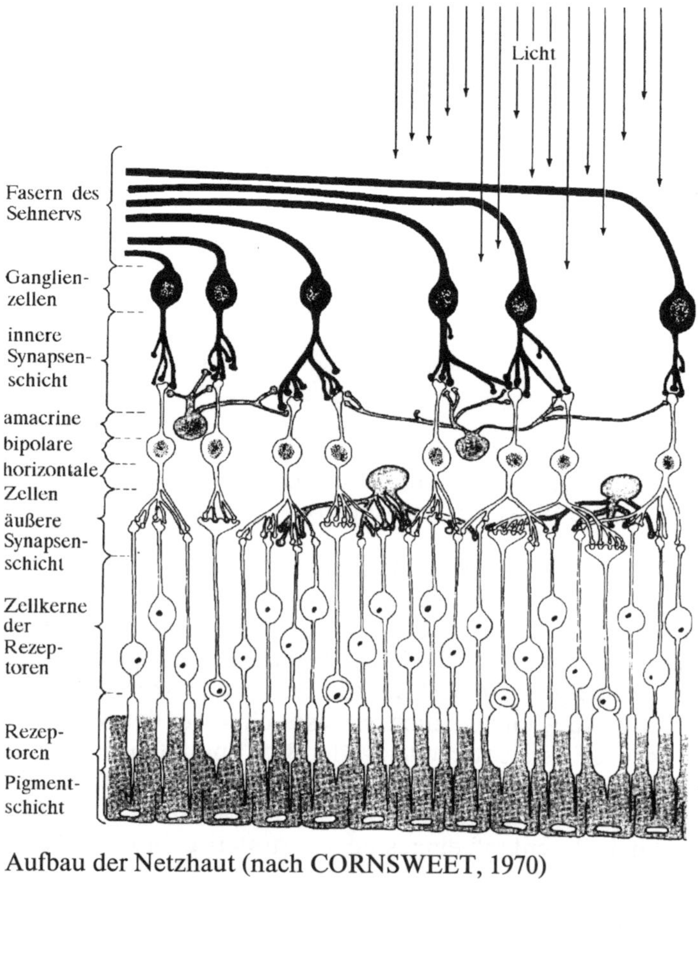

Abb. 9: Aufbau der Netzhaut (nach CORNSWEET, 1970)

Die Netzhaut oder *Retina* bildet die Projektionsfläche des Auges. Hier werden die einfallenden Lichtstrahlen in Nervenimpulse umgesetzt, die dann als Informationen über die visuelle Umgebung durch den Sehnerv weitergeleitet werden.

Die Netzhaut besteht im wesentlichen aus drei Schichten von Nervenzellen, deren hinterste von den eigentlichen Rezeptorzellen gebildet wird: Sie setzen Licht in neuronale Impulse um und werden daher auch als *„Photorezeptoren"* bezeichnet. Die Photorezeptoren enthalten Pigmente, chemische Substanzen, die Licht absorbieren können. Fällt Licht auf eine bestimmte Netzhautregion, so findet in den Rezeptorzellen ein chemischer Umwandlungsprozeß statt, bei dem die Pigmente in einzelne chemische Bestandteile zerfallen. Erforscht wurde dieser Prozeß vor allem bei dem Pigment Rhodopsin, dessen Zerfall in zwei chemische Komponenten in der Zelle eine Veränderung des elektrischen Potentials bewirkt. Erreicht diese Potentialveränderung ein bestimmtes Ausmaß, so entstehen in der Rezeptorzelle elektrische Impulse *(Aktionspotentiale),* die an die nachfolgenden Nervenzellen weitergeleitet werden. Auf diese Weise löst einfallendes Licht in den Nervenzellen der Netzhaut elektrische Aktivität aus, die über hintereinandergeschaltete Nerven (die *„Sehbahn"*) in bestimmte Areale des Gehirns weitergeleitet wird.

Info-Box 2: Informationsübertragung im Nervensystem

Nervenzellen oder Neurone haben die Aufgabe, Informationen innerhalb des Körpers zu übermitteln. Sie bilden daher oft lange Nervenfasern, an denen entlang sich elektrische Potentialverschiebungen in Form einer Abfolge von Stromimpulsen fortpflanzen. Diese Impulse kodieren die zu übermittelnden Informationen (z.B. Lichteinwirkung auf die Rezeptoren der Netzhaut). Wenn eine Nervenzelle nicht aktiv ist, besteht eine Spannungsdifferenz zwischen dem Inneren der Zelle und ihrer Umgebung, die aus unterschiedlichen Konzentrationen elektrisch geladener Moleküle (Ionen) innerhalb und außerhalb der Zellwand resultiert. Diese Differenz wird als „Ruhepotential" der Zelle bezeichnet. Bestimmte Ionen (insbesondere Kalium und Natrium) sind in der Lage, die Zellwände zu durchdringen und damit Veränderungen des Spannungsgefälles zwischen dem Zellinneren und der Umgebung zu bewirken. Solche Potentialveränderungen können sich, wenn sie eine bestimmte Stärke erreichen, über die gesamte Zellwand, d.h. entlang der Nervenfaser, fortpflanzen. Man bezeichnet diese Stromimpulse als „Aktionspotentiale". Am Ende jeder Nervenfaser befindet sich eine „Synapse", eine Art Endkopf, in dem die ankommenden Stromimpulse bestimmte biochemische Reaktionen, nämlich die Freisetzung sog. Transmitter-Substanzen, bewirken. Diese Transmitter „wandern" dann zur Zellwand der benachbarten Zelle und können dort, bei genügender Konzentration, wiederum entsprechende Aktionspotentiale auslösen. Auf diese Weise lassen sich äußere Einflüsse auf Rezeptorzellen (z.B. Lichteinfall, Druck, Temperaturänderungen, usw.), die zu chemischen bzw. elektrischen Reaktionen führen, über mehrere Stationen bis zu den Gebieten im Cortex übermitteln. Man bezeichnet diese Nervenleitungen, die von den Sinnesorganen ausgehen, auch als „afferente" Fasern. Ihnen stehen die „efferenten" Leitungen gegenüber, die durch vom Gehirn ausgehende Impulse die Aktivität der Muskeln steuern.

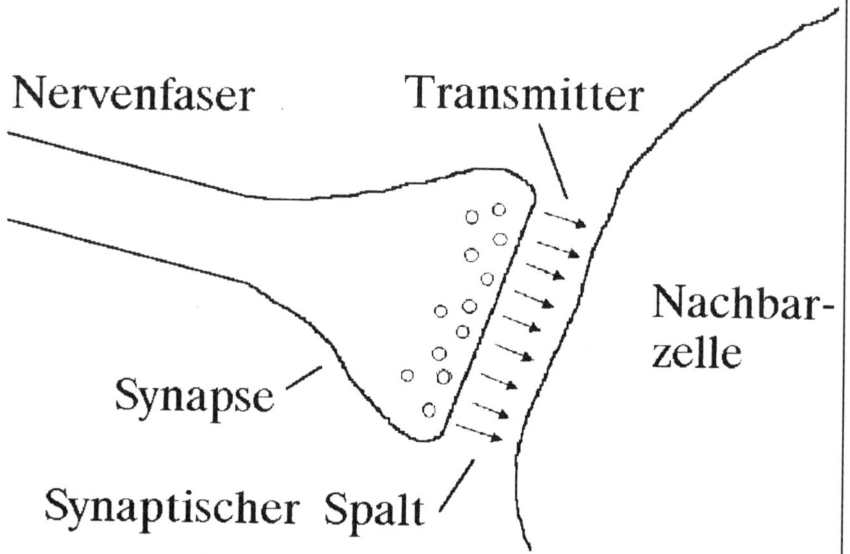

Abb. 10: Schematische Darstellung einer Synapse

Die Rezeptoren der Netzhaut geben ihre Impulse an die nachfolgende Schicht der *„bipolaren"* Zellen, diese wiederum an die *„Ganglienzellen"* in der dritten Schicht weiter. Die Nervenfasern der Ganglienzellen schließlich laufen in einem bestimmten Punkt der Netzhaut zusammen, wo sie als Sehnerv gebündelt das Auge verlassen. An dieser Stelle befinden sich keine Rezeptoren, so daß hier auftreffende Lichtstrahlen nicht wahrgenommen werden können. Daher wird dieser Punkt auch als der *„blinde Fleck"* der Netzhaut bezeichnet.

Die bipolaren Zellen und die Ganglienzellen sind aber auch untereinander, also *„horizontal"*, durch weitere Nervenzellen verschaltet. Durch diese Verbindungen kann eine einzelne aktivierte Zelle nicht nur die nachfolgenden Zellen erregen, sondern auch andere, benachbarte Zellen

Selbstversuch 1: Der blinde Fleck

Daß man Objekte, deren Abbildung auf den Bereich des blinden Flecks fällt, tatsächlich nicht sieht, kann man am untenstehenden Beispiel überprüfen. Man schließt ein Auge und blickt mit dem anderen fest auf den Fixierpunkt in der Mitte. Wenn man dann die Entfernung zur Vorlage variiert, verschwindet bei einem bestimmten Abstand (ca. 20 cm) der schwarze Punkt für das jeweils geöffnete Auge. Bei dieser Entfernung fallen die von ihm ausgehenden Lichtstrahlen genau auf den blinden Fleck. Subjektiv scheint die betreffende Stelle dabei die Hintergrundfarbe anzunehmen. Verändert man dann die Entfernung weiter, taucht der vorübergehend „verschwundene“ Punkt wieder auf.

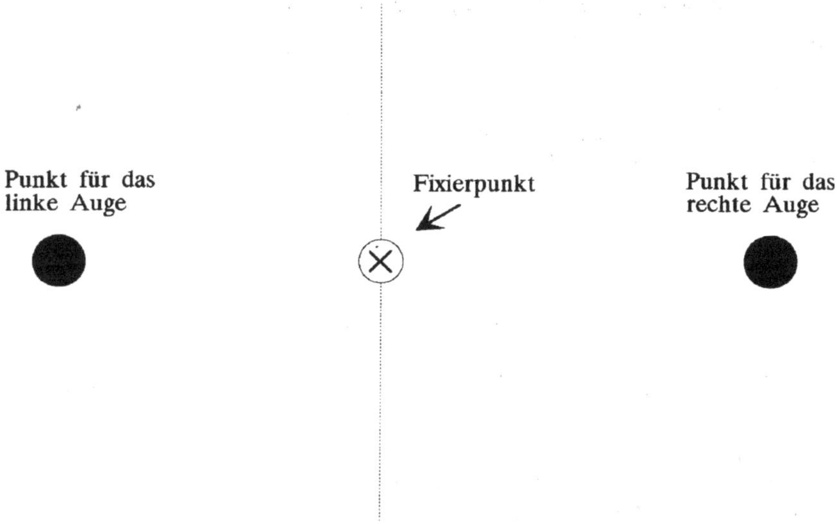

Abb. 11: Versuchsmaterial zum „Blinden Fleck“

in ihrer elektrischen Aktivität hemmen. Die Übertragung der eletrischen Impulse unterliegt einem komplexen Mechanismus der *lateralen Hemmung* und Bahnung, d.h. der Unterdrückung oder Weiterleitung der Erregung.

Experiment 1:

HARTLINE & RATLIFF (1957) untersuchten den physiologischen Mechanismus, der der wechselseitigen Hemmung von Netzhautzellen zugrundeliegt. Sie verwendeten Präparate aus dem seitlichen Auge des Pfeilschwanzkrebses Limulus, das aus einer Anzahl einzelner abgegrenzter Netzhautfelder (Ommatidien) besteht, von denen jeweils genau eine Nervenfaser ausgeht. HARTLINE & RATLIFF gelang es unter dem Mikroskop, eine Mikroelektrode zur Messung der Nervenaktivität in einer einzelnen Nervenfaser zu plazieren, so daß deren Aktivität erfaßt werden konnte. Durch Lichtreizung des zugehörigen Ommatidiums kam es wie erwartet zu einer deutlichen Erhöhung der Impulsrate des betreffenden Nervs, die um so stärker ausfiel, je intensiver der Lichteinfall war. Wenn aber gleichzeitig auch auf ein benachbartes Ommatidium, dessen Nervenfaser ebenfalls mit einer Elektrode versehen war, Licht fiel, sank die Impulsrate ab. Dieser Rückgang war um so stärker, je höher die Lichtreizung und damit die neuronale Aktivität der Nachbarzellen war. Die gleichzeitige Reizung benachbarter Rezeptoren führte also zu einer wechselseitigen Hemmung der Aktivität, so daß beide Nervenfasern eine geringere Impulsrate als bei der separaten Reizung zeigten. HARTLINE & RATLIFF stellten in ihrem Versuch fest, daß die Aktivität einer Nervenzelle und ihr hemmender Einfluß auf benachbarte Zellen in einem linearen Verhältnis zueinander standen, d.h. die Impulsrate einer Faser nahm in dem Maße ab, in dem eine benachbarte Zelle durch entsprechend intensives Licht aktiviert wurde. Sie beobachteten außerdem auch hemmende Einflüße von weiter entfernten Zellen, die allerdings wesentlich schwächer ausfielen. Ihre Messungen hatten maßgeblichen Anteil am Verständnis der lateralen Hemmung als einem Grundprinzip der Interaktion von Nervenzellen.

Das schließlich resultierende Erregungsmuster, das über die Sehbahn weitergeleitet wird, entsteht also aus der Reizung der Rezeptoren und dem Zusammenspiel von wechselseitiger Erregung und Hemmung in den nachgeschalteten Zellschichten.

Bei den Rezeptoren der Netzhaut lassen sich aufgrund ihres Aussehens sowie ihrer photochemischen und damit rezeptiven Eigenschaften zwei unterschiedliche Typen unterscheiden: *„Stäbchen“* und *„Zapfen“*.

Die Stäbchen sind langgestreckte Zellen, die als Pigment Rhodopsin enthalten. Da sie eine größere Lichtempfindlichkeit als die Zapfen besitzen, sind sie vor allem für das Sehen bei schwachem Licht, z.B. in der Dämmerung oder bei Dunkelheit, von Bedeutung („skotopisches Sehen“). Die Netzhaut von manchen nachtaktiven Tieren, die ein besonders gutes Sehvermögen bei Dunkelheit besitzen (z.B. Eulen), bestehen ausschließlich aus Stäbchen. Die „Nachtblindheit“ mancher Menschen beruht auf einer Funktionsunfähigkeit oder einem Fehlen der Stäbchen in der Netzhaut.

Zapfen reagieren erst auf stärkeren Lichteinfall, wie er bei Tageslicht oder in einem beleuchteten Raum gegeben ist. Ihre Funktion wird daher auch als *„photopisches Sehen“* bezeichnet. Die Zapfen unterscheiden sich nicht

Abb. 12: Heringsches Gitter. An den Kreuzungspunkten der weißen Streifen erscheinen bereits nach kurzer Betrachtung fluktuierende graue Flecken, die durch die laterale Hemmung von Netzhautzellen entstehen.

nur in dieser Hinsicht und in ihrem Aussehen von Stäbchen, sie ermöglichen auch erst das Wahrnehmen unterschiedlicher Farben. Wenn die einfallende Lichtstärke die Erregungsschwelle der Zapfen unterschreitet, wird die Umwelt nur noch *„skotopisch"* und damit ohne Farbeindrücke gesehen: Deshalb sind bei Nacht „alle Katzen grau".

Stäbchen und Zapfen sind auf der Netzhaut ungleich verteilt (vgl. Abbildung 13). An der Stelle, die der Pupille auf der optischen Achse des Auges genau gegenüberliegt, befinden sich ausschließlich Zapfen, die hier dicht beieinander liegen. Dieser Punkt, der als *„Fovea centralis"* (oder einfach Fovea) bezeichnet wird, besitzt die größte Sehschärfe. Beim Ansehen oder „Fokussieren" eines Gegenstands wird das Auge grundsätzlich und automatisch so orientiert, daß die von ihm ausgehenden Lichtstrahlen in den Bereich der Fovea fallen (das gilt z.B. auch für die Buchstaben bzw. Wörter dieses Textes).

Außerhalb der Fovea finden sich nur noch vereinzelt Zapfen, dafür ist der angrenzende Netzhautbereich dicht mit Stäbchen besetzt, deren Anzahl mit zunehmender Entfernung von der Fovea immer weiter abnimmt.

Die Sehnerven, die die beiden Augen verlassen, bestehen aus jeweils etwa 1 Million Nervenfasern (für den Verlauf der Sehbahn vgl. Abbildung 14). Auf dem Weg zu den Projektionsarealen des Sehsinnes, die sich im hinteren Bereich der beiden Großhirnhälften befinden, überkreuzen sich etwa die Hälfte der Nervenfasern: Die Informationen aus den innenliegenden, „nasalen" Netzhautbereichen werden an die jeweils gegenüberliegende Hirnhälfte weitergeleitet, während die Nerven aus den außenliegenden,

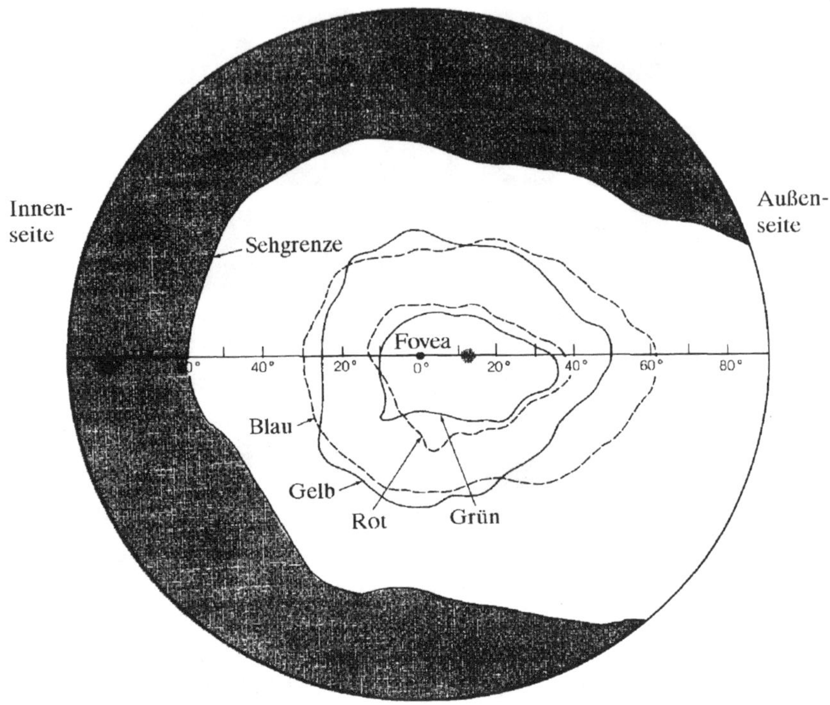

Abb. 13: Verteilung unterschiedlicher Zapfentypen auf der Netzhaut (nach COREN, PORAC & WARD, 1984)

„temporalen" Gebieten sich nicht überkreuzen. Durch diese Kreuzung, die als *„Chiasma opticum"* bezeichnet wird, erhalten die beiden visuellen Areale in den Hirnhälften also Informationen von der rechten und der linken Seite des Gesichtsfelds, statt jeweils aus dem linken und rechten Auge: Im nasalen Bereich des rechten und im temporalen Bereich des linken Auges treffen die Lichtstrahlen aus der rechten Seite des Gesichtsfelds auf, während die linke Seite in den beiden übrigen Netzhauthälften abgebildet wird. Durch diese Anordnung erreichen die visuellen Hirnareale von den meisten Punkten im Gesichtsfeld zwei Informationen: Eine aus dem rechten und eine aus dem linken Auge (die Gesichtsfelder der beiden Augen überlappen sich in einem großen Bereich, wie man z.B. durch abwechselndes Zukneifen jeweils eines Auges feststellen kann). Besonders bedeutsam ist diese Tatsache für die räumliche Wahrnehmung.

Die nächste Station ist eine Ansammlung von Nervenzellen im Thalamus-Gebiet des Gehirns, die als *„Nucleus geniculatum laterale"* (NGL) bezeichnet wird. Diese Zellen können die visuelle Information bereits nach bestimmten Strukturen und offenbar auch nach der Farbe differenzieren, sie leiten sie dann an die visuellen Cortexgebiete weiter. Ein kleinerer Teil der Nervenfasern nimmt einen anderen Weg, der über das tieferliegende Gebiet des Brückenhirns (Tectum) führt. Die Verarbeitung in diesem Bereich dient offensichtlich der Kontrolle der räumlichen Orientierung und der Augenbewegungen.

Das eigentliche Projektionsgebiet des visuellen Systems im Cortex, wo die Nervenfasern aus dem NGL auftreffen, wird nach einem Schema von BRODMANN (1914) als „Area 17" bezeichnet. Dieser *„primäre visuelle Cortex"* wird von zwei weiteren Gebieten (Area 18 und 19) umgeben, die ihre Impulse vor allem aus der Area 17 erhalten und wo ebenfalls visuelle Informationen verarbeitet werden.

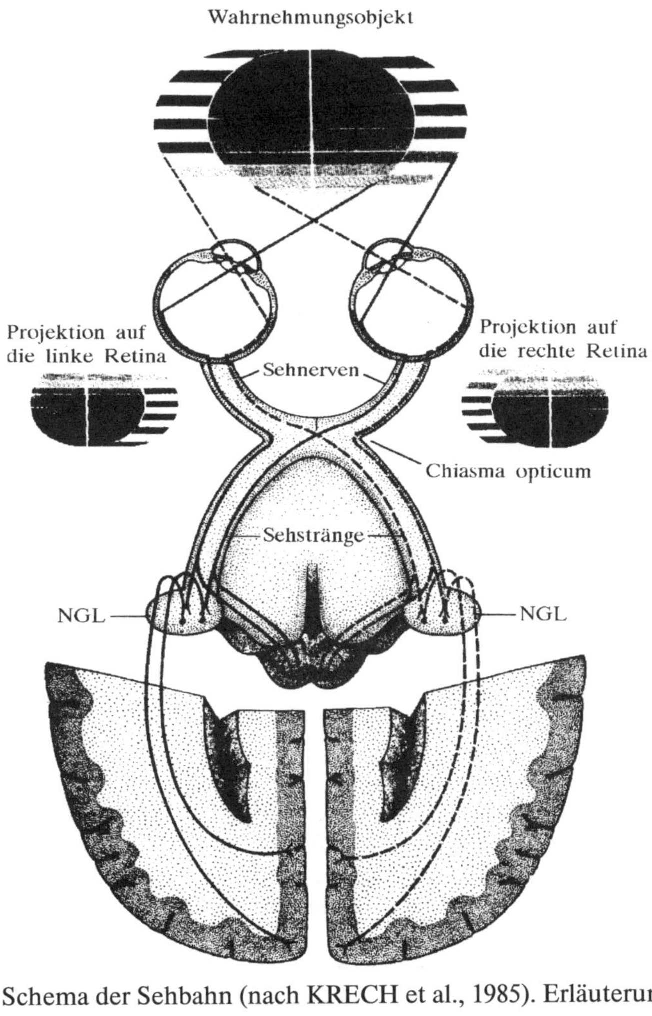

Abb. 14: Schema der Sehbahn (nach KRECH et al., 1985). Erläuterung im Text

Info-Box 3: Sehen mit elektronischen „Prothesen“

Kann man durch eine künstliche elektrische Stimulation der visuellen Cortex-Gebiete Empfindungen hervorrufen, die zumindest Ähnlichkeiten mit normalen visuellen Wahrnehmungen aufweisen? Diese Frage war der Ausgangspunkt für Forschungsarbeiten in den siebziger Jahren, bei denen versucht wurde, durch Einpflanzen von Elektroden bei Erblindeten und die Übermittlung entsprechender elektrischer Impulsmuster visuelle Empfindungen zu erzeugen (DOBELLE et al., 1974; DOBELLE, 1977). Ziel war es, Möglichkeiten für die Ersetzung von Funktionen des visuellen Systems durch elektronische „Prothesen“ zu erforschen (Blindheit beruht in den meisten Fällen darauf, daß entweder die Entstehung von Nervenimpulsen in der Retina oder ihre Weiterleitung über den Sehnerv beeinträchtigt ist.).

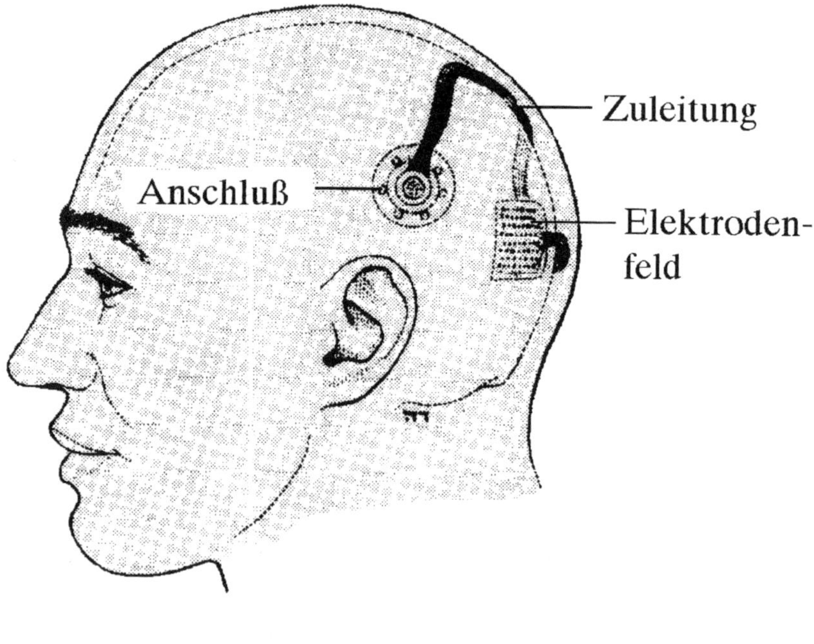

Abb. 15: Schematische Darstellung der Versuchsanordnung von DOBELLE et al. (1974)

In einem dieser Versuche wurde beispielsweise eine Anordnung von 64 Elektroden verwendet, mit der sich ein ganzer Bereich der Area 17 stimulieren ließ. Die Versuchsteilnehmer, die erst im Laufe ihres Lebens erblindet waren, berichteten bei der Aktivierung einzelner Elektroden über die Wahrnehmung von „Lichtpunkten“, einige von ihnen gaben bei größeren Impulsmustern auch an, geometrische Formen oder sogar Buchstaben wahrnehmen zu können. Allerdings entsprachen die berichteten Wahrnehmungen in vielen Fällen nicht den Stimulationsmustern. Obwohl sich also durch elektrische Stimulation des Cortex visuelle Empfindungen erzeugen lassen, müßten zunächst die Zusammenhänge zwischen Aktivitätsmustern im Gehirn und den dabei entstehenden Wahrnehmungen bekannt sein, um Funktionen des visuellen Systems mit elektronischen Mitteln ersetzen zu können.

1.2 Diskrimination und Strukturierung

Bisher wurde lediglich dargestellt, wie die Rezeptoren der Netzhaut eine bestimmte Lichtverteilung in neuronale Impulse umsetzen, die dann zur weiteren Verarbeitung in die visuellen Areale des Cortex geleitet werden. Die wichtige Fähigkeit des visuellen Systems, diese Lichtverteilung in bestimmte Muster zu strukturieren und zwischen einzelnen Elementen im visuellen Feld zu unterscheiden, läßt sich auf dieser Grundlage aber noch nicht erklären. Physiologisch liegt dieser Eigenschaft das Funktionsprinzip der „rezeptiven Felder“ zugrunde.

Als *„rezeptives Feld“* wird eine Gruppe von in spezifischer Weise angeordneten Rezeptorzellen bezeichnet, die auf eine einzelne Nervenzelle zusammengeschaltet sind. So besitzen die Ganglienzellen der Retina kreisrunde rezeptive Felder, die aus einer größeren Anzahl Stäbchen oder Zapfen bestehen.

Jedes dieser sich wechselseitig stark überlappenden Felder besitzt ein Zentrum und eine Peripherie, deren Rezeptoren im allgemeinen gegensätzlich reagieren: Bei einem „ON-Zentrum“-Feld führt eine Lichtreizung im Zentrum des Feldes zu einer Aktivierung der Ganglienzelle, während eine Stimulation im peripheren Bereich eine Hemmung bewirkt. Bei einem „OFF-Zentrum“-Feld verhält es sich entsprechend umgekehrt: zentrale Reizung führt zur Hemmung, periphere dagegen zur Aktivierung der Zelle (vgl. Abbildung 16). Die Ganglienzellen werden dementsprechend auch als *„ON-Zentrum“*- oder *„OFF-Zentrum“*-Neuronen bezeichnet.

Die resultierende Aktivität einer Ganglienzelle hängt also davon ab, wo und in welchem Umfang Licht auf ihr rezeptives Feld fällt. Bei einer gleichmäßigen Reizung des gesamten rezeptiven Feldes heben sich die nachfolgende Aktivierung und Hemmung der Zelle sozusagen auf, die Aktivität bleibt damit unverändert. Wird dagegen etwa bei einem On-Zentrum-Neuron das Zentrum vollständig, die Peripherie aber nur teilweise belichtet, erfolgt eine Aktivitätssteigerung der Zelle, die um so stär-

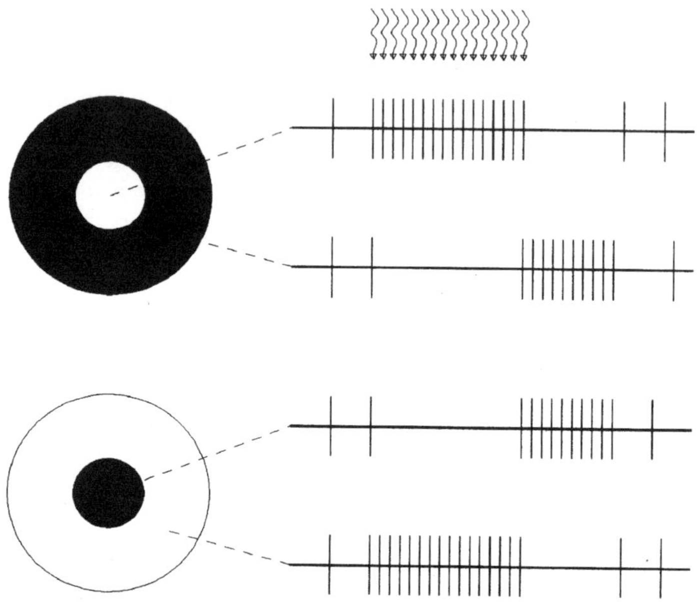

Abb. 16: Impulsreaktionen bei ON-Zentrum- (oben) und OFF-Zentrum-Feldern (unten) bei vorübergehendem Lichteinfall. Dargestellt sind die Impulsraten der Zentrum- und Peripherie-Zellen.

ker ist, je weniger hemmende Einflüße durch periphere Rezeptoren auftreten. Entsprechendes gilt auch für alle anderen denkbaren Lichtverteilungen auf rezeptiven Feldern.

Auf diese Weise lassen sich räumliche Änderungen der Lichtintensität, wie sie etwa durch die Kanten von Gegenständen (z.B. auch gedruckte Buchstaben) bedingt sind, als neuronale Informationen kodieren.

Das Prinzip der rezeptiven Felder ist nicht auf die Netzhaut beschränkt. Auch viele Zellen im NGL und im visuellen Cortex besitzen rezeptive Felder, sie erfüllen allerdings komplexere Diskriminationsleistungen, indem sie beispielsweise nur auf bestimmte Längen, Breiten oder Raumlagen von Linien, auf eine bestimmte Bewegungsrichtung oder auf einen bestimmten Winkel reagieren. Das neuronale Aktivitätsmuster des visuellen Cortex hängt also davon ab, welche der hochspezialisierten Detektorzellen durch die Reizinformation gerade aktiviert werden.

Die Helligkeitsverteilung auf der Netzhaut ist von den Eigenschaften der visuellen Umgebung, des „Gesichtsfeldes", abhängig. Wieviel Licht von einem Gegenstand ausgeht, wird dabei durch den Reflexionsgrad seiner Oberfläche bestimmt. „Helle" Gegenstände oder Flächen reflektieren einen großen Teil des einfallenden Lichts, „dunkle" absorbieren dagegen das Licht. Auch die wahrgenommene Farbe eines Gegenstands ist von seinen *Absorbtions- und Reflexionseigenschaften* abhängig, indem be-

Experiment 2:

Als Pioniere bei der Erforschung des visuellen Cortex gelten die Physiologen D.H. HUBEL und T.H. WIESEL, die für ihre Arbeiten 1981 den Nobelpreis für Medizin erhielten. In einem ihrer Experimente (HUBEL & WIESEL, 1962) untersuchten sie mit Hilfe von Mikroelektroden die Reaktionsmuster von mehr als 300 einzelnen Cortexzellen bei Katzen, denen auf einem Bildschirm unterschiedliche Lichtreize dargeboten wurden. Die Versuchstiere wurden betäubt und so fixiert, daß die geöffneten Augen konstant auf den Bildschirm gerichtet waren. Als Stimuli wurden einzelne Lichtpunkte sowie verschiedene aus Lichtpunkten zusammengesetzte Muster so auf den Bildschirm projiziert, daß ihr Mittelpunkt im Bereich der Fovea lag. Die Reaktionen der einzelnen Zellen im visuellen Cortex wurden dann für jedes Reizmuster detailliert aufgezeichnet. HUBEL & WIESEL stellten anhand ihrer Messungen fest, daß die untersuchten Cortexzellen über deutlich unterscheidbare und unterschiedlich komplexe visuelle Felder verfügten. Die meisten Zellen wiesen rezeptive Felder auf, die große Ähnlichkeiten mit den „on-Zentrum-“ und „off-Zentrum“-Feldern in der Retina zeigten, wobei das Zentrum allerdings niemals kreisrund war, sondern z.B. die Form eines waagerecht oder diagonal durch das Feld verlaufenden Balkens aufwies. In manchen Fällen bildeten das „Zentrum“ und die „Peripherie“ auch lediglich zwei Hälften des rezeptiven Felds mit einer klaren Trennlinie. HUBEL & WIESEL bezeichneten diese Mehrheit der Felder als „einfache“ rezeptive Felder und die entsprechenden Cortexzellen als „einfache“ Zellen. Aufgrund der spezifischen Anordnung von „Zentrum“ und „Peripherie“ erfüllten diese Zellen, so ihre Schlußfolgerung, die Funktion von Detektoren für bestimmte Eigenschaften des Reizmusters. Zellen, deren rezeptives Feld beispielsweise eine in einem bestimmten Winkel verlaufende Trennlinie zwischen Zentrum und Peripherie aufwies, ließen sich als „Kantendetektoren“ identifizieren: Sie zeigten ihre maximale Aktivität dann, wenn im Reizmuster eine Hell-Dunkel-Grenze bzw. Linie vorhanden war, deren Orientierung dem Grenzverlauf im rezeptiven Feld entsprach. HUBEL & WIESEL ermittelten unter den Zellen eine Vielzahl unterschiedlicher „Spezialisten“ für bestimmte Orientierungen bei Linien, Balken und Kanten im visuellen Feld. Sie stellten darüberhinaus aber auch fest, daß eine Reihe der untersuchten Zellen noch komplexere Reaktionsmuster zeigten, die durch die Gesetzmäßigkeiten der „On/Off-Zentrum“-Felder nicht mehr erklärt werden konnten. So reagierten etwa manche dieser Zellen nur auf sich in einer bestimmten Richtung bewegende Balken mit Impulstätigkeit, während eine Bewegung in der Gegenrichtung die Impulsrate deutlich reduzierte. Andere reagierten zwar wie die „einfachen“ Zellen auf Kanten oder Linien in einer bestimmten Orientierung, aber ihre Aktivitätsmuster waren weitgehend unabhängig davon, an welcher Stelle des rezeptiven Feldes sich der Reiz befand. HUBEL & WIESEL bezeichneten die verschiedenen Varianten dieser Zellen als „komplexe" Zellen. Sie betrachteten die unterschiedlichen Reaktionsmuster als Hinweis auf die Funktion dieser Zellen, Reize mit einer bestimmten Form, Bewegungen von Objekten usw. zu erfassen. Die Untersuchungen von HUBEL & WIESEL wurden in der Folgezeit häufig repliziert, wobei man in späteren Untersuchungen auf weitere Zelltypen mit noch spezifischeren Reaktionsbedingungen stieß, die folgerichtig als „hyperkomplexe" Zellen bezeichnet wurden.

stimmte Frequenzbereiche der Wellen selektiv absorbiert und andere reflektiert werden. Die Abhängigkeit der Farbwahrnehmung von den in den einfallenden Lichtstrahlen vorhandenen Wellenlängen wird im Abschnitt 1.4 behandelt.

„Konturen" können wir als Grenzen zwischen Flächen unterschiedlicher Helligkeit auffassen. Die bestehenden Helligkeitsunterschiede an solchen Grenzen werden durch die neuronale Struktur der Netzhaut verstärkt. Sichtbares Anzeichen für diesen Verstärkungseffekt sind z.B. die „Machschen Bänder".

Machsche Bänder, benannt nach ihrem Entdecker, dem österreichischen Physiologen Ernst MACH (1865), basieren auf einem simultanen Helligkeitskontrast, der durch den Mechanismus der lateralen Inhibition in der Netzhaut bedingt ist. Diese Bänder treten an den Grenzen bzw. Übergängen zwischen hellen und dunklen Flächen auf. Betrachtet man einen solchen Übergang, so nimmt man jeweils unmittelbar an der Grenzlinie einen schmalen Streifen wahr, der bei der hellen Fläche deutlich heller, bei der dunklen Fläche dagegen noch dunkler als der Rest der jeweiligen Fläche erscheint. Tatsächlich ist die Helligkeitsverteilung innerhalb der Regionen aber völlig gleichmäßig, wie man z.B. durch Abdecken der benachbarten Fläche feststellen kann.

Erklären läßt sich dieser Effekt durch die Tatsache, daß benachbarte Zellen der Netzhaut sich in ihrer Impulsaktivität gegenseitig hemmen, so daß die resultierende Erregung einer Zelle durch das hemmende Potential der umliegenden Zellen mitbestimmt wird. Diese Hemmungswirkung einer Zelle hängt wiederum vom Grad ihrer eigenen Erregung ab: Zellen in stärker belichteten Netzhautregionen zeigen stärkere Aktivität und damit auch eine größere Hemmungswirkung auf ihre Nachbarzellen.

Die im Übergangsbereich zwischen Hell und Dunkel liegenden Zellen erfahren deshalb andere Hemmungseinflüsse als Zellen in gleichmäßig belichteten Regionen. Die Zellen auf der stärker belichteten Seite werden durch ihre „unterbelichteten" Nachbarn nur wenig gehemmt und zeigen

Selbstversuch 2: Machsche Bänder

Machsche Bänder lassen sich auf unterschiedliche Weise gezielt herstellen. Eine gute Möglichkeit besteht darin, einen lichtundurchlässigen Gegenstand mit geraden Kanten (z.B. ein Buch, eine Diskette, einen Schreibblock o.ä.) so unter eine Lichtquelle zu halten, daß auf die darunterliegende Fläche (z.B. eine helle Schreibtischoberfläche) ein deutlicher Schatten fällt. An den Übergängen zwischen dem noch beleuchteten, helleren Bereich der Fläche und dem Schatten treten dann bei genauem Hinsehen Machsche Bänder auf: Man sieht einen schmalen, sehr hellen Streifen an der Grenze des hellen Bereichs und einen sehr dunklen Streifen am Rand des Schattens. Der Abstand zwischen dem schattenwerfenden Gegenstand und der Fläche darf nicht zu groß sein, da sonst ein zu breiter Übergangsbereich zwischen Licht und Schatten entsteht, in dem sich die Helligkeit nur graduell verändert.

daher besonders hohe Aktivität, die entsprechende Region erscheint daher auch besonders hell. Auf der gegenüberliegenden Seite ist der Effekt genau umgekehrt: Die Grenzzellen der dunklen Netzhautregionen werden durch ihre „überaktiven" Nachbarn sehr stark gehemmt, der Randstreifen erscheint daher noch dunkler als der Rest der Fläche.

Auch die Wahrnehmung räumlicher Frequenzen, d.h. der Abfolge und Häufigkeit von hellen und dunklen Zonen auf der Retina, folgt einem solchen Mechanismus. Hier kommt die Eigenschaft der rezeptiven Felder mancher Cortexzellen zur Geltung, nur bei ganz bestimmten Lichtverteilungen Aktivität auszulösen. Auf diese Weise reagieren solche Zellen beispielsweise nur auf abwechselnde helle und dunkle Streifen mit einer bestimmten Breite, oder sie erfassen Bewegungen durch Verschiebungen der Helligkeitsverteilung in den betreffenden Netzhautgebieten.

Damit das visuelle System überhaupt zu solchen Strukturierungsleistungen in der Lage ist, muß das visuelle Feld selbst natürlich entsprechende Diskriminationsmerkmale, wie unterschiedliche Helligkeiten, Farben, Konturen usw. aufweisen. Verschiedene Untersuchungen zum sog. „Ganzfeld"-Phänomen haben gezeigt, wie wichtig eine solche Struktur ist. Als *„Ganzfeld"* bezeichnet man ein Gesichtsfeld, in dem keinerlei visuelle Konturen vorhanden sind.

Ist gleichmäßiges farbiges Licht im Ganzfeld vorhanden, so verschwindet der Farbeindruck nach wenigen Minuten und wird zu einem gleichmäßigen grauen Nebel. Bei längerem Hineinsehen in ein Ganzfeld tritt außerdem häufig der subjektive Eindruck eines Verlusts der Sehfähigkeit auf.

Ganz offensichtlich ist das Vorhandensein von Konturen im visuellen Feld für ein „normales" Funktionieren des visuellen Wahrnehmungsapparates von zentraler Bedeutung.

Experiment 3:

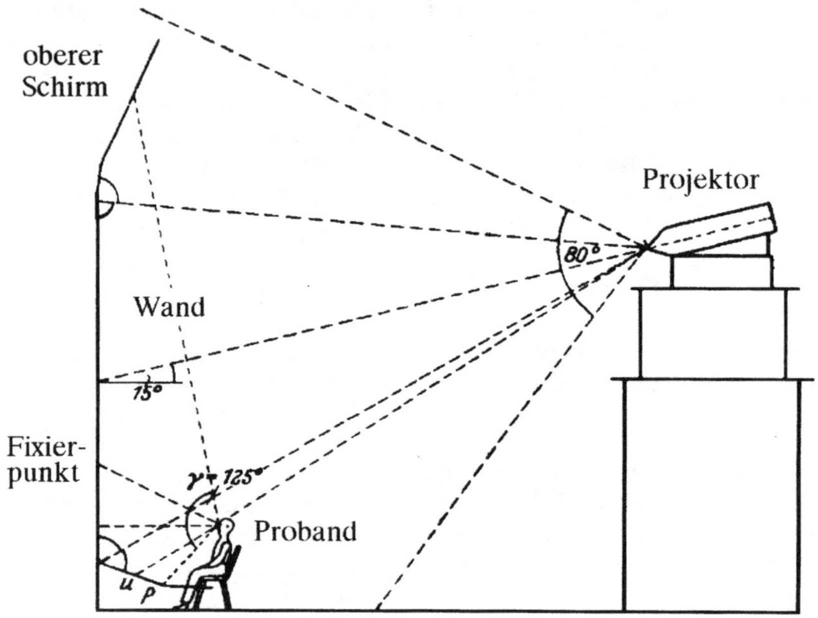

Abb. 17: Experimentelle Anordnung zur Herstellung eines Ganzfeldes (nach METZGER, 1930)

In einer frühen Untersuchung von METZGER (1930) wurde ein Ganzfeld experimentell hergestellt, indem eine völlig ebene weiße Wand durch einige ebenfalls weiße Schirme so ergänzt wurde, daß die entstandene homogene Fläche das gesamte Gesichtsfeld ausfüllte. Mit einem Projektionsapparat wurde gleichmäßiges, in der Intensität regelbares Licht erzeugt. Lediglich bei voller Beleuchtung waren die Übergänge zwischen der Wand und den umgebenden Schirmen als Konturen erkennbar. Wurde die Beleuchtung dagegen reduziert, entstand der Eindruck einer vollkommen homogenen weißen Fläche. In diesem Fall berichteten die Versuchsteilnehmer, deren Aufgabe lediglich darin bestand, die Fläche von einem festen Standort aus zu betrachten, nach einigen Minuten das Gefühl, in einen sich ausdehnenden, konturlosen „Nebel“ zu sehen. Der voher bestehende Entfernungseindruck (die Versuchspersonen saßen etwa 1,50 m vor der beleuchteten Fläche) und die visuell wahrgenommene Raumbegrenzung verschwanden weitgehend. Die betrachtete Wand verlor zunehmend ihren Flächencharakter und wurde zu einer in einer unbestimmten Entfernung sich zunehmend verdichtenden „Nebelmasse“. Veränderungen der Beleuchtungsstärke wurden in dieser Situation nicht als Helligkeitsveränderungen erlebt, sondern als „Erweiterung“ bzw. „Verengung“ des Raumes. Diese offensichtliche Diskrepanz zwischen den subjektiven Wahrnehmungserlebnissen der Teilnehmer und den physikalischen Eigenschaften des Ganzfelds führten METZGER zu der Auffassung, „daß die Wahrnehmung einer Oberfläche, und zwar auch einer völlig homogenen Oberfläche, das Bestehen objektiver Inhomogenitäten irgendwelcher Art voraussetzt (...). Danach wäre die Wahrnehmung einer völlig homogenen Fläche von der Größe des Gesichtsfeldes unmöglich.“ (METZGER, 1930, S.13)

Selbstversuch 3: Wahrnehmungserlebnis im Ganzfeld

Man kann das Wahrnehmungserlebnis, das die Versuchspersonen in METZGERs Ganzfeld-Experiment hatten, am besten nachvollziehen, wenn man sich tatsächlich einmal im dichten Nebel befindet. Wenn die Nebelschwaden so dicht sind, daß sie, z.B. auf einem Parkplatz oder einer anderen freien Fläche, keine umgebenden Konturen (Gebäude usw.) mehr erkennen lassen, entspricht dies weitgehend dem Verlust der Entfernungswahrnehmung und der räumlichen Begrenzung, über die METZGERs Teilnehmer berichteten.

Eine ähnlich bedeutsame Funktion wie den Konturen im visuellen Feld kommt den ständigen und unwillkürlichen Bewegungen der Augen, der sog. *Okulomotorik,* zu. Diese ungesteuerten Augenbewegungen, die zum Teil in sprunghaften („saccadischen“), zum Teil in langsamen Versetzungen bestehen, treten zusätzlich zu den willkürlichen Bewegungen beim Fixieren oder visuellen Abtasten eines Gegenstands auf und sorgen dafür, daß das Netzhautbild keine statische Projektion darstellt, sondern sich permanent geringfügig verändert. Diese dauernde Variation des Netzhautbildes scheint eine elementare Voraussetzung für eine normale visuelle Wahrnehmung zu sein. Wie RIGGS et al. (1953) in einem Versuch zeigen konnten, verschwindet nämlich eine künstlich stabilisierte Abbildung auf der Netzhaut nach einigen Sekunden. Bei dem Experiment wurde eine Projektionsvorrichtung mit einem Spiegel benutzt, die sämtliche Augenbewegungen nachvollzog und dadurch ihr Bild ständig auf die gleiche Stelle der Netzhaut projizierte. Die Versuchspersonen konnten das stabilisierte Bild nach wenigen Sekunden nicht mehr wahrnehmen. Auch hier führt also eine konstante Reizung offenbar zum Ausfall der visuellen Wahrnehmung.

1.3 Formwahrnehmung

Konturen, verstanden als die Grenzen zwischen Flächen unterschiedlicher Helligkeit, sind Grundelemente visueller Wahrnehmungsleistungen. Dies gilt auch für die Formwahrnehmung: Geschlossene Konturen, die eine Fläche im Gesichtsfeld vollkommen umschließen, werden als *Formen* wahrgenommen. Formwahrnehmung bedeutet also zunächst „Konturwahrnehmung“. Sie besteht im Erkennen eines zusammengehörigen Bereichs im visuellen Feld, der durch die dort gegebenen Helligkeitssprünge bestimmt wird.

Experiment 4:

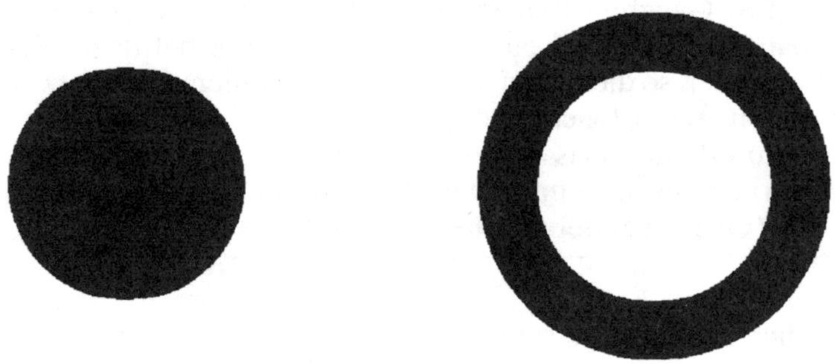

Abb. 18: Versuchsmaterial des Experiments von WERNER (1935)

In einer klassischen Versuchsreihe hat WERNER (1935) untersucht, welche Faktoren die Wahrnehmung von Konturen bestimmen. Er verwendete überwiegend einfache Formen (Kreise, Ringe, Quadrate usw.), die er seinen Versuchspersonen mit Hilfe eines Tachistoskops darbot, und registrierte die berichteten Wahrnehmungen unter verschiedenen Darbietungsbedingungen. In einem der insgesamt über 30 Experimente wurden beispielsweise abwechselnd immer ein ausgefüllter schwarzer Kreis und ein schwarzer Ring auf weißem Hintergrund dargeboten. Der Durchmesser des Kreises entsprach dabei genau dem Innendurchmesser des Ringes, beide Reize waren konzentrisch angeordnet, d.h. sie hatten einen gemeinsamen Mittelpunkt. Wurden die beiden Objekte nun, beginnend mit dem Kreis, abwechselnd für jeweils kurze Zeit gezeigt, so nahmen die Betrachter ab einer bestimmten Geschwindigkeit des Wechsels (< 200 mSek) nur noch den Ring wahr, während der Kreis in ihrer Wahrnehmung verschwand: Die Kreiskontur wurde von der Kontur des Ringes „maskiert“. Ähnliche Resultate zeigten sich für quadratische und auch komplexere Formen, sie blieben jedoch aus, wenn die maskierende Form (der Ring) zuerst dargeboten wurde. WERNER erklärte seine Befunde damit, daß die zur Wahrnehmung der Kreiskontur erforderliche Helligkeitsdifferenz zum Hintergrund durch das maskierende Element aufgehoben wurde. Er kam zu dem Schluß, daß jede wahrgenommene Kontur oder Form das Ergebnis eines Konstruktionsprozesses bei der Reizverarbeitung sei. Im Falle der Maskierung, wie sie bei tachistoskopischen Darbietungen auftritt, werde aufgrund der teilweisen Deckungsgleichheit der Konturen die visuelle Information des ersten Elements (des Kreises) nicht mehr als eigenständige Kontur verarbeitet, sondern bei der „Konstruktion" der zweiten Kontur (des Ringes) mit herangezogen. Bei umgekehrter Darbietungsreihenfolge trat demzufolge der Maskierungseffekt deshalb nicht auf, weil die Ringkontur bereits vollständig gebildet wurde, bevor der Kreis erscheint. WERNERs Befunde zur visuellen Maskierung wurden in zahlreichen späteren Versuchen bestätigt (KAHNEMAN, 1968, LEFTON, 1973).

Die Formwahrnehmung geht aber über das visuelle Erfassen von Reizgegebenheiten hinaus. Das visuelle System besitzt die Fähigkeit, bestimmte Elemente als *„Figuren"* aufzufassen bzw. zu organisieren und das übrige visuelle Feld als Hintergrund zu interpretieren. Diese *Figur-Grund-Unterscheidung* ist eine der grundlegendsten Leistungen des Wahrnehmungssystems und Voraussetzung für sichere und schnelle Orientierung. Die zentralen empirischen Fragen lauten: Was sind die wesentlichen Eigenschaften von Figuren? Wie unterscheiden sich Figur und Hintergrund? Nach RUBIN (1921) erscheint die Figur näher als der Hintergrund, sie besitzt eine Form oder „Gestalt" und wird, im Gegensatz zu den Elementen des Hintergrunds, als ein integriertes, zusammenhängendes Objekt wahrgenommen. Sie scheint auch größere Helligkeiten bzw. Helligkeitskontraste aufzuweisen als objektiv gleich helle Flächen des Hintergrunds (COREN, 1969).

Info-Box 4: Figur-Grund-Unterscheidung

Nach RUBIN (1915, 1921) sind die drei wesentlichen phänomenalen Unterscheidungsmerkmale zwischen Figur und Grund:

(1) Die Figur ist begrenzt und erscheint daher geformt, der Grund ist unbegrenzt und erscheint daher ungeformt.

(2) Die Figur erscheint fest und hat Gegenstandscharakter, der Grund erscheint eher locker und unbestimmt.

(3) Die Figur ist hervortretend und auffallend und der Grund eher zurückweichend und unscheinbar.

Die Unterscheidung von Figur und Grund läßt zu einem Zeitpunkt immer nur eine Interpretation des Reizmusters zu: Es ist entweder Figur oder Grund, nicht aber beides zugleich. Bei mehrdeutigen Reizen, die eine Umkehrung der Figur-Grund-Beziehung beinhalten, kommen deshalb oft sukzessiv unterschiedliche, aber gleichberechtigte Interpretationen zustande *(Multistabilität).*

Dagegen erscheint es unmöglich oder wenigstens sehr schwierig, beide Lösungen simultan zu sehen. Indem man den einen Teil zur Figur macht, wird der andere zwangsläufig zum unstrukturierten und „formlosen" Hintergrund. Anschauliche Beispiele hierfür sind die *Kippfiguren.*

Abb. 19: Rubinsche Becherfigur. Außer dem weißen Becher, der meistens zuerst entdeckt wird, können hier auch zwei dunkle Frauengesichter wahrgenommen werden (nach RUBIN, 1921).

Welche Faktoren im einzelnen die Unterscheidung von Figur und Grund bestimmen, läßt sich aufgrund der bisherigen Forschung nur teilweise beantworten. Die Komplexität des visuellen Reizes scheint hier eine eher unbedeutende Rolle zu spielen, denn auch stark strukturierte oder aus unterschiedlichen Elementen bestehende Bereiche können als einheitlicher Hintergrund gesehen werden, dessen Details dann praktisch nicht mehr zur Kenntnis genommen werden. Umgekehrt kann auch die Form, die als Figur interpretiert wird, aus einer Vielzahl einzelner Elemente gebildet werden.

Wichtig scheint dagegen die Beobachtung zu sein, daß bei der Figur-Grund-Unterscheidung fast immer ein räumlicher Tiefeneindruck beteiligt ist, der die jeweilige Figur dem Betrachter näher als der Hintergrund erscheinen läßt. COREN (1972) hat deshalb angenommen, daß der Bildung von Figuren und ihrer Abgrenzung gegenüber dem Hintergrund in vielen Fällen bestimmte räumliche Hinweisreize, z.B. die scheinbare Überlagerung einzelner Flächen, zugrundeliegen.

Selbstversuch 4: Figur-Grund-Vertauschung im Vexierbild

An Vexierbildern wie der folgenden Abbildung kann man sich das Prinzip der Figur-Grund-Differenzierung veranschaulichen. Das Bild zeigt die Insel St. Helena, auf der sich der „Geist" des verbannten Napoleon versteckt. Können Sie ihn finden? Ein Hinweis: Um Napoleons Silhouette wahrnehmen zu können, muß man Figur und Grund in einer bestimmten Region des Bildes bewußt umkehren.

Abb. 20: Vexierbild. In der Abbildung der Insel St. Helena ist die Silhouette Napoleons „versteckt".

Figuren besitzen gegenüber dem Hintergrund eine weitere Qualität, die bereits kurz erwähnt wurde: Sie weisen unabhängig von allen Details wie Struktur, Zusammensetzung, Größe usw. jeweils eine bestimmte *„Gestalt"* auf. Die Unterscheidung von Figur und Grund ist offenbar von der Bildung von „Gestalten" abhängig. Die dabei geltenden Gesetzmäßigkeiten haben die Gestalttheoretiker (WERTHEIMER, KÖHLER,

KOFFKA) in den zwanziger und dreißiger Jahren dieses Jahrhunderts erstmals experimentell untersucht. Wichtige Teilaspekte sind: Gestalten werden aufgrund der Nähe einzelner Elemente zueinander (Gesetz der Nähe), ihrer Ähnlichkeit oder Gleichartigkeit (Gesetz der Gleichheit), der Geschlossenheit der (realen oder virtuellen) Konturen (Gesetz der Geschlossenheit) sowie ihres Verlaufs (Gesetz der „guten Fortsetzung") gebildet (für eine auführlichere Darstellung der Gestaltgesetze vgl. Teil II).

Die Unterscheidung von Figur und Grund anhand von Konturen oder Gestalteigenschaften ist aber nicht der einzige Aspekt der Formwahrnehmung: Die Form eines Wahrnehmungsobjekts beinhaltet eine eigene Qualität, die oft von den tatsächlichen Konturen abweicht. Von Hand gezeichnete geometrische Figuren (z.B. Kreise, Quadrate usw.), die starke Unregelmäßigkeiten aufweisen, werden in der Regel doch „richtig" wahrgenommen, d.h. sie werden als „Kreis", „Quadrat" usw. identifiziert, obwohl sie die für die jeweilige Form kennzeichnenden Regel- oder Gesetzmäßigkeiten (etwa gleich lange Seiten bei einem Quadrat) nicht oder nur unvollständig aufweisen.

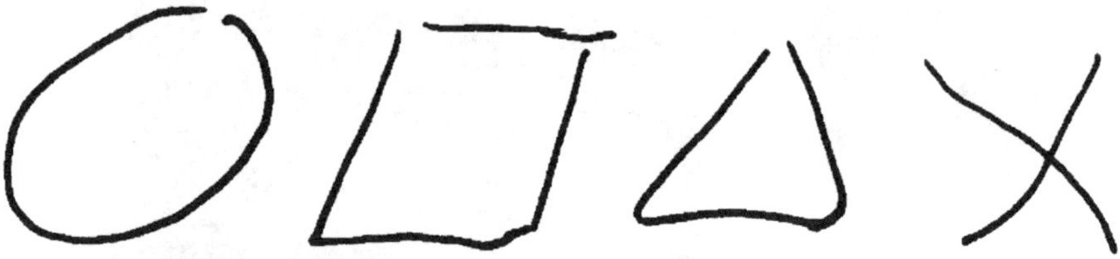

Abb. 21: Prägnanzeffekt. Beispiele für Figuren, die sofort erkannt werden, obwohl sie von einem tatsächlichen Kreis, Dreieck usw. stark abweichen.

Ähnliches gilt beispielsweise für Buchstaben, die in verschiedenen Handschriften oft sehr unterschiedlich aussehen können und dennoch meist mehr oder weniger problemlos identifiziert werden. Die solchen Beobachtungen zugrundeliegende Gesetzmäßigkeit, eine Tendenz zur „guten Gestalt", wird als *„Prägnanztendenz"* bezeichnet (vgl. zum Prägnanzkonzept ausführlich Teil II).

Experiment 5:

HOCHBERG & BROOKS (1960) untersuchten die Bedingungen, unter denen gezeichnete (also zweidimensionale) Muster als dreidimensionale Objekte wahrgenommen werden. Sie gingen in Anlehnung an ein früheres Experiment von KOPFERMANN (1930) von der Annahme aus, daß die Wahrnehmung einer dritten Dimension in solchen Zeichnungen vom Prinzip der Einfachheit bestimmt sei: eine dreidimensionale Interpretation des Vorlagemusters werde dann gewählt, wenn die dabei wahrgenommene Form „einfacher“ und „prägnanter“ (im Sinne der Gestalttheorie) als die zweidimensionale Wahrnehmung sei. HOCHBERG & BROOKS formulierten daraufhin als quantifizierbare Hypothese, daß die räumliche Interpretation des Vorlagemusters um so wahrscheinlicher sei, je höher seine geometrische Komplexität ist.

In ihrem Experiment verwendeten sie Vorlagemuster, wie sie bereits KOPFERMANN eingesetzt hatte. Den Versuchspersonen wurde jeweils eine Gruppe figural ähnlicher Objekte gezeigt, sie sollten dann auf einer zehnstufigen Skala für jedes Objekt angeben, wie „räumlich“ sie es wahrgenommen hatten, wobei die am deutlichsten räumlich erscheinende Form mit 10 und die am wenigsten räumliche mit 0 zu kodieren waren.

HOCHBERG & BROOKS erhielten auf diese Weise für jedes Vorlagemuster einen „Räumlichkeits“-Wert, den sie mit Kennwerten seiner zweidimensionalen geometrischen Komplexität (Anzahl der enthaltenen Winkel, Liniensegmente, Schnittpunkte, äußeren Kanten usw.) in statistische Beziehung setzen konnten. Es zeigten sich, ganz im Sinne der Hypothese, relativ hohe Korrelationen (.40 bis .89) zwischen den Komplexitätsmaßen und den Urteilen der Versuchsteilnehmer, d.h. je komplexer die Vorlagen aufgrund dieser Kennwerte waren, desto räumlicher wirkten sie. Bei der weiteren Auswertung der Resultate mittels Faktorenanalyse ergaben sich drei Faktoren, d.h. geometrische Merkmale, die die wahrgenommene Räumlichkeit weitgehend bestimmten: (1) Die Anzahl der Winkel und Schnittpunkte, (2) Symmetrie und Ähnlichkeit der enthaltenen Winkel und (3) die Anzahl der durchgehenden Linien. Je höher die Ausprägungsgrade dieser Faktoren waren, desto räumlicher war der Wahrnehmungseindruck.

HOCHBERG & BROOKS konnten mit ihren Befunden den gestaltpsychologischen Begriff der „Einfachheit“ für die Wahrnehmung dreidimensionaler Formen in zweidimensionalen Vorlagen präzisieren. Sie faßten ihre Ergebnisse in Formeln zusammen, mit denen sich die „figurale Komplexität“ einer Vorlage und damit das Ausmaß ihrer räumlichen Wirkung aufgrund geometrischer Kennwerte (Anzahl der Winkel usw.) bestimmen läßt.

Die oben beschriebenen Merkmale der Figurbildung und das Prägnanzprinzip lassen erkennen, daß wahrgenommene Figuren nicht notwendigerweise in der Vorlage vollständig enthalten sein müssen: Sie sind vielmehr Ergebnisse eines aktiven, aber von der Vorlage mitgesteuerten Verarbeitungsprozesses.

Besonders deutlich wird dies bei sog. *„Scheinkonturen“* oder *„amodalen Ergänzungen“* (vgl. KANIZSA, 1979), auf die bereits in der Einleitung als interessantes Phänomen hingewiesen wurde. Betrachtet man solche Abbildungen, so nimmt man eine Form als Figur wahr, die aufgrund der Eigenschaften der tatsächlich vorhandenen Reize erst subjektiv konstruiert wird. COREN (1972) hat die Wahrnehmung solcher „subjektiven Konturen“ auf das Vorhandensein spezifischer Hinweisreize der Tiefenwahrnehmung, nämlich Anzeichen für die Überlagerung einzelner Flächen, zurückgeführt. Aussparungen und Unterbrechungen werden demzufolge als durch die Scheinkontur überlagerte Bereiche der Hintergrundelemente interpretiert, die „in Wirklichkeit“ geschlossene Formen zu sein scheinen. Da die Scheinkontur daher vor oder auf den übrigen Elementen liegen muß, wird sie entsprechend den oben skizzierten Merkmalen als „Figur“ wahrgenommen. Sie erscheint deshalb gegenüber ihrer (objektiv gleich hellen) Umgebung auch als eine hellere Fläche.

KANIZSA (1979, S.194) nennt folgende definitorischen Merkmale von „amodalen Figuren“ oder „Figuren ohne Gradienten“, die sich leicht an Abbildung 22 nachvollziehen lassen:

(1) In einer Teilregion des visuellen Feldes erscheinen Veränderungen der Helligkeit und/oder der „Erscheinungsweise“, die phänomenologisch diese Region von der umgebenden Region trennt, obwohl die Reizverhältnisse in den beiden Regionen die gleichen sind.

(2) Phänomenologisch unterliegt diese Region einer Verlagerung in die dritte Dimension und wird als „vor“ oder „über“ dem Rest des Feldes gesehen.

(3) Die Region besitzt eine mehr oder weniger klare Grenze, die sie von der umgebenden Region trennt, obwohl es auf der Reizseite weder eine qualitative noch eine quantitative Veränderung gibt, die die Anwesenheit einer Grenze rechtfertigen könnte.

(4) Wenn die Bedingungen optimal sind, sind alle hier genannten phänomenologischen Aspekte (chromatische Transformation, Verlagerung in die dritte Dimension, Anwesenheit einer Grenze) überaus zwingend und erreichen einen amodalen Charakter, der sich von der Wahrnehmung lediglich „virtueller“ Linien unterscheidet.

Ein häufig untersuchter Aspekt im Zusammenhang der Formwahrnehmung ist die Frage der Wiedererkennung visueller Muster. Muster werden dabei als komplexe, d.h. aus mehreren Elementen (Linien, Punkten, Winkeln usw.) zusammengesetzte Reize aufgefaßt. Typische Beispiele, die in verschiedenen Experimenten verwendet wurden, sind Buchstaben oder Ziffern. Die Frage lautet: Wie kommt es, daß solche Zeichen trotz relativ starker Abweichungen auch in unterschiedlicher Zusammensetzung immer wieder identifiziert werden können? Bei den Theorien der Mustererkennung, die hierauf eine Antwort zu geben versuchen, lassen sich grundsätzlich zwei Arten von Ansätzen unterscheiden: die einen postulieren einen weitgehend „datengesteuerten“, die anderen einen eher „konzeptgesteuerten“ Verarbeitungsprozeß (vgl. GOLDSTEIN, 1984).

Abb. 22: Amodale Figur (nach KANIZSA, 1979)

Datengesteuerte Mustererkennung geht von „unten nach oben“ vor und basiert auf einer Merkmalsanalyse des visuellen Reizes. Die physiologischen Mechanismen, die einem solchen Analyseprozeß zugrundeliegen, sind bereits aus dem Abschnitt 2.2 bekannt: Viele Ganglienzellen sowie Zellen im NGL und im visuellen Cortex reagieren nur auf bestimmte Reizkonstellationen auf ihrem visuellen Feld. Sie sind daher in der Lage, das Vorhandensein oder Fehlen bestimmter Merkmale, wie Linien mit bestimmter Länge, Breite oder Ausrichtung, Winkel usw., anzuzeigen. Solche Detektoren analysieren also den Reizinput auf die jeweils für sie „passenden“ Elemente. Bei der Merkmalsanalyse nach diesem Schema werden die vorhandenen Elemente zunächst einzeln erfaßt, bevor sie dann in einem zweiten Schritt wieder zusammengeführt und als eine bestimmte Figur identifiziert werden können („figurale Synthese“). Die Mustererkennung stützt sich dabei auf „kritische Merkmale“, die bei der Analyse des aufgenommenen Musters entdeckt werden müssen, damit eine Identifikation möglich ist.

Verschiedene Untersuchungen sprechen dafür, daß die Mustererkennung vor allem solche kritischen Merkmale einbezieht und die vielen übrigen Informationen, die in komplexeren Reizmustern enthalten sind, ignorieren kann.

Experiment 6:

ATTNEAVE (1955) untersuchte, inwieweit sich die Informationsmenge, die beim Erfassen einer Form bzw. eines Musters verarbeitet werden muß, auf die Behaltensleistung auswirkt. Er gehörte zur Gruppe jener Forscher, die in den fünfziger Jahren auf dem Hintergrund der mathematischen Informationstheorie versuchten, menschliche Informationsverarbeitungsprozesse so weit wie möglich zu quantifizieren. Ausgangspunkt war dabei immer die objektiv im Reizmuster selbst enthaltene Informationsmenge, die in „bits" gemessen wurde. ATTNEAVE stellte aufgrund seiner theoretischen Überlegungen die Hypothese auf, daß die Behaltens- bzw. Reproduktionsleistung für visuelle Muster direkt von der enthaltenen Informationsmenge bzw. der Redundanz, d.h. des Ausmaßes, in dem einzelne Elemente oder Teilstücke des Musters sich wiederholen, bestimmt werde. In seinem Experiment verwendete er unterschiedliche Punktmuster in einer rechtwinkligen Matrix, deren Größe variiert wurde (3 x 4, 4 x 5 und 5 x 7 Felder). ATTNEAVE stellte zunächst „zufällige" Punktmuster her, indem für jedes Feld der Matrix durch eine Zufallsauswahl bestimmt wurde, ob sie einen Punkt enthalten sollte oder nicht. Die Informationsmenge, die zum vollständigen Erfassen dieser Muster verarbeitet werden mußte, entsprach damit der Anzahl der Zellen, da keinerlei Regelmäßigkeiten enthalten waren. Eine 3x4-Punkte-Matrix enthielt also 12, eine 4x5-Matrix 20 und eine 5x7-Matrix 35 „Bits". In einem zweiten Schritt wurden dann durch „Spiegeln" der 3x4-Matrizen achsensymmetrische Punktmuster in den Größen 4x5 und 5x7 erzeugt, zu deren Erfassung aufgrund dieser Regelmäßigkeit („Redundanz") eine geringere Informationsmenge verarbeitet werden mußte.

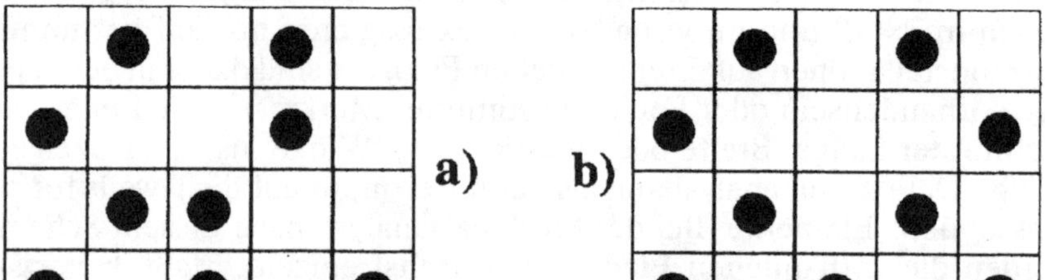

Abb. 23: Versuchsmaterial im Experiment von ATTNEAVE (1955)
a) Zufallspunktmuster, b) symmetrisches Punktmuster.

ATTNEAVE legte die auf die Weise entstandenen Muster seinen Versuchspersonen unter drei verschiedenen Bedingungen vor: (1) Kurze Darbietungszeit (1 Sek.) mit der Aufforderung zur sofortigen Reproduktion (Zeichnen des zuvor gesehenen Musters), (2) verlängerte Darbietung (10 Sek.) mit verzögerter Reproduktion (nach jeweils 8 Darbietungen) und (3) mittlere Darbietungszeit (5 Sek.) mit der Aufgabe, die gezeigten Muster anschließend wiederzuerkennen. Die Behaltensleistung der Teilnehmer wurde durch die Anzahl der beim Reproduzieren bzw. Wiedererkennen gemachten Fehler erfaßt. ATTNEAVE erwartete aufgrund seiner Hypothese bei den symmetrischen Punktmustern gleiche Fehlerzahlen wie bei den 3x4-Zufallsmustern, da die zu verarbeitende Informationsmenge in etwa gleich war. Bei den größeren Zufallsmustern (4x5 und 5x7-Matrizen) wurden dagegen deutlich höhere Fehlerzahlen erwartet. Die Ergebnisse stützen diese Erwartungen nur teilweise: Unter Bedingung (2) und (3) traten bei den symmetrischen 20- und 35-Punkt-Mustern signifikant weniger Fehler als bei den Zufallsmustern entsprechender Größe auf. Gleichzeitig lag die Fehlerrate bei den 12-Punkt-Mustern aber, entgegen der Hypothese, deutlich unter den Werten der symmetrischen Muster. In Bedingung (1) ließ sich sogar nicht einmal ein Trend in die geschilderte Richtung feststellen. ATTNEAVE mußte aufgrund dieser Resultate konstatieren, daß die Symmetrie der Muster (bzw. die enthaltene „Informationsmenge") nicht der für die Behaltensleistung allein maßgebliche Faktor war.

Konzeptgesteuerte Mustererkennung besteht demgegenüber in einem Vergleich des visuellen Reizes mit Datenmustern, die im Gedächtnis bereits vorhanden sind. Diese Datenmuster resultieren aus früheren Wahrnehmungen und stellen „Schablonen" für bestimmte Figuren dar. Wird bei dem Vergleich zwischen sensorischer Information und Gedächtnisdaten eine hinreichende Übereinstimmung festgestellt, dann wird der Reiz als das betreffende Muster identifiziert.

Auch dieses Modell der Mustererkennung setzt also voraus, daß der Reizinput zumindest soweit analysiert wird, daß eine systematische Suche nach möglicherweise „passenden" Schablonen oder Mustern im Gedächtnis möglich ist. Die weitere Verarbeitung ist danach aber von den aktivierten Gedächtnisinhalten („Konzepten") und nicht mehr von den sensorischen Daten selbst abhängig, sie erfolgt „konzeptgesteuert". Wie man ein Element dabei wahrnimmt, d.h. interpretiert, wird durch den jeweiligen Kontext, in dem es auftritt, bestimmt. In diesem Zusammenhang wurde auch festgestellt, daß Objekte in ihrem „natürlichen" Kontext besser bzw. schneller wahrgenommen werden, als wenn sie in einem willkürlichen oder ihrer normalen Position widersprechenden Zusammenhang gezeigt werden. PALMER (1975) konnte darüberhinaus zeigen, daß ein vorgegebener Kontext die Erkennungsleistung bei danach kurzzeitig dargebotenen Abbildungen beeinflußt. Er zeigte den Teilnehmern seiner Untersuchung jeweils ein Bild einer bestimmten Szene (z.B. eine Küchenszene) als Kontext und bot ihnen anschließend für sehr kurze Zeit die

Abb. 24: Beispiel für eine konzeptgesteuerte Wahrnehmung. Den Dalmatiner auf dem Foto von R.C. James erkennen die meisten Versuchspersonen nur dann, wenn sie zuvor informiert werden, daß sie einen Hund auf dem Foto suchen sollen (nach THURSTON & CARRAHER, 1966).

Abbildung eines Objekts dar, das entweder mit der vorherigen Szene in einem natürlichen Zusammenhang stand (z.B. ein Brot) oder keine Beziehung zu ihr aufwies (z.B. eine Trommel). In den jeweiligen Kontext passende Objekte wurden unter diesen Bedingungen von den Versuchspersonen wesentlich häufiger als die anderen Objekte erkannt. Die vorherige Darbietung des Kontexts führte offensichtlich zur Aktivierung eines bestimmten Bezugsrahmens, der die Mustererkennung in der darauffolgenden Phase maßgeblich beeinflußte, d.h. die Identifikation des Objekts ermöglichte.

Datensteuerung und Konzeptsteuerung stellen keine Alternativen und in diesem Sinne keine konkurrierenden Modelle der Mustererkennung dar. Vielmehr scheinen in den meisten Wahrnehmungsprozessen datengesteuerte Merkmalsanalysen und konzeptgesteuerte Deutungen oder Interpretationen der visuellen Information miteinander zu interagieren. Dabei laufen datengesteuerte und konzeptgesteuerte Verarbeitung keineswegs nur als zwei aufeinanderfolgende Schritte, sondern simultan und parallel ab: Ein aktiviertes Konzept kann z.B. bestimmen, welche Teile oder Gebiete im visuellen Feld beachtet werden, diese Informationen werden dann datengesteuert analysiert und durch weitere Vergleiche mit Datenmustern aus dem Gedächtnis interpretiert. Welche Form ein sol-

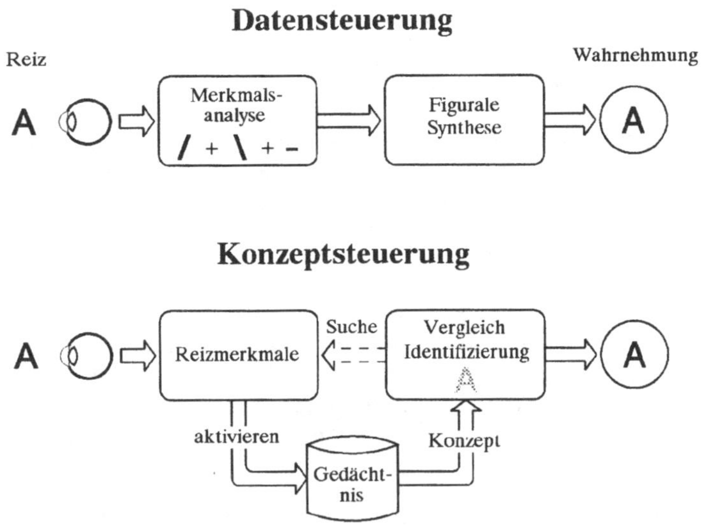

Abb. 25: Zwei Modelle zur Mustererkennung: Daten- und Konzeptsteuerung

ches Objekt letztlich in unserer Wahrnehmung aufweist, ergibt sich also aus einem interaktiven und unter Umständen recht komplexen Verarbeitungsprozeß.

1.4 Farbwahrnehmung

Die Unterscheidung verschiedener Farbtöne in einer fast unermeßlichen Vielfalt von Abstufungen ist eine der bedeutendsten Fähigkeiten unseres visuellen Systems. Daß die Farben, die wir in unserer visuellen Umwelt wahrnehmen, keineswegs Merkmale dieser Umwelt selber sind, sondern bestimmte physiologische Eigenschaften des visuellen Systems voraussetzen, wurde bereits im Abschnitt 1.1 angesprochen: Von den Rezeptoren in der Retina sind nur die Zapfen in der Lage, unterschiedliche Farben zu kodieren. Nachtaktive Tiere, in deren Netzhaut ausschließlich Stäbchen vorhanden sind, sehen keine Farben.

Die physiologische Grundlage der Farbwahrnehmung besteht in der Existenz verschiedener Arten von Zapfen in der Netzhaut. Sie unterscheiden sich dadurch, daß sie jeweils auf bestimmte Wellenlängen im einfallenden Licht reagieren und diese Frequenzbereiche besonders stark absorbieren. Manche Zapfen erzeugen auf diese Weise nur bei kurzwelligem Licht um etwa 440 nm Nervenimpulse, andere reagieren auf langwelligeres Licht entsprechend. Die neuronalen Informationen, die von den unterschiedlichen Zapfen ausgehen, erlauben es dem visuellen System also, Lichtreize verschiedener Wellenlängen voneinander zu unterscheiden. Die Rezeptoren für unterschiedliche Wellenlängen sind darüberhinaus auf der Netzhaut ungleichmäßig verteilt. Im Kernbereich der Fovea finden sich fast ausschließlich Stäbchen, die auf langwelligeres Licht oberhalb 500 nm reagieren. In einem umliegenden Bereich sind dagegen die Zapfen häufiger, die kürzere Wellenlängen absorbieren und kodieren können. In der Peripherie der Netzhaut, wo ja kaum noch Zapfen vorhanden sind, können keine Wellenlängen und damit auch keine Farben mehr unterschieden werden.

Die unterschiedlichen Farbtöne, die wir als Eigenschaften der wahrgenommenen Objekte auffassen, korrespondieren mit den Wellenlängen, die in dem von den Lichtquellen oder Gegenständen ausgehenden (reflektierten) Licht jeweils vorhanden sind. Farbige Lichtquellen senden Licht der entsprechenden Wellenlängen aus, farbige Flächen oder Gegenstände reflektieren nur bestimmte Wellenlängen und absorbieren das übrige Licht.

Als *„Purkinjesches Phänomen“* wird nach seinem Entdecker die Beobachtung bezeichnet, daß sich die subjektiv empfundene Helligkeit verschiedener Farbtöne bei unterschiedlichen Beleuchtungsstärken verändert. Während die kurzwelligen Farbtöne (Blautöne) bei Tageslicht oder sonstiger heller Beleuchtung relativ „dunkel“ erscheinen (verglichen mit Rot und Gelb), verändert sich dieser Eindruck bei nur schwacher Beleuchtung: Blaue Gegenstände wirken unter solchen Bedingungen, z.B. in der Dämmerung, unvermittelt heller als etwa rote Objekte. PURKINJE beobachtete genau diesen Effekt während der Dämmerung in seinem Garten.

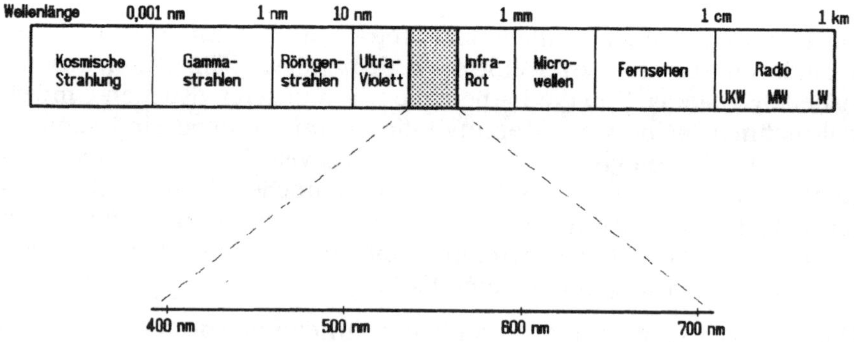

Abb. 26: Spektrum elektromagnetischer Wellenlängen. Hervorgehoben ist der kleine Bereich „sichtbarer“ Strahlung.

Die physiologische Erklärung des Phänomens ist relativ einfach und liegt in den unterschiedlichen Sensibilitäten der Stäbchen und Zapfen des Auges für verschiedene Wellenlängen begründet. Zapfen weisen ihre maximale Lichtempfindlichkeit bei etwa 550-600 nm auf, die korrespondierenden Farbtöne Gelb, Orange und Rot erscheinen uns dementsprechend hell. Stäbchen dagegen haben ihr Maximum bei ca. 500 nm, also im grünen Bereich des Farbspektrums. Wegen der insgesamt höheren Empfindlichkeit der Stäbchen bestimmen diese bei schwacher Beleuchtung unser Sehen und damit auch den Helligkeitseindruck eines Gegenstands oder einer farbigen Fläche.

Experiment 7:

Der englische Physiker Isaac NEWTON hat den Zusammenhang von Wellenlänge und Farbeindruck schon im 17. Jahrhundert zeigen können. Er ließ in einem berühmt gewordenen Versuch Sonnenlicht von einer Seite durch einen Spalt in ein gläsernes Prisma fallen. An der anderen Seite des Prismas trat das Licht nicht mehr als weißes Sonnenlicht, sondern in einem farbigen Spektrum ähnlich einem Regenbogen aus. Die physikalische Erklärung für diese Aufspaltung des Lichts in verschiedene Spektralfarben konnte NEWTON ebenfalls geben: Die Lichtbrechung, die in einem optischen Prisma erfolgt, ist in ihrer Stärke (d.h. dem Brechungswinkel) von der Wellenlänge des Lichts abhängig. Auf diese Weise erschienen die Farben, erzeugt durch das Licht unterschiedlicher Wellenlänge, neben- bzw. untereinander. In einem weiteren Experiment fügte NEWTON dann an das erste Prisma ein weiteres an, so daß die getrennten Wellenlängen in genau entgegengesetzter Richtung nochmals gebrochen und auf diese Weise wieder zusammengeführt wurden. Er stellte fest, daß aus dem zweiten Prisma wieder weißes Licht, wie das in das erste Prisma eintretende Sonnenlicht, austrat. Damit hatte NEWTON gezeigt, daß weißes Licht sich aus den Wellenlängen des gesamten sichtbaren Spektrums zusammensetzt.

Die Hauptfarben des sichtbaren magnetischen Wellenspektrums lassen sich auf einem Kreis, dem sog. *„Farbenkreis“*, anordnen, bei dem die Reihenfolge der Farben durch die zugehörigen Wellenlängen und die damit verbundene „Ähnlichkeit“ der Farbtöne bestimmt wird.

Sogenannte *„Komplementärfarben“* (z.B. Rot und Grün) liegen sich im Farbenkreis gegenüber und ergeben beim Mischen gleicher Anteile ein Grau, das entsprechend in der Mitte des Farbenkreises angesiedelt wird.

Die „Lücke“ zwischen dem kurzwelligen Violett (380 nm) und dem langwelligen Rot (700 nm) wird von Purpur eingenommen, das zwar keine sog. *„monochromatische Farbe“* ist (d.h. keine korrespondierende Wellenlänge besitzt), aber nach der Farbphänomenologie, die die Anordnung im Farbenkreis mitbestimmt, an diese Stelle gehört.

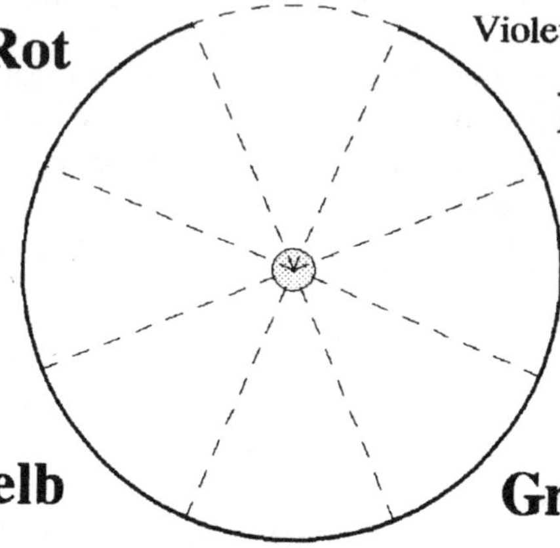

Abb. 27: Farbenkreis. In kreisförmiger Anordnung sind die Farben gemäß ihrer Reihenfolge im Farbspektrum (von rot bis violett) angeordnet. Der Kreis wird mit der Mischfarbe „Purpur" geschlossen, die im Farbspektrum nicht vorkommt.

Bisher war ausschließlich von den *Spektralfarben,* also den Farbtönen, die durch bestimmte Frequenzbereiche im natürlichen Spektrum erzeugt werden, die Rede. Tatsächlich treten diese reinen Farbtöne in unserer farbigen Umwelt eher selten auf. Sie erscheinen beispielsweise in einem Regenbogen, da dieser auf die gleiche Weise wie NEWTONs Spektralfarben entsteht: Durch die Überlagerung von Luftschichten mit unterschiedlichem Wasseranteil wird das Sonnenlicht ähnlich wie in einem Prisma gebrochen und erzeugt den Eindruck unterschiedlicher Farbschichten.

Die weit überwiegende Mehrzahl der Farbtöne entsteht durch die Mischung verschiedener Wellenlängen in variablen Anteilen. Wir haben bereits gesehen, daß durch die Addition aller sichtbaren Frequenzbereiche weißes Licht entsteht. Das Purpur, das im Farbenkreis zwischen dem kurzwelligen Violett und langwelligen tiefen Rot angeordnet ist, wird durch die Mischung dieser beiden Wellenbereiche erzeugt. Gelbes und grünes Licht (d.h.: die entsprechenden Wellenlängen) kommt im Farbton „Purpur" nicht vor. Betrachtet man den Farbenkreis unter diesem Aspekt, so wird deutlich, daß nicht nur verschiedene Kombinationen einzelner Spektralfarben möglich sind, sondern ein Farbton auch in unterschiedlichem Grade mit weißem Licht, also einem Anteil von Licht aller Wellenlängen, gemischt sein kann. Hier spricht man nicht von einem neuen Farbton, sondern von unterschiedlichen *Sättigungsgraden* einer Farbe, da durch die Kombination von monochromatischem und weißem Licht im strengen Sinne keine neue Farbe entsteht, sondern der Farbeindruck abgeschwächt wird. Unterschiedliche Sättigungsstufen, wie etwa Rosa als ein schwach gesättigtes Rot, lassen sich durch eine Anordnung zwischen den reinen Farben im Außenkreis und dem Zentrum des Farbenkreises darstellen.

Mit dem Begriff *„Farbenblindheit"* werden eine Reihe ererbter Anomalien der Farbwahrnehmung bezeichnet, von denen allerdings die vollständige Unfähigkeit, irgendeine Farbe wahrzunehmen (sog. „Monochromatismus") nur selten auftritt. Wesentlich häufiger sind Defekte in der Wahrnehmung bestimmter Farben oder Farbkombinationen, meist für Grün-Rot-Empfindungen, die als „Protanopie" bzw. „Deuteranopie" bezeichnet werden. Diese Beeinträchtigungen, wie auch die wesentlich seltenere Blau-Gelb-Blindheit (Tritanopie), werden durch das genetisch bedingte Fehlen der Farbrezeptoren für die entsprechenden Spektralbereiche verursacht. Als Folge sind die Betroffenen nicht in der Lage, die jeweiligen Farbenpaare zu unterscheiden: Bei der Protanopie und der Deuteranopie wirken sowohl Rot als auch Grün wie ein blasses Gelb, bei der Tritanopie werden Grautöne statt Blau oder Gelb wahrgenommen.

Neben solchen „Dichromasien" gibt es sogenannte Farbschwächen oder „Trichromasien", bei denen die Unterscheidungsfähigkeit für bestimmte Farbkombinationen herabgesetzt ist. Bei hohem Sättigungsgrad der Farbtöne und genügender Beleuchtung können die hiervon Betroffenen die Farben aber doch richtig wahrnehmen.

Farbwahrnehmungsanomalien werden häufig mit Geräten ermittelt, bei denen ein vorgegebener Farbton durch die Mischung verschiedener Spektralfarben hergestellt werden soll. Auf diese Weise kann festgestellt werden, für welche Farbtöne eine Diskriminationsunfähigkeit vorliegt.

Ein Blick auf den Farbenkreis zeigt, daß sich durch die Mischung zweier Spektralfarben auch Farbtöne erzeugen lassen, die (bei einem etwas geringeren Sättigungsgrad) einer dritten Spektralfarbe entsprechen. Tatsächlich können wir solche „metamerischen" Farben nicht von der entsprechenden monochromatischen Farbe unterscheiden. Das Gelb, das bei einer Wellenlänge von 570 nm entsteht, kann auch durch die Kombination von rotem (640 nm) und grünem Licht (500 nm) erzeugt werden. Obwohl physikalisch verschieden, sind die Farbtöne phänomenologisch identisch.

Wer schon einmal mit einem Farbkasten Farben gemischt und neue Farbtöne hergestellt hat, wird bei der Behauptung, daß „Rot" und „Grün" einen gelben Farbton ergäben, sicher widersprechen wollen: Erhält man bei solchen Kombinationsversuchen mit dem Farbkasten doch nur ein schmutziges Grau-Braun. Die Erklärung liegt darin, daß die Mischung von unterschiedlichen Wellenlängen und die Mischung von Farbstoffen, die lichtabsorbierende Pigmente enthalten, zwei völlig unterschiedliche Vorgänge sind. Die bisher beschriebene Herstellung von Farbtönen durch Kombination verschiedener Spektralfarben wird als *„additive Farbmischung“ bezeichnet, weil hier Licht unterschiedlicher Wellenlängen kombiniert oder „addiert“ wird. Die Mischung von Malfarben stellt dagegen eine „subtraktive Farbmischung“* dar, bei der bestimmte Wellenbereiche durch die nun zusammengemischten Pigmente absorbiert oder „subtrahiert“ werden.

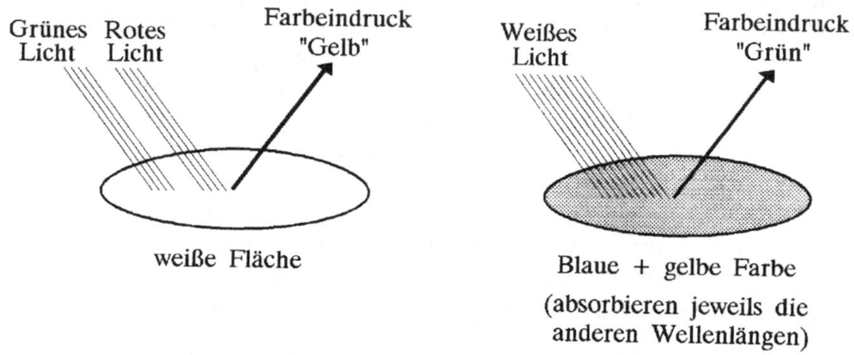

Abb. 28: Additive und subtraktive Farbmischung. Links wird die additive Farbmischung erläutert: Fällt auf eine Fläche das Licht zweier Spektralfarben (z.B. Grün und Rot), entsteht eine neue Farbe (Gelb). Rechts wird die subtraktive Farbmischung veranschaulicht: Eine farbige Fläche, auf die weißes Licht trifft, wirkt wie ein Farbfilter: Vorhandene Pigmente der farbigen Fläche absorbieren bestimmte Wellenlängen, sodaß nur noch eine bestimmte Farbe (hier: Grün) „übrig bleibt“.

Während eine additive Kombination der Komplementärfarben Blau und Gelb bei gleichen Farbanteilen zu einem Verlust der Farbwirkung, d.h. zu einem Grauton führen müßte, werden bei einer subtraktiven Mischung der Malfarben Blau und Gelb schließlich nur noch die Wellenlängen reflektiert, die von keinem der beiden Pigmente absorbiert werden können. Dies sind in unserem Beispiel die Wellenlängen um 500 nm, so daß der entstehende Farbeindruck „Grün“ ist. Auf diese Weise läßt sich auch das schmutzige Grau bei der Mischung von roter und grüner Farbe erklären: Die roten und die grünen Pigmente absorbieren zusammen den gesamten Spektralbereich, so daß kein dominanter Farbeindruck entstehen kann.

Auf eine Besonderheit der additiven Farbmischung soll noch eingegangen werden. Es ist nämlich möglich, durch die Kombination von nur drei *„Primärfarben“* mit relativ engen Spektralbereichen jeden beliebigen Farbton zu erzeugen, indem man die Anteile der drei Wellenbereiche variiert. Diese Primärfarben sind Rot (700 nm), Grün (546 nm) und Blau (436 nm). Die Möglichkeit der Kombination der Primärfarben machen sich beispielsweise Farbfernsehgeräte zunutze, indem sich jedes Bild auf der Mattscheibe aus sehr kleinen (aus normaler Entfernung nicht erkennbaren) farbigen Bildpunkten zusammensetzt, die durch unser visuelles

System zu einheitlich farbigen Flächen verschmolzen werden. Der Vielzahl der Farbtöne, die wir wahrnehmen, stehen in diesem Falle also nur drei verschiedene Wellenlängen gegenüber, die unser Auge erreichen.

Forscher, die nach Erklärungen für die Fähigkeit der Farbwahrnehmung suchten, sahen sich genau mit diesem Aspekt konfrontiert. Ein menschlicher Betrachter kann im Durchschnitt mindestens 200 verschiedene Farbtöne voneinander unterscheiden. Schon früh wurde die Frage nach der physiologischen Basis dieser Diskriminationsfähigkeit diskutiert.

Der Engländer Thomas YOUNG kam bereits im frühen 19. Jahrhundert zu der Annahme, daß drei unterschiedliche Farbrezeptoren in der Retina dazu ausreichen müßten. Der deutsche Physiologe H. von HELMHOLTZ griff diesen Gedanken um 1850 auf und behauptete die Existenz dreier Grundfarben, nämlich Rot, Grün und Blau, für deren Wellenbereich ein jeweils genau abgestimmter Rezeptortyp in der Netzhaut vorhanden sein müsse (vgl. v. HELMHOLTZ, 1866). Diese *trichromatische Theorie* der Farbwahrnehmung, die später auch als „YOUNG-HELMHOLTZ-Theorie" bezeichnet wurde, begründete er mit der Möglichkeit der additiven Mischung der Primärfarben zu beliebigen Farbtönen.

Erst nach 1960 konnte in physiologischen Forschungsarbeiten die tatsächliche Existenz dreier Arten von Zapfen nachgewiesen werden, die eine maximale Empfindlichkeit bei deutlich unterschiedlichen Wellenlängen aufweisen. Diese Wellenlängen (570, 530 und 420 nm) entsprechen den ursprünglich angenommenen Grundfarben Rot, Grün und Blau. Die Retina enthält also nicht für jeden beliebigen Farbton „passende" Rezeptoren, sondern erfaßt Farben als Kombinationen verschiedener Anteile der drei Primärfarben.

Die *Theorie der Gegenfarben* wurde von Ewald HERING (1878) als eine Reaktion auf die Trichromatische Theorie vorgeschlagen, deren Annahmen ihm für eine Erklärung der Farbphänomenologie unzureichend erschienen. HERING ging von der Beobachtung aus, daß alle Farbwahrnehmungen mit Hilfe der vier Grundfarben Rot, Grün, Blau und Gelb beschrieben werden können, daß aber manche Kombinationen dieser vier Farben nie zur Beschreibung von Mischfarben verwendet werden: Es gibt z.B. kein „rötliches Grün". Er formulierte daraufhin die Annahme, daß die Grundfarben in zwei Paaren von „Gegenfarben" organisiert seien, von denen immer nur eine an einer bestimmten Stelle wahrnehmbar sei. Den Grund vermutete er in einem physiologischen Mechanismus der Retina, deren Farbrezeptoren seiner Auffassung nach zu einem Zeitpunkt nur auf eine von zwei Gegenfarben reagieren könnten.

Obwohl diese physiologischen Annahmen HERINGs zum damaligen Zeitpunkt rein spekulativ waren, hat die spätere physiologische Forschung gezeigt, daß die antagonistischen Erregungsmuster der rezeptiven Felder im Hinblick auf die Farbwahrnehmung genau den von HERING postulierten Gegenfarben-Mechanismus bewirken. Es konnten für Ganglienzellen sowie für Zellen im NGL und im visuellen Cortex rezeptive Felder nachgewiesen werden, die z.B. über ein „Rot"-Zentrum und eine „Grün"-Peripherie oder über ein „Gelb"-Zentrum und eine „Blau"-Peripherie verfügen. Das visuelle System verfügt also über rezeptive Felder, die die Verteilung unterschiedlicher Wellenlängen auf der Netzhaut kodieren können und in „Gegenfarben" organisiert sind. Dabei existiert bereits auf der Ebene der bipolaren Zellen ein Kodierungsmuster für die beiden Gegenfarben-Paare: Ein Teil der Bipolarzellen zeigt bei rotem Licht eine positive, bei grünem Licht dagegen eine negative Potentialverschiebung, während andere Zellen entsprechende Reaktionen bei gelbem (positiv) und blauem (negativ) Licht zeigen.

HURVICH & JAMESON (1957) haben die Annahmen der trichromatischen und der Gegenfarben-Theorie zu integrieren versucht. Auf der Rezeptorenebene sind demnach drei Zapfentypen mit unterschiedlicher Sensibilität für bestimmte Wellenlängen (Blau, Grün und Rot) zu unterscheiden, die HURVICH & JAMESON als α-, β- und γ-Rezeptoren bezeichnen. Auf höherer Ebene werden die Informationen dann in den Gegenfarben-Systemen Rot-Grün und Gelb-Blau zusammengefaßt, zu denen noch ein Schwarz-Weiß (bzw. „Hell-Dunkel")-Unterscheidungssystem kommt, das seinen Input von allen Rezeptortypen erhält und der Erfassung von Intensitätsunterschieden dient.

Eine ganze Reihe von Phänomenen der Farbwahrnehmung (wenn auch nicht alle) sind mit den skizzierten physiologischen Mechanismen erklär-

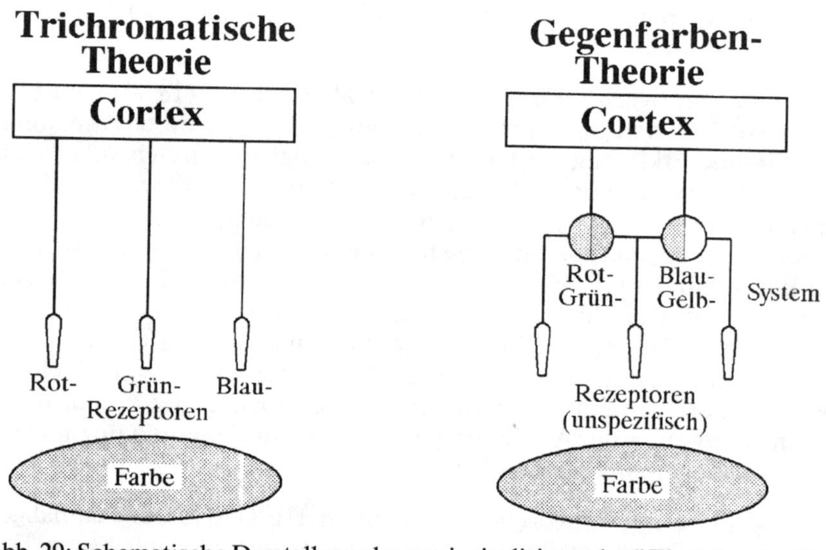

Abb. 29: Schematische Darstellung der zwei „rivalisierenden" Theorien des Farbensehens: Die „trichromatische Theorie" von HELMHOLTZ und die „Gegenfarbentheorie" von HERING (Erläuterung im Text).

bar. Dies gilt beispielsweise für *Simultan- und Sukzessivkontraste,* die bei der Wahrnehmung von Farben auftreten können.

Betrachtet man eine objektiv weiße Fläche, die von einer farbigen (z.B. grünen) Fläche umgeben ist, dann erscheint die innere Region nicht mehr weiß, sondern zeigt einen schwachen Farbton, der der Gegenfarbe der peripheren Farbe (hier also Rot) entspricht. Eine solche „induzierte Farbe" entsteht durch einen Simultankontrast, der durch die laterale Hemmung der Zellen in der inneren, dem weißen Licht ausgesetzten Netzhautregion hervorgerufen wird. Es ergibt sich eine Art „Verschiebung" des Gleichgewichts im Rot-Grün System für diese Region, so daß der Farbeindruck „Rot" resultiert. Auf der gleichen Wirkung beruhen Veränderungen eines wahrgenommenen Farbtones bei einem farbigen Hintergrund. Ein ursprünglich reines Rot wird bei einem blauen Hintergrund eher als Orange wahrgenommen, da die blaue Fläche ihre Komplementärfarbe Gelb induziert und diese sich in der Wahrnehmung mit dem Rot „mischt".

Selbstversuch 5: Farb-Simultankontrast

Um einen sehr deutlichen Farb-Simultankontrast zu erzeugen, benötigt man drei farbige Bögen Karton oder farbiges Papier (z.B. in der Größe DIN A 4). Die Oberfläche soll einheitlich, d.h. nicht gemustert sein. Einer der Bögen dient als „Testreiz", ein kräftiges Rot oder Purpur ist dafür besonders gut geeignet. Die Farben der übrigen beiden Bögen müssen so gewählt werden, daß ihre Gegenfarben den Farbton des Testreizes gegenläufig beeinflußen können. Bei einem roten Testreiz bieten sich z.B. ein gelb-orange auf der einen und ein bläulich-violetter Farbton auf der anderen Seite an. Aus diesen beiden Bögen schneidet man in der Mitte kleine Quadrate heraus und legt sie so auf den Testreiz, daß ihre Kanten in der Mitte des Testbogens zusammenstoßen, so daß dieser bis auf die quadratischen Ausschnitte völlig verdeckt wird. Wenn die Farben kräftig genug sind, wird man in den Ausschnitten zwei deutlich unterschiedliche rötliche Farbtöne sehen, obwohl der Testbogen als solcher eine völlig einheitliche Farbe besitzt. Die „Verschiebung" des Farbtons kommt durch einen Simultankontrast zustande, bei dem die farbigen Deckbögen an den ausgeschnittenen Stellen ihre Gegenfarben induzieren, die dann die Wahrnehmung des roten Hintergrundfarbtones beeinflussen.

Eine ähnliche Veränderung des Farbtons ist übrigens auch bei einer Zunahme der Lichtintensität zu beobachten, ein Phänomen, das nach seinen Entdeckern als „BEZOLD-BRÜCKE-Effekt" bekannt ist. Eine Ausnahme bilden lediglich drei Wellenlängen, die als „BEZOLD-BRÜCKE-Invarianten" bezeichnet werden.

Sukzessivkontraste oder sog. *„Nacheffekte“* bei der Farbwahrnehmung entstehen durch die Adaptation der Netzhautrezeptoren, bei der die Pigmente für eine der drei Grundfarben, der das Auge für längere Zeit ausgesetzt wird, „ausbleichen“, so daß die neuronale Reaktion immer schwächer wird. Dadurch befindet sich das entsprechende Komplementärfarbensystem bei einer plötzlichen Wegnahme des Farbreizes nicht mehr im „Gleichgewicht“, so daß die Gegenfarbe des ursprünglichen Reizes erscheint. Betrachtet man beispielsweise eine Zeitlang einen grünen Kreis und blickt dann auf eine weiße Fläche, so entsteht der Eindruck eines schwach roten Kreises, der sich auf der Hintergrundfläche zu befinden scheint. Die Farbe Rot „dominiert“ für eine gewisse Zeit im Rot-Grün-System der betreffenden Netzhautregion und läßt so einen roten Kreis entstehen, der objektiv gar nicht existiert.

Allerdings lassen sich nicht alle Sukzessivphänomene durch solche relativ kurzzeitigen physiologischen Vorgänge erklären. Ein Beispiel ist der sog. *„McCollough-Effekt“*, bei dem eine Interaktion zwischen Farbe und räumlicher Orientierung auftritt.

Experiment 8:

Abb. 30: Testmuster im Versuch von McCOLLOUGH (1965)

McCOLLOUGH (1965) untersuchte die Entstehung von farbigen Nacheffekten, die bei genauerer Betrachtung nicht auf eine Farbadaptation der Netzhautrezeptoren zurückgeführt werden konnten. In seinem Experiment wurde den Versuchspersonen abwechselnd jeweils für fünf Sekunden ein regelmäßiges Muster aus vertikalen schwarzen Streifen vor orangefarbigem Hintergrund und ein entsprechendes Muster aus horizontalen Streifen vor blauem Hintergrund gezeigt. Nach einigen Minuten wurde den Teilnehmern dann ein farbneutrales „Testmuster“, das sowohl vertikale wie horizontale Linien enthielt (siehe Abbildung 30), mit der Aufforderung vorgegeben, ihren Seheindruck zu beschreiben. Fast alle Versuchspersonen nahmen die Hälfte mit den vertikalen Streifen in einem schwach blauen, die andere Hälfte dagegen in einem orange-rötlichen Farbton wahr. Die Farbeindrücke entsprachen damit genau den Gegenfarben der zuvor gezeigten Hintergrundfarben. Sie waren, wie sich beim Drehen der Testmuster herausstellte, an die räumliche Orientierung der Streifen (vertikal vs. horizontal) gebunden: Bei einem um 90° im Uhrzeigersinn rotierten Testmuster erschien die obere Hälfte blau und die untere orange. Diese Wirkung war durch eine Adaptation der Netzhautrezeptoren nicht zu erklären. McCollough schloß aus den Ergebnissen, daß die auftretenden Nacheffekte offenbar durch eine Farbadaptation bestimmter „höherer" Detektorzellen im Cortex, die für die Erfassung der räumlichen Orientierung zuständig sind, bedingt seien. Diese spezialisierten Detektoren im visuellen System, deren eigentliche Aufgabe im Erkennen entweder horizontaler oder vertikaler Kanten liegt, beeinflussen also auch die Farbwahrnehmung, wobei die Adaptation hier offensichtlich auf anderem Wege als durch „Ausbleichen" photochemischer Zellbestandteile entsteht.

Der Versuch, die auftretenden Farbwahrnehmungen als Ergebnisse physiologischer Adaptation zu erklären, wird durch experimentelle Befunde, nach denen der Effekt in manchen Fällen noch nach einigen Monaten auftreten kann, in Frage gestellt. Der Zusammenhang zwischen räumlicher Orientierung im Testmuster und wahrgenommener Farbe läßt auf einen höheren, cortikalen Verarbeitungsprozeß schließen, der möglicherweise durch Mechanismen der klassischen Konditionierung zustande kommt (vgl. MURCH & WOODWORTH, 1977).

Daß „höhere" kognitive Prozesse die Farbwahrnehmung maßgeblich bestimmen können, läßt sich beispielhaft an der *„Gedächtnisfarbe"* zeigen. Als Gedächtnisfarbe wird ein wichtiger Einflußfaktor auf die Farbwahrnehmung bei vielen vertrauten Gegenständen bezeichnet. Objekte, die üblicherweise einen einzigen, typischen Farbton aufweisen (rote Tomaten, grünes Gras usw.), werden unter Rückgriff auf den im Gedächtnis gespeicherten prototypischen Farbton wahrgenommen: Tomaten werden beispielsweise häufig „roter" wahrgenommen, als sie tatsächlich sind.

Gezeigt wurde dieser Effekt in Untersuchungen, in denen die wahrgenommene Farbe verschiedener Gegenstände durch den Vergleich mit einer variablen farbigen Lichtquelle eingestellt werden sollte. Bei Gegenständen, zu denen die Teilnehmer wahrscheinlich eine bestimmte Gedächtnisfarbe gespeichert hatten (Apfel, Herzen, Bananen), wurde ein deutlich intensiverer Farbton ausgewählt als bei solchen, die zwar in der gleichen Farbe dargestellt waren, aber keine „typische" Farbe besitzen (z.B. einfache geometrische Figuren).

Nicht nur die Erinnerung, sondern auch die unmittelbare Wahrnehmung von Gegenständen mit prototypischen Farbtönen wird also durch Gedächtnisinhalte beeinflußt.

1.5 Raumwahrnehmung

Unsere Umwelt ist dreidimensional. Daß wir sie auch visuell als räumlich erleben, ist so selbstverständlich, daß eine Diskussion dieses Aspekts zunächst uninteressant erscheint. Wenn man aber berücksichtigt, daß das Netzhautbild, dem wir die visuelle Information über unsere Umwelt entnehmen, eine rein flächenhafte, zweidimensionale Projektion ist, stellt sich durchaus die Frage, welche Faktoren die visuelle Wahrnehmung von Räumlichkeit ermöglichen, und in der Tat ist dies eine der Fragen, die die Wahrnehmungsforschung bis heute am meisten beschäftigt hat.

„Räumliche Wahrnehmung" bedeutet neben dem Erleben der Dreidimensionalität als solche *(Tiefenwahrnehmung)* auch die Fähigkeit zur Einschätzung von Entfernungen *(Entfernungs- oder Distanzwahrnehmung)*. Darüber hinaus sind wir in der Lage, „Räumlichkeit" auch dort wahrzunehmen, wo sie objektiv gar nicht existiert, nämlich auf Abbildungen, Photografien, der Mattscheibe des Fernsehgerätes usw.

Die Faktoren oder *„Hinweisreize"*, die das visuelle System bei der räumlichen Wahrnehmung verwendet, sind sehr unterschiedlicher Art. Es können Merkmale des visuellen Reizes selbst oder optische Eigenschaften des Auges sein, aber auch physiologische Mechanismen und kognitive Faktoren sind beteiligt. Solche Hinweisreize sollen im folgenden erörtert werden, wobei zwischen monokularer und binokularer Tiefenwahrnehmung und den Einflüssen der Okulomotorik unterschieden wird.

Eine ganze Reihe von Hinweisreizen erlaubt die Wahrnehmung von Räumlichkeit und Entfernung bereits mit einem Auge, man spricht von *monokularer Tiefenwahrnehmung*. Dies sind zu einem guten Teil auch die Hinweise, die räumliche Relationen in zweidimensionalen Abbildungen wie Photos oder Zeichnungen herzustellen in der Lage sind.

Eine Reihe von Informationen, die dem visuellen Reiz selbst entnehmbar sind, verlangen eine Interpretation und damit die Einbeziehung von Erfahrung, um zu einer Einschätzung der räumlichen Relationen zu kommen. So ist die *Größe des Netzhautbildes* eines Gegenstandes, im Gegensatz zum Gegenstand selber, nicht konstant, sondern hängt von der Entfernung des Gegenstandes ab. Mit zunehmender Entfernung wird das Netzhautbild immer kleiner. Bei Objekten, deren Größe aus früheren Erfahrungen bekannt ist, läßt sich die Entfernung und räumliche Position aufgrund der Größe der Abbildung auf der Netzhaut einschätzen.

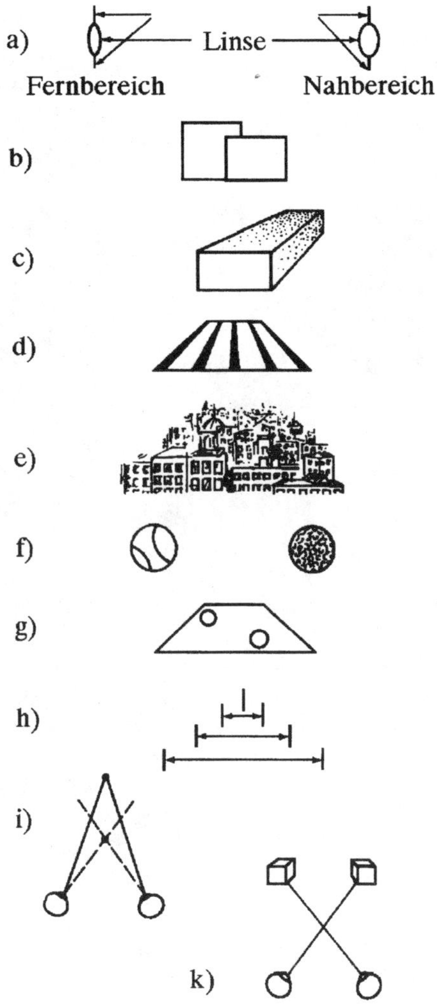

Abb. 31: Schematische Darstellung von Indikatoren für die Wahrnehmung räumlicher Tiefe (nach SCHIFF, 1980): a) Akkomodation der Linse, b) Überlagerung, c) Texturgradient, d) Linearperspektive, e) Luftperspektive, f) gewohnte Größe, g) Höhe im Gesichtsfeld, h) Bewegungsparallaxe, i) Konvergenz, k) binokulare Disparität

Da das visuelle Feld in der Regel eine ganze Reihe von Objekten enthält, lassen sich durch einen Vergleich der Größenverhältnisse ziemlich detaillierte Informationen über die räumliche Anordnung und die Distanzen gewinnen. Allerdings kann die relative Größe als alleiniger Hinweis leicht zu Täuschungen führen, wenn die anhand der Erfahrung vermutete Größe nicht der tatsächlichen Größe des Gegenstands entspricht. In einem Experiment, bei dem sämtliche sonstigen Hinweisreize fehlten

Abb. 32: Zusammenhang zwischen Abbildungsgröße und Entfernung. Das Paar neben der linken Säule ist eine exakte Kopie des Paares im Hintergrund (aus ROCK, 1985).

(ITTELSON, 1951), kamen die Versuchspersonen zu völlig falschen Entfernungseinschätzungen, wenn die „natürliche" Größe des betrachteten Objekts (eine Spielkarte) vom Versuchsleiter durch Austauschen mit übergroßen oder Miniatur-Spielkarten variiert wurde.

Ähnliche Hinweisfunktionen und auch ähnliche Täuschungsanfälligkeit wie die Größe weisen die *Höhe im Gesichtsfeld* sowie die *Überlagerung von Objekten oder Flächen* auf. Die Höhe eines Gegenstands im Gesichtsfeld (seine vertikale Position im Netzhautbild) korrespondiert mit der Entfernung vom Betrachter. Dabei stellt der *Horizont* den Bezugspunkt für die Entfernungsschätzung dar: Je näher ein Objekt der Horizontlinie ist, desto weiter entfernt erscheint es. Objekte, die sich oberhalb der Horizontal-

Abb. 33: HOGARTHs Gemälde „False Perspective“ enthält eine ganze Reihe sich widersprechender Tiefenhinweise. Versuchen Sie einmal, einige zu identifizieren.

linie befinden (etwa Vögel oder Flugzeuge) werden deshalb als umso näher wahrgenommen, je höher ihre Position im visuellen Feld ist.

Wird ein Objekt im visuellen Feld teilweise durch ein anderes überlagert oder verdeckt, so wird es als hinter diesem Objekt liegend wahrgenommen. Die Überlagerung oder *„Interposition“* der einzelnen Flächen und Gegenstände im Gesichtsfeld gibt also Aufschluß über ihre Positionen relativ zum Betrachter. Sowohl die Höhe im Gesichtsfeld als auch die Überlagerung können bei bewußter Manipulation (z.B. im Experiment) zu erheblichen Wahrnehmungstäuschungen führen.

Hinweise auf räumliche Positionen und Orientierungen geben auch die Helligkeitsverteilung und die im Gesichtsfeld auftretenden *Schatten.* Dreidimensionale Objekte weisen auf ihrer Oberfläche eine bestimmte Verteilung von Licht und Schatten auf, die von der jeweiligen Position der Lichtquelle abhängt. Vertiefungen, Erhöhungen und andere Oberflächenmerkmale sind darüberhinaus jeweils durch eine bestimmte Schattenform gekennzeichnet. Die Andeutung von Schatten wird beispiels-

Abb. 34: Schattenwirkung als Indikator räumlicher Tiefe. Die Präsidentenbüsten wirken flach und undeutlich, wenn der Hell-Dunkel-Kontrast künstlich abgeschwächt wird (nach ZANFORLIN, 1982)

weise oft bei einfachen Strichzeichnungen benutzt, um dreidimensionale Gegenstände darzustellen.

Parallele Strukturen oder Linien scheinen in einem Fluchtpunkt, der sich auf der Höhe des Horizonts befindet, zu konvergieren. Der wahrgenommene Abstand zwischen Eisenbahnschienen, Straßenrändern oder den Reihen eines Kornfelds wird bei großer Entfernung so gering, daß sie schließlich in einem Punkt zu verschmelzen scheinen. Diese Gesetzmäßigkeit der Tiefenwahrnehmung wird als *Linearperspektive* bezeichnet. In der bildenden Kunst stellt die Linearperspektive eine wichtige Technik für die Darstellung von Räumlichkeit dar. Mit der Linearperspektive hängt ein weiterer Hinweisreiz zusammen, der sich auf die Oberflächenstrukturen im visuellen Feld stützt. Bei der Betrachtung einer regelmäßig strukturierten Oberfläche, die eine räumliche Ausdehnung in der Blickrichtung aufweist, wirken Linearperspektive und relative Größe der Elemente als Tiefenindikatoren zusammen: Parallele Strukturen konvergieren, während gleichzeitig die einzelnen Elemente der Struktur mit zunehmender Entfernung immer kleiner und dichter zusammenliegend erscheinen.

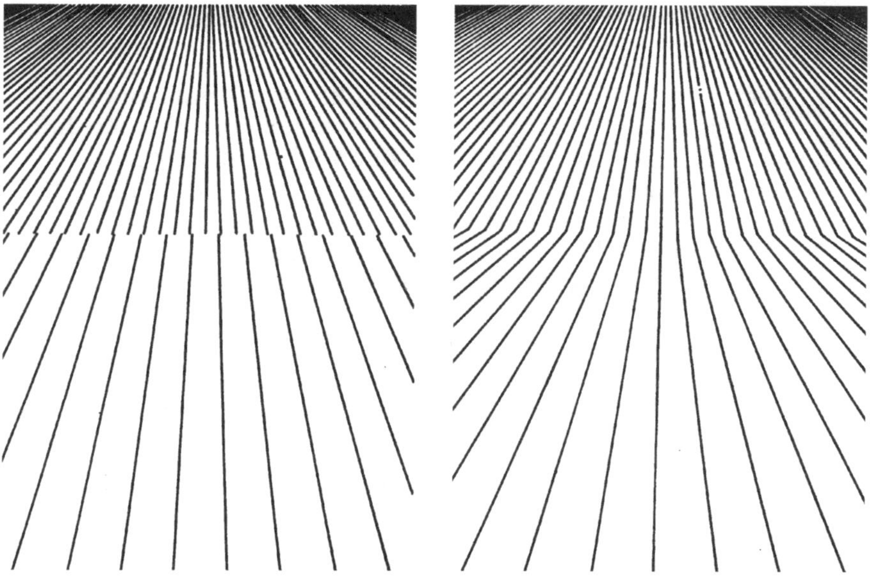

Abb. 35: Beispiele für Texturgradienten (nach GIBSON, 1950)

GIBSON (1950) hat diesen Hinweis als den *„Texturgradienten"* einer Oberfläche beschrieben. Der Texturgradient erlaubt es, die Ausdehnung von Flächen einzuschätzen und horizontale von vertikalen Flächen zu unterscheiden (Die Textur einer senkrechten Wand erzeugt die beschriebenen Wahrnehmungseffekte im Gegensatz zu einer horizontalen Fläche nicht.). Da sich Texturgradient und lineare Konvergenz kontinuierlich verändern, erlauben sie nicht nur die Unterscheidung von „vorne" und „hinten", sondern relativ unabhängig von Erfahrungen die Erfassung räumlicher Ausdehnungen.

Die *Luftperspektive* ist ein weiterer bewegungsunabhängiger, monokularer Hinweisreiz auf räumliche Tiefe bzw. Entfernung. Weiter entfernte Objekte, besonders bei größeren Distanzen im Freien, weisen abhängig von ihrer Entfernung weniger scharfe Konturen und weniger klare Details auf: sie verschwimmen zunehmend.

Dieser Effekt wird durch die in der Luft enthaltenen Schwebepartikel bedingt, die den „Durchblick" durch das Medium Luft bei zunehmenden Distanzen immer stärker beeinträchtigen. Bei relativ naheliegenden Objekten ist diese Wirkung kaum wahrnehmbar, blickt man aber beispielsweise von einem Turm über eine Stadt oder von einem Berg über eine Hügellandschaft, so lassen sich die Entfernungen der einzelnen Elemente (Häuser, Brücken, andere Berge etc.) mit Hilfe der Luftperspektive einschätzen. Allerdings ist die Stärke dieses Effekts nicht konstant, sondern hängt vom Anteil der Schwebeteilchen in der Luft oder, anders ausgedrückt, vom Grad der Luftverschmutzung ab. Die Luftperspektive wirkt also in großen Städten oder Industrieregionen viel stärker als z.B. in den Bergen bei klarer Sicht.

Alle bisher behandelten Hinweisreize erfüllen ihre Funktion bei statischen Positionen des Betrachters und der visuellen Reize. Weitere Informationen über räumliche Verhältnisse sind verfügbar, wenn man sich in seiner Umwelt bewegt. Die Eigenbewegung, relativ zu einem feststehenden Gegenstand, führt dazu, daß sich das Netzhautbild des Gegenstands kontinuierlich verschiebt. Da die Größe des Netzhautbildes, wie wir gesehen haben, von der Entfernung zum Gegenstand abhängig ist, läßt diese Verschiebung Rückschlüsse auf räumliche Relationen und Entfernungen zu. Bei geringer Entfernung wird die Projektion eines Objekts auf der Netzhaut schneller bzw. stärker verschoben als bei größeren Distanzen. Dieser Hinweisreiz, der aus der Veränderung des Netzhautbildes resultiert, wird als *Bewegungsparallaxe* bezeichnet.

Die Verschiebung führt außerdem zu Bewegungswahrnehmungen, die von der Entfernung der Objekte abhängig sind: Gegenstände, die dem Betrachter näher als sein Fixierungspunkt im visuellen Feld sind, scheinen sich mit hoher Geschwindigkeit entgegen der eigenen Bewegungsrichtung zu bewegen, während Objekte in größerer Entfernung phänomenal sich nur sehr langsam und in derselben Richtung wie der Betrachter bewegen. Solche Beobachtungen lassen sich am besten aus dem Seitenfenster eines fahrenden Autos oder Zuges machen, wo Begrenzungspfosten und Oberleitungsmasten gegen die Fahrtrichtung „vorbeirasen", während sich weiter entfernt liegende Häuser oder Bäume sehr gemächlich in der eigenen Richtung „fortbewegen".

Neben der Vielzahl monokularer Hinweisreize, die bisher behandelt wurden, spielt das *binokulare Sehen,* d.h. das Sehen mit zwei Augen, für die räumliche Wahrnehmung eine besondere Rolle. Tatsächlich entsteht nämlich erst beim beidäugigen Sehen die volle Intensität des Raumeindruckes, den uns das visuelle System gewährt.

Der Grund für die besondere Qualität des binokularen Sehens liegt darin, daß die meisten Gegenstände in den beiden Augen etwas unterschiedlich abgebildet werden. Durch die unterschiedlichen Positionen der Augen zum abgebildeten Objekt (der Abstand zwischen beiden Augen beträgt im Durchschnitt ca. 6,4 cm) entstehen zwei disparate Bilder, die beide kodiert und in den visuellen Cortex übermittelt werden.

Selbstversuch 6: Binokulare Disparität

Wie unterschiedlich die beiden Netzhautbilder desselben Gegenstands sein können, läßt sich feststellen, indem man einen Bleistift, Kugelschreiber o.ä. in waagerechter oder leicht aufwärts gerichteter Lage direkt auf seine Nasenspitze richtet. Wenn man nun abwechselnd immer ein Auge schließt, scheint der Stift zwischen zwei Positionen hin und her zu springen. Tatsächlich weisen seine Netzhautabbildungen im linken und im rechten Auge aufgrund der binokularen Disparität unterschiedliche Winkel auf, wodurch der Eindruck wechselnder Positionen entsteht. Durch den geringen Abstand von den Augen ist die Winkeldifferenz besonders groß, so daß der Effekt sehr deutlich ausfällt. Öffnet man beide Augen, werden die unterschiedlichen Bilder allerdings zu einer einzigen, räumlichen Wahrnehmung des Objekts verschmolzen.

Das Ausmaß der *Disparität* zwischen dem rechten und dem linken Netzhautbild eines Gegenstandes ist abhängig von der Entfernung des Objektes. Sie allein reicht aus, um einen räumlichen Eindruck entstehen zu lassen. Diese als Stereopsis bezeichnete Eigenschaft machen sich beispielsweise sog. „Stereogramme" zunutze, Abbildungen, in denen die für das rechte und für das linke Auge bestimmten Bilder separat enthalten sind. Fotographien dieser Art lassen sich beispielsweise mit einer Doppellinsenkamera herstellen, aber auch Zeichnungen und andere zweidimensionale Darstellungen können als Stereogramme konstruiert werden. Mit Hilfe einer entsprechenden Vorrichtung (Stereoskop) können die beiden Bilder separat den jeweils zugehörigen Augen dargeboten werden, so daß ein räumlicher Eindruck entsteht.

Nach der Entdeckung des Effekts durch den englischen Physiker WHEATSTONE (1838) erfreuten sich solche stereoptischen Fotographien in den Salons des viktorianischen Zeitalters großer Beliebtheit.

Die durch die binokulare Disparität entstehenden unterschiedlichen Bildinformationen müssen vom visuellen System einerseits zusammengeführt oder selektiert werden, da wir (innerhalb einer bestimmten Grenze) von jedem Gegenstand nur ein Bild wahrnehmen. Andererseits sind aber auch Informationen über unterschiedliche, von der Entfernung der Objekte abhängige Parallaxen, die hier als Binokularparallaxen bezeichnet werden, enthalten. Anders ausgedrückt: Die Stärke der Disparität zwischen den beiden Netzhautbildern ist als Information über die räumliche Entfernung der Gegenstände bei der visuellen Verarbeitung verfügbar. Wie die Verarbeitung erfolgt, ist dabei theoretisch durchaus strittig. Nach der Verschmelzungstheorie (z.B. BORING, 1933) werden die Informationen von beiden Augen zusammengeführt, wobei räumliche Verhältnisse anhand der Disparität errechnet werden. Der Unterdrückungstheorie

(VERHOEFF, 1935) zufolge wird dagegen immer eines der beiden disparaten Elemente in den Netzhautbildern unterdrückt, und der Unterdrückungsprozeß liefert Informationen über die Räumlichkeit. Es gibt experimentelle Befunde für jeden der Erklärungsansätze, so daß möglicherweise beide Mechanismen wirksam sind.

Wie zentral für die räumliche Wahrnehmung die Disparität ist, hat JULESZ (1971) zeigen können. Er entwickelte jeweils zwei nach einem Zufallsverfahren zusammengesetzte, also unregelmäßige Punktmuster, die bei stereoptischer Betrachtung den räumlichen Eindruck eines über dem Hintergrund schwebenden Quadrats erzeugten. Da die optische Information für das einzelne Auge hier gar keine entsprechenden Hinweise enthält, ist die Bedeutung der Disparität evident.

Abb. 36: „Zufallsstereogramme“ von Bela Julesz, die mit Ausnahme eines quadratischen Ausschnittes in der Mitte, der bei einem Muster nach links und bei dem anderen Muster nach rechts verschoben wurde, aus der gleichen zufälligen Anordnung von Punkten bestehen. Schaut man beide Muster durch ein Stereoskop an, so daß jedes Auge nur eines der Muster wahrnimmt, scheint der quadratische Ausschnitt über oder unter der Bildlinie zu schweben (nach JULESZ, 1971).

Schließlich sollen noch kurz zwei physiologische Mechanismen behandelt werden, die ebenfalls Hinweisreize bei der räumlichen Wahrnehmung liefern können. Die *Akkomodation* ist bereits als die Fähigkeit des Auges, durch unterschiedliche Krümmung der Linse, Objekte in unterschiedlichen Entfernungen scharf abzubilden, bekannt. Es ist daher denkbar, daß der jeweilige Spannungszustand der Ciliarmuskeln, die die Linsenkrümmung bewirken, als Information über die Entfernung des fixierten Gegenstands herangezogen wird. Allerdings verändern sich Linsenform und Spannung der Ciliarmuskeln bei einer Entfernung über drei Meter nicht mehr, so daß diese Informationsquelle nur für einen sehr begrenzten Bereich wirksam sein könnte.

Als *Konvergenz* wird eine andere Anpassungsreaktion der Augen bezeichnet, bei der durch gegenläufige Drehbewegung eine Richtungsänderung der Augen erfolgt. Diese Konvergenzbewegungen dienen dazu, Objekte in verschiedenen Entfernungen jeweils in den Fovea-Bereich der beiden Augen zu projizieren. Bei der Betrachtung des langsam vor die Nase geführten Zeigefingers entsteht so eine zunehmende Einwärtsdrehung der Augen, die durch die Augenmuskeln ermöglicht wird. Der Konvergenzwinkel zwischen beiden Augen und die dabei bestehende Muskelspannung hängt also ebenfalls mit der Entfernung des fixierten Gegenstands zusammen: Ein weiterer möglicher Hinweisreiz der sog. Okulomotorik für räumliche Wahrnehmungsprozesse.

Obwohl bisher die verschiedenen Hinweisreize separat behandelt wurden, sind doch (abgesehen von manchen experimentellen Situationen im Labor) in der Regel die meisten oder alle von ihnen gleichzeitig verfügbar. Unsere normale Raumwahrnehmung basiert damit offensichtlich auf einer Interaktion unterschiedlicher Informationen. Dabei scheint es für eine konsistente Tiefen- und Entfernungswahrnehmung wichtig zu sein, daß die einzelnen Hinweise selbst konsistent miteinander sind. Manche Kunstwerke, bei denen bewußt einander widersprechende Hinweisreize dargestellt wurden, erzeugen massive Probleme bei der räumlichen Orientierung (vgl. dazu z.B. das Bild von M.C. ESCHER, Abbildung 37).

In Laborversuchen konnte auch schon gezeigt werden, daß in solchen Situationen bestimmte Informationsquellen andere dominieren und die Interpretation mehr oder weniger bestimmen (SCHRIEVER, 1925). Hierzu gehört vor allem die binokulare Disparität, die die meisten monokularen Hinweisreize im Zweifelsfalle zu „überstimmen" scheint.

Aus anderen Arbeiten (JAMESON & HURVICH, 1959; VAN DER MEER, 1979) geht hervor, daß die Genauigkeit der Entfernungsschätzung von der Anzahl der verfügbaren Hinweise abhängt und sich die Beiträge der einzelnen Informationsquellen hier offenbar additiv ergänzen. Die Sensibilität für Distanzunterschiede im visuellen Feld läßt sich also als die Summe der von den einzelnen Hinweisen (z.B. Überlagerung, Texturgradient, Schattierung usw.) ermöglichten Sensibilitäten verstehen. Je mehr Informationen verfügbar sind, desto präziser funktioniert diesen Befunden zufolge die räumliche Wahrnehmung.

1.6 Bewegungswahrnehmung

Die Bewegungswahrnehmung ist innerhalb der visuellen Wahrnehmung einer der am stärksten vernachlässigten Bereiche. Dies liegt sicher nicht an einer geringen Bedeutung des Themas, denn Wahrnehmung unter natürlichen Umgebungsbedingungen ist fast immer auch Wahrnehmung

Abb. 37: Bild einer „unmöglichen" Raumkonstruktion von M.C. ESCHER

von Bewegung. Zwei andere Gründe scheinen bedeutsam: Erstens ist es methodisch (z.T. auch apparativ) schwierig, grundlegende Formen der Bewegungswahrnehmung unter kontrollierten Bedingungen zu untersuchen. Zweitens herrschte lange Zeit die Vorstellung, daß die Bewegungswahrnehmung nur ein komplizierter Spezialfall von Wahrnehmung ist und daß es deshalb sinnvoll ist, zunächst den einfacheren und grundlegenderen Fall der Wahrnehmung bei stationärem Beobachter und stationärem Beobachtungsobjekt zu untersuchen. Insbesondere die Arbeiten von GIBSON (1950, 1979) haben diese traditionelle Sichtweise in Frage gestellt.

Dabei lassen sich grundsätzlich zwei Fälle von Bewegung unterscheiden: (1) *Der Beobachter ist stationär, das Wahrnehmungsobjekt bewegt sich.* (2) *Das Objekt ist stationär, der Beobachter bewegt sich.* In der Regel fällt es uns nicht schwer zu entscheiden, ob wir uns bewegen oder ob sich in der Umgebung etwas bewegt (z.B. ob ich an einem parkenden Auto vorbeifahre oder ob das Auto an mir vorbeifährt). Diese Unterscheidungsleistung unseres visuellen Systems ist gar nicht trivial, denn die Verschiebung des Netzhautbildes als Folge der Bewegung des Objektes ist weder eine notwendige noch eine hinreichende Bedingung für einen Bewegungseindruck. Wenn z.B ein Vogel vorbeifliegt, verschiebt sich dessen „Bild“ auf unserer Netzhaut. Wenn wir jedoch den Vogel fixieren, bleibt die Projektion auf der Netzhaut unverändert. Trotzdem werden wir den Vogel auch dann als bewegt wahrnehmen.

GREGORY (1966) hat deshalb zwei Systeme unterschieden, die an der Bewegungswahrnehmung beteiligt sind: (1) Das *„Bild-Retina-System“,* es arbeitet, wenn sich das Bild auf der Retina verschiebt. (2) Das *„Auge-Kopf-System“,* es wird aktiv, wenn wir mit den Augen ein Objekt verfolgen. In der Regel merken wir nicht, wenn wir von dem einen System zum anderen System wechseln.

Innerhalb des Bild-Retina-Systems lassen sich jetzt wiederum zwei Fälle unterscheiden: Im Fall I verschieben sich die Abbildungen der Gegenstände relativ zueinander (etwa A nähert sich B). Im Fall II bleibt das Verhältnis der Abbildung der Gegenstände untereinander konstant. Eigenbewegung des Beobachters ist nur im Zusammenspiel der beiden Systeme zu identifizieren. Für das Bild-Retina-System muß der Fall II vorliegen, gleichzeitig muß das Auge-Kopf-System inaktiv sein.

Innerhalb der experimentellen Erforschung der Bewegungswahrnehmung spielt die Unterscheidung zwischen realen Bewegungen (ein Objekt bewegt sich physikalisch) und Scheinbewegungen (der Beobachter hat einen Bewegungseindruck, es fehlt aber die zugehörige Reizgrundlage) eine zentrale Rolle. Viele der klassischen Experimente zur Bewegungswahrnehmung wurden mit Scheinbewegungen durchgeführt. Dahinter steht z.B. bei den Gestalttheoretikern oftmals die Überzeugung, daß sich die hier gefundenen Gesetzmäßigkeiten nicht nur auf die Wahrnehmungen realer Bewegungen übertragen lassen, sondern daß sie sich hier sogar besonders deutlich zeigen. Wir beginnen mit den realen Bewegungen.

Wir wollen zunächst von einem stationären Beobachter ausgehen, der die Bewegung eines Objektes wahrnimmt. Diese Bewegung kann *transversal* sein (das Objekt bewegt sich in einem festen Abstand parallel zum Beobachter) oder *radial* (das Objekt bewegt sich auf den Beobachter zu). Wie wichtig es ist, diese beiden Situationen unterscheiden zu können, weiß jeder Verkehrsteilnehmer. Der transversalen Bewegung entspricht die Situation eines Fußgängers, der an einem Zebrastreifen die Straße überqueren will, während auf der gegenüberliegenden Fahrbahn ein Auto vorbeifährt. Die radiale Bewegung ist dagegen gegeben, wenn der Fußgänger mitten auf dem Zebrastreifen das Auto bemerkt, das direkt auf ihn zukommt. Gemeinsam ist beiden Bewegungsarten, daß sie mit einer teilweisen Verdeckung und Wiederaufdeckung des Hintergrundes und anderer Objekte einhergeht (Okklusion und Disokklusion). Der stetige Wechsel zwischen diesen beiden Prozessen gibt die Bewegungsrichtung an.

Bei Objekten, die sich auf den Beobachter zubewegen und sich damit auf einem möglichen Kollisionskurs mit ihm befinden, tritt außerdem die *Magnifikation* (Vergrößerung des Sehwinkels) auf. Deren geometrische Optik ist in Abbildung 38 dargestellt. Wie man erkennen kann, wächst der Sehwinkel bei konstanter Geschwindigkeit des Objektes geometrisch (und nicht linear). Wenn das annähernde Objekt einen Sehwinkel von mehr als 30° bis 40° überschreitet, verhalten sich Mensch und Tier so, als ob eine Kollision unmittelbar bevorsteht. Sie weichen unwillkürlich aus.

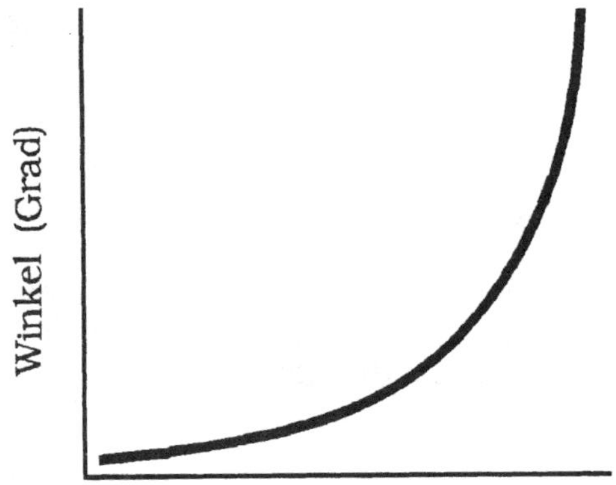

Abb. 38: Magnifikation bei Annäherung eines Objekts mit konstanter Geschwindigkeit. Wenn ein Objekt auf einen Betrachter mit konstanter Geschwindigkeit zukommt, wächst die Größe der zugehörigen Abbildung auf der Netzhaut nicht linear, sondern geometrisch (nach SCHIFF, 1980).

Von zentraler Bedeutung für die Einschätzung einer Gefahr und der möglichen Gegenmaßnahmen ist die Beurteilung der *Geschwindigkeit* des bewegten Objektes. Ausgangspunkt für die Untersuchungen zur Geschwindigkeitswahrnehmung war im Sinne der Psychophysik die Frage nach dem Schwellenwert: Ab welcher physikalischen Geschwindigkeit wird ein bewegtes Objekt auch phänomenal als bewegt wahrgenommen? AUBERT (1886) fand bereits heraus, daß eine Bewegung von 1/6° bis 1/3° des Sehwinkels pro Sekunde ausreichen, um einen Lichtpunkt vor einem homogenen Feld in Bewegung zu sehen. Es zeigte sich jedoch, daß diese Schwellenwerte stets vom Hintergrund abhängig sind, vor dem sich das Objekt bewegt. Objekte, die sich über einen gut strukurierten Hintergrund bewegen, wie er für unsere Umwelt charakteristisch ist, müssen nur etwa 1/60° des Sehwinkels zurücklegen, um erkannt zu werden. Dies entspricht einer Geschwindigkeit von 0,025 cm pro Sekunde, bei einem Objekt, das 50 cm vom Auge entfernt ist (HOCHBERG, 1971).

Experiment 9:

Eine Reihe der klassischen Untersuchungen zur Abhängigkeit der Bewegungswahrnehmung von der Hintergrundstruktur stammen von J.F. BROWN. In einem ersten Versuch forderte BROWN (1931a) seine Versuchspersonen auf, eine horizontale Linie in einer experimentellen Anordnung wie in Abbildung 39 zu fixieren und dann ein kleines Objekt zu beobachten, das sich mit konstanter Geschwindigkeit in einem Rechteck von unten nach oben bewegte. Die Versuchspersonen nahmen das Objekt an der oberen und unteren Begrenzung sowie an der Fixierlinie in der Mitte des Rechtecks beschleunigt wahr. Die Strukturiertheit des Hintergrunds hat nach Brown einen Einfluß auf die Ge-

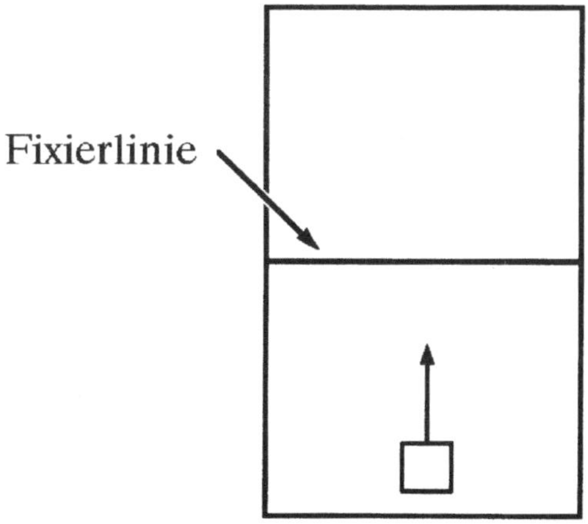

Abb. 39: Versuchsanordnung im Experiment von Brown (1931a) (Erläuterung im Text)

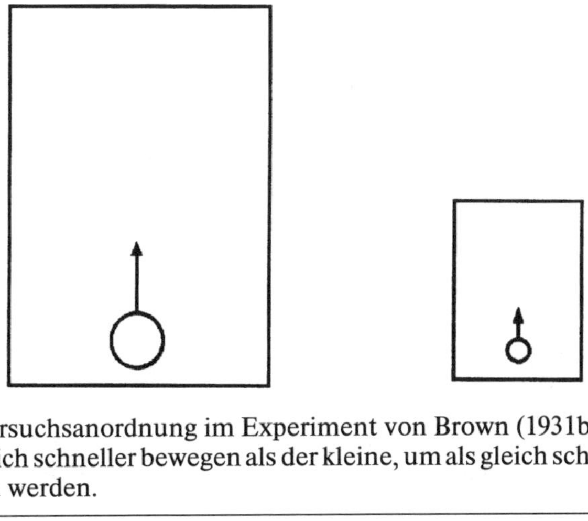

Abb. 40: Versuchsanordnung im Experiment von Brown (1931b). Der große Kreis muß sich schneller bewegen als der kleine, um als gleich schnell wahrgenommen zu werden.

schwindigkeitswahrnehmung. Vor einem gut strukturierten Hintergrund wird ein Objekt beschleunigt wahrgenommen. Ein anderes Experiment von BROWN (1931b) zeigt, daß außerdem das Verhältnis der Größe des Objekts zur Größe des Hintergrundes oder Rahmens einen Einfluß auf die Geschwindigkeitswahrnehmung hat. Wenn die Geschwindigkeit eines Objekts, das sich durch ein Feld bestimmter Größe bewegt, verglichen werden sollte mit der Geschwindigkeit eines zweiten Objekts, das selbst doppelt so groß war und sich durch ein doppelt so großes Feld bewegt, so mußte die Geschwindigkeit des zweiten Objekts ebenfalls doppelt so groß sein, um als „gleich schnell" wahrgenommen zu werden (vgl. Abbildung 40).

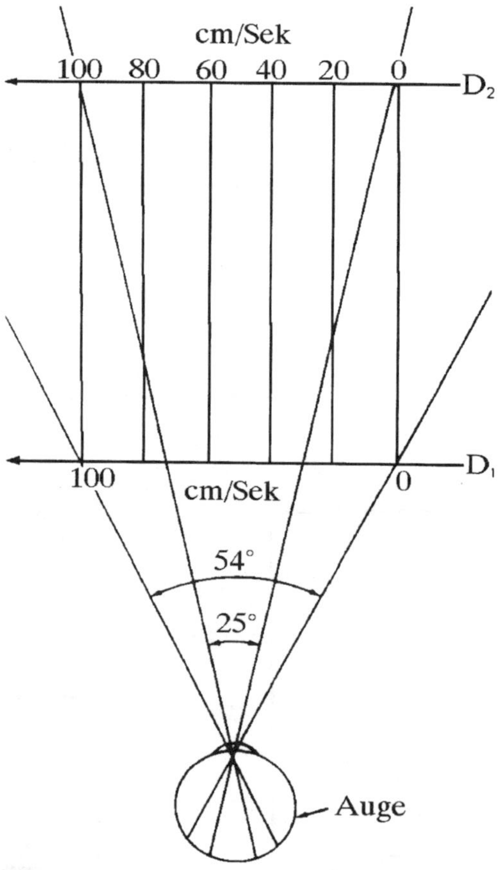

Abb. 41: Verhältnis von Objektgeschwindigkeit und Netzhautverschiebung. Objekte, die sich mit der gleichen Geschwindigkeit bewegen, aber unterschiedlich weit entfernt sind, haben unterschiedliche retinale Geschwindigkeiten (nach SCHIFF, 1980).

Wenn ein Feld, in dem sich ein Objekt bewegt, in seinen Dimensionen verändert wird (z.B. „gestreckt“), so muß auch die Geschwindigkeit proportional verändert werden, damit das Objekt weiterhin gleich schnell erscheint. Diesen Effekt hat BROWN *Geschwindigkeitsumstellung* (velocity transposition) genannt. Wir kennen diesen Effekt z.B. aus dem Kino. Ein Auto, das wir auf der Leinwand von links nach rechts fahren sehen, benötigt für diese Strecke beispielsweise 3 Sekunden. Da unser Abbild der Kinoleinwand größer wird, je weiter vorne wir sitzen, legt auch das Bild des Autos in den drei Sekunden eine größere Strecke auf unserer Netzhaut zurück. Daß wir das Auto dennoch als stets gleich schnell wahrnehmen, ist nach Brown eine Folge des Prinzips der Geschwindigkeitsumstellung, die eine Geschwindigkeitskonstanz bewirkt (zu Konstanzphänomen vgl. ausführlich Teil II). Dieses Phänomen spielt bei der Wahrnehmung unterschiedlich weit entfernter Objekte eine Rolle. Wir nehmen z.B. zwei Autos, die in verschiedenen Entfernungen, aber gleich schnell fahren, auch als gleich schnell wahr, obwohl die Veränderung der zugehörigen Netzhautbilder nicht identisch ist. Um es genauer zu sagen: Die Geschwindigkeit der Verschiebung von Bildern auf der Netzhaut ist umgekehrt proportional zur Entfernung der Objekte vom Beobachter (Abbildung 41).

Die Bewegung von Objekten kann zum einen beschleunigt oder nicht-beschleunigt (konstant), zum anderen positiv beschleunigt (Objekt wird schneller) oder negativ beschleunigt (Objekt wird langsamer) sein. RUNESON (1974) hat sich mit der Frage beschäftigt, wie gut wir in der Lage sind, unterschiedliche Beschleunigungsverläufe zu erkennen.

Experiment 10:

RUNESON (1974) hat in mehreren Experimenten zeigen können, daß eine konstante Geschwindigkeit nicht als solche wahrgenommen wird. In seinen Versuchen sahen Versuchspersonen einen Lichtpunkt über einen Bildschirm laufen, dessen Bewegung verschiedene Funktionen zugrunde lagen (z.B positive und negative Beschleunigung, konstante Geschwindigkeit). In einem der Experimente sollten die 13 Versuchspersonen in einem vorbereiteten Koordinatensystem, dessen x-Achse der Breite des Bildschirms entsprach, den von ihnen wahrgenommenen Bewegungsverlauf des Lichtpunkts eintragen, indem sie die Geschwindigkeit des Objekts über die gesamte Bewegung hinweg einzeichneten. Eine Bewegung wurde auf Wunsch so häufig wiederholt, bis die Versuchsperson ihre Zeichnung abgeschlossen hatte. Die typischen Ergebnisse einer Versuchsperson zeigt Abbildung 42. Die Ergebnisse zeigen, daß eine konstante Geschwindigkeit im allgemeinen als beschleunigt wahrgenommen wird, während eine Bewegung, die durch eine anfängliche positive Beschleunigung gekennzeichnet ist und dann relativ unverändert bleibt, als „konstant" erlebt wird. Die zuletzt genannten Geschwindigkeitsfunktionen (anfangs beschleunigt, dann konstant) sind typisch für viele natürliche Bewegungen. RUNESON vermutet daher, daß unser visuelles System eine Anpassung in Richtung auf natürliche Beschleunigungsfunktionen vornimmt.

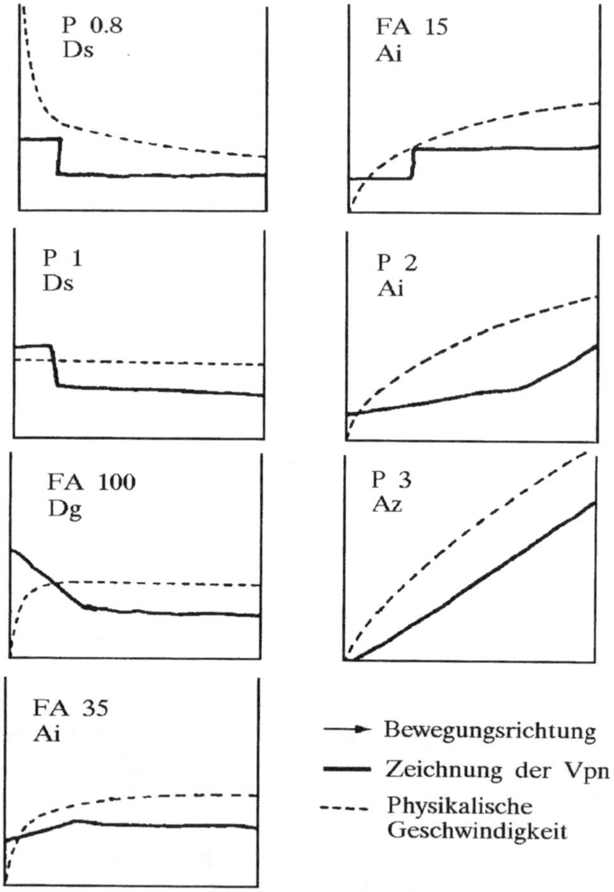

Abb. 42: Die Aufzeichnungen einer Versuchsperson im Experiment von RUNESON (1974). Gestrichelt: Reale Geschwindigkeit. Durchgezogen: wahrgenommene Geschwindigkeit. Auf der y-Achse sind die Geschwindigkeiten abgetragen, die x-Achse steht für die Bewegungsbahn des Objekts.

Wir wenden uns jetzt den Scheinbewegungen zu. Der Ausdruck „Scheinbewegungen" wird etwas uneinheitlich verwendet, manchmal werden damit nur die sog. „stroboskopischen Bewegungen" bezeichnet, manchmal wird der Begriff (wie auch hier) als Oberbegriff für eine Reihe von Phänomenen benutzt.

Bei der *„stroboskopischen Bewegung“* wird eine scheinbare Bewegung dadurch erzeugt, daß Lichtquellen, die sich in einem gewissen räumlichen Abstand voneinander befinden, kurzzeitig nacheinander ein- und ausgeschaltet werden. Anstatt sukzessiv aufleuchtende statische Lichter zu sehen, nimmt man bei einem geeigneten Zeitintervall eine einzige, sich zwischen zwei Punkten kontinuierlich bewegende Lichtquelle wahr. Ein Verständnis für dieses Phänomen läßt sich vielleicht am leichtesten gewinnen, wenn man auf das Ursprungsexperiment von WERTHEIMER (1912) zurückgreift.

Experiment 11:

WERTHEIMER (1912) verwendete zur Darbietung der Lichtreize (kleine weiße oder farbige Balken) unter anderem ein Tachistoskop, so daß die Darbietungszeiten und die Intervalle zwischen den Darbietungen relativ genau eingestellt und schrittweise variiert werden konnten. Er stellte fest, daß die stroboskopische Bewegungswahrnehmung, die er als „Phi-Phänomen“ bezeichnete, zum einen von dem Zeitintervall zwischen dem Aufleuchten der Lichtquellen und zum anderen von deren räumlicher Distanz abhing. Bei schrittweiser Veränderung der Intervalldauer stellte sich ein Zeitintervall von etwa 60 mSek als „optimal“ für die Entstehung der Bewegungstäuschung heraus. In diesem Falle berichteten alle Versuchspersonen, eine kontinuierliche Bewegung eines einzigen Objekts gesehen zu haben. Bei zunehmendem Abstand zwischen den Lichtquellen mußte der Zeitraum entsprechend länger sein, um diesen Effekt zu erzeugen. Andere Intervalle führten (innerhalb bestimmter Grenzen) zu andersartigen Bewegungswahrnehmungen, bei denen die „Objektidentität“ (Wahrnehmung der beiden Lichtreize als ein einziges, sich bewegendes Objekt) zunehmend verlorenging. Bei einem Zeitabstand von 200 mSek trat der Effekt schließlich nicht mehr auf, sondern die Lichtquellen wurden physikalisch korrekt als nacheinander aufleuchtende ruhende Objekte gesehen. Ebenso wurde auch bei sehr geringen Zeitintervallen unter 30 mSek keine Bewegung, sondern ein gleichzeitiges Aufleuchten der beiden Lichtquellen wahrgenommen. WERTHEIMER stellte in seinen Experimenten auch fest, daß das „Phi-Phänomen“ in den meisten Fällen von einer echten Bewegung der Lichtreize nicht unterschieden werden konnte.

Prominentestes Beispiel für die Anwendung stroboskopischer Bewegungen ist das Kino. Hier wird mit Hilfe statischer Einzelbilder, die in einem geeigneten zeitlichen Abstand aufleuchten, ein kontinuierlicher Bewegungseindruck erzeugt.

Ein interessantes Experiment stammt von PANTLE & PICCIANO (1976). Drei Lichtpunkte A, B und C leuchteten zu einem Zeitpunkt t1 auf, drei weitere Lichtpunkte B', C' und D' zu einem Zeitpunkt t2 (Abbildung 43). Das Wahrnehmungsergebnis hing dabei vom zeitlichen Abstand des Aufleuchtens ab. Bei simultaner Darbietung wurden die mittleren Punkte als stationär betrachtet und das erste und letzte Licht schienen hin und her zu springen. Bei einem geeigneten zeitlichen Abstand des Aufleuchtens bewegte sich die gesamte Gruppe von Lichtern (A nach B',B nach C',C nach D'). Ähnliches hat bereits TERNUS (1926) in einem Experiment gezeigt.

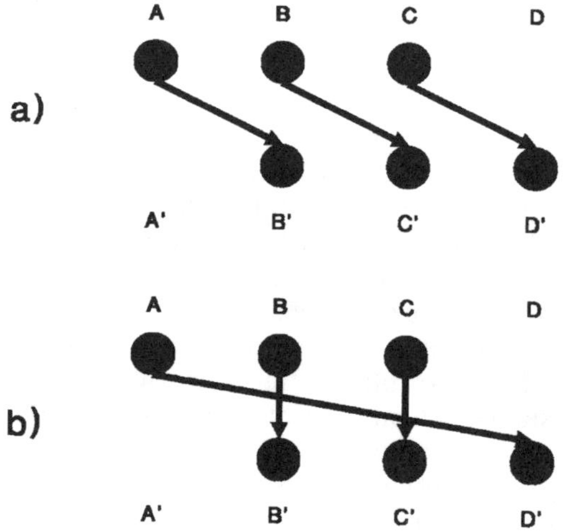

Abb. 43: Versuchsanordnung bei PANTLE & PICCIANO (1976). Die Lichtpunkte A, B, C leuchteten zum Zeitpunkt t1, die darunter dargestellten Lichtpunkte B', C', D' zum Zeitpunkt t2 auf. Die Lichtpunkte überlagerten sich und waren nicht in der Horizontalen versetzt, wie es in der Abbildung dargestellt ist. In Abhängigkeit vom Zeitintervall zwischen dem Aufleuchten der Lichtergruppen wird entweder ein Lichtpunkt von Position A nach Position D springend gesehen, wobei die Punkte in der Mitte (B und C) statisch erscheinen (kein oder nur kurzes Zeitintervall, unterer Teil der Abbildung) oder eine Bewegung der ganzen Gruppe A-B-C auf die Position B'-C'-D' (längeres Zeitintervall, oberer Teil der Abbildung)

Nach einer Theorie von BRADDICK (1974) lassen sich die Ergebnisse dieses und vieler anderer Experimente zur stroboskopischen Wahrnehmung möglicherweise durch die Annahme zweier unterschiedlicher Verarbeitungssysteme erklären. Ein sehr schnell arbeitendes *„low-level-System"*, lokalisiert in monokularen Zellen, benötigt nur sehr kurze zeitliche Intervalle zwischen zwei Reizen, um eine Bewegung zu identifizieren und registriert die Bewegung eines Objektes vor dessen Form (Folge: Der springende Lichtpunkt kann aus der Gesamtgestalt herausgelöst wahrgenommen werden.). Ein *„high-level-System"*, das sich in binokularen Cortexzellen befindet, arbeitet langsamer und benötigt größere Zeitintervalle. Dieses System nimmt eine Form stets vor der Bewegung wahr (Folge: Die ganze Gruppe der Lichtpunkte wandert).

Ist innerhalb einer Reizkonstellation ein Teil bewegt, der andere nicht (Fall I beim Bild-Retina-System: Relativbewegungen), so kann es vorkommen, daß der Beobachter die Bewegung dem falschen Teil der Reizkonstellation zuschreibt. Ziehen z.B. Wolken langsam vor dem Mond nach links, so wandert der Mond anschaulich nach rechts, während die Wolken als unbewegt gesehen werden. Als Autofahrer kennen Sie eine vergleichbare Erscheinung vielleicht vom Warten an einer Ampel, wenn auf einmal das eigene Fahrzeug trotz getretener Bremse rückwärts zu rollen scheint, weil sich ein LKW auf der Nebenspur langsam vorwärts bewegt. Auch Zugreisende werden schon häufig enttäuscht gewesen sein, weil nicht ihr Zug den Bahnhof verlassen hatte, sondern ein anderer Zug am Nachbargleis ausgefahren ist. All diese Bewegungstäuschungen werden als induzierte Bewegungen bezeichnet. Geringe Richtungsänderungen innerhalb des Gesichtfeldes können wir nur schwer feststellen, deshalb kann es hier bei sehr langsamen Relativbewegungen zu Verwechslungen kommen.

Experiment 12:

DUNCKER (1929) untersuchte mit einer Reihe unterschiedlicher Versuchsanordnungen, auf welche Weise und unter welchen Bedingungen induzierte Bewegungseindrücke („phänomenale" Bewegungen) zustandekommen. In einem ersten Experiment wurde ein kleiner Lichtpunkt auf eine große rechteckige Kartonfläche projiziert, die dann hin und her bewegt wurde. Es entstand der Eindruck, daß sich neben dem Karton auch der – objektiv feststehende – Lichtpunkt bewegte, und zwar entgegen der Bewegungsrichtung seines Hintergrunds. Diese wahrgenommene Bewegung war für die Versuchspersonen von einer objektiven, d.h. tatsächlichen Bewegung des Punktes nicht zu unterscheiden. Umgekehrt ließ sich aber durch Bewegen des Punktes keine Bewegung der Kartonfläche induzieren. Solche Ergebnisse, d.h. die subjektiv erlebte Bewegung eines kleinen Objekts, wenn tatsächlich ein umgebendes größeres Objekt in Bewegung versetzt wurde, zeigten sich auch bei anderen Anordnungen, z.B. bei auf einer gemeinsamen Achse rotierenden Scheiben. Da die Bewegungswahrnehmung in diesen Fällen augenscheinlich durch die Größenunterschiede und die räumliche Lokalisation bestimmt wurde (das umgebende größere Objekt bildete offenbar eine Art visuelles „Bezugssystem" für das kleinere), untersuchte DUNCKER dann die Bewegungseindrücke bei „symmetrischen", d.h. gleich großen Objekten. Hier zeigte sich vor allem, daß der Fixationspunkt der Betrachter maßgeblich bestimmte, ob eine Bewegung induziert wurde oder nicht. Wurde bei zwei nebeneinander angeordneten Punkten, von denen nur einer (sehr langsam) bewegt wurde, der objektiv ruhende Punkt fixiert, so entstand wiederum eine induzierte Bewegung dieses Punktes. Sie wurde offenbar dadurch hervorgerufen, daß im Umfeld des Fixierpunktes eine entsprechende Bewegung stattfand. Lautete die Anweisung dagegen, den sich bewegenden Punkt zu fixieren, dann wurde dieser als bewegt und der feststehende Punkt als ruhend wahrgenommen, d.h. die Wahrnehmung entsprach den physikalischen Relationen. DUNCKER faßte die Befunde seiner Experimente folgendermaßen zusammen: „Die phänomenalen Bewegungen der an einer Abstandsänderung beteiligten Objekte (ihre Bewegungsanteile) bestimmen sich in erster Linie nach Art und Grad der gegenseitigen ‚Lokalisiertheit' der Objekte (resp. der Teile), sei es, daß nur das eine sich zum anderen lokalisiert, sei es, daß beide sich irgendwie zueinander lokalisieren (. . .). Auf die kürzeste Formel gebracht: phänomenale Bewegung ist Verschiebung im natürlichen Bezugssystem." (DUNCKER, 1929, S.246)

Nach DUNCKER (1929) bewegt sich in der Regel ein kleineres Objekt vor einem größeren Bezugsobjekt, in unseren Beispielen der Mond vor den Wolken, das Abteilfenster vor dem Nachbarzug usw. *DUNCKER* (1929) hat dies kurz und prägnant ausgedrückt: „Was sich in einem phänomenalen Bezugssystem verschiebt, erscheint phänomenal bewegt". Nach seiner Auffassung wird das größere, oder besser das einschließende Objekt, als Repräsentant für die visuelle Welt gewertet und deshalb auch als stabil und ruhend wahrgenommen. Neuere Ergebnisse der neurophysiologischen Forschung legen die Existenz von Neuronen nahe, welche die gleiche Impulsaktivität zeigen, wenn sich das wahrgenommene Objekt in die jeweilige Richtung oder der Hintergrund in die Gegenrichtung bewegt (SAKATA & IWAMURA, 1978).

Info-Box 5: Falsche Korrespondenz

Wagenräder, insbesondere die Speichenräder von Pferdekutschen und alten Autos, scheinen sich in Filmen oft rückwärts zu drehen, während sich das Fahrzeug selbst vorwärts bewegt. Dieses Täuschungsphänomen basiert auf einer falschen Korrespondenz, die unsere Wahrnehmung zwischen einzelnen Elementen (hier den Radspeichen) herstellt. Um das Korrespondenzproblem zu verstehen, muß man sich vergegenwärtigen, daß jede im Film dargestellte Bewegung aus einer Abfolge von Einzelbildern besteht. Diese Einzelbilder sind „Momentaufnahmen" aus einer ursprünglich kontinuierlichen Bewegung und werden in unserer Wahrnehmung wieder zu einer Bewegung zusammengefügt. Dazu muß jedes sich bewegende Element im jeweils nachfolgenden Bild an seiner neuen Position identifiziert werden, mit anderen Worten: Es muß eine Korrespondenz zwischen der alten und der neuen Position hergestellt werden, die dann als Bewegung gedeutet wird. Das Korrespondenzproblem beim Wagenrad besteht nun darin, daß eine Reihe völlig gleichartiger Elemente (Radspeichen) sich in gleicher Weise bewegt. Um hier einzelne Elemente in den jeweils nachfolgenden Bildern identifizieren zu können und damit ihre Bewegung zu rekonstruieren, ist die Wahrnehmung auf die Anwendung eines bestimmten Gruppierungsprinzips, nämlich des Prinzips der Nähe, angewiesen. Es wird daher in jedem Bild immer dasjenige Element als „dasselbe" identifiziert, das seiner Position im vorhergehenden Bild am nächsten ist. Wenn sich die Speichen aber bei einer schnellen Drehung des Rades zwischen zwei Bildern relativ weit bewegen, dann befindet sich im zweiten Bild in der „Nähe" der ursprünglichen Position schon die nächste Speiche, sie wird damit fälschlich als die längst weitergewanderte Speiche identifiziert. Die Rückwärtsdrehung des Rades kommt dann zustande, wenn sich diese zweite Speiche kurz vor der vorherigen Position der ersten Speiche befindet: Durch die Korrespondenz zwischen diesen beiden (vermeintlich identischen) Elementen wird eine Bewegung gegen die tatsächliche Drehrichtung wahrgenommen.

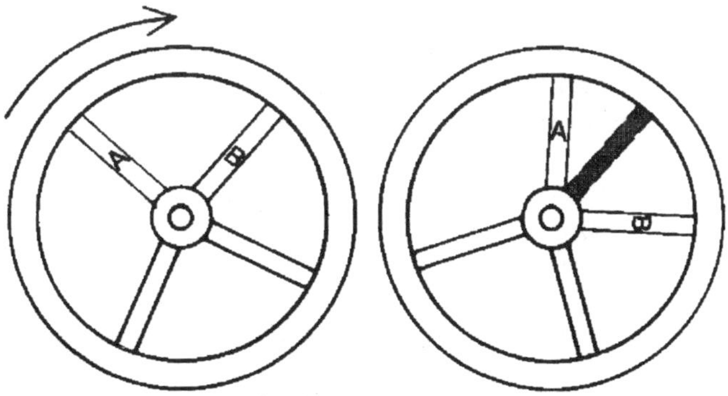

Abb. 44: Schematische Darstellung des Wagenradeffekts (Erläuterung im Text)

Um Bewegungen wahrzunehmen, die physikalisch gar nicht stattfinden, bedarf es in manchen Fällen nicht einmal eines bewegungsinduzierenden Hintergrunds und auch keiner zweiten Lichtquelle in räumlich-zeitlicher Distanz. Der *„autokinetische Effekt"*, bei dem sich eine einzelne, in einem dunklen Raum befindliche Lichtquelle langsam und kontinuierlich zu bewegen scheint, obwohl sie tatsächlich unbeweglich an ihrem Standort bleibt, stellt eine solche Bewegungstäuschung dar. Diese Bewegungswahrnehmung, die auf den ständigen saccadischen Augenbewegungen basiert, tritt hier gerade deshalb auf, weil kein strukturierter Hintergrund und keine weiteren beweglichen oder statischen Lichtquellen vorhanden sind. In verschiedenen Experimenten ist gezeigt worden, daß die Art der wahrgenommenen autokinetischen Bewegung suggestiv beeinflußt werden kann. So stellte SHERIF (1935) beispielsweise fest, daß die Schätzurteile über die von der Lichtquelle zurückgelegte Entfernung dann wesentlich ähnlicher ausfielen, wenn die Versuchspersonen den Effekt in Gruppen beobachteten, als wenn sie die Bewegung jeweils allein wahrnahmen und beurteilen sollten. Offensichtlich, so SHERIFs Schlußfolgerung, wurde in der Gruppensituation die Wahrnehmung durch die Urteile der anderen Teilnehmer beeinflußt.

Die Annahme von Bewegungsdetektoren (wie sie im Zusammenhang mit den Untersuchungen von HUBEL & WIESEL (1959, 1962) dargestellt wurden) oder von Geschwindigkeitsdetektoren (FRISHMAN, 1979) kann alleine nicht alle Phänomene der Bewegungswahrnehmung hinreichend erklären, da es, wie wir gesehen haben, eine Reihe von Situationen gibt, bei denen ein Bewegungseindruck entsteht, ohne daß auf der Netzhaut eine zugehörige Reizung vorliegt. Es sollen deshalb jetzt drei Ansätze vorgestellt werden, die sich allerdings auch nur auf Teilaspekte konzentrieren: Reafferenzprinzip, ökologische Optik, biologische Bewegungen.

Hauptannahme des erstmals von v. HOLST (1950) beschriebenen *Reafferenzprinzips* ist, daß bei Bewegung des Körpers neben den Signalen zu den entsprechenden ausführenden Muskeln (in unserem Kontext vor allem die Augenmuskeln) zusätzlich Signale vom motorischen Cortex zu einem sog. „Komparator" gehen. Nehmen wir an, Sie wollen jetzt aus dem Fenster schauen und müssen dafür Ihre Augen von diesem Text nach oben wenden. Zur Bewegung der Augenmuskeln muß ein Signal (Efferenz) vom motorischen Cortex gesendet werden. Zur Zeit der Augenbewegung verschiebt sich alles zwischen diesem Text und Ihrem Fenster auf der Retina (z.B. die Abbildung Ihres Schreibtisches oder Ihrer Fensterbank). Diese Bewegung wird über sensorische Fasern vom Auge zu einem sog. Komparator gemeldet (Afferenz). Die Annahme des Reafferenzprinzips ist nun, daß die Afferenz im Komparator immer mit einer Kopie des motorischen Signals (Efferenzkopie) verrechnet wird, die zur gleichen Zeit wie die Efferenz vom motorischen Cortex gesendet wird. Das Wahrnehmungsresultat ergibt sich dabei aus der Afferenz, von der die Efferenzkopie abgezogen wird. Abbildung 45 veranschaulicht anhand eines Ablaufschemas das Reafferenzprinzip.

Nach diesem Modell sieht man eine Bewegung, (1) wenn nur Afferenzen (und keine Efferenzen) vorliegen, (2) wenn nur eine Efferenzkopie vorliegt (was nur experimentell möglich ist). Keine Bewegung sieht man, wenn afferente wie efferente Informationen vorhanden sind, denn dann ergibt die Differenz aus der Afferenz und der Efferenzkopie den Wert Null. Deshalb sehen Sie auch in unserem Beispiel Ihre Fensterbank nicht „wandern". Aufgrund der dem System zur Verfügung stehenden Information über die Muskelbewegung werden die Afferenzen regelrecht „gelöscht".

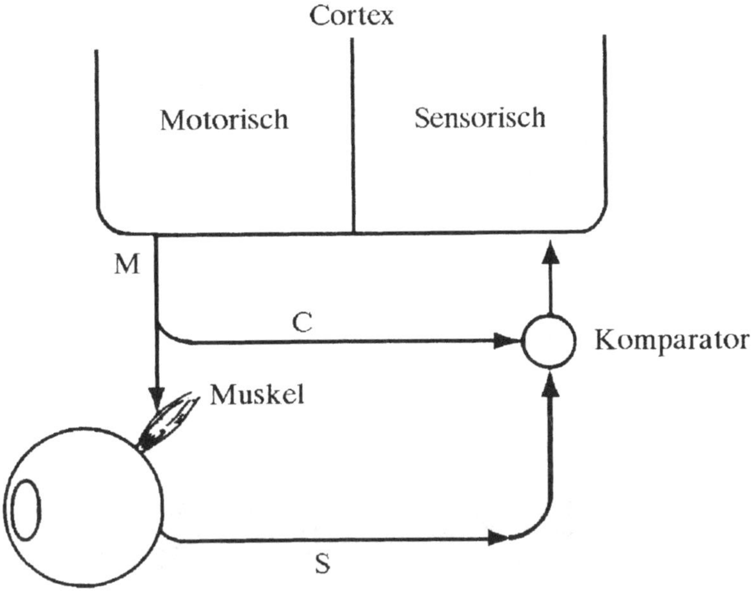

Abb. 45: Schematische Darstellung des Reaffernzprinzips.

Selbstversuch 7: Reafferenzprinzip

Sie können eine Vorhersage des Reafferenzprinzips leicht selbst überprüfen. Schauen Sie einen Punkt in Ihrem Zimmer an und bewegen Sie dann mit einem Finger einen Augapfel hin und her, indem Sie seitlich gegen das Augenlid drücken. Da keine Efferenzkopie vorhanden ist, erscheint Ihr Zimmer in Bewegung.

Was Sie nicht versuchen sollten, ist das Experiment von STEVENS et al. (1976) nachzumachen. STEVENS ließ sich zeitweilig die Augenmuskeln lähmen, um sämtliche Augenbewegungen und damit sämtliche Afferenzsignale über Bewegungen künstlich zu unterbrechen. Nach der Vorhersage des Reafferenzprinzips müßte beim Versuch, die Augen zu bewegen, eine Efferenzkopie erstellt und zum Komparator weitergeleitet werden. Dort könnte jedoch keine Afferenz ankommen, die die Information über die Bewegung auf der Netzhaut enthält, d.h. die Welt müßte bei jedem Versuch, die Augen zu bewegen, hin- und herspringen. Genau dies waren die Eindrücke, die STEVENS bei seinem Experiment schilderte.

Mit dem Ansatz der ökologischen Optik werden wir uns noch in Teil IV ausführlich beschäftigen. Hier soll nur soweit auf sie eingegangen werden, wie es für die Erklärung der Bewegungswahrnehmung hilfreich ist. GIBSON (1979) stellt den sich in einer natürlichen Umgebung bewegenden Beobachter in den Mittelpunkt seiner Analyse. In einer strukturierten

Umwelt ist es nach GIBSON für einen stationären Beobachter stets möglich, die Informationen über die Bewegung von Objekten durch Okklusions- und Disokklusionsvorgänge zu gewinnen. Sie liefern hinreichende Informationen über die meisten Bewegungen im visuellen Feld. Für einen Beobachter, der sich selbst bewegt, reichen diese Informationen aber nicht aus. Die Abbildung 46 zeigt die Situation eines sich bewegenden Beobachters.

Abb. 46: Fließmuster. Bewegungsgradienten beim Fahren auf einer Straße und Blick auf den Horizont (nach HABER & HERSHENSON, 1973)

Die Texturgradienten produzieren *Bewegungsgradienten* (dargestellt durch Pfeile unterschiedlicher Länge), die ihrerseits ein *Fließmuster* auf der Retina erzeugen. Dieses Fließmuster enthält nach Auffassung von GIBSON die entscheidenden Informationen über Geschwindigkeit und Richtung der Bewegung. Typisch für solche Fließmuster ist, daß sie mit zunehmender Entfernung auf einen Punkt hin konvergieren. Diesem Punkt kommt nach GIBSON eine besondere Steuerungsfunktion bei der Orientierung während der Bewegung zu.

Die folgende Liste stellt einige Reizbedingungen der Umwelt und die daraus resultierende Wahrnehmung zusammen (verkürzt nach GIBSON, 1968).

Bedingung	Resultierende Wahrnehmung
1. Okklusion-Disokklusion des Hintergrundes beim Verfolgen eines Objekts	1. Ein Objekt bewegt sich durch das Sehfeld

2. Bewegungsgradienten	2. Ein Beobachter bewegt sich
3. Bewegungsgradienten und Okklusion-Disokklusion	3. Ein Beobachter und ein Objekt bewegen sich

Gunnar JOHANSSON hat sich in einer Vielzahl von Arbeiten (z.B. JOHANSSON, 1973, 1978; JOHANSSON et al., 1980) mit der Wahrnehmung von biologischen und insbesondere menschlichen Bewegungen beschäftigt (hier geht es also um die Wahrnehmung einer anderen Person, nicht um Eigenbewegung). Die grundlegende Versuchsanordnung sieht folgendermaßen aus: Zunächst werden Filme von sich bewegenden Personen erstellt. Dazu werden bei Laiendarstellern an den Hauptgelenken (Schultern, Ellbogen, Hände, Hüfte, Knie, Füße) 6 bis 12 kleine Taschenlampenbirnen befestigt (Abbildung 47).

Dann werden in einem völlig abgedunkelten Raum diverse Bewegungen dieser Personen gefilmt. Mit dieser Methode war es JOHANSSON möglich, nur die Bewegungen der Punkte und somit die typischen Bewegungsmuster einer Person, losgelöst von ihrer Gestalt, zu filmen. Schaut man

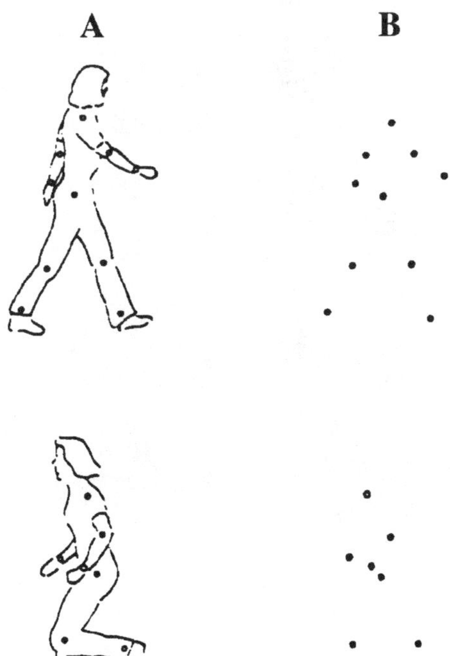

Abb. 47: Anordnung der Markierungspunkte bei JOHANSSON. Konturen einer gehenden und laufenden Person und resultierende Lichtpunktkonfigurationen (nach Johansson, 1973)

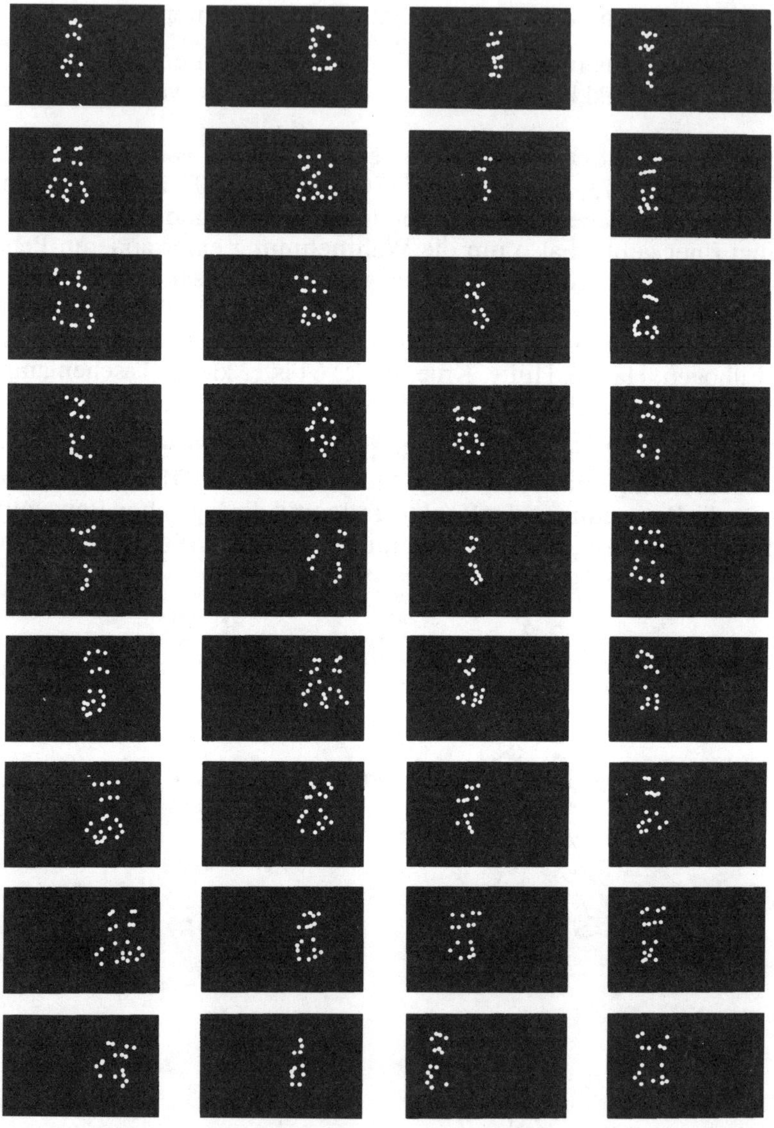

Abb. 48: Punktmuster eines tanzenden Paares, das von JOHANSSON gefilmt wurde. Je zwei Glühlämpchen befanden sich an Schultern, Ellbogen, Handgelenken, Hüften, Knien und Fußgelenken. In spaltenweiser Anordnung ist jedes sechste Bild eines 35mm-Films dargestellt. Versuchspersonen können beim Betrachten des Films in Bruchteilen von Sekunden angeben, daß sie die Bewegung von zwei Personen sehen (nach JOHANSSON, 1986).

sich ein Standbild aus einem solchen Film an, erkennt man lediglich eine zufällige Anordnung von Punkten. Sobald sich jedoch die Darsteller bewegen, kann man in Bruchteilen von Sekunden nicht nur erkennen, daß es sich um Personen handelt, sondern auch welche Bewegungen sie ausführen.

Experiment 13:

CUTTING & KOZLOWSKI (1977) haben mit der Methode von JOHANSSON überprüft, ob es möglich ist, sich selbst und Bekannte nur anhand der typischen Bewegung zu erkennen. Sechs Studenten, die alle gleich groß waren und eine ähnliche Figur hatten, befestigte man seitlich fünf Lichtpunkte, um sie dann – getrennt voneinander – zu filmen, wie es JOHANSSON beschrieben hat. Jede Person sollte möglichst „ungekünstelt" durch einen Raum gehen und wurde dabei von der Seite gefilmt. Pro Person wurden 10 Sequenzen gedreht, so daß insgesamt 60 Filmsequenzen erstellt wurden. Danach wurde ein Videoband angefertigt, daß diese 60 Szenen in einer Zufallsreihenfolge enthielt. Dieses Videoband zeigte man zwei Monate später den sechs Versuchspersonen: Sie sollen bei jeder Sequenz angeben, wen sie zu erkennen glaubten. Die Ergebnisse zeigen, daß die Antworten der Versuchspersonen zwar keineswegs „perfekt" sind („Treffer": ca. 38%), aber deutlich über dem Zufallsniveau (16.7%) liegen. Neben der Spezialisierung des visuellen Systems auf biologische Bewegungen allgemein scheint es Invarianzen von Bewegungsmustern zu geben, die typisch für einzelne Personen sind und erkannt werden können.

JOHANSSON deutet diese überraschenden Leistungen des visuellen Systems als Spezialisierung während der Evolution und nimmt in der Tradition von GIBSON eine „direkte Wahrnehmung" (ohne vermittelnde kognitive Prozesse) an. Bei der Analyse der Lichtpunktbewegungen geht JOHANSSON von einem Beschreibungssystem aus, das er als *„Vektorenanalyse der Wahrnehmung"* bezeichnet. Mit der Vektorenanalyse können Bewegungsmuster, ähnlich wie in der Vektorgeometrie, in ihre Komponenten zerlegt werden. Punkte, die sich gleichzeitig in eine Richtung bewegen, bilden danach ein Bezugssystem, das den äußeren Rahmen für andere Bewegungen abgibt. Wenn die Reizkonfiguration aus einer Anzahl verschiedener Bewegungen besteht, kann sich eine Hierarchie der Bezugssysteme herausbilden, in der der statische Hintergrund den letzten Rahmen bildet. Folgendes Beispiel: Bei einem stehenden Auto ist die Windschutzscheibe sicherlich das Bezugssystem für die Bewegung der Scheibenwischer: Sie bewegen sich relativ zu ihr. Nehmen wir nun an, das Auto fährt. Wir werden die Scheibenwischer weiterhin relativ zur Windschutzscheibe bewegt sehen (obwohl sich die Bewegung rechnerisch aus der Bewegung nach vorne und der Bewegung über die Scheibe zusammensetzt) und die Windschutzscheibe relativ zur Straße, die nun das äußerste Bezugssystem darstellt. JOHANSSON vermutet, daß bei biologischen Bewegungen der gemeinsame Bewegungsvektor aller Lichtpunkte die Pendelbewegung des Rumpfes ist. Sie bildet das invariante Erkennungsmerkmal.

Abschließend zum Bereich Bewegungswahrnehmung soll noch auf das Problem der *Identitätswahrnehmung* eingegangen werden.

Die Bewegung eines Objekts ist eng verbunden mit der Frage nach der Identität des Objekts. Wenn sich ein Objekt bewegt und sich das zugehörige Netzhautbild verschiebt, sehen wir ja nicht ständig ein neues Objekt, sondern das alte Objekt an einer neuen Position. Wir unterstellen also eine Identität des Objektes (vgl. hierzu das in Info-Box 5 behandelte Korrespondenzproblem).

Insbesondere MICHOTTE und Mitarbeiter haben sich mit dem Problem der Identitätswahrnehmung beschäftigt. Die grundlegende Versuchsanordnung sieht folgendermaßen aus: Ein kleines Rechteck bewegt sich von links nach rechts, verschwindet dann hinter einem Schirm. Nach einiger Zeit taucht etwas weiter links ein neues Rechteck auf bewegt sich ebenfalls von links nach rechts. Variiert wurden u.a. die Geschwindigkeit der beiden Objekte, die Form der Objekte, die Länge der Teilstrecken und die Länge der Zeit, in der kein Objekt sichtbar ist. Werden bestimmte zeitliche und räumliche Verhältnisse eingehalten, sieht die Versuchsperson nicht zwei Objekte, sondern ein Objekt, das durch einen „Tunnel" fährt. Diese Experimente werden deshalb auch Tunnelexperimente genannt (BURKE, 1952).

Wir nehmen unter Umständen auch dann noch eine Identität wahr, wenn sich das Aussehen des Objekts, z.B. seine Farbe oder Form, verändert. Abbildung 49 zeigt ein solches Beispiel. Wenn ein Objekt in einem Tunnel verschwindet und nach einer geeigneten Zeit lediglich in einem Merkmal verändert aus dem Tunnel wieder auftaucht, wird es weiterhin als identisch erlebt. Die Identität der Bewegung scheint also anderen Identitätsfaktoren wie z.B. Form oder Farbe übergeordnet zu sein.

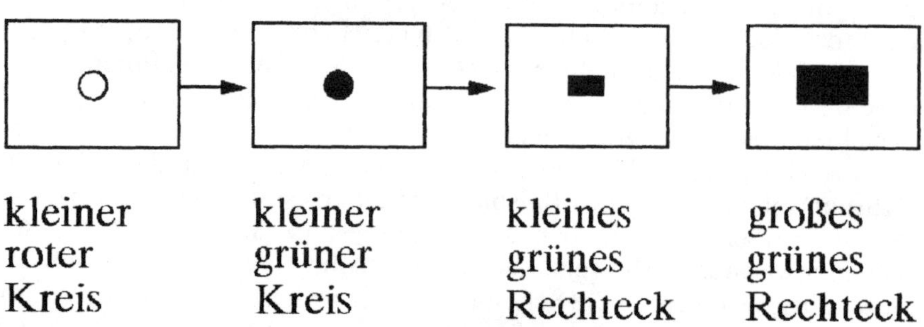

Abb. 49: Überlegenheit der Bewegungsidentität vor anderen Identitätsfaktoren wie Form, Farbe und Größe (nach HELLER & LOHR, 1983).

2 Auditives System

2.1 Anatomische und physiologische Grundlagen

Die Sinnesorgane unseres auditiven Systems sind die Ohren. Mit *„Ohr“* wird dabei im alltagssprachlichen Gebrauch meist die Ohrmuschel als sichtbarer Teil des äußeren Ohrs bezeichnet. Bekannt ist in der Regel auch, daß Schallwellen, durch die Ohrmuschel „eingefangen“ und den Gehörgang weitergeleitet, das Trommelfell, eine bewegliche Membran am Ende des Gehörgangs, in Schwingung versetzen und diese Schwingungen Grundlage für unsere Hörempfindungen sind. Die scheinbar einfache Konstruktion des *auditiven Apparates* täuscht: Die auditive Wahrnehmung hat ihren Ursprung vor allem in den sehr komplexen Vorgängen, die hinter dem Trommelfell, im Mittelohr und im inneren Ohr, ablaufen.

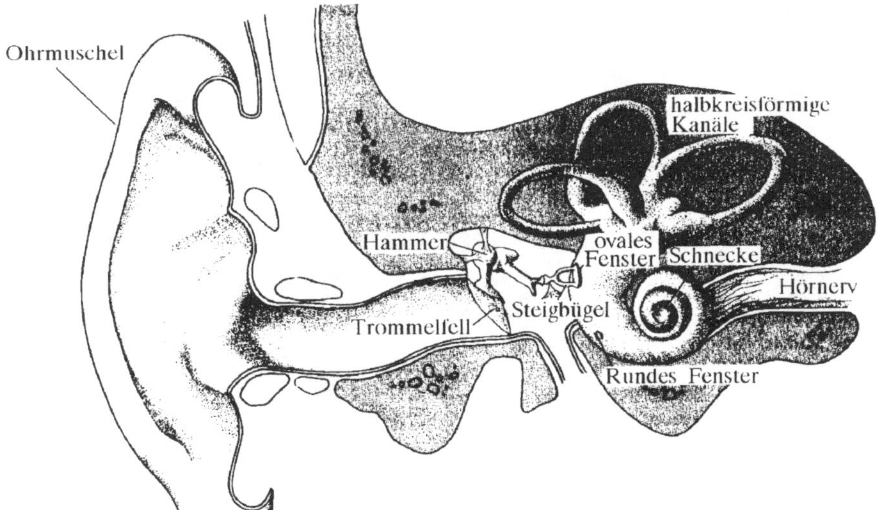

Abb. 50: Schematische Darstellung von äußerem, mittlerem und innerem Ohr (nach LINDSAY & NORMAN, 1981).

Das *Mittelohr* befindet sich unmittelbar hinter dem Trommelfell. Es ist ein luftgefüllter Raum, der zum Zweck des Druckausgleichs über die sog. *„eustachischen Röhren“* mit den Atmungswegen im Rachenraum in Verbindung steht. Die Schwingungen des Trommelfells werden im Mittelohr von drei kleinen *Gehörknöchelchen* weitergeleitet. Der *„Hammer“* (Malleus) ist mit dem Trommelfell verbunden und gibt die Schwingungen mechanisch an den *„Amboß“* (Incus) weiter, dieser bewegt seinerseits den *„Steigbügel“* (Stapes) als letztes Glied in der Übertragungskette des Mittelohrs. Der Steigbügel ist wiederum mit einer Membran verbunden, die den Übergang zum Innenohr bildet und aufgrund ihrer Form als „ovales Fenster“ bezeichnet wird. Die mechanische Weiterleitung der Schallschwingungen im Mittelohr hat vor allem zwei Funktionen: Zum einen werden die Schwingungen des Trommelfells durch die Anordnung der Gehörknöchelchen und das Größenverhältnis der beiden schwingenden Membranflächen (das ovale Fenster ist wesentlich kleiner als das Trommelfell) etwa 30fach verstärkt, zum anderen sind die Gehörknöchelchen durch eine Veränderung ihrer Anordnung in der Lage, sehr große Schalldrücke und entsprechend intensive Schwingungen abzufangen und ihre Wirkung auf das ovale Fenster stark zu reduzieren. Durch den Verstärkungsmechanismus können auch sehr schwache Schwingungen des Trommelfells im Innenohr differenziert analysiert werden, während die Abschwächung sehr starker Schwingungen eine Schutzfunktion hat.

Das *Innenohr* ist ein komplex aufgebautes Organ und wird aufgrund seines Aussehens als *„Schnecke“* (Cochlea) bezeichnet. In der Schnecke findet die eigentliche Umsetzung der mechanischen Schwingungen in sensorische Nervenimpulse statt. Sie hat in dieser Hinsicht für das auditive Sy-

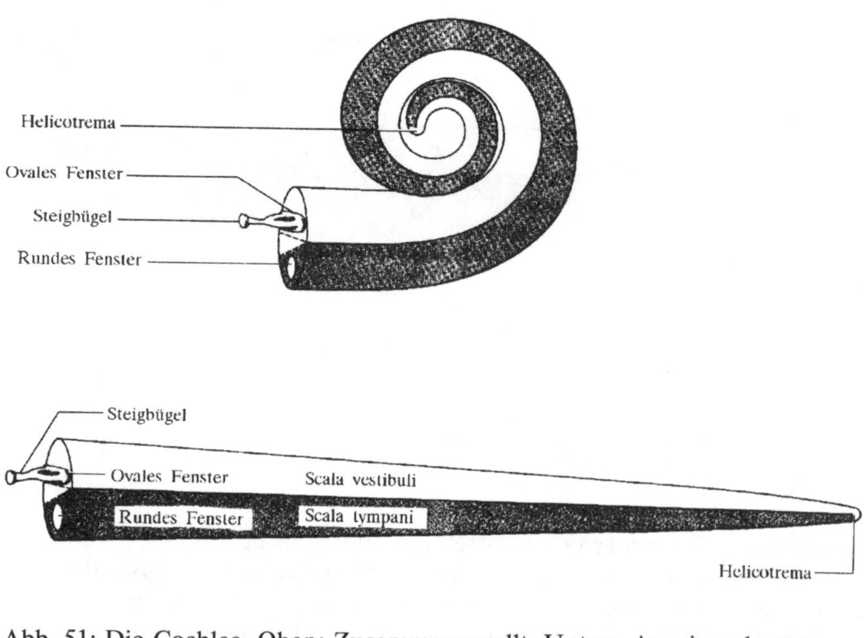

Abb. 51: Die Cochlea. Oben: Zusammengerollt. Unten: Auseinandergezogen (nach GOLDSTEIN,1984).

stem die gleiche Funktion wie die Netzhaut des Auges für die visuelle Wahrnehmung.

Die Schnecke besteht in ihrem Inneren aus drei mit Flüssig1keit gefüllten Kanälen. Das ovale Fenster schließt einen dieser Kanäle, die *„Scala vestibuli“*, zum Mittelohr hin ab. An seiner anderen Seite, also dem inneren Ende der Schnecke, ist dieser Kanal mit der *„Scala tympani“* verbunden, die ihrerseits wiederum zurück zum äußeren Ende der Schnecke führt und durch eine weitere Membran, das *„runde Fenster“*, zum Mittelohr hin abgeschlossen ist. Wird die Membran des ovalen Fensters nun in Schwingungen versetzt, so wird die Flüssigkeit in der Scala vestibuli und dadurch auch in der Scala tympani bewegt. Da die Flüssigkeit sich nicht komprimieren läßt, sorgt die Membran des runden Fensters für einen Ausgleich, indem sie sich mitbewegt. Die Schwingungen, die über Trommelfell, Gehörknöchelchen und ovales Fenster übertragen werden, resultieren damit in jeweils spezifischen Bewegungen der Flüssigkeit in den äußeren Kanälen der Cochlea.

Der dritte Kanal der Cochlea, die *„Scala media“*, liegt im Querschnitt betrachtet zwischen der Scala vestibuli und der Scala tympani und wird durch zwei dünne, bewegliche Wände, die *„Reissnersche Membran“* und die *„Basilarmembran“*, gebildet. In der Scala media befindet sich das eigentliche Hörorgan, das nach seinem Entdeker auch als *„Cortisches Organ“* bezeichnet wird. Es wird gebildet von einem Teil der Basilarmembran, in dem die Rezeptorzellen des auditiven Systems angesiedelt sind, und einer weiteren Membran, der Tektorialmembran, die beweglich in der Scala media liegt und die Rezeptoren überdeckt.

Die Rezeptoren sind sog. *„Haarzellen“*, sie besitzen an ihrer äußeren Seite feine Härchen, die sich beweglich im Zwischenraum zwischen Basilarmembran und Tektorialmembran befinden.

Die *Übertragung der auditiven Information* erfolgt also bis zum ovalen Fenster durch die Weitergabe der Schwingungen. Die Membran des ovalen Fensters bewegt die Flüssigkeit in den beiden äußeren Kanälen der Cochlea, wodurch die flexible Basilarmembran nun ihrerseits in Schwingungen versetzt wird. Die Schwingungen „wandern“ als wellenförmige Bewegungen, ausgehend von der Basis in der Nähe des ovalen Fensters, über die Basilarmembran. Da diese zwischen ihren beiden Enden unterschiedliche Breite und Elastizität aufweist, ändern sich Form, Geschwindigkeit und Amplitude der Wellenbewegungen während ihrer Fortpflanzung über die Basilarmembran. Es hat sich insbesondere herausgestellt, daß die Basilarmembran auf Schwingungen mit verschiedenen Frequenzen (Anzahl der Schwingungen pro Sekunde) mit unterschiedlichen Wellenverläufen reagiert: Niedrige Frequenzen erzeugen Wellen, deren Amplitude kontinuierlich zunimmt und zum Ende der Basilarmembran ihr Maximum erreichen, während die größte Amplitude bei hochfrequenten Wellen in der Nähe der Basis auftritt und sich diese nur schwach fortpflanzen.

Durch die Bewegung der Basilarmembran wird auch die Tektorialmembran in (zeitlich verzögerte) Schwingungen versetzt, wodurch die Härchen der Rezeptorzellen bewegt bzw. „verbogen" werden. Diese Einwirkung auf die Härchen löst in den Rezeptorzellen offensichtlich eine neuronale Impulstätigkeit aus, deren genaue Ursache bis heute nicht bekannt ist.

In jedem Falle führt die Bewegung der Basilarmembran dazu, daß über die Fasern des Hörnervs, die von den Haarzellen innerviert werden, Nervenimpulse bis in die auditiven Regionen des Cortex übertragen werden. Dabei finden sich im auditiven Übertragungsweg deutlich mehr Zwischenstationen als etwa beim visuellen System.

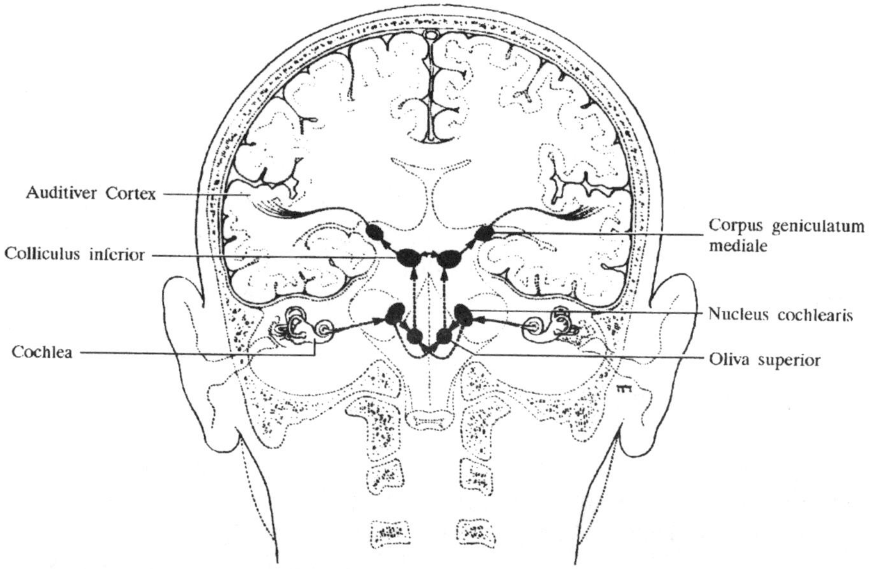

Abb. 52: Stark vereinfachtes Schema der Hörbahn (nach WEVER, 1949). Erläuterung im Text.

Außerdem findet offenbar bereits auf unterster Ebene eine *selektive Kodierung* der Informationen, z.B. über die Amplitude und die Frequenz der Schwingungen, statt: Es wurde festgestellt, daß die meisten Fasern im Hörnerv nur auf bestimmte Frequenzen bzw. erst ab einer bestimmten Reizintensität reagieren, zudem zeigten einige Fasern auch nur bei ganz bestimmten, komplexen Reizmustern Aktivität. Die physiologische Forschung hat inzwischen in den höheren Verarbeitungszentren des auditiven Systems eine Vielzahl spezialisierter Zellen gefunden. Man kann davon ausgehen, daß das auditive System mindestens im gleichen Umfang wie das visuelle System über hochspezialisierte Merkmalsdetektoren verfügt, die nur für die Wahrnehmung bestimmter Klangmuster (z.B. Stimmen) zuständig sind.

2.2 *Physikalische Eigenschaften akustischer Reize*

Grundlage aller Hörempfindungen, darauf wurde bereits im vorigen Abschnitt hingewiesen, sind *Schallwellen,* die sich von einer Schallquelle auf unterschiedlichen Wegen bis zum Ohr fortpflanzen können. Schallwellen entstehen dadurch, daß Moleküle in einem Medium (z.B. Luft) durch mechanische Einwirkung komprimiert und wieder dekomprimiert werden. Die *Kompression* und *Dekompression* kommt dabei im allgemeinen durch die Bewegung einer Fläche (z.B. Membran eines Lautsprechers, Stimmbänder) zustande: Die Bewegung „verdichtet" zunächst das Medium, wodurch viele Moleküle in dem entsprechenden Bereich miteinander „kollidieren". Die auftreffenden Teilchen werden abgebremst, die getroffenen werden dagegen durch den Aufprall ihrerseits in Bewegung versetzt, so daß sich das entstehende Muster von Verdichtung und Dekompression über weite Entfernungen fortsetzen kann, ohne daß die einzelnen Moleküle selbst sich über nennenswerte Distanzen bewegen. Da bei der Ausbreitung dieser Abfolgen von hoher und niedriger Verdichtung (nichts anderes sind die Schallwellen) ständig Energie verloren geht, schwächt sich ihre Intensität mit zunehmender Entfernung immer mehr ab.

Zwei wichtige Merkmale von Schallwellen sind bereits aus dem vorigen Abschnitt bekannt: Unter der *Amplitude* einer Welle versteht man den Unterschied zwischen dem unverdichteten Ausgangszustand und dem Zustand der maximalen Verdichtung. Die Amplitude oder Intensität von Schallwellen wird auch als Schalldruck bezeichnet und korrespondiert mit der wahrgenommenen Lautstärke. Je größer die Amplitude, je höher also der Schalldruck, umso lauter wird das entsprechende Geräusch wahrgenommen. Da sich der Verdichtungsgrad mit der zurückgelegten Wegstrecke kontinuierlich verringert, nimmt die Amplitude und damit der Lautstärkeeindruck mit zunehmender Entfernung von der Schallquelle immer weiter ab.

Die *Frequenz* bezeichnet die Anzahl der Schwingungen oder Wellenbewegungen pro Sekunde. Sie ist von der Zeit abhängig, die ein einzelner Wellenzyklus, d.h. eine vollständige Schwingung, benötigt. Die „Wellenlänge" bezeichnet dagegen die Strecke, die während einer Schwingung zurückgelegt wird, sie steht zur Frequenz in einem reziproken Verhältnis: Je kürzer eine Welle ist, desto mehr Schwingungen können (bei konstanter Geschwindigkeit) einen beliebigen Punkt (z.B. Trommelfell) in einer Sekunde erreichen. Je länger dagegen die Welle ist, um so niedriger die Schwingungsfrequenz. Subjektiv entspricht die Frequenz der Empfindung der Tonhöhe: Schallwellen mit höherer Frequenz werden auch als höhere Töne wahrgenommen.

Die meisten Geräusche oder Töne in der natürlichen Umgebung basieren auf sehr komplexen, aus unterschiedlichen Schwingungen zusammengesetzten Schallwellen. So läßt sich ein gesprochenes Wort beispielsweise als ein komplexes Wellenmuster darstellen, das durch das Zusammenwirken verschiedener Einzelschwingungen entsteht. Reine Töne, die nur aus einer einzigen Frequenz bestehen, entstehen nur bei den gleichmäßig alternierenden Sinuswellen, die sich beispielsweise mit einer Stimmgabel erzeugen lassen. Andere Wellenformen entstehen dadurch, daß mehrere Sinuswellen mit unterschiedlicher Wellenlänge gleichzeitig erzeugt werden, so daß sich die einzelnen Verdichtungs- und Dekompressionszustände gewissermaßen addieren.

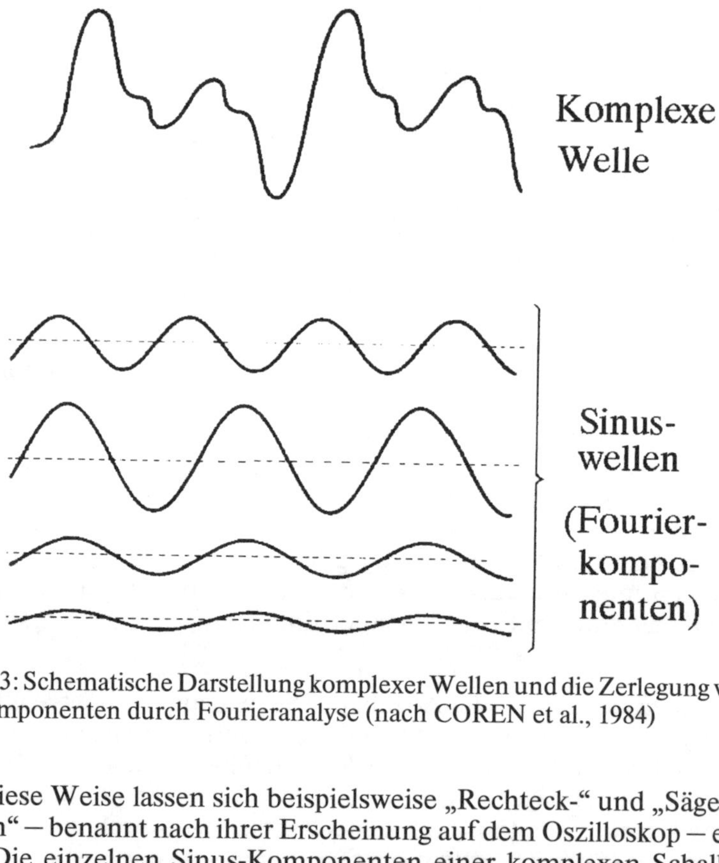

Abb. 53: Schematische Darstellung komplexer Wellen und die Zerlegung von Sinuskomponenten durch Fourieranalyse (nach COREN et al., 1984)

Auf diese Weise lassen sich beispielsweise „Rechteck-" und „Sägezahnwellen" – benannt nach ihrer Erscheinung auf dem Oszilloskop – erzeugen. Die einzelnen Sinus-Komponenten einer komplexen Schallwelle lassen sich mit Hilfe eines mathematischen Verfahrens, der sog. *„Fourieranalyse"*, bestimmen. Der subjektive Eindruck, der durch die jeweilige Wellenform hervorgerufen wird, wird als Klangfarbe bezeichnet. Im einzelnen wird dieser Aspekt im Abschnitt 2.4 behandelt.

Schallwellen breiten sich, wie wir gesehen haben, dadurch aus, daß Moleküle im Medium verdichtet und dekomprimiert werden. Es gibt eine ganze Reihe von Faktoren, die diesen Vorgang und damit unsere auditive Wahrnehmung beeinflussen können. So reflektieren beispielsweise viele

Gegenstände und Flächen den auf sie auftreffenden Schall. Oft absorbieren oder unterdrücken sie dabei aber bestimmte Frequenzbereiche, so daß auch der akustische Eindruck durch den reflektierten Schall verändert wird. Andererseits führt die Reflexion des Schalls auch dazu, daß sich bestimmte Anteile des akustischen Signals nicht durch das reflektierende Medium fortpflanzen können. Dies gilt insbesondere für die höheren Frequenzbereiche, die z.B. von Türen, Fensterflächen usw. wesentlich stärker reflektiert werden als die niederfrequenteren Anteile. Der Effekt ist jedem vertraut: Sobald sich die Tür zum Partykeller oder einem anderen Raum mit vergleichbarer Geräuschkulisse schließt, werden die Geräusche nicht nur leiser, sondern wirken auch unvermittelt dumpfer, da die höheren Frequenzanteile nahezu völlig fehlen. Der Schall selbst besitzt auch für verschiedene Frequenzbereiche unterschiedliche Ausbreitungseigenschaften: Lange Schallwellen, also niedrige Frequenzen, breiten sich leichter und weiter aus als hohe Frequenzen. Unterhalb einer bestimmten Frequenz sind wir deshalb beispielsweise nicht mehr in der Lage, die Schallquelle im Raum zu orten.

Als *„Doppler-Effekt"* wird die Veränderung der wahrgenommenen Tonhöhe bezeichnet, wenn eine sich rasch bewegende Schallquelle den Standort eines Zuhörers passiert. Der Effekt ist von mit eingeschaltetem Martinshorn vorbeifahrenden Krankenwagen oder Polizeiautos bekannt: Nach dem Passieren erscheint die Tonhöhe des Signalhorns deutlich niedriger als bei der Annäherung.

Dieser Höreindruck entspricht den tatsächlichen Frequenzen der Schallwellen, die das Ohr erreichen, obwohl eine Schallquelle an sich in alle Richtungen identische Wellen aussendet. Die Erklärung liegt darin, daß durch die Bewegung die nach „vorne" (in Bewegungsrichtung) abgegebenen Schallwellen gestaucht und damit komprimiert werden, so daß tatsächlich kürzere Wellenlängen entstehen. Die nach „hinten" ausgesendeten Wellen werden dagegen gestreckt, ihre Frequenz also reduziert. Auf diese Weise wird der Ton bei der Annäherung des Objekts höher, hinter ihm aber tiefer wahrgenommen, als der ursprünglich ausgesendeten Wellenlänge entspricht.

Für die verschiedenen, subjektiv und objektiv unterscheidbaren Eigenschaften akustischer Signale gibt es eine Reihe unterschiedlicher *Maßeinheiten.* Die Frequenz eines Tones, die wir als die Anzahl der Schwingungen der Schallwellen pro Sekunde kennengelernt haben, wird in Hertz (Hz) ausgedrückt. Der für den Menschen hörbare Frequenzbereich liegt zwischen 20 Hz und 20000 Hz, es gibt aber auch wesentlich hochfrequentere Schallschwingungen, die von manchen Tieren (z.B. Hunde oder Fledermäuse) wahrgenommen werden können. Schallwellen oberhalb der menschlichen Hörgrenze werden als „Ultraschall" bezeichnet. Die physikalische Stärke eines akustischen Reizes, die der Amplitude der Schallwellen entspricht, wird als Schalldruckpegel (sound pressure level = SPL) bezeichnet. Als Maß hierfür hat sich das DeziBel (dB) durchgesetzt. DeziBel ist eine relative, logarithmische Einheit, die sich auf einen festgelegten Basis-Schalldruck bezieht. Dieser entspricht in etwa der Hörschwelle des Menschen im Frequenzbereich von 1000 bis 4000 Hz.

Weitere Maßeinheiten sind die SON-Skala für die subjektiv erlebte Lautstärke (Lautheit) eines Reizes und die Einheit Phon als ein älteres Maß für den Schalldruck. Sie sind allerdings wenig bzw. nicht mehr gebräuchlich.

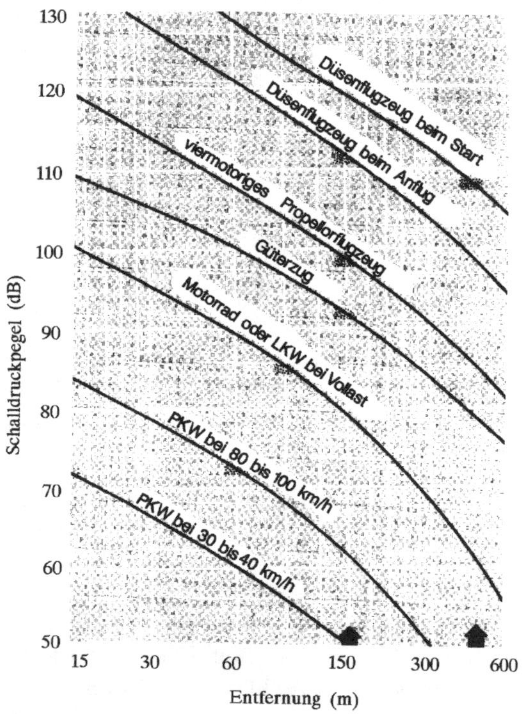

Abb. 54: Verschiedene Geräuschquellen und die von ihnen erzeugten dB-Pegel in Abhängigkeit von der Entfernung (nach SCHIFF, 1980)

Info-Box 6: Akustische Maskierung

Die Wahrnehmungsschwelle für einen akustischen Reiz hängt nicht nur von dessen Amplitude, sondern auch von möglicherweise gleichzeitig vorhandenen weiteren Geräuschen ab. Ein Ton, der bei einer bestimmten Amplitude für sich allein gut hörbar ist, kann durch weitere Geräusche vollständig überlagert oder „maskiert" werden. Man spricht deshalb bei einer solchen Erhöhung der Wahrnehmungsschwelle von „akustischer Maskierung". Eine flüsternde Stimme etwa, die in einem ruhigen Raum gut zu verstehen ist, wird in einer Fabrikhalle mit laufenden Maschinen unhörbar, sie wird durch die Geräuschkulisse „maskiert“. Man muß in diesem Fall die Amplitude erhöhen (d.h. lauter sprechen), um den Reiz wieder wahrnehmbar zu machen. Die Bedingungen, unter denen Maskierungen akustischer Signale auftreten, sind in zahlreichen Laborexperimenten analysiert worden. Meist wurde dabei die Wahrnehmbarkeit eines Tones (Testreiz) bei Vorhandensein oder Fehlen anderer Signale (Maskierreize) mit bestimmten Amplituden und Frequenzen untersucht. Die wichtigsten Ergebnisse dieser Versuche lassen sich wie folgt zusammenfassen:

– Am stärksten ist der Maskierungseffekt, wenn der Maskierreiz die gleiche Frequenz bzw. den gleichen Frequenzbereich wie der Testreiz aufweist. Die Verschiebung der Wahrnehmungsschwelle entspricht in diesem Falle der Amplitudenerhöhung des Maskierreizes, d.h. wenn bei gerade hörbarem Testreiz der Maskierreiz um 20 dB lauter gemacht wird, muß auch der Testreiz 20 dB lauter werden, um wieder wahrnehmbar zu sein. (WEGEL & LANE, 1924; ZWICKER & SCHARF, 1965)

– Dieses lineare Verhältnis gilt nicht, wenn der Maskierreiz andere Frequenzen als der Testreiz aufweist. Die Maskierwirkung nimmt immer weiter ab, je weiter sich die Frequenz des Maskierreizes von derjenigen des Testreizes entfernt. Dabei gilt allerdings: Geräusche mit (im Vergleich zum Testreiz) höheren Frequenzanteilen haben bei Amplituden über 60 dB eine stärkere maskierende Wirkung als niedrigerfrequente Signale. (WEGEL & LANE, 1924)

– Wenn Testreiz und Maskierreiz nacheinander dargeboten werden, tritt ein deutlicher Maskierungseffekt nur bei Zeitabständen bis zu ca. 25 mSek auf. Bei solch geringen Intervallen ist das auditive System offenbar nicht in der Lage, den Testreiz unabhängig vom Maskierreiz als eigenständiges Signal zu verarbeiten. (DIVENYI & HIRSH, 1975; ELLIOTT, 1962; WRIGHT, 1964)

2.3 Auditive Raumwahrnehmung

Im Abschnitt über das visuelle System war bereits die Rede davon, daß die Raumwahrnehmung, trotz einer ganzen Reihe monokularer Hinweisreize, wesentlich von den Informationen des binokularen Sehens bestimmt wird. In noch größerem Maße gilt dies für die auditive Raumwahrnehmung: Sie ist nahezu vollständig vom *binauralen Hören* abhängig, da mit nur einem Ohr Schallquellen kaum im Raum lokalisiert werden können.

Während der visuelle Raum auf das jeweilige Gesichtsfeld beschränkt ist, lassen sich akustische Reize zu jedem Zeitpunkt aus allen Richtungen wahrnehmen. Man kann den akustischen Raum als eine den Wahrnehmenden umgebende „Kugel“ auffassen, in der sich an jedem beliebigen Punkt eine Schallquelle befinden kann. In Abhängigkeit von dieser Position haben die Schallwellen zu beiden Ohren mehr oder weniger unterschiedliche Wege zurückzulegen. Befindet sich die Schallquelle direkt vor, über oder hinter dem Kopf, so sind die Schallwege zu beiden Ohren gleich lang. Liegt sie dagegen seitlich, so entstehen unterschiedlich lange Schallwege, die zu Zeitunterschieden führen: Das Signal trifft in dem zugewandten Ohr früher als in dem anderen Ohr ein. Dabei ist die Größe des Zeitunterschieds von dem Winkel abhängig, in dem sich die Schallquelle zur sog. „Medianebene“ (senkrechte Ebene durch die Achse „vorne-hinten“) befindet. Dieser Winkel wird als Azimuthwinkel bezeichnet. Die direkt voraus liegende Schallquelle befindet sich in einem Azimuthwinkel von 0°, eine seitliche, genau auf Ohrhöhe befindliche Schallquelle hat dagegen einen Azimuth von 90° bzw. 270°. Bei diesen beiden Winkeln, also bei genau links oder rechts vom Kopf angeordneten Schallquellen, treten die größten Laufzeitunterschiede des Schalls auf.

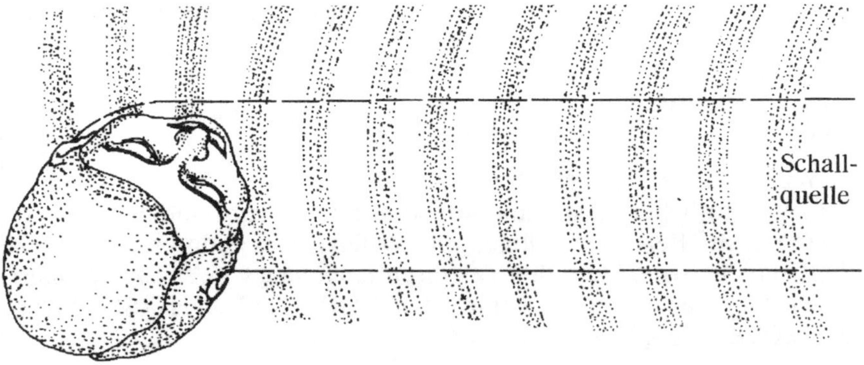

Abb. 55: Schallwellen erreichen bei seitlicher Annäherung beide Ohren nicht zur gleichen Zeit (nach GIBSON, 1966).

Außerdem führen die unterschiedlichen Weglängen auch dazu, daß der Schall nicht nur mit zeitlicher Verzögerung, sondern auch mit geringfügig unterschiedlichen Amplituden in beiden Ohren eintrifft. Da die Abnahme der Amplitude und die Entfernung von der Schallquelle in einem festen Verhältnis zueinander stehen, kann die *Amplitudendifferenz* zwischen beiden Ohren auch als Information über die Entfernung der Schallquelle genutzt werden: Bei einer Schallquelle, die sich in unmittelbarer Nähe des Kopfes befindet, hat der Abstand zwischen den Ohren einen relativ großen Anteil an der Gesamtstrecke des Schalls, so daß der Amplitudenunterschied entsprechend deutlich ausfällt. Mit zunehmender Entfernung wird dieser Anteil und damit die Amplitudendifferenz immer geringer.

Zu diesem Effekt der unterschiedlichen Weglängen des Schalls kommt noch, daß der Kopf bei seitlich auftreffenden Schallwellen eine Art *„Schattenwirkung"* hat, indem er Teile des Signals reflektiert. Auch hierdurch wird die Amplitude des im entfernteren Ohr eintreffenden Schalls zusätzlich reduziert.

Obwohl die absolute Höhe der Zeit- und Amplitudendifferenzen sehr gering ist (die Zeitunterschiede betragen z.B. nur Bruchteile einer Millisekunde), zählen diese beiden Faktoren zu den wichtigsten Informationen der auditiven Raumwahrnehmung. Allerdings lassen sie allein nicht immer eine genaue Lokalisation zu: Es gibt links und rechts eine Vielzahl von Punkten im Raum, die identische Abstände zu den Ohren aufweisen und als Schallquellen demnach auch gleiche Zeitunterschiede erzeugen. Für eine ganze Reihe dieser Punkte ist auch die Amplitudendifferenz identisch. Außerdem gibt es unterschiedliche Punkte, die überhaupt keine Zeit- und Amplitudendifferenzen hervorrufen, z.B. wenn sich Schallquellen direkt vor oder hinter, über oder unter dem Wahrnehmenden befinden. Wie kann man in solchen Situationen etwa „vorne" und „hinten" aufgrund des akustischen Signals unterscheiden?

Zunächst spielt die Eigenbewegung bei der Lokalisation einer Schallquelle eine bedeutende Rolle. Indem man seinen Kopf bewegt, verschafft man sich eine Vielzahl von Informationen in Form von unterschiedlichen Zeit- und Amplitudendifferenzen. Die Auswertung dieser Informationen erlaubt dann eine genaue Lokalisation, wie sie durch einzelne Differenzwerte, z.B. bei einer statischen Position des Kopfes oder einem sehr kurzen akustischen Signal, nicht möglich ist.

Ein weiterer Faktor ist das Ohr, genauer die *Ohrmuschel* selbst. Durch die Form der Ohrmuschel wird nämlich Schall, der aus verschiedenen Richtungen eintrifft, in unterschiedlicher Weise reflektiert. Insbesondere bei den höheren Frequenzen können so unterschiedliche Schwingungsmuster des Trommelfells entstehen, wenn sich die gleiche Schallquelle vor oder hinter, über oder unter dem Ohr befindet. GARDNER & GARDNER (1973) haben in einem Experiment gezeigt, daß das räumliche Ortungsvermögen stark beeinträchtigt wird, wenn die Unregelmäßigkeiten der Ohrmuschel durch Wachs ausgefüllt und damit Reflexionen weitgehend unterbunden werden.

Auch die Reflexionen, die an zahlreichen Flächen in der Umwelt, besonders in geschlossenen Räumen, entstehen, beeinflussen die auditive Raumwahrnehmung. Wenn eine Schallquelle in einem geschlossenen Raum Schallwellen aussendet, werden diese z.B. von den Wänden, der Decke und möglicherweise auch von Gegenständen im Raum reflektiert.

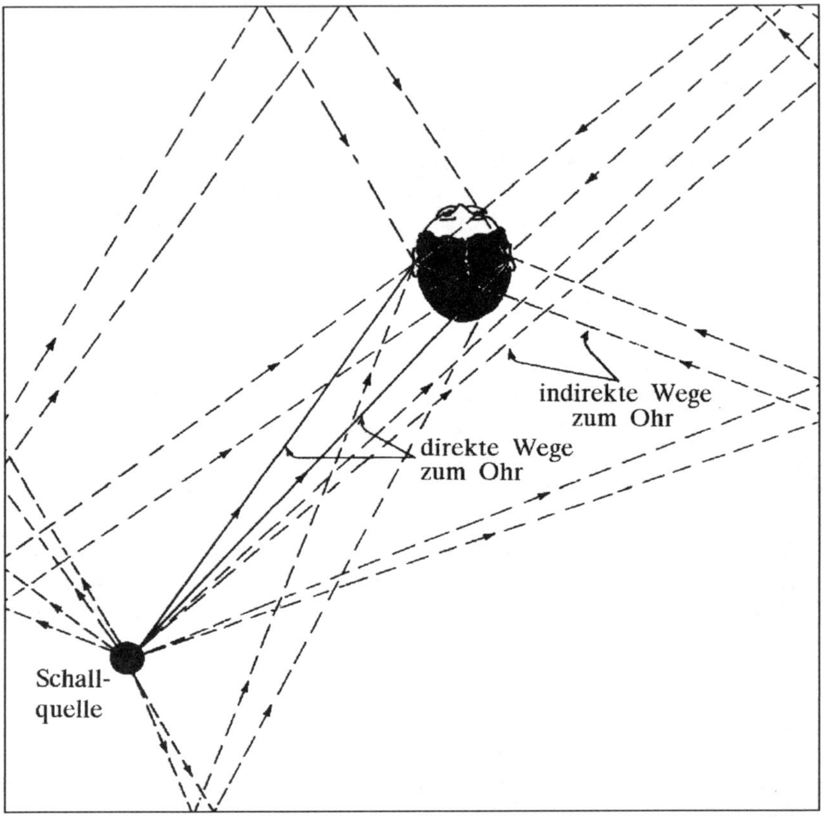

Abb. 56: Direkte und indirekte Schallwellen, die durch Reflexionen an den Zimmerwänden entstehen (nach LINDSAY & NORMAN, 1981).

Neben dem direkten Schall erreichen uns dann mit zeitlicher Verzögerung auch die *Schallreflexionen* aus verschiedenen Richtungen.

Dennoch können wir im allgemeinen die Schallquelle im Raum richtig orten und nehmen die reflektierten Schallwellen nicht als Originalschall wahr.

Der Grund dafür liegt in einem als *„Präzedenzeffekt"* bezeichneten Mechanismus: Wenn eine bestimmte Schallwelle das Ohr erreicht hat, werden nachfolgende identische Wellen innerhalb eines kurzen Zeitraums (ca. 50 – 100 mSek) unterdrückt, so daß der primäre, direkt von der Schallquelle kommende Schall die Wahrnehmung und räumliche Ortung bestimmt.

Indirekte Schallwellen, die nach diesem Zeitraum ankommen, werden als Hall bzw. bei längeren Verzögerungszeiten als Echos wahrgenommen. Das Ausmaß der Schallreflexion und die dabei auftretenden Verzögerungszeiten bestimmen, wie wir einen Raum als akustische Umwelt auditiv erfahren, man spricht hier von der „Akustik" eines Raumes.

Experiment 14:

WALLACH, NEWMAN & ROSENZWEIG (1949) führten einige klassische Experimente zur räumlichen Lokalisation von Schallquellen durch. Sie prägten den Begriff „Präzedenz-Effekt“ für das von ihnen gefundene Ortungsprinzip. Ausgangspunkt war die Frage, warum reflektierte Schallwellen in einem Raum nicht als weitere Schallquellen wahrgenommen werden, sondern die Lokalisation des Originalschalls meist ohne weiteres möglich ist. WALLACH positionierte seine Versuchspersonen so zwischen zwei Lautsprechern, die beide dasselbe Geräusch mit gleicher Lautstärke abstrahlten, daß die Entfernung zu den beiden Schallquellen genau gleich war. Das Geräusch (ein mit Kondensatoren erzeugtes kontinuierliches Knacken) wurde in der Mitte zwischen den Lautsprechern lokalisiert. Dann wurde der eine Lautsprecher auf den Teilnehmer zu bewegt, und bereits nach ca. 30 cm (10 % der Gesamtdistanz) schien der eintreffende Schall nur noch von diesem Lautsprecher zu kommen. Für diese plötzliche Änderung der akustischen Lokalisation waren zwei Erklärungen möglich: Entweder war der durch die unterschiedlichen Entfernungen zustandekommende minimale Amplitudenunterschied oder aber die zeitliche Differenz beim Eintreffen der Schallwellen für die Ortung maßgeblich. Zwei weitere Versuchsanordnungen entschieden diese Frage: Zum einen wurden die beiden Lautsprecher in unterschiedlichen Entfernungen vom Zuhörer aufgestellt, ihre Lautstärken aber so eingestellt, daß die beim Zuhörer eintreffenden Amplituden gleich groß waren. In diesem Fall wurde die Schallquelle eindeutig bei dem näher gelegenen Lautsprecher (dessen Signal etwas früher eintraf) lokalisiert. Zum anderen stellte WALLACH eine „künstliche“ Zeitdifferenz durch minimale Verzögerung des Signals für einen der beiden Lautsprecher her. Bei gleichen Entfernungen und Amplituden zeigte sich auch hier, daß das jeweils zuerst eintreffende Signal die Ortung der Schallquelle bestimmte. Damit war festgestellt, daß die räumliche Ortung von Schallquellen ganz maßgeblich durch die Laufzeitunterschiede der Wellen bzw. durch die „Präzedenz“ des zuerst eintreffenden Schalls bestimmt wird.

Selbstversuch 8: Präzedenz-Effekt

Mit Hilfe einer Stereoanlage oder eines Stereo-Autoradios läßt sich der Präzedenzeffekt gut veranschaulichen. Man benötigt ein monophones Signal, d.h. die normale Stereo-Kanaltrennung muß aufgehoben sein (indem man z.B. den Verstärker oder das Rundfunk-Empfangsteil auf „Mono“ schaltet). Wenn man sich nun so zwischen beiden Lautsprechern plaziert, daß das von links und das von rechts ankommende Signal die gleiche Laufzeit benötigen (d.h. wenn beide Lautsprecher gleich laut erscheinen), wird die Schallquelle, z.B. die Stimme eines Sprechers, subjektiv meist in der Mitte zwischen den Lautsprechern lokalisiert. Bewegt man den Kopf jetzt geringfügig nach links oder rechts, so wird die in dieser Richtung liegende Schallquelle plötzlich vollkommen dominant: Das Signal scheint dann nur noch aus dieser Richtung zu kommen. Besonders deutlich fällt dieser Effekt bei Stimmen aus. Die zunächst naheliegende Annahme, daß die durch die Positionsveränderung bedingte Verschiebung der Läutstärke für die plötzliche Wahrnehmungsänderung verantwortlich sei, hält einer näheren Prüfung nicht stand: Der entstehende Amplitudenunterschied ist viel zu gering und erfolgt außerdem kontinuierlich, so daß die abrupte Veränderung der Lokalisation so nicht zu erklären ist. Die Ursache liegt vielmehr im Präzedenzeffekt, also in den (ebenfalls recht geringen) Laufzeitunterschieden zwischen linkem und rechtem Lautsprecher.

Die auditive Lokalisation einer Schallquelle hängt auch von der Frequenz bzw. den Frequenzanteilen des Signals ab. Experimentelle Ergebnisse sprechen beispielsweise dafür, daß die Lokalisation vor allem bei niedrigeren Frequenzen durch die Zeitunterschiede, bei hohen Frequenzen dagegen auch durch die Amplitudendifferenz zustandekommt, was zur Formulierung einer *„Duplextheorie“* der auditiven Lokalisation geführt hat. Demnach können diejenigen akustischen Signale am besten lokalisiert werden, die sowohl tiefe wie hohe Frequenzanteile besitzen (z.B. Knack- oder Schlaggeräusche), da hier auf Zeit- und auf Amplitudendifferenzen zurückgegriffen werden kann. „Reine“ Töne mittlerer Frequenz lassen sich dagegen wesentlich schwieriger im Raum orten.

Generell scheint bei der auditiven Raumwahrnehmung höheren Frequenzen eine dominierende Rolle zuzukommen, was möglicherweise

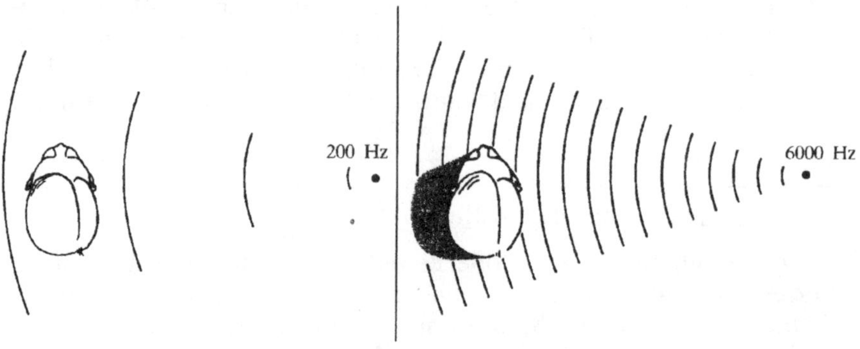

Abb. 57: Bei hohen Frequenzen nimmt die Intensität eines Tones bei dem Ohr ab, das weiter von der Schallquelle entfernt ist, weil dort ein sog. „Schatten“ entsteht. Bei niedrigen Frequenzen kann dieser Schatten nicht auftreten (nach GOLDSTEIN, 1984).

durch die unterschiedlichen Ausbreitungseigenschaften verschiedener Schallfrequenzen erklärbar ist. Bei sehr tiefen Frequenzen (unterhalb ca. 200 Hz) können wir den Ausgangspunkt des Schalls auditiv überhaupt nicht mehr bestimmen.

2.4 Sprach- und Musikwahrnehmung

Die meisten akustischen Reize in unserer natürlichen Umwelt sind komplexe Signale, sie beinhalten unterschiedliche Frequenzen, Amplituden und zeitliche Variationen. Sprachlaute gehören zu den komplexesten und gleichzeitig für uns bedeutsamsten akustischen Signalen. Am Beispiel der Sprachwahrnehmung läßt sich besonders deutlich aufzeigen, daß viele auditive Wahrnehmungsleistungen durch die physikalischen Eigenschaften des Schalls und seine physiologische Umsetzung, von denen bisher überwiegend die Rede war, nur unzureichend erklärt werden können.

Gesprochene Sprache ist eine nahezu kontinuierliche Abfolge von komplexen Lauten. Betrachtet man sie einfach als eine akustische Signalfolge, so weist sie nicht die strukturellen Einheiten geschriebener Sprache (Silben, Wörter etc.) oder die von der Sprachwissenschaft postulierten syntaktischen Eigenschaften auf, sondern ist aus einer begrenzten Zahl von Lautelementen, den sog. *Phonemen,* zusammengesetzt. Deutlich wird dies beispielsweise beim Hören einer völlig fremden, unbekannten Sprache, bei der wir in der Regel tatsächlich keine Wörter oder Satzteile identifizieren können. Phoneme sind definiert als diejenigen Grundeinheiten der Sprache, deren Fehlen oder Variation die Bedeutung eines sprachlichen Ausdrucks ändern kann. Sie korrespondieren am ehesten mit den Buchstaben der Schriftsprache, ohne aber damit identisch zu sein. Als Lautelemente stellen Phoneme einerseits eine spezielle Art von „Geräuschen" dar, andererseits sind sie Identifikationsmerkmale für sprachliche Ausdrücke. Jedes Geräusch ist, wie wir gesehen haben, aus einer Reihe spezifischer Frequenzen mit bestimmten Amplituden zusammengesetzt. Es stellt sich daher die Frage, wie ein Phonem in unterschiedlicher physikalischer Erscheinungsform (z.B. wenn es laut oder leise, von einem Mann, einer Frau oder einem Kind ausgesprochen, durch ein Telefon übertragen wird usw.) immer als der gleiche Sprachlaut wahrgenommen wird. Untersuchungen mit sog. Spektrometern, mit denen Frequenzanteile und Amplituden im zeitlichen Verlauf von Geräuschen sichtbar gemacht werden können, haben zwar für unterschiedliche Phoneme charakteristische Verlaufsformen als *„Spektrogramme"* nachweisen können, es hat sich aber gezeigt, daß Laute auch dann als identisch wahrgenommen werden, wenn sich ihre Spektrogramme erkennbar unterscheiden. Phoneme stellen also sprachliche Invarianten dar, deren Konstanz sich diesen Beobachtungen zufolge nicht aus den physikalischen Reizeigenschaften erklären läßt.

Versuche, diese Invarianz zu erklären, haben zur Entwicklung unterschiedlicher Theorien der Sprachwahrnehmung geführt. Die *„motorische" Theorie* von LIBERMAN (LIBERMAN et al., 1967) basiert auf der Annahme, daß zwischen der Wahrnehmung eines Phonems und der Art, wie wir es produzieren, ein Zusammenhang besteht. LIBERMAN stellte fest, daß wir für jedes Phonem über ein spezifisches motorisches Artikulationsmuster verfügen, das (im Gegensatz zu den physikalischen Reizeigenschaften) eine eindeutige Identifikation zuläßt. Ihm zufolge wird das auditive Signal im Wahrnehmungsprozeß mit den eigenen Artikulationsmustern verglichen. Eine Art *„Sprachdetektor"* überprüft dabei, mit welchem motorischen Muster sich das einkommende akustische Signal erzeugen läßt und kann es auf diese Weise identifizieren. LIBERMANs Theorie erklärt allerdings nicht, wie uneindeutige Reizinformationen mit feststehenden Artikulationsmustern im Vergleichsprozeß in eine eindeutige Beziehung gesetzt werden können.

In jüngerer Zeit sind daher theoretische Ansätze entstanden, die die Sprachwahrnehmung als einen *Prozeß der Merkmalsanalyse* auffassen (z.B. EIMAS & CORBIT, 1973; KLATT, 1980). Diesen Autoren zufolge sind die „kritischen Merkmale", anhand derer sich die verschiedenene Phoneme eindeutig unterscheiden lassen, eben doch im akustischen Signal selbst enthalten. Bei der Sprachwahrnehmung wird aber nicht das akustische Signal als ganzes, sondern eine Reihe sehr spezifischer Details (z.B. Anstiegs- und Übergangszeiten, Amplitudenverläufe usw.) ausgewertet, die beispielsweise in einem Spektrogramm überhaupt nicht hinreichend erkennbar sind. Demnach basiert die Sprachwahrnehmung also nicht auf der Existenz eines spezifischen „Sprachdetektors", sondern auf einem sehr guten Auflösungs- und Differenzierungsvermögen des auditiven Systems.

Invarianz ist nicht nur als Eigenschaft von Phonemen, sondern auch bei größeren und komplexeren sprachlichen Einheiten beobachtbar. Sowohl Alltagserfahrungen als auch verschiedene experimentelle Befunde zeigen deutlich, daß wir sehr häufig uneindeutige oder unvollständige Sprachreize interpretierend verarbeiten und fehlende Informationsanteile meist automatisch und unbewußt von uns aus einfügen. WARREN (1970) hat diese kontextabhängige Korrektur oder Ergänzung unvollständiger Informationen als *„Restaurationseffekt"* bezeichnet. Auf diese Weise läßt sich auch die Fähigkeit erklären, in einer kontinuierlichen Abfolge von Lauten problemlos einzelne Wörter zu unterscheiden: Die „Wahrnehmung" der Wörter beruht hier vollständig auf der Interpretation der akustischen Information.

Ähnliche Korrektur- und Deutungsphänomene treten auch in vielen anderen Wahrnehmungsprozessen auf, bei der Sprachwahrnehmung wird die Rolle der aktiven Verarbeitung in Relation zum sensorischen Reiz aber besonders deutlich.

Daß physikalische Reizeigenschaften und subjektives Erleben in manchen Fällen nicht eindeutig aufeinander beziehbar sind, läßt sich auch am Beispiel der *Musikwahrnehmung* zeigen. Musik besteht, sieht man einmal von manchen Ambitionen in der modernen Musik ab, nicht aus *„Geräuschen“,* sondern aus einer strukturierten Abfolge von *„Tönen“*. Töne unterscheiden sich von „Geräuschen“ vor allem dadurch, daß sie über einen eindeutig wahrnehmbaren Grundton verfügen. Dieser *Grundton,* der immer von der tiefsten vorhandenen Frequenz („Grundschwingung“) abhängt, bestimmt die subjektiv erlebte *Tonhöhe.* Die einzelnen Töne, die wir in einer Melodie hören, sind diese Grundtöne und nicht die höheren Schwingungsanteile, die fast alle Musikinstrumente (einschließlich der menschlichen Stimme) außerdem erzeugen.

Bei der Musikwahrnehmung zeigen sich eine Reihe interessanter Relationen und Gesetzmäßigkeiten, die physikalisch nur bedingt erklärbar sind. So kommen als Grundtöne beispielsweise eine Vielzahl unterschiedlicher Frequenzen in Frage, dennoch kennt man in der Musik nur zwölf unterschiedliche Töne. Zwar kann man durch Verstimmen z.B. eines Saiteninstruments beliebige neue Töne erzeugen, solche Töne „passen“ aber nicht zu den übrigen, sie klingen „atonal“. Wir kennen die Anpassung der einzelnen Töne untereinander als das Stimmen der Instrumente, bei dem die Frequenzen der einzelnen Grundtöne in bestimmte Abstände zueinander gebracht werden. Für die Wahrnehmung ist dabei nicht die absolute Höhe der Frequenzen maßgeblich (obwohl entsprechende Konventionen existieren: Der „Kammerton A“ hat beispielsweise per Konvention eine Tonhöhe von 440 Hz), sondern ausschließlich die Relationen oder *„Schwingungsverhältnisse“*. Töne, die in dieser Weise aufeinander abgestimmt sind, bezeichnet man als *„chromatisch“*. Führt man die Abstimmung der Frequenzen über den zwölften Ton hinaus fort, so erscheint der dreizehnte dem ersten Ton sehr viel ähnlicher als die übrigen Töne zu sein, wir nehmen ihn sogar als den gleichen Ton, nur in einer höheren Lage, wahr. Dieser dreizehnte Ton besitzt genau die doppelte Frequenz des ersten Tons. In der Musik bezeichnet man eine solche Relation als „Oktave“, und Töne in Oktavabständen werden mit dem gleichen Buchstaben bezeichnet.

Ähnliche Gesetzmäßigkeiten, bei denen ganz bestimmte Relationen zur Wahrnehmung von Ähnlichkeit oder „Passung“ zwischen Tönen führen, sind bei der Wahrnehmung von *Melodien* beobachtbar. Bei bestimmten Intervallen zwischen einzelnen Tönen werden diese als einander zugehörig empfunden, sie sind dann Bestandteile einer „Tonart“. Die meisten (aber nicht alle) Melodien machen von der scheinbar natürlichen Zugehörigkeit der Töne einer Tonart Gebrauch, indem sie nur auf innerhalb der jeweiligen Tonart „erlaubte“ Intervalle zurückgreifen. Fast alle Kinder- und Volkslieder benutzen beispielsweise die Dur-Tonleiter, bei der ganz bestimmte der zwölf chromatischen Töne übersprungen werden, wodurch die Tonleiter schließlich nur aus sieben unterschiedlichen Tönen besteht.

Melodien besitzen eine Qualität, die sich mit der im Abschnitt über die Formwahrnehmung erörterten „Gestalteigenschaften“ von Figuren vergleichen läßt. Eine Melodie wird nämlich nicht durch die absolute Höhe ihrer Töne, sondern ausschließlich über die Abfolge der enthaltenen Intervalle und die Zeitdauer der einzelnen Töne und Pausen („Notenwerte“) bestimmt. Spielt man eine solche Abfolge von Intervallen nacheinander in beliebigen Tonarten, so wird immer die gleiche Melodie wahrgenommen, obwohl die einzelnen Komponenten (Tonhöhen) völlig unterschiedlich sein können (vgl. die Kriterien der „Ganzheitlichkeit“ und der „Transponierbarkeit“ für Gestalten, nach v. EHRENFELS, 1890).

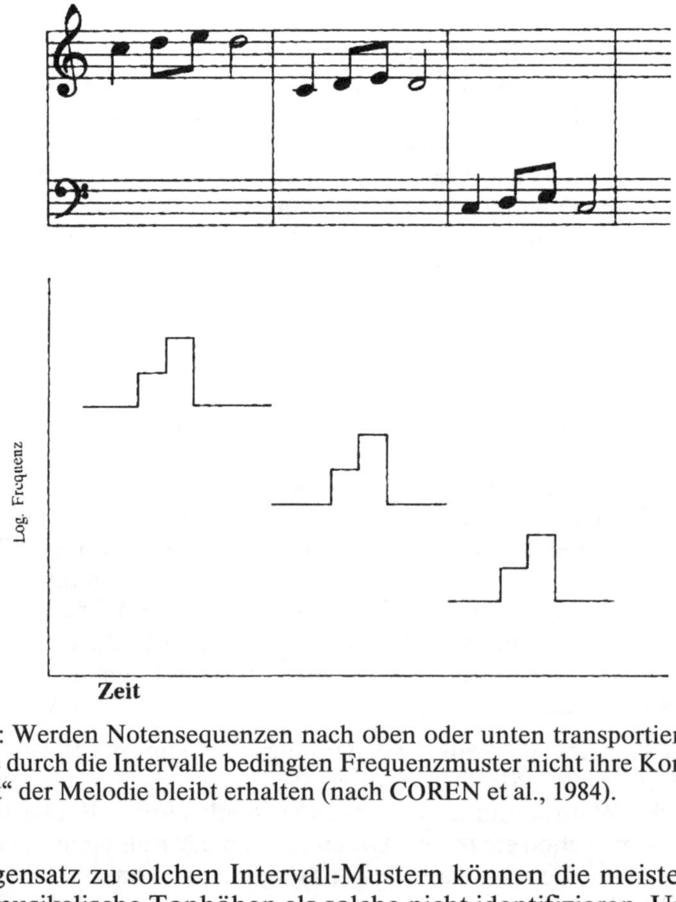

Abb. 58: Werden Notensequenzen nach oben oder unten transportiert, verändern die durch die Intervalle bedingten Frequenzmuster nicht ihre Kontur: Die „Gestalt“ der Melodie bleibt erhalten (nach COREN et al., 1984).

Im Gegensatz zu solchen Intervall-Mustern können die meisten Menschen musikalische Tonhöhen als solche nicht identifizieren. Um einen einzeln dargebotenen Ton als ein „A“, „C“ oder „F“ zu bestimmen, müßte man seine physikalische Qualität (Frequenz) mit seiner musikalischen Bezeichnung in Beziehung setzen können. Nur wenige Menschen, die über ein sog. *„absolutes Gehör“* verfügen, sind in der Lage, isoliert dargebotene Töne in dieser Weise zu identifizieren.

Neben Melodien, als Abfolgen einzelner Töne, sind *Akkorde* ein weiterer wichtiger Bestandteil von Musik. Akkorde sind „Mehrklänge", sie bestehen aus mehreren gleichzeitig erklingenden Tönen. Drei Klaviertasten, gleichzeitig angeschlagen, ergeben einen Akkord. Die musikalischen Eigenschaften (z.B. das Tongeschlecht) eines Akkords hängen von der Anzahl der Töne und den Intervallen zwischen ihnen ab.

Obwohl wir gleichzeitig erklingende Töne als einen integrierten Mehrklang wahrnehmen, können wir sie im allgemeinen doch als einzelne Komponenten deutlich voneinander unterscheiden. Es fällt uns nicht schwer, z.B. einen Dur-Dreiklang beim Hören in seine tonalen Bestandteile zu zerlegen und diese einzeln zu singen oder auf einem Instrument zu spielen. Bei komplexeren oder ungewöhnlichen Akkorden ist dazu allerdings einige Übung erforderlich.

Die Diskriminationsfähigkeit für die Bestandteile komplexer Klänge hat der deutsche Physiker OHM in seinem „akustischen Gesetz" beschrieben. Neben dem Grundton erzeugen fast alle Musikinstrumente eine mehr oder weniger große Zahl weiterer Schwingungen, die zur Frequenz des Grundtons in einem festen Verhältnis stehen und als „Obertöne" bezeichnet werden. Je nach Anzahl und Intensität der Obertöne entstehen daher bei verschiedenen Instrumenten jeweils charakteristische Wellenformen, die wir subjektiv als die typischen *„Klangfarben"* dieser Instrumente wahrnehmen. Durch die variierenden Klangfarben der Instrumente können sehr unterschiedliche akustische Eindrücke entstehen, auch wenn verschiedene Instrumente die gleiche Melodie in der gleichen Tonart und Tonhöhe spielen. Der gezielte Einsatz der unterschiedlichen Klangfarben ist ein wichtiger Faktor der „Instrumentierung" bei der Komposition von Musikstücken. Durch eine Imitation der Wellenformen lassen sich die Klangfarben „natürlicher" (akustischer) Instrumente und Geräusche mit elektronischen Klangerzeugern (Synthesizern) nachbilden.

3 Andere Wahrnehmungssysteme

3.1 Geruchssinn

Das *olfaktorische System* (Geruchssinn) ist im Vergleich zum visuellen und auditiven System bisher viel weniger systematisch untersucht worden. Dies gilt sowohl für die physikalisch-chemischen Grundlagen wie auch für die physiologischen Verarbeitungsprozesse. Erst allmählich gewinnen wir ein tieferes Verständnis für die wichtigen Leistungen dieses Wahrnehmungssystems. Lange Zeit galt das Vorurteil, daß es sich hierbei

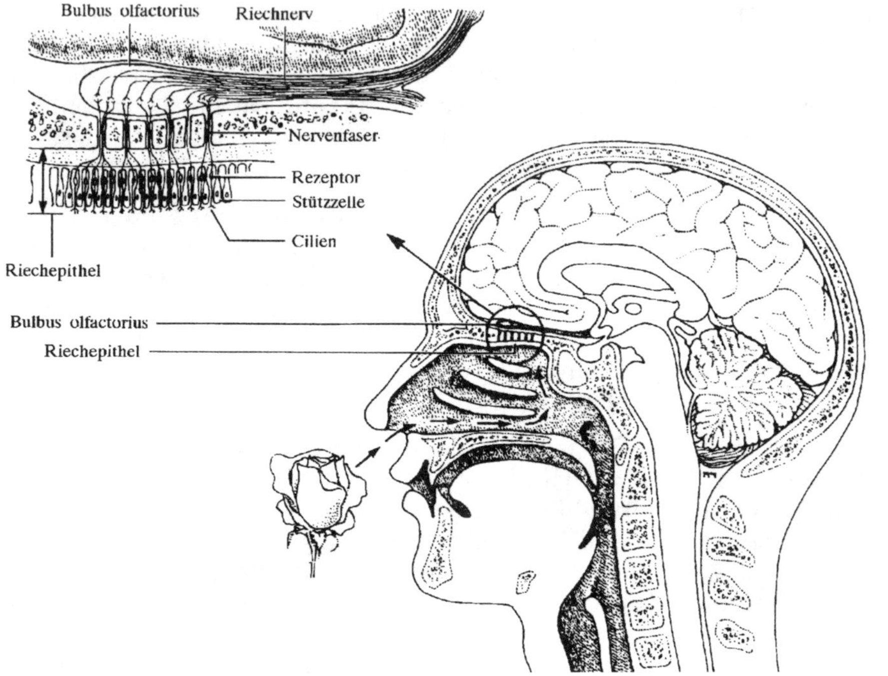

Abb. 59: Lage des Riechepithels und Ausschnittsvergrößerung der Regio olfactoria und des Bulbus olfactorius (nach AMOORE et al., 1964).

beim Menschen (im Gegensatz zur Bedeutung bei manchen Tierarten) lediglich um ein sehr untergeordnetes und unbedeutendes System handele.

Die Rezeptoren des Geruchssinnes befinden sich im oberen Teil der Nasenhöhle, eingebettet in eine Schleimhaut, die als *„olfaktorisches Epithelium"* oder „Riechepithel" bezeichnet wird. Sie innervieren über ihre Nervenfasern eine Region im Cortex, die sich unmittelbar oberhalb der Nasenhöhle befindet und als „Riechhirn" bezeichnet wird. Im Riechhirn findet offensichtlich eine erste Verarbeitung der olfaktorischen Informationen statt, die mit der selektiven Verarbeitung in den Bipolar- und Ganglienzellen-Schichten der Retina vergleichbar ist.

Vom Riechhirn aus führen Nervenfasern in verschiedene Hirnregionen. Die Funktionen und Bedeutungen dieser Verbindungen sind im einzelnen bis heute nicht bekannt.

Ungeklärt ist bisher auch, wie die in der Luft enthaltenen Moleküle von Geruchsstoffen die Rezeptoren der Nase aktivieren und zur Impulstätigkeit der Riechnerven führen. Sicher ist lediglich, daß es die Moleküle gasförmiger Stoffe sind, die unsere Geruchsempfindungen auslösen. Es gibt im wesentlichen zwei unterschiedliche Theorien darüber, wie die Rezeptoren des Geruchssinnes auf solche Moleküle reagieren könnten.

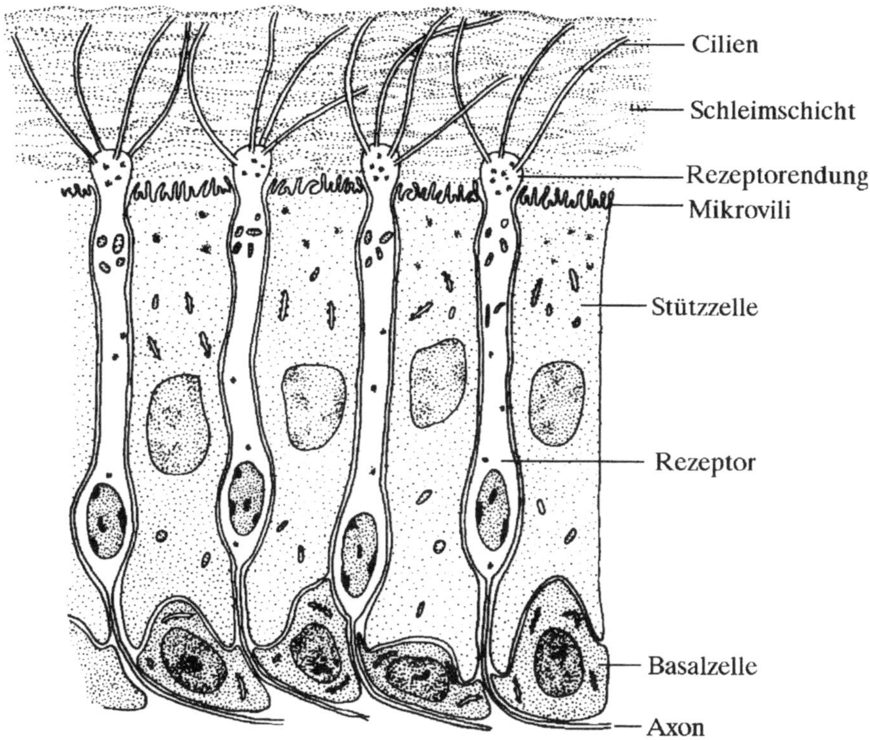

Abb. 60: Schematischer Aufbau des Riechepithels (nach MOULTON & BEIDLER, 1967).

Die *„stereochemische" Theorie* von AMOORE (1970) geht von der Feststellung aus, daß die Moleküle von als „ähnlich" empfundenen Geruchsstoffen auch ähnliche Molekülstrukturen oder „Formen" aufweisen.

Diese Beobachtung führte AMOORE zu der Annahme, daß die Oberfläche der Rezeptorzellen ihrerseits so strukturiert sei, daß sie an den einzelnen Stellen nur ganz bestimmte Moleküle mit jeweils „passender" Form aufnehmen könne, so wie für jedes Schloß ein passender Schlüssel erforderlich ist. Eine Reaktion des jeweiligen Rezeptors kann nach dieser Theorie erst erfolgen, wenn der passende „Schlüssel", d.h. das entsprechende Molekül sich in die Rezeptoroberfläche einfügt und durch eine elektrische Potentialveränderung Nervenimpulse hervorruft. Bisher konnte allerdings noch kein Nachweis für die Richtigkeit dieser Annahme erbracht werden, zumal die Beziehung zwischen äußerer Form der Moleküle und resultierender Geruchsempfindung offenbar nicht so eindeutig ist, wie AMOORE dies in seiner Theorie unterstellt hat.

Ein alternativer Erklärungsansatz gründet auf der Tatsache, daß sich die Moleküle neben der Form, Größe und Gewicht auch in der Frequenz

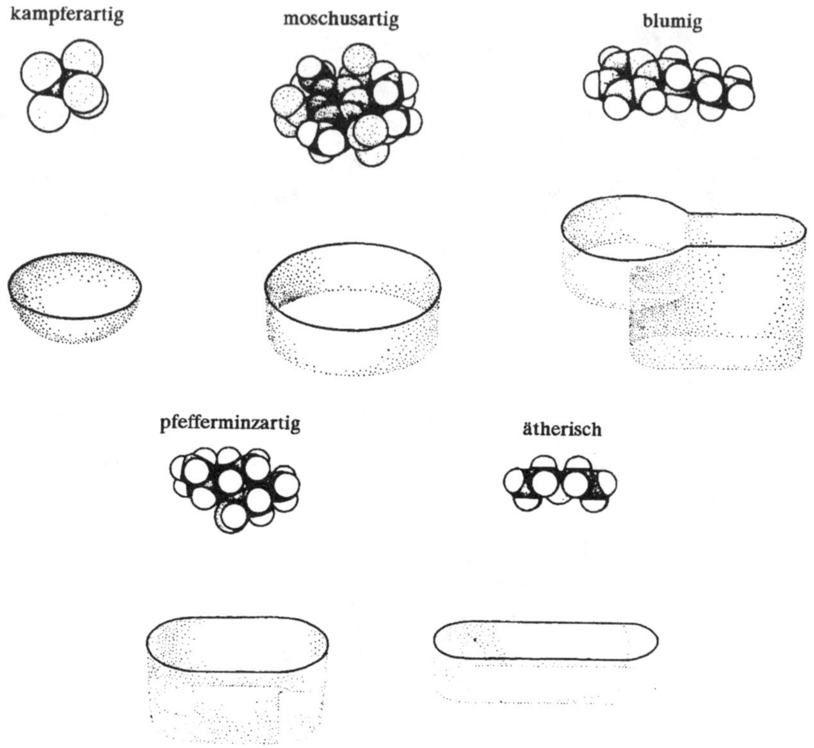

Abb. 61: Zusammenhänge zwischen Molekülstruktur und Geruchswahrnehmungen (nach AMOORE et al., 1964).

ihrer vibrationsartigen Eigenbewegung unterscheiden. Indem die verschiedenen Moleküle unterschiedlich schnell vibrieren, lösen sie WRIGHT (1977) zufolge bei Kontakt jeweils spezifische chemische Reaktionen an den Rezeptoroberflächen aus, die dann zu molekül- und damit geruchsspezifischen Nervenimpulsen führen. Auch für die Richtigkeit dieser Theorie fehlen bisher empirische Nachweise.

Die Vielfalt möglicher Geruchsempfindungen macht es ausgesprochen schwierig, zwischen unterschiedlichen Geruchsqualitäten systematisch zu unterscheiden, zumal wir für die Benennung von Gerüchen kein eigenes, differenziertes Begriffssystem entwickelt haben (in der Regel beschreiben wir Gerüche durch Vergleiche: „Das riecht wie . . .“). Es gibt allerdings einige Versuche, die unterschiedlichen Geruchsqualitäten zu systematisieren. Zu den bekanntesten Ansätzen gehört das *„Geruchsprisma“* von HENNING, der von sechs olfaktorischen Grundqualitäten (aromatisch, faulig, ätherisch, harzig, würzig, verbrannt) ausging und diese in Form eines Prismas anordnete, so daß jede beliebige Geruchsempfindung durch eine Position innnerhalb des Prismas, also ihre Ähnlichkeit zu den Grundqualitäten, beschreibbar ist.

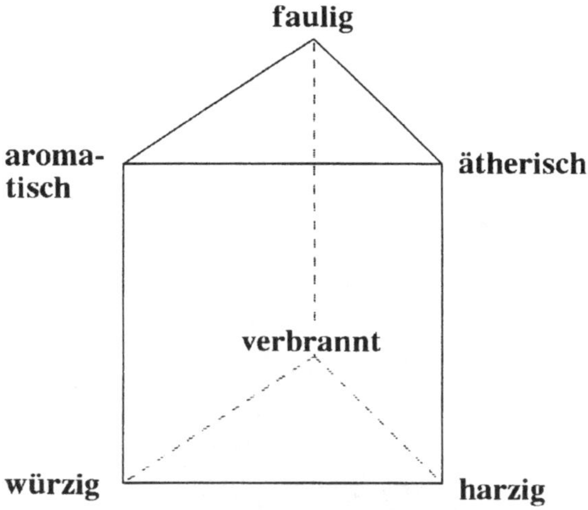

Abb. 62: Geruchsprisma von HENNING (nach HENNING, 1915)

Wie auch zahlreiche andere Systematisierungsversuche muß HENNINGs Geruchsprisma als Klassifikationsversuch im Rahmen einer Geruchsphänomenologie gelten, die für die weitere Forschung anregend sein kann, deren empirische Bedeutung sich aber erst noch erweisen muß.

3.2 Geschmackssinn

Wie der Geruchssinn wird auch der Geschmackssinn zu den chemischen Sinnessystemen gerechnet. Die Funktionsweise der Geschmacksrezeptoren, die auf in Wasser gelöste bzw. wasserlösliche Stoffe reagieren, ist ebenso wie beim olfaktorischen System im Detail bisher wenig geklärt.

Die überwiegende Zahl der Geschmacksrezeptoren ist auf der Zunge angesiedelt. Die Zungenoberfläche weist eine große Zahl unterschiedlicher Erhebungen, sog. Papillen, auf, unter denen sich die Rezeptorzellen jeweils in sog. *„Geschmacksknospen"* zu mehreren gruppiert befinden. Sie weisen im Vergleich zu anderen Zellen eine sehr kurze Lebensdauer von nur wenigen Tagen auf und müssen daher ständig regeneriert werden. Die durch die Reizung der Rezeptoren ausgelösten Nervenimpulse werden zunächst in ein Areal im Hirnstamm, von dort aus in den Thalamusbereich des Mittelhirns und schließlich in ein Areal des Cortex, das für die Verarbeitung körpereigener Empfindungen zuständig ist (sensorischer Cortex), weitergeleitet.

Anders als beim Geruchssinn lassen sich beim Geschmack relativ deutlich vier *Hauptqualitäten* unterscheiden, die mit charakteristischen chemischen Eigenschaften der auslösenden Stoffe korrespondieren. Als „süß"

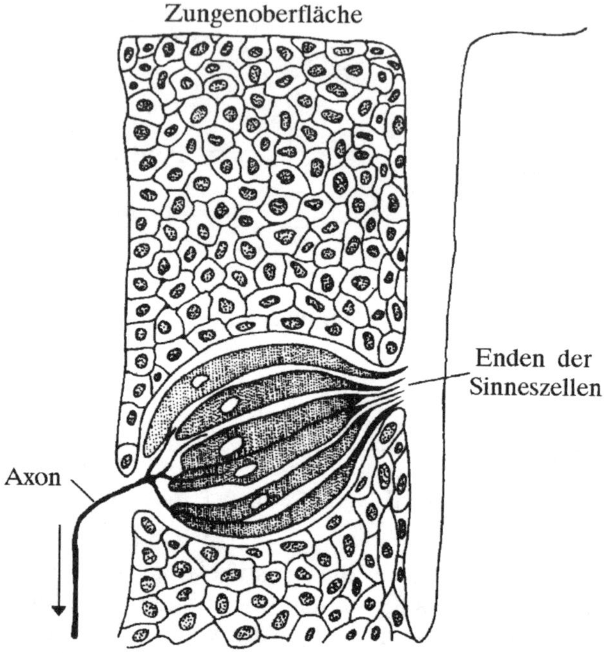

Abb. 63: Schematischer Aufbau einer „Geschmacksknospe" (nach WOODWORTH,1940)

werden organische Moleküle mit einer bestimmten Molekularstruktur wahrgenommen, die Empfindung „bitter" resultiert bei ähnlichen, allerdings anders strukturierten Molekülen, während „salzig" und „sauer" durch Moleküle hervorgerufen werden, die in Wasser jeweils in zwei unterschiedlich geladene Ionen zerfallen. Den molekularen Ähnlichkeiten entsprechen bestimmte Ähnlichkeiten in der Geschmacksphänomenologie: So schmeckt beispielsweise der künstliche Süßstoff Saccharin in größeren Konzentrationen bitter. Neben den Hauptqualitäten süß, bitter, salzig und sauer lassen sich noch „metallische" und „seifige" Geschmackseindrücke unterscheiden.

Im Gegensatz zu früheren Annahmen werden die unterschiedlichen Geschmacksqualitäten offenbar nicht durch spezifische Rezeptortypen, die an jeweils bestimmten Stellen der Zunge angesiedelt sind, kodiert. Vielmehr spricht einiges dafür, daß die molekulare Struktur des Geschmacksreizes ebenso wie seine Intensität durch die Impulsrate der Nervenfasern übermittelt wird. Während die Reizintensität aus der Gesamt-Impulsrate der aktivierten Nervenfasern abgelesen werden kann, sind die einzelnen Nervenfasern offensichtlich jeweils auf bestimmte Reizqualitäten „abgestimmt", bei denen sie die höchste Impulsrate zeigen, während sie bei andersartigen Reizen deutlich schwächer reagieren. Es gibt also eine Reihe von Nervenfasern, die bei Zucker besonders viele Impulse übermitteln, andere reagieren auf Salz entsprechend usw.. Da bei einer „höheren" (cortikalen) Verarbeitung sämtliche Impulsraten der Nervenfasern als Informationen zur Verfügung stehen, müßte sich aus dem jeweiligen Aktivitätsmuster der Nerven entnehmen lassen, welche Geschmacksqualität augenblicklich „Priorität" besitzt, also am stärksten vertreten ist. PFAFFMAN (1974) hat in seiner *„labeled-line"-Theorie* die Annahme formuliert, daß die Nervenfasern durch ihre selektive Reaktivität „Spezialisten" für jeweils eine der vier Hauptqualitäten des Geschmackssinnes seien, die parallel, also gleichzeitig aktiv sein könnten. Auf diese Weise ließe sich erklären, daß viele Geschmackseindrücke Anteile von mehreren der Hauptqualitäten besitzen.

3.3 Haptisch-taktile Wahrnehmung

Ein großer Anteil der sensorischen Information, die uns ständig verfügbar ist und dennoch nur vergleichsweise selten bewußt wahrgenommen wird, entstammt dem System der *„Hautsinne"*. Überall in der Oberfläche des Körpers befinden sich Rezeptoren unterschiedlicher Typen, die neben der eigentlichen haptisch-taktilen Wahrnehmung von Berührung, Druck und Vibration auch bei der Wahrnehmung der Umgebungstemperatur und bei der Schmerzempfindung beteiligt sind.

Im Laufe der Forschung sind in den „lebenden" Hautschichten unterhalb der *Epidermis* (die aus mehreren Schichten abgestorbener Zellen bestehende äußere Hautschicht) unterschiedlich aussehende Rezeptorzellen gefunden worden, die in der Regel nach ihrem jeweiligen „Entdecker" benannt wurden.

Zu den bisher am besten erforschten Arten gehören die *„Pacini-Körper"* und die sog. *„Merkle-Scheiben"*. Neben diesen Zelltypen befinden sich in der Haut aber auch eine große Anzahl sog. „freier" Nervenendungen, von denen bei einer Reizeinwirkung ebenfalls sensorische Informationen ausgehen. Eine eindeutige Zuordnung unterschiedlicher Empfindungen zu den verschiedenen Rezeptortypen ist bis heute nicht gelungen. Allerdings weist einiges darauf hin, daß die verschiedenen Zellkörper, von denen sensorische Nervenfasern ausgehen, die Einwirkung von Berührung und Druck kodieren, während die freien Nervenenden hauptsächlich für die Empfindung von Schmerz und Temperatur zuständig sind.

Neuere physiologische Forschungsergebnisse zeigen, daß die Hautrezeptoren offensichtlich ganz ähnlich wie die Rezeptoren in der Netzhaut des Auges in rezeptiven Feldern unterschiedlicher Größe organisiert sind. Taktile Wahrnehmungen kommen so offenbar zu einem guten Teil durch die Mechanismen der Informationsübermittlung (z.B. laterale Hemmung) zustande und setzen weniger die Existenz hochspezialisierter Rezeptoren voraus.

Zu den elementaren haptisch-taktilen Wahrnehmungsleistungen gehören die Lokalisation eines Reizes auf der Körperoberfläche und die Diskrimination von Intensität (Druck) und Extensität (Ausdehnung) des Reizes. In dieser Hinsicht weisen die unterschiedlichen Körperregionen deutlich *unterschiedliche Sensibilitäten* auf. So läßt sich beispielsweise zeigen, daß der Abstand zwischen zwei Punkten auf der Körperoberfläche je nach Region unterschiedlich groß sein muß, damit die beiden Berührungspunkte auch in der Wahrnehmung voneinander unterschieden werden können. Die größte Sensibilität weisen hier die Finger und die Lippen auf, wo man bereits bei Abständen von weniger als 5 mm zwei Punkte unterscheiden kann, während im Bereich der Waden beispielsweise zwei Berührungspunkte mit einem Abstand bis zu 45 mm noch als eine Berührung wahrgenommen werden, vorausgesetzt daß die Reizung gleichzeitig erfolgt. Ähnliche, wenngleich weniger deutliche Unterschiede gelten für die absolute Wahrnehmungsschwelle, d.h. diejenige Druckintensität, die erforderlich ist, damit überhaupt eine Berührung wahrgenommen wird. Insgesamt hängt die Diskriminationsfähigkeit der einzelnen Körperregionen für Ort, Ausdehnung und Intensität taktiler Reize offensichtlich mit ihrer Bedeutung für die taktile Wahrnehmung zusammen: Wir ertasten unsere Umwelt in der Regel mit den Fingern und nicht mit Waden, Oberschenkeln oder Schultern.

Normalerweise fällt es uns nicht schwer, die Stellen der Körperoberfläche, an denen wir Druck oder eine andere mechanische Reizung empfinden,

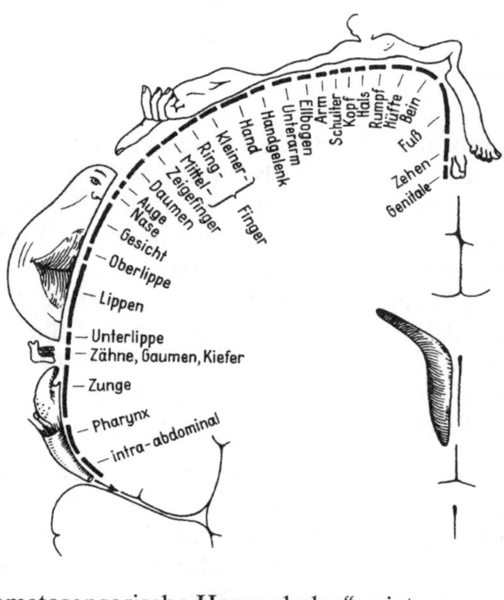

Abb. 64: Der „somatosensorische Homunkulus" zeigt an, wo die Projektionsareale der verschiedenen Körperoberflächen (z.B. Zunge oder Fuß) im Gyrus postcentralis lokalisiert sind (nach PENFIELD & RASMUSSEN, 1950).

genau zu lokalisieren. Maßgeblich für diese Fähigkeit scheint der Aufbau der Region der Hirnrinde zu sein, die für die Verarbeitung solcher Reize zuständig ist. Im *„Gyrus postcentralis“*, wie die betreffende Hirnwindung bezeichnet wird, korrespondieren offenbar tatsächlich bestimmte Areale oder Zellstrukturen mit bestimmten Regionen der Körperoberfläche.

PENFIELD & RASMUSSEN (1950) stellten bei hirnchirurgischen Eingriffen fest, daß elektrische Stimulationen an bestimmten Stellen des Gyrus postcentralis bei den Patienten genau lokalisierbare Körperempfindungen auslösten. Sie entwarfen anhand ihrer Ergebnisse eine „Karte“ dieser Hirnregion, die die zu den einzelnen Stellen korrespondierenden Körperteile bzw. -gebiete zeigt. Tatsächlich ist also offenbar eine Art sensorisches Körperschema in der Hirnrinde repräsentiert.

Selbstversuch 9: Aristotelische Täuschung

Schon von dem griechischen Philosophen Aristoteles wurde ein taktiles Täuschungsphänomen beschrieben, das nach ihm als „Aristotelische Täuschung“ bezeichnet wird. Berührt man die Spitzen zweier nebeneinanderliegender Finger gleichzeitig mit einem Bleistift o.ä., so nimmt man eine einzelne Berührung, also auch (wahrheitsgemäß) einen Stift wahr. Wenn man die beiden Finger aber kreuzt, so daß Innenseite und Außenseite quasi „vertauscht“ werden, und dann den Stift erneut ansetzt, nimmt man deutlich zwei verschiedene Berührungsstellen wahr. Taktil kann dabei, besonders wenn man den Stift bewegt, der

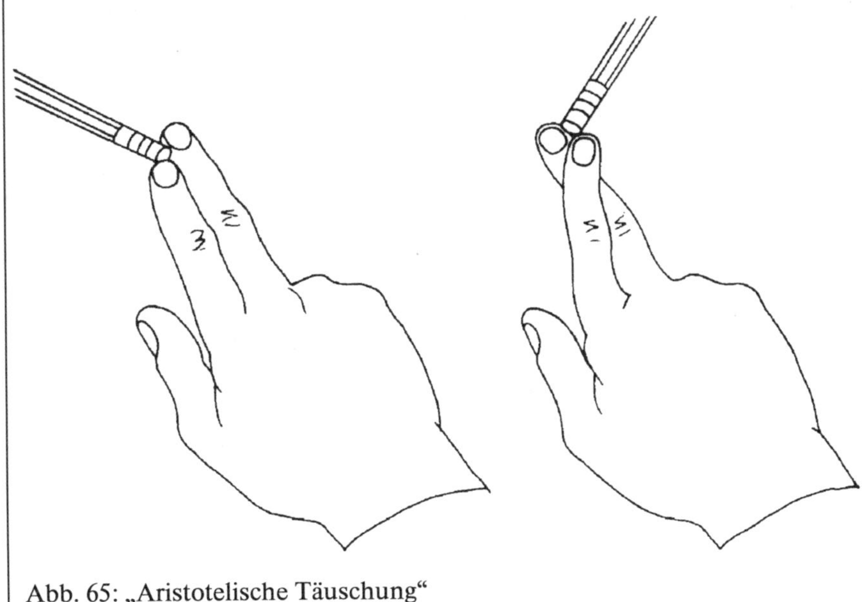

Abb. 65: „Aristotelische Täuschung“

Eindruck entstehen, von zwei Stiften berührt zu werden. Die Erklärung für dieses Phänomen liegt wohl darin, daß die Berührung bei überkreuzten Fingern nicht an korrespondierenden Stellen der Fingeroberflächen stattfindet, sondern an Stellen, die „normalerweise“ nicht von einem Objekt wie einem Bleistift gleichzeitig berührt werden können. Diese Stellen sind im sensorischen Cortex wahrscheinlich so repräsentiert, daß dort zwei verschiedene Punkte oder Bereiche erregt und damit auch zwei Berührungen wahrgenommen werden.

Die aktive Anwendung des Tastsinns erlaubt auch komplexere als die bisher angesprochenen elementaren Wahrnehmungsleistungen. Durch aktives Betasten und Befühlen können wir die Struktur und die stoffliche Beschaffenheit von Oberflächen und sogar die Form körperlicher Gegenstände erfassen. Diese Form haptisch-taktiler Wahrnehmung läßt sich allerdings nicht mehr nur als ein rein sensorischer Prozeß betrachten, sondern besteht primär in der vergleichenden Verarbeitung und Integration zeitlich aufeinanderfolgender Informationen, bei der das Gedächtnis stark beteiligt ist.

Ein Beispiel für die systematische Verwendung komplexer taktiler Informationen ist die sogenannte Blindenschrift.

Info-Box 7: Blindenschrift

Bei der Blindenschrift, deren heute noch gebräuchlichste Form um 1820 von dem Franzosen Louis BRAILLE entwickelt wurde, wird jeder Buchstabe des Alphabets durch ein spezifisches Muster aus hervorgehobenen Punkten repräsentiert. Die Punktmuster sind in das Untergrundmaterial geprägt, so daß sie ertastet werden können. Im Braille-Alphabet liegt jedem Punktmuster, d.h. also jedem Buchstaben, eine

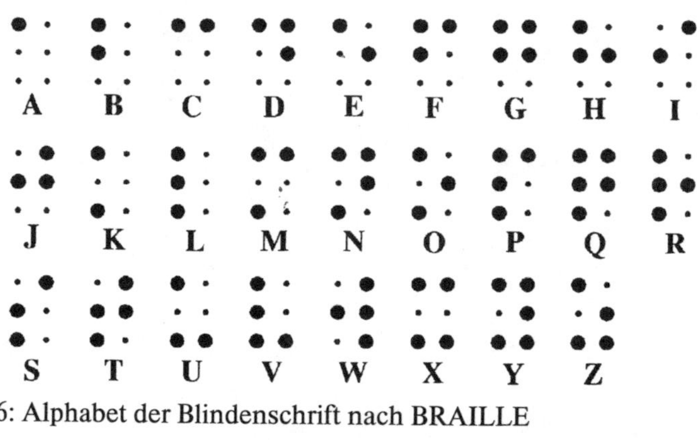

Abb. 66: Alphabet der Blindenschrift nach BRAILLE

Matrix von 3 mal 2 Punkten zugrunde, aus der jeweils bestimmte Punkte hervorgehoben werden (siehe Abbildung 66). Bei Texten in Blindenschrift sind die Punktmuster, genau wie Druckschrift, zeilenweise nebeneinander angeordnet, wobei Wörter durch einen größeren Abstand voneinander getrennt sind. Auf diese Weise ist es mit einiger Übung möglich, nicht nur einzelne Zeichen oder Wörter, sondern ganze Texte mit Hilfe des Tastsinns zu lesen. Routinierte Blindenschrift-Leser erfassen einen Braille-Buchstaben mit einer einzigen Berührung, d.h. als eine taktile Einheit oder „Gestalt". Sie können daher solche Texte mit einer kontinuierlichen Bewegung der Finger und hoher Geschwindigkeit (bis zu 125 Wörter pro Minute) lesen.

Experiment 15:

Ende der sechziger Jahre wurde von einer amerikanischen Forschergruppe eine Versuchsreihe durchgeführt, in der die Möglichkeiten einer Umwandlung visueller Informationen in taktile Reize untersucht wurden (BACH-Y-RITA et al., 1969; WHITE et al, 1970). Die Versuche zielten darauf ab, sehbehinderten bzw. blinden Personen eine Art „taktiles Sehen" zu ermöglichen. Technisch wurde die Übermittlung mit Hilfe einer Videokamera realisiert, die die visuelle Information aufnahm und deren Ausgangssignal von einem Umwandler in Steuerimpulse für 400 einzelne Vibrationspunkte übersetzt wurde, die auf den Rücken der Teilnehmer einwirkten. Die Lichtintensität wurde dabei in Vibrationsstärke übersetzt, d.h. je heller ein bestimmter Punkt im Kamerabild war, desto stärker war die erzeugte Vibration an der entsprechenden Stelle auf dem Rücken. Nach einiger Übung waren die Versuchspersonen in der Lage, die übertragenen taktilen Informationen als visuelle Muster bzw. als Objekte zu deuten. Sie konnten schließlich sogar räumliche Beziehungen, die zwischen den wahrgenommenen Objekten bestanden, anhand des Vibrationsmusters erkennen, indem sie typische zweidimensionale Hinweisreize benutzten. So korrespondierte etwa die Höhe eines Objekts im Gesichtsfeld als Hinweis auf seine Entfernung mit der Höhe des taktilen Reizes im Vibrationsfeld. Auch die taktil wahrgenommene Überlagerung der identifizierten Objekte wurde als Hinweis auf ihre räumliche Anordnung genutzt. Eine sich verändernde Größe bei konstanter Form wurde außerdem häufig als Bewegung des Objekts gedeutet. Einige Teilnehmer entwickelten mit der Zeit die Fähigkeit, auch bei komplexen „Bildern" zahlreiche Details zutreffend zu unterscheiden. Diese Ergebnisse, also die offenbar erlernbare Fähigkeit, differenzierte Muster anhand taktiler Stimulation zu erkennen, waren Anlaß für spätere Versuche, portable Umwandlungsanlagen zu konstruieren, die als visuelle „Prothesen" auch praktisch einsetzbar sein sollten.

3.4 Wahrnehmung des eigenen Körpers

Bisher war fast durchgängig von Wahrnehmungsprozessen die Rede, die auf Informationen oder Reizeinwirkungen aus der „Außenwelt", der Umgebung des eigenen Körpers basieren. Gleichzeitig verarbeiten wir aber ständig eine Reihe sensorischer Informationen, die uns über den Zustand des Körpers selbst, seine räumliche Orientierung, Bewegungen und innerorganismische Prozesse orientieren. Nur ein Teil dieser Informationen ist uns allerdings bewußt zugänglich, viele der Verarbeitungsprozesse laufen automatisch und ohne bewußte Kontrolle ab.

Als *„Propriozeption"* wird die Wahrnehmung körperinnerer Vorgänge und Zustände bezeichnet. In Muskeln, Organen und Gefäßen befinden sich Rezeptoren, die z.B. auf mechanische Veränderungen (Kontraktion oder Entspannung eines Muskels) reagieren und damit der Regulation vegetativer und motorischer Prozesse dienen. Nur zu einem geringen Teil dieser sensorischen Informationen haben wir einen bewußten Zugang. So können wir z.B. feststellen, in welcher Haltung oder Lage sich der Körper insgesamt und einzelne Gliedmaßen zueinander befinden und ob wir uns bewegen. Diese Art propriozeptiver Wahrnehmung wird als „Kinästhesie" bezeichnet, sie stützt sich auf die in den Muskeln und Gelenken befindlichen Rezeptoren. Die kinästhetischen Informationen werden dabei in die gleiche Region der Hirnrinde übermittelt wie die taktilen Informationen von der Körperoberfläche. Körperinnere Bewegungen, z.B. die „Peristaltik" (wellenförmige Bewegungen im Verdauungstrakt) sind normalerweise nicht bewußt wahrnehmbar.

Während es ökonomisch und effektiv ist, eine Vielzahl der kinästhetischen Informationen nahezu durchgehend zu „ignorieren", da die meisten motorischen Regulationsprozesse automatisch ablaufen, ist es häufig wichtig, auf eine andere Wahrnehmung sofort zu reagieren: den Schmerz. Er ist ein wichtiges, manchmal lebenswichtiges Signal zur Vermeidung oder Ausschaltung von Gefahren.

Schmerzempfindungen gehen von den im Körperinneren und in der Haut befindlichen freien Nervenendungen aus. Wir haben bereits gesehen, daß diese Nervenendungen nicht nur auf mechanische Reizung, sondern auch auf Temperaturveränderungen reagieren können. Aber auch chemische Stoffe, wenn sie bestimmte Konzentrationen überschreiten, können die Aktivität von Schmerzrezeptoren auslösen. Da die Anzahl und möglicherweise auch die Sensibilität der Schmerzrezeptoren zwischen den verschiedenen Körperregionen variieren, lassen sich auch unterschiedliche Schmerzschwellen ermitteln. Als „Schmerzschwelle" bezeichnet man die Reizintensität, die gerade eben ausreicht, um eine Schmerzempfindung hervorzurufen. Über die Ermittlung von Reizschwellen läßt sich zeigen, daß z.B. im Bereich des Ellenbogens oder Kniekehle eine deutlich höhere Schmerzsensibilität besteht als etwa beim Daumen, der Fußsohle oder der Nasenspitze. Dabei ist die Schmerzwahrnehmung aber nicht allein von der Impulstätigkeit der Schmerzrezeptoren abhängig, sondern wird von einer Reihe „höherer“ Faktoren wesentlich beeinflußt.

Zu diesen Faktoren gehören der seelische Zustand einer Person, ihre Erfahrungen und ihre Einstellung bzw. Haltung gegenüber dem Schmerz. Diese Faktoren können etwa bei rituellen Handlungen, in Trance- und Hypnosezuständen das Erleben vollständig bestimmen, so daß trotz entsprechender Reizung keine Schmerzwahrnehmung erfolgt. Angstvolle Erwartungen können nachfolgende Reizeinwirkungen sehr schmerzhaft erscheinen lassen, während im Vergleich dazu eine entspannte Haltung die Schmerzwahrnehmung reduzieren kann. Der Besuch beim Zahnarzt ist ein beliebtes Beispiel für diesen Effekt. Man kann in dieser Hinsicht von einer „Psychologie des Schmerzes“ sprechen, die die Schmerzempfindung erheblich beeinflußen kann.

Die physiologische Grundlage der *„analgetischen“* (schmerzreduzierenden) Wirkung mancher psychischer Zustände liegt in der Einwirkung von Nervenimpulsen, die vom Gehirn ausgehen, auf die sensorischen Leitungswege, über die Schmerzimpulse zum Gehirn geleitet werden. Die „Schaltstelle“, wo diese Einwirkung oder Interaktion stattfindet, ist das Rückenmark. Welche und wieviele Schmerzinformationen von hier aus weitergeleitet werden, wird durch efferente (vom Gehirn ausgehende) inhibitorische Impulse kontrolliert. MELZACK & WALL (1965) haben mit ihrer „Torkontrolltheorie“ (gate control theory) der Schmerzwahrnehmung ein Modell dieses Kontroll- und Steuerungsprozesses entwickelt, das durch eine Reihe empirischer Befunde gestützt wird. So konnte beispielsweise gezeigt werden, daß eine elektrische Stimulation bestimmter Hirnstammregionen, von denen hemmende Nervenfasern zu den Schaltstellen im Rückenmark ausgehen, eine ausgeprägte analgetische Wirkung mit sich bringt. Bestimmte psychische Zustände könnten, ähnlich wie manche chemische Stoffe (bes. Opiate), vom Gehirn ausgehend, ein hemmendes und damit die Schmerzwahrnehmung reduzierendes Aktivierungsmuster erzeugen. Der Körper selbst ist auch in der Lage, Stoffe zu produzieren, die eine den Opiaten vergleichbare analgetische Wirkung haben. Diese „Endorphine“, die in den frühen siebziger Jahren erstmals nachgewiesen wurden, wirken bei der Reduktion von Schmerzinformationen scheinbar als Transmittersubstanzen an den hemmenden Neuronen, so daß die Hemmungswirkung umso größer ist, je mehr Endorphine der Körper ausschüttet. Man geht heute davon aus, daß die psychische Beeinflussung der Schmerzwahrnehmung physiologisch auf der Produktion und gezielten Ausschüttung von Endorphinen beruht.

War bereits im Zusammenhang mit der Kinästhetik von der Wahrnehmung von Körperhaltungen und räumlichen Orientierungen (speziell bei Bewegungen) die Rede, so existiert ein weiteres Sinnessystem, daß Informationen zur räumlichen Orientierung des Körpers vermittelt und bei der

Kontrolle der Kopf- und Körperhaltung sowie der Augenbewegungen mitwirkt. Der *Vestibularapparat,* so die Bezeichnung dieses Sinnessystems, befindet sich im Kopf direkt oberhalb der Cochlea des Innenohrs.

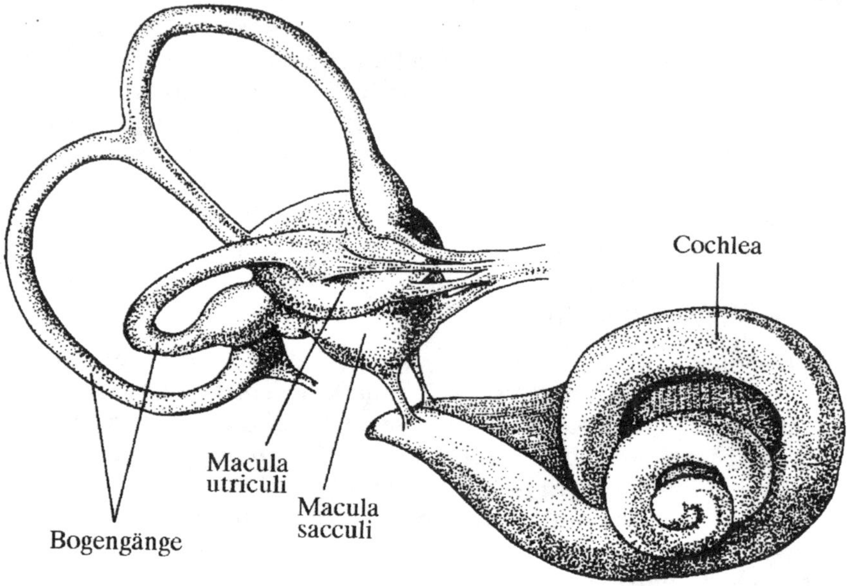

Abb. 67: Schematische Darstellung des Vestibularapparates (nach GIBSON, 1966). Erläuterumg im Text.

Er besteht aus dem Vorhof, in dem sich die sog. Otolithen („Gehörsteinchen") befinden, und den drei Bogengängen, die in den drei Ebenen des Raums angeordnet sind. Alle diese Bestandteile des Vestibularapparates sind mit einer Flüssigkeit (ähnlich der in der Cochlea) gefüllt und enthalten Haarzellen als Rezeptoren. Die Rezeptoren im Vorhof reagieren auf jede Art von Beschleunigung und zeigen damit Veränderungen der Stellung des Kopfes und Beschleunigungen (bzw. Verlangsamungen) des gesamten Körpers (z.B. bei einem Flugzeugstart) an. Die Haarzellen in den Bogengängen reagieren vor allem auf Drehbewegungen, bei denen eine Relativbewegung der Flüssigkeit in den Bogengängen entsteht. Die Informationen des Gleichgewichtssinnes gehen nahezu ständig in die Steuerung von Haltung und Bewegungen ein. Wir sind allerdings nicht in der Lage, sie bewußt wahrzunehmen. Eine Ausnahme tritt dann auf, wenn der Vestibularapparat dauerhaft heftig erregt wird: In solchen Fällen kann im Gehirn ein Erregungsmuster entstehen, das der neuronalen Reaktion auf manche Giftstoffe ähnelt. Die Reaktion des Körpers auf dieses Erregungsmuster ist Erbrechen mit dem Ziel, das aufgenommene Gift aus dem Körper zu entfernen. Daß der Körper auf die Vestibularreizung sozusagen irrtümlich in gleicher Weise wie auf Giftstoffe reagiert, ist eine sensorische „Fehlleistung“, deren Folgen wir beispielsweise als „Seekrankheit“ erleben.

Ziel dieses Überblicks über Aufbau und Funktion verschiedener Wahrnehmungssysteme war es, zu zeigen, wie eng physikalisches, physiologisches und psychologisches Wissen miteinander verbunden werden müssen, um zu einem angemessenen Verständnis des Wahrnehmungsprozesses zu kommen. Auch sollte deutlich werden, daß gerade die überraschenden und interessanten Wahrnehmungsphänome sich nicht ausschließlich aus der Analyse der Reizgegebenheiten vorhersagen lassen, sondern daß die Systeme aktiv und produktiv arbeiten, um so eine möglichst hohe Anpassung an sich ständig verändernde Umgebungsbedingungen zu erreichen.

Teil II: Wahrnehmung und Vorstellung

Ziel des Teils II ist die Vermittlung der grundlegenden Organisationsprinzipien der Wahrnehmung. Im Gegensatz zum erstenTeil stehen daher auch nicht die einzelnen Systeme (z.B. visuelles, auditives oder olfaktorisches System) im Mittelpunkt, sondern die gemeinsamen Gesetze der Informationsverarbeitung. Als Beispiel dient dabei häufig der visuelle Bereich, weil hier die meiste Forschungssubstanz vorliegt.

Gut beobachten lassen sich die Organisationsprinzipien der Wahrnehmung, wie sie z.T. schon früh von den Gestalttheoretikern beschrieben wurden, vor allem dort, wo die physikalischen und phänomenalen Verhältnisse nicht übereinstimmen. Wo wir also etwas anderes erleben, als wir bei einer Analyse der physikalischen Verhältnisse (z.B. der Abbildung auf der Netzhaut) erwarten würden. Zwei solcher Bruchstellen sollen ausführlicher besprochen werden: „Konstanzphänome" und „Täuschungen". Dabei zeigt sich, daß eine Anpassung an sich ständig verändernde Reizverhältnisse, wie sie für das Leben auf der Erde kennzeichnend ist, am besten durch ein produktives System gelingt, das keine einfachen Abbildungen erzeugt, sondern die Informationen konstruktiv weiterverarbeitet.

Diese aktive Informationsverarbeitung steht im Mittelpunkt der kognitionspsychologischen Herangehensweise, die charakteristisch ist für große Teile der neueren Wahrnehmungsforschung. Ihre Grundsätze sollen in diesem Teil ausführlich besprochen werden. Wahrnehmung wird hier in unmittelbarer Beziehung zu Prozessen der Aufmerksamkeitssteuerung gesehen, und der früheren Erfahrung wird bei der Interpretation von neuartigen Wahrnehmungssituationen eine steuernde Funktion zugestanden. Unter dieser Perspektive erweitert sich auch der Untersuchungsgegenstand: Wahrnehmung wird stärker in Verbindung zu anderen kognitiven Leistungen, insbesondere dem Gedächtnis, gesehen.

Speziell für den Bereich der visuellen Wahrnehmung tritt ein altes Problem neu in den Mittelpunkt, das eng mit dem Verhältnis von Wahrnehmung und Gedächtnis zusammenhängt: Wahrnehmung und Vorstellung. Die Frage, die eine heftige und kontroverse Diskussion ausgelöst hat, lautet: Sind die zugrundeliegenden Verarbeitungsprozesse bei Wahrnehmung und Vorstellung identisch? Die Antwort auf diese Frage ist auch von erheblichem praktischen Interesse. So z.B. bei der Einschätzung, inwieweit eine Vorstellungsübung (auch als „mentales Training" bezeichnet) eine Wahrnehmungsleistung verbessern kann. Im Hintergrund dieser Forschung zu „Vorstellungsbildern" steht dabei immer das Problem des Verhältnisses von physikalischem Objekt und interner (mentaler) Abbildung oder Repräsentation. Wesentliche Annahmen zu diesem Repräsentationsproblem werden vorgestellt und diskutiert. Der Teil gliedert sich in drei große Abschnitte: Organisationsprinzipien, Wahrnehmung und Kognition, Vorstellungsbilder.

4 Organisationsprinzipien der Wahrnehmung

Aus wenigstens zwei Gründen stehen die Konstanzphänomene am Beginn der Darstellung der Organisationsprinzipien der Wahrnehmung. Der erste Grund ist ihre zentrale Bedeutung für eine schnelle und sichere Orientierung des Menschen bei sich ständig ändernden Reizverhältnissen. Der zweite Grund betrifft ihren exemplarischen Erkenntniswert: Nach dieser Auffassung sind die Konstanzphänomene besonders interessante Fälle, weil physikalische und phänomenale Verhältnisse hier nicht übereinstimmen, sich aber systematische Beziehungen zwischen ihnen aufzeigen lassen. Die Gesetzmäßigkeiten des Psychischen treten an solchen Bruchstellen besonders deutlich hervor.

4.1 Konstanzphänomene

Allgemein faßt man unter dem Begriff der Konstanzphänome die Erscheinungen zusammen, bei denen es trotz sich verändernder Abbildungsverhältnisse auf der Retina zu keinem qualitativ veränderten Wahrnehmungserlebnis kommt. Die mit am häufigsten untersuchten Konstanzphänomene sind: Helligkeitskonstanz, Farbkonstanz, Größenkonstanz und Formkonstanz. Diese sollen zunächst vorgestellt und an Beispielen erläutert werden, bevor dann verschiedene grundlegende Erklärungsansätze noch einmal einander gegenübergestellt werden.

Helligkeitskonstanz

Die subjektiv wahrgenommene Helligkeit eines Gegenstands im Gesichtsfeld scheint direkt von der Menge des von ihm ausgehenden Lichts abzuhängen. Gegenstände oder Flächen, die nicht selbst Lichtquellen sind, reflektieren bzw. absorbieren das auftreffende Licht in unterschiedlichen Anteilen. Weiße Flächen reflektieren etwa 90% des Lichts und erscheinen daher sehr hell, während tiefschwarze Flächen weniger als 5% reflektieren, sie wirken entsprechend dunkel. Natürlich hängt die Menge des reflektierten Lichts nicht allein vom Reflexionsgrad, sondern auch von der Intensität des auftreffenden Lichts ab. Diese Lichtintensität kann in unserer visuellen Umwelt, z.B. zwischen dem Sonnenlicht und dem Licht einer Taschenlampe im Dunkeln, sehr stark variieren, und diese Intensitätsunterschiede sind erheblich größer als die Reflexionsunterschiede zwischen hellen und dunklen Flächen. Das bedeutet z.B., daß von einem schwarzen Aktenkoffer im Sonnenlicht objektiv wesentlich mehr Licht ausgeht als von einem weißen Blatt Papier im vergleichsweise schwachen Licht einer Glühlampe. Trotzdem nehmen wir den Aktenkoffer auch im Sonnenlicht noch als schwarz wahr, er wird durch die hohe Lichtstärke nicht plötzlich „weiß". Ebenso bleibt das Papier phänomenal auch unter sehr unzureichenden Beleuchtungsverhältnissen weiß und erscheint nicht „dunkel". Die *wahrgenommene Helligkeit* ändert sich also offensichtlich nicht linear mit Veränderungen der objektiven Lichtmenge, sondern bleibt für den betreffenden Gegenstand über einen weiten Bereich konstant: Ein Wahrnehmungsprinzip, das als „Helligkeitskonstanz" bezeichnet wird.

Abb. 68: Helligkeitskonstanz in natürlicher Umgebung. Trotz unterschiedlicher Leuchtdichten aufgrund von Licht und Schatten wird der Lattenzaun gleich hell wahrgenommen (Photo von Joel MEYEROWITZ, aus ROCK, 1985).

Wie das Prinzip der Helligkeitskonstanz visuelle Wahrnehmungsprozesse bestimmt, läßt sich gut am Beispiel der *Schattenwirkung* zeigen. Wirft ein Gegenstand einen Schatten auf eine Fläche, dann fällt auf die betroffene Region wesentlich weniger Licht als auf den Rest der Fläche, sie reflektiert also auch weniger Licht. Als Folge nehmen wir zwar den Schatten des Gegenstands wahr, aber die entsprechende Region erscheint deshalb nicht dunkler als die übrigen Bereiche, sondern wird nach wie vor als Bestandteil einer homogenen Fläche wahrgenommen.

In unserer visuellen Umwelt bestehen nahezu ständig unterschiedliche Lichtstärken und eine Vielzahl von Schattenwirkungen. Die Helligkeitskonstanz hat hier offensichtlich eine wichtige Ordnungsfunktion, indem sie die Wahrnehmung von lokalen Lichtintensitäten weitgehend unabhängig macht.

Selbstversuch 10: Helligkeitskonstanz

Bewußt erleben kann man die Helligkeitskonstanz, die ja als ein Prinzip der Wahrnehmung ständig wirksam ist, beispielsweise sehr gut an einer Gebäudefront, die nur teilweise direkt von der Sonne beschienen wird, oder an einem einfarbigen Teppich, auf den die Möbelstücke unterschiedliche Schatten werfen. Zwar können wir die Schatten und die damit verbundenen Unterschiede der Leuchtdichte sehen, aber es entsteht nie der Eindruck, die Fläche sei aus unterschiedlich hellen Teilstücken zusammengesetzt. Es ist in den meisten Fällen sogar fast unmöglich, einen solchen Wahrnehmungseindruck bewußt herzustellen: Die Helligkeitskonstanz ist in der Regel stärker.

In zahlreichen Experimenten wurde versucht, die bestimmenden Faktoren der Helligkeitskonstanz zu ermitteln. Die *Versuchsanordnung* hierzu sieht gewöhnlich folgendermaßen aus: Die Versuchsperson vergleicht einen Standardreiz (z.B. einer mittleren Graustufe) mit einer Reihe von Vergleichsreizen unterschiedlicher Graustufen. Dabei kann die Beleuchtung für Standardreiz und Vergleichsreize getrennt variiert werden. Aufgabe der Versuchsperson ist es, den Vergleichsreiz auszuwählen, der gleich hell wie der Standardreiz erscheint. Eine häufige Anordnung besteht darin, den Standardreiz und die Vergleichsreize in deutlich unterschiedlicher Beleuchtung darzubieten und die Versuchsperson zu bitten, dasjenige Grau unter den schwach beleuchteten Vergleichsreizen auszuwählen, das gleich hell wie der stark beleuchtete Standardreiz erscheint.

Man kann auf diese Weise feststellen, inwieweit die Beleuchtungstärke oder aber der Reflexionsgrad der Reizvorlage die Einschätzung bestimmen. Fast immer zeigt sich, daß die Teilnehmer einen Vergleichsreiz mit

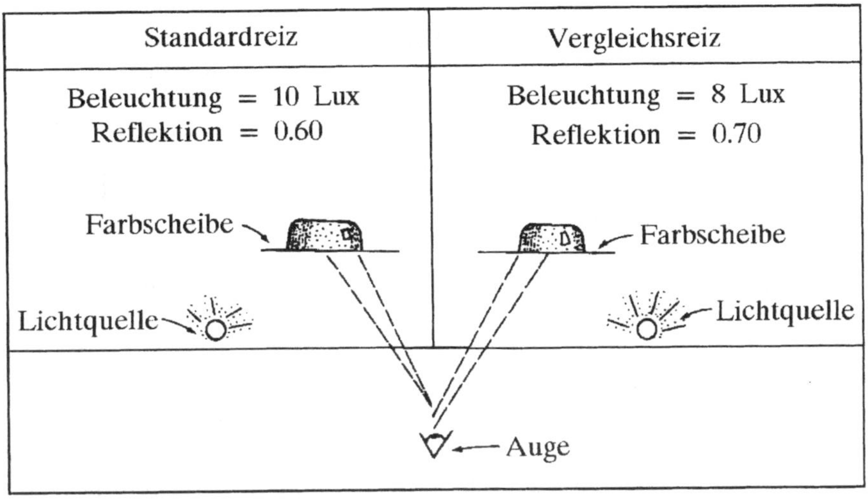

Abb. 69: Typischer Versuchsaufbau zur Helligkeitskonstanz (nach SCHIFF, 1980)

ähnlichem oder identischem Reflexionsgrad, ungeachtet der unterschiedlichen Beleuchtungstärken, auswählen. Allerdings stellt sich dieses Ergebnis nur dann ein, wenn die Beobachter gleichzeitig eine Anzahl unterschiedlich reflektierender Vergleichsreize zur Verfügung haben, das Gesichtsfeld also unterschiedliche Helligkeitsrelationen beinhaltet. Ist das nicht der Fall, dann stützen die Versuchspersonen ihr Vergleichsurteil ausschließlich auf die Lichtmenge und beurteilen objektiv sehr unterschiedliche Graustufen als „gleich hell“, sofern die Beleuchtungsstärken variieren.

Daß vor allem die Helligkeitsrelationen im Gesichtsfeld ausschlaggebend für die Helligkeitskonstanz sind, hat GELB (1929) in einem klassischen Experiment gezeigt.

Experiment 16:

GELBs Versuchspersonen betrachteten durch eine kleine Öffnung eine schwarze Scheibe, die sich in einem sehr schwach beleuchteten Raum befand. Mit Hilfe einer starken Projektionslampe, die für die Betrachter nicht zu sehen war, wurde die Scheibe beleuchtet, wobei der Strahlengang so eingestellt war, daß das Licht ausschließlich auf die Scheibenfläche und nicht auf ihre Umgebung fiel. Mit dieser Anordnung erreichte GELB, daß von der schwarzen Scheibe aufgrund der starken Beleuchtung mehr Licht reflektiert wurde als von allen übrigen Flächen des dunklen Raums, die Beleuchtungsunterschiede selbst aber wegen der versteckten Lichtquelle nicht entdeckt werden konnten. Die Versuchspersonen gaben in dieser Situation durchweg an, eine weiße Scheibe in einem schwach beleuchteten Raum zu sehen. Erst als dann zusätzlich ein tatsächlich weißes Blatt Papier in den unsichtbaren Lichtstrahl der Projektionslampe gehalten wurde, erschien die Scheibe eindeutig schwarz. Diese „Korrektur" der Helligkeitswahrnehmung hielt allerdings nur solange an, wie das weiße Papier im Gesichtsfeld vorhanden war. Nach Wegnahme des Blattes stellte sich unvermittelt wieder der alte Wahrnehmungseindruck ein, d.h. die schwarze Scheibe erschien, trotz „besseren Wissens" der Versuchsteilnehmer, wieder weiß.

GELB hat aufgrund seiner Befunde angenommen, daß der *„Helligkeitsgradient"* einer Fläche, d.h. ihre relative Position zu den Reflexionsraten der übrigen Flächen im Gesichtsfeld, die Konstanz der Helligkeitswahrnehmung bedingt. Die beleuchtete schwarze Scheibe hatte demnach zunächst den größten Helligkeitsgradienten, da von ihr mehr Licht als von allen übrigen Regionen des Gesichtsfelds ausging. Durch Hinzufügen des weißen Streifens wurden die Relationen und damit die Helligkeitsgradienten der einzelnen Elemente „korrigiert" und die Konstanz wiederhergestellt. GELBs Erklärung zufolge benutzen wir die unterschiedlichen Lichtstärken im visuellen Feld dazu, abgestufte Relationen zwischen den Elementen herzustellen und ihre Reflexionsgrade gewissermaßen zu erschließen.

Die Helligkeitskonstanz besitzt Grenzen. Wenn sich die einzelnen Lichtintensitäten im Gesichtsfeld sehr stark unterscheiden, das Verhältnis etwa größer als 10:1 ist, läßt die Wahrnehmungskonstanz nach. Solche Lichtverhältnisse und damit der Verlust der Helligkeitskonstanz lassen sich in Laborexperimenten herstellen, in der natürlichen visuellen Umwelt treten sie kaum auf.

Farbkonstanz

Ähnlich wie für Helligkeiten gilt auch für die Wahrnehmung von Farben ein Konstanzprinzip, das folgerichtig als „Farbkonstanz" bezeichnet wird. Farbeindrücke entstehen dadurch, daß Licht mit unterschiedlichen Frequenzanteilen auf Objekte fällt und von den dort vorhandenen Pigmenten teilweise absorbiert wird, während andere Wellenlängen reflektiert werden. Die Zusammensetzung der Lichtstrahlen, die das Auge erreichen, wird also einerseits von den Pigmenteigenschaften des Wahrnehmungsgegenstands, andererseits von den Eigenschaften des einfallenden Lichts, d.h. der jeweiligen Beleuchtung, bestimmt. Würde sich die Farbwahrnehmung nun ausschließlich auf diese sensorische Information stützen, dann wäre sie ständigen Schwankungen unterworfen: Die wahrgenommene Farbe eines Gegenstands würde sich mit den jeweiligen Beleuchtungsverhältnissen verändern. Tatsächlich erleben wir aber, innerhalb bestimmter Grenzen, Farbkonstanz. Ein roter Gegenstand etwa behält in der Wahrnehmung auch dann seine rote Farbe, wenn er in ihrer Zusammensetzung unterschiedlichen Lichtverhältnissen (z.B. Sonnenlicht, Neonlicht, Kerzenlicht) ausgesetzt ist, d.h. wenn das jeweils auf die Retina fallende Wellenspektrum objektiv variiert. Der Farbeindruck ist also, ähnlich wie bei der Helligkeit, in einem gewissen Rahmen unabhängig von den lokalen Lichtverhältnissen und dem daraus resultierenden Netzhautbild.

Zur *Erklärung der Farbkonstanz* ist gelegentlich die Bedeutung vorab erworbenen „Wissens" über charakteristische Farbtöne, also die Einbeziehung von Gedächtnisinhalten, angeführt worden. Das Phänomen der „Gedächtnisfarbe", d.h. die Bestimmung des Farbeindrucks durch im Gedächtnis gespeicherte „typische" Farben eines Objekts, läßt sich als ein Beispiel für Farbkonstanz deuten. ROCK (1977) zufolge basiert die Farbkonstanz möglicherweise auf *„unbewußten Schlüssen"* (i.S. von HELMHOLTZ), bei denen wir Gedächtnisinhalte zur Bestimmung des „wahren" Farbtons eines Gegenstands heranziehen. Gegen diese Auffassung spricht allerdings, daß Farbkonstanz auch bei künstlichem, bisher unvertrautem Labormaterial (z.B. Farbscheiben) auftritt, wo entsprechendes „Vorwissen" nicht verfügbar ist.

Einiges spricht dafür, daß die Stabilität der Farbwahrnehmung auf ähnlichen Mechanismen wie die Helligkeitskonstanz beruht. GELBs Erklärungsansatz zufolge würden wir demnach *„Farbgradienten"* für alle unterschiedlich farbigen Flächen bzw. Elemente im Gesichtsfeld bestimmen, auf deren Basis sich physikalisch unterschiedliche Farbinformationen als „konstant" beurteilen lassen. In diesem Falle müßte die Farbkonstanz „versagen", wenn keine anderen Farbtöne im Gesichtsfeld vorhanden sind, so wie GELB dies in seinem Experiment für die Helligkeitskonstanz gezeigt hat. Tatsächlich kann man einen solchen Verlust der Farbkonstanz unter entsprechenden experimentellen Bedingungen nachweisen. Die Stabilität der Farbwahrnehmung scheint also unterschiedliche Farbrelationen im visuellen Feld vorauszusetzen.

Die *Grenzen* der Farbkonstanz zeigen sich vor allem dort, wo die Beleuchtung starke Anteile monochromatischen Lichts aufweist. Das im Nebel besonders wirksame gelbe Licht mancher Straßenbeleuchtungen läßt beispielsweise rote Fahrzeuge grau erscheinen, hier wird die Zusammensetzung des reflektierten Lichts so stark beeinflußt, daß die Farbkonstanz „versagt". Ähnliche Effekte treten etwa in Diskotheken auf, in denen monochromatisches Licht mit starken Deckenstrahlern erzeugt wird. Wie wenig unter solchen Verhältnissen Gedächtniseinflüsse die Farbwahrnehmung bestimmen, kann man an den regelmäßig „wechselnden" Farben der Kleidung feststellen, deren Wahrnehmung sich verändert, obwohl wir ihren „eigentlichen" Farbton genau kennen.

Größenkonstanz

Die meisten Objekte in unserer visuellen Umwelt verändern ihre tatsächliche Größe nicht ohne weiteres. Diese physikalische Größenstabilität zeigt sich auch in unserem Erleben: Die wahrgenommene Größe eines Gegenstands bleibt unter verschiedenen visuellen Bedingungen konstant. Diese Größenkonstanz tritt auf, obwohl die retinale Abbildung des Gegenstands, sein Netzhautbild, in Abhängigkeit von seiner Entfernung unterschiedlich groß ist. Entfernte Objekte werden auf der Netzhaut kleiner abgebildet als näherliegende Objekte gleicher physikalischer Größe, da der zugehörige Sehwinkel entsprechend abnimmt.

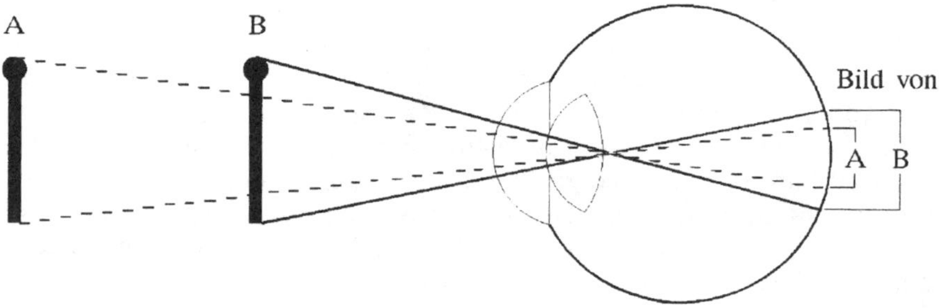

Abb. 70: Zusammenhang zwischen der Entfernung eines Objekts und resultierendem Sehwinkel. Je weiter ein Objekt vom Betrachter entfernt ist, desto kleiner wird seine Abbildung auf der Netzhaut.

Diesen Zusammenhang können wir uns beispielsweise bei Objekten, deren „wirkliche" Größe bekannt ist, zunutze machen, um die Entfernung einzuschätzen.

Würde sich die Größenwahrnehmung nun ausschließlich auf das Netzhautbild stützen, dann würde die wahrgenommene Größe eines Gegenstands je nach seiner Entfernung variieren: Ein Fußgänger etwa, der sich von uns entfernt, würde in der Wahrnehmung kontinuierlich „schrumpfen", da sein Netzhautbild immer kleiner wird. Tatsächlich tritt dieser Effekt aber nicht auf, wir erleben Größenkonstanz. Offensichtlich werden bei der Größenwahrnehmung noch andere Informationen als die Ausdehnung des Netzhautbildes herangezogen.

Eine mögliche Erklärung für das Auftreten von Größenkonstanz hat GIBSON (1950) vorgeschlagen. Seiner Meinung nach basiert die Konstanz der Größenwahrnehmung auf den konstanten Größenrelationen zwischen den einzelnen Elementen des visuellen Felds. Diese Relationen, die sich z.B. im Texturgradienten einer Fläche zeigen, betrachtet er als *„Invarianten"*, die eine unmittelbare Wahrnehmung der tatsächlichen Größe eines Objekts erlauben. Wenn zwei Gegenstände die gleichen Anteile einer regelmäßigen Textur verdecken, dann erscheinen sie gleich groß, denn nicht

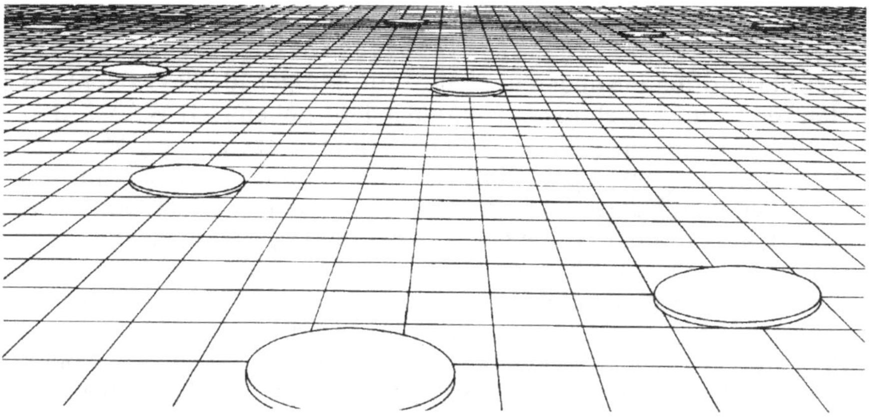

Abb. 71: Texturgradient und Größenkonstanz (nach NEISSER, 1968)

nur die Abbildung eines entfernteren Gegenstandes, sondern auch die der Textur wird im gleichen Verhältnis auf der Netzhaut kleiner bzw. enger.

GIBSON zufolge stammt die Information über die Größe der wahrgenommenen Gegenstände unmittelbar aus der visuellen Umwelt selbst. Seine Überlegung ist den Erklärungsansätzen vergleichbar, die im Zusammenhang mit der Helligkeits- und Farbkonstanz angeführt wurden und die diese Konstanzphänomene ebenfalls mit dem Vorhandensein stabiler Relationen zwischen den einzelnen Elementen im visuellen Feld erklären.

Anders als bei der Helligkeits- und Farbkonstanz tritt Größenkonstanz in der Regel aber auch dann auf, wenn gar keine Informationen über Größenverhältnisse, auf der Basis eines Vergleichs zwischen verschiedenen Elementen, verfügbar sind. Es scheint also, daß die Relationen im visuellen Feld, obwohl sie die Größenwahrnehmung erheblich beeinflussen können, als Faktor zur Erklärung der Größenkonstanz nicht ausreichen. Alternative Erklärungsansätze nehmen daher an, daß bei der Größenschätzung immer zwei verschiedene Informationen herangezogen und miteinander in Beziehung gesetzt werden: Zum einen die *Größe des Netzhautbildes* und zum anderen die *wahrgenommene Entfernung des Objekts* vom eigenen Standpunkt. Diese beiden Größen verhalten sich reziprok zueinander: Je größer die Entfernung ist, desto kleiner wird das Netzhautbild, und umgekehrt. Wenn sie beide als Faktoren bei der Größenschätzung berücksichtigt werden, dann ergibt sich trotz variierender Entfernung ein konstanter Schätzwert für die Größe des Gegenstands, weil die veränderliche Netzhautinformation durch den Entfernungsparameter „korrigiert“ werden kann. Voraussetzung ist dabei, daß die Entfernungsschätzung unabhängig von der Größe des Netzhautbildes erfolgt. Als räumliche Hinweisreize sind hierfür vor allem die binokulare Disparität und, bei kleinen Entfernungen, die Okulomotorik von Bedeutung.

Experiment 17:

Daß die Information über räumliche Entfernungen für die Größenkonstanz einen unverzichtbaren Faktor darstellt, haben HOLWAY & BORING (1941) in einem klassischen Experiment gezeigt. Sie gingen von der Überlegung aus, daß die Größenwahrnehmung prinzipiell von zwei verschiedenen Determinanten bestimmt werden kann: (1) vom Sehwinkel, also von der Größe des Netzhautbildes, oder (2) von der tatsächlichen, gleichbleibenden Größe eines Objekts, also vom Gesetz der Größenkonstanz. HOLWAY & BORING untersuchten nun, unter welchen Bedingungen bei einem experimentellen Standardreiz (leuchtender Kreis) Größenkonstanz auftritt. Ihre Versuchspersonen saßen am Schnittpunkt zweier schwach erleuchteter Gänge. In einem Gang wurde mit Hilfe eines Projektors und einer Leinwand der Standardreiz dargeboten. Dabei wurde der Abstand des Reizes zum Betrachter, gleichzeitig aber auch seine Größe, so variiert, daß bei unterschiedlichen Entfernungen (zwischen 3 und 35 m) immer der gleiche Sehwinkel zustande kam. Im zweiten Gang befand sich in einem festen Abstand die gleiche Apparatur, mit der ein „Vergleichsreiz" erzeugt wurde. Auch hier bestand die Möglichkeit, am Projektor die Größe des projizierten Bildes einzustellen. Aufgabe war es, diesen Vergleichsreiz immer so einzustellen, daß seine Größe der wahrgenommenen Größe des Testreizes im anderen Gang entsprach. HOLWAY & BORING führten vier verschiedene Bedingungen ein: (1) normales binokulares Sehen, (2) monokulares Sehen, (3) monokulares Sehen durch eine zusätzliche Blende und (4) monokulares Sehen durch die Blende und zusätzlich durch einen schwarzen Tunnel, der außer dem Standardreiz, der sich am Ende des Tunnels befand, nahezu alle Lichtreflexionen unterband. Wenn nun bei der Wahrnehmung des Standardreizes das Gesetz der Größenkonstanz wirksam wurde, dann war zu erwarten, daß der Vergleichsreiz in Abhängigkeit von der wahrgenommenen Entfernung des Standardreizes unterschiedlich eingestellt wurde: War beispielsweise der Standardreiz bei konstanter Größe des Netzhautbildes weit entfernt, so mußte er den Teilnehmern relativ groß erscheinen und der Vergleichsreiz entsprechend gewählt werden. Tatsächlich trat dieses Resultat aber nur unter der Bedingung (1), d.h. bei normalem binokularen Sehen, auf. Bei den übrigen Bedingungen blieben die gewählten Einstellungen zunehmend konstant, mit anderen Worten: Die Teilnehmer richteten sich bei der Größenschätzung stärker nach der Größe des Netzhautbildes. Besonders deutlich war dies unter Bedingung (4) der Fall, wo die Einstellwerte nahezu unverändert blieben. HOLWAY & BORING schlossen aus diesem Ergebnis, daß die visuellen Informationen über die Entfernung des Standardreizes maßgeblich für die Wirksamkeit der Größenkonstanz waren. Je weniger räumliche Tiefenhinweise verfügbar waren, desto stärker stützte sich das Schätzurteil der Versuchspersonen auf das Netzhautbild als solches. In besonderem Maße war dies bei der vierten Variante des Versuchs der Fall, wo praktisch alle Entfernungshinweise „ausgeschaltet“ waren.

Die Ergebnisse des Experiments von HOLWAY & BORING und weiterer Versuche dieser Art legen den Schluß nahe, daß die Größenwahrnehmung auf einer unbewußt ablaufenden *„Berechnung“* des Verhältnisses von Entfernung und Sehwinkel des Wahrnehmungsobjekts basiert. Demnach dürfte Größenkonstanz nur auftreten, wenn sich die beiden Bezugsgrößen tatsächlich im richtigen Verhältnis gegenläufig verändern.

Netzhautbilder mit konstanter Größe kann man z.B. durch Sukzessivkontraste, wie sie bei visueller Adaptation auftreten, erzeugen. Die wahrgenommene Größe eines solchen Nachbildes hängt von der Entfernung des jeweiligen Hintergrunds ab: Es weist nur dann die gleiche Größe wie der Originalreiz auf, wenn der Hintergrund sich in gleicher Entfernung befindet, erscheint aber z.B. erheblich größer, wenn man nach dem Fixieren der Vorlage auf eine entfernte Wand schaut. Dieser Zusammenhang wurde von EMMERT (1881) erstmals beschrieben und ist nach ihm als *„EMMERTsches Gesetz“* benannt worden.

Selbstversuch 11: Das EMMERTsche Gesetz

Abb. 72: Fixieren Sie die Abbildung ca. eine Minute lang und projizieren Sie dann das Nachbild auf ein weißes Blatt Papier, das vor Ihnen liegt. Wiederholen Sie dann diese Schritte, schauen Sie beim zweiten Mal aber auf eine weiße Zimmerwand.

Sie werden feststellen, daß die Größe des Nachbildes proportional zur Entfernung der Projektionsfläche vom Auge wächst. Das auf die Zimmerwand projizierte Nachbild erscheint viel größer.

Da sich unter den beschriebenen Bedingungen nur die Entfernung, nicht aber das Netzhautbild verändert, kann keine Größenkonstanz auftreten.

Info-Box 8: Mondtäuschung

Ein ähnlicher Zusammenhang wie beim Emmertschen Gesetz liegt der sog. „Mondtäuschung“ zugrunde: Der Mond erscheint am Horizont erheblich größer als im Zenit, obwohl wir wissen, daß sich seine tatsächliche Größe und Entfernung, und somit auch die Größe des Netzhautbildes, nicht verändert. Das Phänomen wurde bereits in der Antike beobachtet, und eine schon früh diskutierte Erklärung nimmt an, daß die unterschiedlichen wahrgenommenen Größen am Horizont und im Zenit durch unterschiedlich eingeschätzte Entfernungen zustandekommen. Wir erleben den Mond demnach am Horizont als „größer“, weil wir die Entfernung zum Horizont größer als die Entfernung zum senkrecht über uns stehenden Mond einschätzen, während das Netzhautbild konstant bleibt.

BORING (1943) zufolge ist diese Erklärung allerdings zweifelhaft: In einer Befragung stellte er fest, daß den meisten Befragten der Mond am Horizont näher als im Zenit erschien, womit natürlich der beobachtete Größenunterschied genau umgekehrt ausfallen müßte, als dies tatsächlich der Fall ist. BORING kam aufgrund eigener experimenteller Befunde (BORING & HOLWAY, 1940) zu der Auffassung, daß die Mondtäuschung anhand der Okulomotorik, also der jeweiligen Augenstellung, zu erklären sei. In späteren Versuchen von ROCK & KAUFMAN (1962) hielt BORINGs Erklärungsversuch allerdings einer genaueren Überprüfung nicht stand: Die jeweilige Augenstellung führte nicht zu unterschiedlichen Größenschätzungen, und die Versuchspersonen gaben darüberhinaus fast durchweg an, daß sie den (mondlosen) Himmel am Horizont weiter entfernt als im Zenit wahrnahmen. Dieser Widerspruch zu BORINGs Befunden läßt sich am ehesten dadurch erklären, daß die bewußte Entfernungsschätzung, die BORING von seinen Teilnehmern verlangt hatte, offenbar anhand der wahrgenommenen Größe des Mondes zustandegekommen war, während wir den Horizont selbst tatsächlich als weiter entfernt wahrnehmen. Dieser Zusammenhang unterstützt aber die „klassische“ Erklärung der Mondtäuschung, die sich am Zusammenhang von wahrgenommener Entfernung und der Größe des Netzhautbildes orientiert.

Sowohl das EMMERTsche Gesetz als auch die bisherige Erforschung der Mondtäuschung sprechen für die Abhängigkeit der Größenwahrnehmung und damit auch der Größenkonstanz von der Größe des Netzhautbilds einerseits und der „unbewußt“ geschätzten Entfernung andererseits. Größenkonstanz tritt dann auf, wenn diese beiden Größen in einem invarianten Umkehrverhältnis zueinander stehen, d.h. wenn das Netzhautbild mit zunehmender Entfernung kontinuierlich kleiner wird, und umgekehrt.

Die Größenkonstanz ist also kein universelles Phänomen. In manchen Situationen, besonders bei größeren Entfernungen, verliert der Konstanzmechanismus seine Wirkung: Von einem hohen Turm aus betrachtet sehen Autos und Menschen wie Spielzeug aus, und aus einem Flugzeug gesehen verlieren auch Schiffe und ganze Städte ihre „wahre Größe". Solche Wahrnehmungseffekte, die gelegentlich mit dem Begriff *„Unterkonstanz"* bezeichnet werden, könnten darauf beruhen, daß der für die Größenkonstanz wichtige Faktor „Entfernung" nicht mehr richtig eingeschätzt werden kann. Korrekte Entfernungsschätzungen sind zum einen in ihrer Reichweite beschränkt (bis etwa 1000 Meter), zum anderen abhängig von entsprechenden Hinweisen im Gesichtsfeld. Wenn eine zuverlässige Entfernungsschätzung unmöglich ist, wird die Größe des Netzhautbildes zum entscheidenden Bestimmungsfaktor für die Größenwahrnehmung. Autos, Häuser und Schiffe werden bei sehr großen Entfernungen zu winzigen Objekten.

Formkonstanz

Eine weitere Art der „Objektkonstanz", d.h. der wahrgenommenen Stabilität von Eigenschaften des Wahrnehmungsobjekts trotz sich verändernder Netzhautbilder, ist die Formkonstanz. Umrißkonturen und Formen nehmen wir als konstant wahr, obwohl die optische Projektion auf der Netzhaut bei unterschiedlichen Betrachtungswinkeln und durch den Einfluß von Bewegungen des Betrachters oder des Objekts selbst in ihrer Form stark variiert. Die rechteckige Form einer Tür beispielsweise wird auch dann wahrgenommen, wenn die Tür mehr oder weniger weit geöffnet ist und das Netzhautbild, je nach Position des Betrachters, eher die Form eines Trapezes aufweist. Die Formwahrnehmung stützt sich also offenbar nicht vorrangig oder nicht allein auf die Formmerkmale des Netzhautbildes.

Um die Form eines Gegenstands relativ unabhängig vom Netzhautbild wahrnehmen zu können, müssen Informationen über seine räumliche Orientierung bzw. seinen Dreh- oder Neigungswinkel relativ zur Position des Betrachters als weitere Parameter einbezogen werden. Ähnlich wie bei der Größenkonstanz die Größe des Netzhautbildes und die Entfernung des Gegenstands miteinander in Beziehung gesetzt werden, läßt sich die „wirkliche" Form eines Gegenstands aus der Relation zwischen der Form des Netzhautbildes und der räumlichen Orientierung des Gegenstands bestimmen.

Voraussetzung dafür ist allerdings, daß man dem visuellen Feld entsprechende Informationen entnehmen kann: Um die räumliche Lage eines Wahrnehmungsobjekts beurteilen zu können, muß es im Zusammenhang mit anderen visuellen Strukturen (z.B. auf einem strukturierten Hintergrund) erscheinen.

GIBSON (1950) hat hier vor allem auf die Bedeutung von Texturmerkmalen des Hintergrunds, aber auch der Oberfläche des Objekts selbst („Mikrotextur"), für die Einschätzung der räumlichen Orientierung hingewiesen.

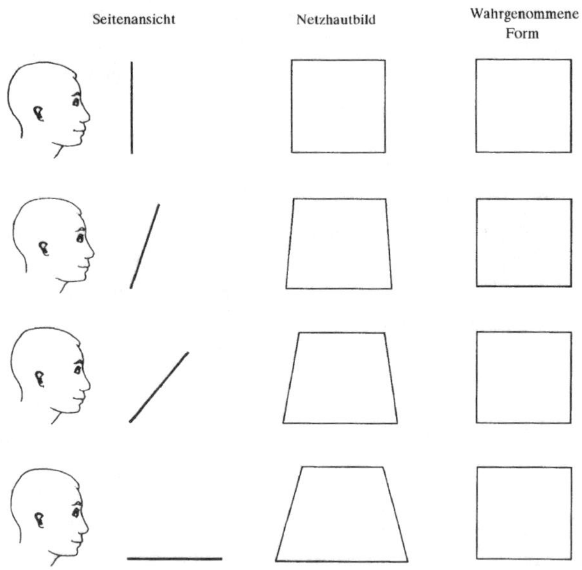

Abb. 73: Formkonstanz. Unterschiedliche Orientierungen eines Quadrates im Raum führen zu unterschiedlichen Netzhautbildern. Dennoch wird unabhängig von der Orientierung immer ein Quadrat wahrgenommen (nach LINDSAY & NORMAN, 1977).

Tatsächlich konnte in verschiedenen Laboruntersuchungen (BECK & GIBSON, 1955; LEIBOWITZ & BOURNE, 1956) gezeigt werden, daß die Formkonstanz weitgehend (wenngleich nie vollständig) verschwindet, wenn man entsprechende Hinweisreize im visuellen Feld systematisch ausblendet. Beim Fehlen solcher Informationen nähert sich die wahrgenommene Form eines Objekts der Form des Netzhautbildes an.

Formkonstanz kann diesen Überlegungen zufolge nur dann auftreten, wenn die Form der Netzhautprojektion und die räumliche Orientierung des Objekts in einem invarianten Verhältnis zueinander stehen. Ändert sich die Form des Netzhautbildes, so muß man gleichzeitig auch eine Veränderung der Raumlage, z.B. infolge eigener Bewegung, wahrnehmen, um die Formkonstanz aufrechterhalten zu können, und umgekehrt. GIBSON (1950) geht in seiner Erklärung der Formkonstanz von einem solchen Invarianten-Prinzip aus. Aus seiner Sicht läßt sich das Auftreten von Formkonstanz durch die im visuellen Feld vorhandenen Informationen (Überlagerungen von Konturen, Oberflächen- und Hintergrundtextur usw.) hinreichend erklären.

In verschiedenen Untersuchungen konnte allerdings gezeigt werden, daß das Erleben von Formkonstanz auch von den kognitiven „Strategien" des Betrachters abhängig ist: Wurden die Versuchspersonen ausdrücklich instruiert, ihre Formwahrnehmung auf die Form des Netzhautbildes zu stützen, so reduzierte sich die wahrgenommene Konstanz bei den Versuchsgegenständen erheblich. Diese Resultate sprechen für eine theoretische Auffassung, die die Formkonstanz als Ergebnis eines höheren kognitiven Prozesses sieht, das nicht allein durch die Merkmale der visuellen Umgebung erklärbar ist. Aus dieser Perspektive stammt auch die Überlegung, daß die Formkonstanz im wesentlichen ein Ergebnis vorhergehender Erfahrungen sein könnte. Demnach werden die charakteristischen Formen für eine Vielzahl von Objekten im Gedächtnis gespeichert und auf jeweils neue Wahrnehmungsinhalte angewendet. Wird ein Objekt durch den Vergleich mit den Gedächtnisinhalten identifiziert, so ist damit auch seine Form, unabhängig von den jeweiligen Formmerkmalen des Netzhautbilds, bestimmt. Gegen diese Theorie der „gelernten" Konstanz spricht, daß Formkonstanz zum einen auch bei völlig unbekannten, künstlichen Wahrnehmungsobjekten im Labor und zum anderen offenbar auch bereits bei Neugeborenen auftritt.

Erklärungsansätze zu Wahrnehmungskonstanzen

Alle hier besprochenen Konstanzmechanismen dienen offensichtlich dem Ziel, unter Umgehung mancher situativer Einflüsse und der Übertragungseigenschaften des optischen Systems, Objekte so wahrnehmen zu können, wie sie „wirklich" beschaffen sind. Innerhalb gewisser Grenzen ist die Wahrnehmung in der Lage, zwischen Informationen, die dem Wahrnehmungsgegenstand selbst aufgrund seiner physikalischen Eigenschaften zuzuschreiben sind, und Informationen, die durch äußere Bedingungen (z.B. Beleuchtungsverhältnisse, Entfernung usw.) zustandekommen, zu unterscheiden.

Die Wahrnehmungskonstanz kommt in allen behandelten Fällen offenbar dadurch zustande, daß Relationen zwischen einzelnen Strukturelementen oder zwischen relevanten Parametern herangezogen werden, die von der absoluten Größe des Reizeinflusses (wie etwa Lichtintensität, Größe und Form des Netzhautbildes usw.) unabhängig sind. Wir haben im Zusammenhang mit der Helligkeitskonstanz gesehen, daß der Reflexionsgrad, und damit die Helligkeit einer Fläche, geschätzt werden kann, indem man die von ihr ausgehende Lichtintensität mit den Intensitäten der übrigen, sie umgebenden Flächen in Beziehung setzt. Für die Phänomene der „Objektkonstanz", also Größen- und Formkonstanz von Wahrnehmungsobjekten, scheint die Verfügbarkeit von jeweils zwei Bezugsgrößen Voraussetzung zu sein, die für das Auftreten von Konstanz in einem konstanten Verhältnis zueinander stehen müssen. Dies gilt im Falle der Größenkonstanz für das Verhältnis zwischen wahrgenommener Entfernung und der Größe des Netzhautbildes, bei der Formkonstanz betrifft es die räumliche Orientierung des Objekts und die Form des Netzhautbildes.

Die berichteten Experimente und Beobachtungen weisen auf das „Versagen" der Wahrnehmungskonstanz unter Bedingungen hin, bei denen die erforderlichen Informationen über Relationen nicht verfügbar sind: Wenn es nicht mehr möglich ist, die Entfernung eines Gegenstands hinreichend zu schätzen, kann die Größe des Netzhautbilds auch nicht mehr zu einer Entfernungsschätzung in Beziehung gesetzt werden, folglich kommt keine Größenkonstanz zustande. Das Auftreten von „Unter-" bzw. „Überkonstanz" bei der Größenwahrnehmung und die Ergebnisse des GELB-Experiments zur Helligkeitswahrnehmung zeigen, daß der Rückgriff auf Reizrelationen eine Voraussetzung für Konstanz zu sein scheint. Dies erklärt aber noch nicht, wie wir solche Beziehungen herstellen können.

Systematisiert man die bisher diskutierten Erklärungsversuche, kann man drei unterschiedliche Gruppen von Ansätzen unterscheiden.

Die *Reiztheorien,* worunter auch die Ansätze von GIBSON (1950, 1966, 1979) gefaßt werden sollen, erklären die Wahrnehmungskonstanz allein aus den Merkmalen des visuellen Felds. Es sind demnach bestimmte „Invarianten", wie etwa der Texturgradient einer Fläche, mit denen man Wahrnehmungsobjekte vergleichen und damit ihre Eigenschaften bestimmen kann. GIBSON hat insbesondere die Bedeutung der Textur für die Größen- und Formkonstanz betont. Aus seiner Sicht sind die für die Konstanzwahrnehmung wichtigen Merkmale in der Struktur des reflektierten Lichts enthalten (GIBSON, 1979), so daß komplizierte kognitive „Berechnungsprozesse" zur Bestimmung von Relationen nicht erforderlich sind.

Von solchen Berechnungen, auf deren Basis „unbewußte Schlüsse" über die „wirklichen" Eigenschaften eines Wahrnehmungsgegenstands möglich sind, geht die zweite Gruppe von Ansätzen aus (vgl. z.B. ROCK, 1977). Konstanz tritt aus dieser Perspektive nur dann auf, wenn unterschiedliche Bezugsgrößen (wie z.B. Sehwinkel und Entfernung) miteinander in Beziehung gesetzt werden und ein konstantes Verhältnis ergeben. Aus der Sicht dieser *„Verrechnungstheorien"* ist die Wahrnehmungskonstanz Ergebnis einer aktiven (wenngleich nicht bewußten) Rekonstruktion der physikalischen Eigenschaften von Wahrnehmungsobjekten und keineswegs den Reizbedingungen inhärent. Manche Vertreter des Ansatzes nehmen sogar an, daß die relativ geordnete Stabilität unserer Wahrnehmungen gar nicht die physikalischen Eigenschaften der visuellen Welt widerspiegelt, sondern eine aktive Konstruktion von Konstanz durch den Wahrnehmungsapparat darstellt.

Kognitive Prozesse als Grundlage der Wahrnehmungskonstanz nimmt auch die dritte Gruppe von Erklärungsansätzen an, die sich am besten als *„Erfahrungstheorien"* der Konstanz zusammenfassen lassen (vgl. EPSTEIN, 1977).

Hier werden individuelle Erfahrungen mit dem jeweiligen Wahrnehmungsgegenstand, also Gedächtnisinhalte, für die Zuschreibung konstanter Eigenschaften wie Form, Farbe oder Größe verantwortlich gemacht: Wenn man weiß, daß Tomaten rot und rund sind und etwa einen Durchmesser von 5 cm haben, wird man diese Eigenschaften später allen Wahrnehmungen zuschreiben, die als „Tomaten" identifiziert werden können. Ein Problem für diese Annahme einer „erlernten" Wahrnehmungskonstanz stellen Untersuchungsbefunde dar, die erkennen lassen, daß Konstanz auch ohne Vorerfahrungen mit dem entsprechenden Objekt auftritt. In diesem Zusammenhang ist auch die häufig diskutierte Frage relevant, ob die Wahrnehmungskonstanz eine angeborene oder eine erlernte Wahrnehmungsleistung ist. Während dieser Aspekt aus der Sicht der Reiztheorien relativ bedeutungslos ist, weil Konstanz eben nicht als eine „Leistung" des Wahrnehmenden aufgefaßt wird, stellt sich für die Berechnungstheorien die Frage, ob Neugeborene oder gar Tiere, bei denen ebenfalls Anzeichen für Wahrnehmungskonstanz beobachtet wurden, zu den postulierten kognitiven Verarbeitungsprozessen überhaupt in der Lage sind. Da die genauen Mechanismen dieser „Berechnung" aber bisher nicht bekannt sind, sprechen die bestehenden Berechnungstheorien auch nicht gegen die Annahme einer angeborenen Konstanz. Dies ist lediglich bei der Erfahrungstheorie der Fall. Eine Vielzahl der hier aufgeführten Beobachtungen spricht eher dafür, daß die meisten Konstanzphänomene nicht auf der Anwendung von „Wissen" basieren, wie dies die Erfahrungstheorie postuliert.

4.2 Wahrnehmungstäuschungen

Es gibt viele geometrisch-optische Figuren, die phänomenal ganz anders erscheinen, als wir bei Kenntnis ihrer Längen- und Winkelverhältnisse erwarten würden (z.B. wenn zwei Kanten einer Figur objektiv gleich lang sind, aber unterschiedlich lang erscheinen). Diese Abweichungen zwischen den durch *„Wahrnehmung mit Messung"* und *„Wahrnehmung ohne Messung"* gewonnenen Ergebnissen bezeichnen wir als Wahrnehmungstäuschung. Die Größe dieser Täuschung selbst ist meßbar, sie heißt *Täuschungsbetrag.*

Einige dieser Wahrnehmungstäuschungen sollen im folgenden Abschnitt dargestellt werden. Es geht dabei aber nicht nur um die Demonstration und Beschreibung der Täuschungsphänomene, sondern auch um die Frage, durch welche Annahmen sie sich möglicherweise erklären las-

Abb. 74: Welche geometrisch-optischen Täuschungen sind in diesem Bild enthalten? Lösung: (1) Ponzo-Täuschung: Die Instrumente sehen verschieden groß aus. (2) Poggendorff-Täuschung: Die Wandleiste links unten ist nicht als Verlängerung der gegenüberliegenden Leiste rechts oben zu erkennen. (3) Müller-Lyer-Täuschung: Die vordere Teppichkante erscheint kürzer als die Unterkante der Rückwand (aus GILLAM, 1986).

sen. Dabei liegt der Schwerpunkt auf solchen Erklärungsversuchen, die paradigmatischen Charakter haben und sich auch auf andere, hier nicht angesprochene Täuschungen anwenden lassen.

Info-Box 9: Horizontal-Vertikal-Täuschung

Eine Täuschung, der wir in unserer natürlichen visuellen Umwelt oft unterliegen, ist die sog. Horizontal-Vertikal-Täuschung. Häufig erscheinen nämlich vertikale Linien oder Kanten länger als objektiv gleich lange horizontale Strecken. Der Zylinder (siehe Abbildung 75) veranschaulicht diese Täuschung besonders gut, sie ist aber, anders als andere geometrisch-optische Täuschungen, nicht an eine bestimmte Figur gebunden, sondern tritt in allen möglichen Reizkonfigurationen auf. Es scheint sich also bei der Horizontal-Vertikal-Täuschung, die sich als „Überschätzung“ vertikaler bzw. „Unterschätzung“ horizontaler Strecken beschreiben läßt, um ein eher generelles Prinzip unserer Wahrnehmung zu handeln.

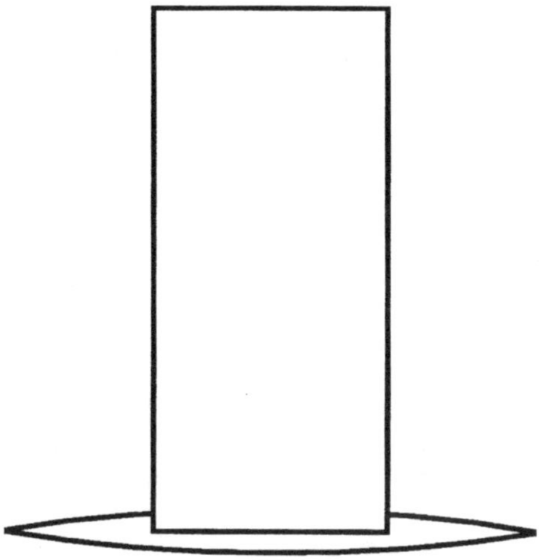

Abb. 75: Horizontal-Vertikal-Täuschung

Geometrisch-optische Täuschungen

Zu den bekanntesten figural-optischen Täuschungen gehört die sog. *Müller-Lyer-Täuschung,* die von C.F. MÜLLER-LYER im 19ten Jahrhundert erstmals beschrieben wurde.

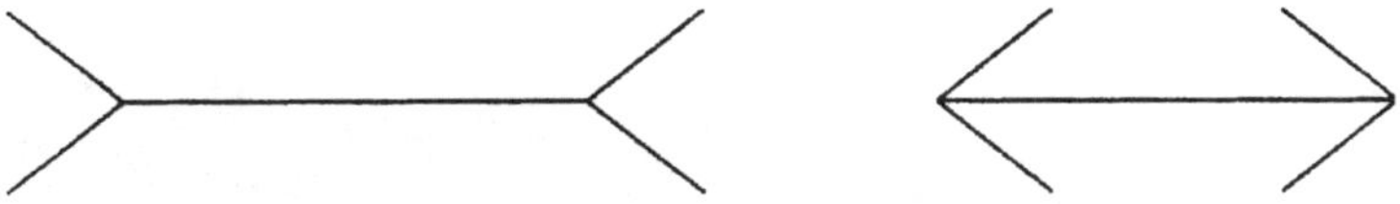

Abb. 76: Müller-Lyer-Täuschung

Bei der Originalfigur wird die waagerechte Linie zwischen den einwärts gerichteten Pfeilspitzen als deutlich länger wahrgenommen als die entsprechende Strecke zwischen den auswärts gerichteten Pfeilspitzen, obwohl die beiden Strecken objektiv gleich lang sind. Bei Figuren dieser Art sind bestimmte Elemente, hier die beiden Strecken, Gegenstand der Täuschung, während andere Elemente, wie die Winkel oder „Pfeilspitzen“, die Täuschung hervorrufen. Die erstgenannten werden daher häufig als „Test-Komponenten“, letztere dagegen als „auslösende Komponenten“ bezeichnet. Es gibt eine Reihe von Variationen der Täuschung, bei denen die Figuren senkrecht nebeneinander stehen oder Kreisbögen, Quadrate oder andere Elemente anstelle der Pfeilspitzen die Enden der Strecken markieren. In all diesen Fällen tritt die Täuschung genauso auf wie im Original. Sie ist sogar dann wahrnehmbar, wenn nur die Pfeilspitzen vorgegeben sind und die waagerechten Linien in der Zeichnung fehlen.

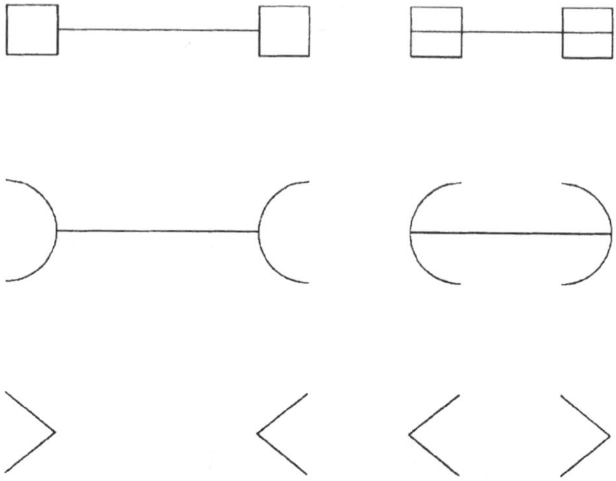

Abb. 77: Einige Varianten der Müller-Lyer-Täuschung

Zahlreiche Autoren haben eine Erklärung dieses Täuschungsphänomens versucht. Zu den bekanntesten dieser Ansätze zählt die Arbeit von GREGORY (1973). Hier werden Mechanismen der räumlichen Wahrnehmung als Ursachen der Müller-Lyer-Täuschung identifiziert. GREGORY zufolge lassen sich die beiden Figuren, wenn man sie senkrecht betrachtet, als Ecken eines Raumes oder eines Gebäudes auffassen.

Abb. 78: Tiefenaspekte der Müller-Lyer-Täuschung (nach GREGORY, 1968). Erläuterung im Text.

Bei der kürzer erscheinenden Strecke entsteht der Eindruck einer vorspringenden, in unmittelbarer Nähe des Betrachters befindlichen Kante, bei der anderen Figur scheint die Ecke dagegen in weiterer Entfernung zu liegen. Wenn das so ist, so GREGORYs Schlußfolgerung, muß die subjektiv näherliegende Kante kürzer erscheinen, weil nach dem Gesetz der Größenkonstanz bei identischer Größe der Netzhautbilder die geschätzte Entfernung des Objekts seine wahrgenommene Größe, hier also die Längenausdehnung, bestimmt. Wenn man die Täuschungsfiguren also räumlich interpretiert, muß man die beiden Strecken als unterschiedlich lang wahrnehmen, eben weil sie auf dem Papier gleich lang sind. GREGORYs Interpretation ist allerdings in zwei Punkten problematisch. Zum einen erklären seine Überlegungen nicht hinreichend, warum die beiden Kanten im direkten Vergleich unterschiedlich weit entfernt erscheinen sollen, zum anderen lassen sich einige Variationen der Figuren, die die Täuschung ebenfalls hervorrufen, kaum räumlich interpretieren. Dies gilt beispielsweise, wenn statt der Winkel oder „Pfeilspitzen" Rechtecke bzw. Quadrate verwendet werden.

Eine alternative Erklärung bezieht sich auf die unterschiedlichen Augenbewegungen, die beim visuellen Abtasten der beiden Figuren erforderlich sind, um sie in ihrer Gesamtheit zu erfassen. Dieser Ansicht nach bestimmen wir die Länge der Strecken anhand der Informationen über die insgesamt benötigten Augenbewegungen, wodurch der charakteristische Unterschied zustandekommt. FESTINGER hat in diesem Zusammenhang angenommen, daß nicht die tatsächlich ausgeführten, sondern die „intendierten" Augenbewegungen den Ausschlag für die Längenschätzung geben könnten (FESTINGER & EASTON, 1974). Manche Kritiker weisen allerdings darauf hin, daß die unterschiedlichen Augenbewegungen vielleicht erst durch die wahrgenommene Täuschung hervorgerufen werden, anstatt diese zu bedingen.

Ein dritter Erklärungsversuch schließlich nimmt als Ursache einen Mechanismus an, der im Zusammenhang mit geometrisch-optischen Täuschungen als „Assimilation" bezeichnet wird. Mit Assimilation ist hier gemeint, daß bestimmte Elemente einer Täuschungsfigur unbeabsichtigt und unbewußt bei der Wahrnehmung eines anderen Elements einbezogen werden und diese mitbestimmen. Im Falle der Müller-Lyer-Täuschung könnten so die Elemente an den Enden jeweils in die Einschätzung der Streckenlängen einbezogen werden und dazu führen, daß etwa die einwärts gerichteten Pfeilspitzen die zwischen ihnen liegende Strecke in der Wahrnehmung „verlängern". Da die Assimilation unwillkürlich und unbewußt erfolgt, bleibt sie auch wirksam, wenn man nur die beiden Strecken miteinander vergleichen will.

Keine der skizzierten Erklärungen (räumliche Wahrnehmung, Augenbewegungen, Assimilation) kann für sich in Anspruch nehmen, die Vielfalt der alleine bei dieser Figur und ihren Variationen auftretenden Wahrnehmungserlebnisse hinreichend erklären zu können. Es ist daher durchaus denkbar, daß mehrere Faktoren bei der Müller-Lyer-Täuschung zusammenwirken, so daß die Suche nach dem „entscheidenden" Einzelmechanismus von vornherein wenig aussichtsreich ist.

Bei der nach ihrem italienischen Entdecker benannten *Ponzo-Täuschung* werden wie bei der Müller-Lyer-Täuschung, zwei objektiv gleich lange Strecken (bzw. gleich große Elemente) als unterschiedlich wahrgenommen.

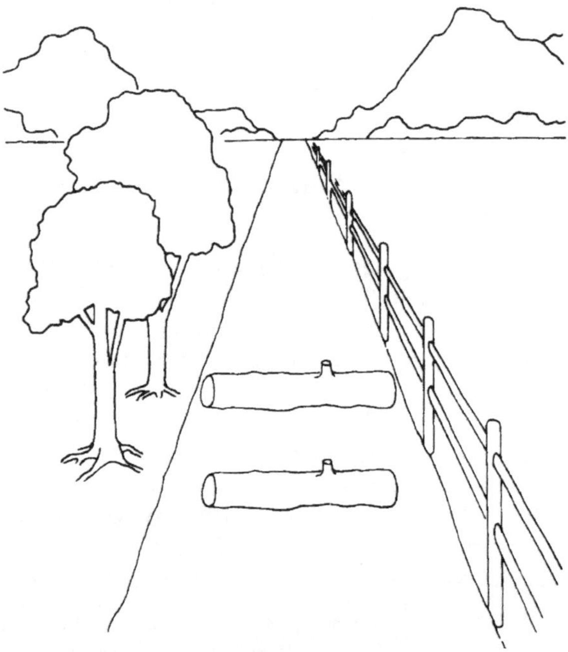

Abb. 79: Ponzo-Täuschung. Welcher Baumstamm ist länger? (nach COREN et al., 1984)

Die „auslösenden Komponenten" sind in diesem Fall die konvergierenden Linien, die den Längenunterschied der beiden mittleren Balken induzieren. Auch hier läßt sich die Täuschung bei verschiedenen Variationen, z.B. bei der Verwendung von Photos, erzielen. Es entsteht nicht nur der Eindruck eines Längen-, sondern ganz allgemein eines Größenunterschieds zwischen den beiden „Test-Komponenten".

Meistens wird die Ponzo-Täuschung mit dem Eindruck räumlicher Tiefe, der durch die konvergierenden Linien entsteht, erklärt. Nach der Größenkonstanzannahme müßte der obere Balken, der bei einer räumlichen Interpretation weiter entfernt wahrgenommen wird, wesentlich kleiner als der untere Balken sein, um als „gleich groß" wahrgenommen zu werden. Da aber die Netzhautbilder beider Balken gleich groß sind, wirkt der obere Balken größer. Dieser Zusammenhang entspricht dem EMMERT-schen Gesetz, das bereits im vorigen Abschnitt behandelt wurde. THIÉRY hat bereits im 19ten Jahrhundert eine entsprechende Erklärung vorgeschlagen.

Gelegentlich wird die Ponzo-Täuschung auch mit „Kontrast“ und „Assimilation“ erklärt. Während die Wirkung der Assimilation bereits bei der Müller-Lyer-Täuschung erläutert wurde, stellt das Kontrast-Prinzip den entgegengesetzten Mechanismus dar: Hier werden die Unterschiede oder Abgrenzungen zwischen einzelnen Elementen nicht „übersehen“, sondern besonders hervorgehoben. Bei der Ponzo-Figur könnte die Längentäuschung für den oberen Balken durch eine Assimilation der beiden schrägen Linien entstehen, während sie beim unteren Balken, der nur einen geringen Anteil des Raums zwischen den beiden Schrägen einnimmt, durch einen überhöhten „Kontrast“ zwischen diesen Elementen bedingt sein könnte. Die obere Linie wird dann durch die Assimilation länger, die untere aufgrund des Kontrasts kürzer wahrgenommen, als sie tatsächlich sind. Die Assimilations-Kontrast-Theorie wird häufig deshalb angeführt, weil nach Meinung einiger Autoren die Ponzo-Täuschung auch dann auftritt, wenn die Figur gar nicht räumlich interpretiert wird. Vertreter der Perspektiven-Theorie, wie GREGORY oder GILLAM, weisen in diesem Zusammenhang jedoch darauf hin, daß die räumliche Wahrnehmung der Figur keineswegs bewußt erfolgen muß, sondern auch dann wirksam sein kann, wenn der Betrachter die induzierte Räumlichkeit nicht „bemerkt“.

Als letzte der ausführlicher besprochenen geometrisch-optischen Täuschungen soll hier auf die von J.C. POGGENDORFF (1860) erstmals beschriebene und nach ihm benannte *Poggendorff-Täuschung* eingegangen werden.

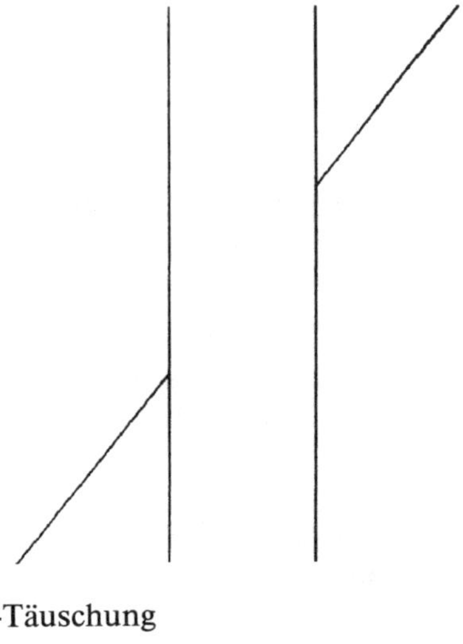

Abb. 80: Poggendorff-Täuschung

Bei ihr entsteht der Eindruck, die beiden Teilstücke der schrägen Linie, die an den Abbruchpunkten von zwei parallelen Linien geschnitten wird, seien gegeneinander versetzt.

Tatsächlich kann man etwa durch Anlegen eines Lineals schnell feststellen, daß es sich um zwei Abschnitte einer durchgehenden geraden Linie handelt, die durch die beiden Parallelen unterbrochen wird. Der subjektive Eindruck suggeriert jedoch in der Regel, daß das rechte Teilstück etwas „zu hoch" liegt, um als lineare Verlängerung der Linie links unten gesehen werden zu können.

Auch im Falle der Poggendorff-Täuschung wurde die Ursache in räumlichen Wahrnehmungsmechanismen gesucht. Danach werden die beiden schrägen Teilstücke als Elemente waagerechter Raumebenen interpretiert, die mit den beiden Parallelen rechte Winkel bilden. Durch die perspektivische Darstellung sind die Winkel in der Figur nicht als rechte Winkel, sondern verzerrt enthalten, und diese Verzerrung könnte, so die Annahme, dazu führen, daß das rechte und das linke Teilstück in der Wahrnehmung jeweils verschiedenen Raumebenen zugeordnet werden. Man kann sich die beiden Teilstücke beispielsweise als Kanten einer Mauer vorstellen, die sich in unterschiedlicher Höhe befinden. Die perspektivische Verarbeitung führt also möglicherweise dazu, daß wir einen Höhenunterschied in der Figur wahrnehmen, der objektiv nicht vorhanden ist.

Ein anderer Erklärungsansatz geht von einer physiologisch begründeten Verzerrung der Winkel in der Figur aus. Ausgangspunkt ist hier die Beobachtung, daß spitze Winkel in der Wahrnehmung meist überschätzt werden, sie erscheinen also größer, als sie tatsächlich sind. Diese Überschätzung wird auf den Prozeß der lateralen Hemmung auf Netzhautebene zurückgeführt: Bei einem spitzen Winkel werden die Netzhautregionen zwischen den beiden Elementen, die den Winkel bilden, stärker gehemmt als die äußeren Regionen, was dazu führt, daß die Impulstätigkeit einem größeren als dem tatsächlichen dargebotenen Winkel entspricht. Überträgt man diese Überlegung auf die Poggendorff-Täuschung, so ergibt sich durch die physiologische begründete „Verzerrung" der Winkel eine Verschiebung der beiden schrägen Elemente gegeneinander. Gegen die Annahme der Winkelverzerrung als Ursache spricht allerdings, daß die Poggendorff-Täuschung auch bei Figuren auftritt, in denen objektiv keine entsprechenden Winkel vorhanden sind. Dies ist etwa der Fall, wenn die beiden parallelen Senkrechten durch amodale Konturen (vgl. Teil I) gebildet werden.

Auch wenn physiologische Verzerrungsmechanismen bei der Poggendorff-Täuschung möglicherweise nicht die entscheidende oder alleinige Rolle spielen, so dürften sie doch für eine Reihe anderer Wahrnehmungstäuschungen bedeutsam sein. Bei diesen Figuren treten als charakteristische Verzerrungen oft „verbogene" Linien auf, die offensichtlich durch Überschneidungen mit anderen Linienelementen bzw. durch die dabei entstehenden Winkel verursacht werden.

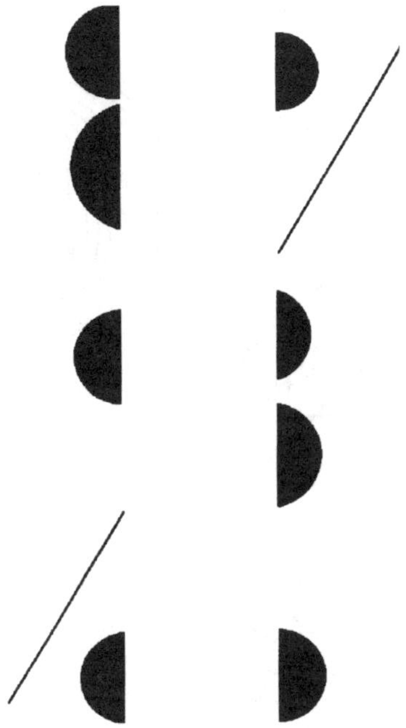

Abb. 81: Poggendorff-Täuschung bei amodalen Konturen. (Nach ROCK, 1985)

Ein Beispiel für einen solchen durch laterale Hemmungsmechanismen hervorgerufenen Effekt ist die *Zöllnersche Täuschung,* bei der die Bedeutung der unterschiedlichen Überschneidungswinkel besonders „augenfällig" wird.

Alle bisher im Zusammenhang mit den einzelnen Täuschungsphänomenen behandelten Erklärungsversuche kann man mit GILLAM (1986) in vier verschiedene Gruppen von Theorien einteilen.

Die *Assimilations- und Kontrasttheorien* erklären die Täuschungen damit, daß tatsächlich bestehende Unterschiede zwischen einzelnen Elementen in der Figur entweder „übersehen" (Assimilation) oder überbewertet (Kontrast) werden und damit die Wahrnehmung der „Test-Komponenten" beeinflussen. Die Überlegungen geben allerdings keine Auskunft darüber, wie und warum es zu Assimilation oder Kontrasterzeugung kommt.

Zu den sog. *Aktivitätstheorien* zählt beispielsweise die Annahme FESTINGERs, die Müller-Lyer-Täuschung könne durch die Information über die „beabsichtigten" (d.h. kognitiv vorbereiteten) Augenbewegungen erzeugt werden. Seine Theorie der „efferent readiness" geht davon aus, daß beabsichtigte und tatsächliche Fixierungspunkte bei einer Täuschungsfigur oft nicht deckungsgleich sind und durch diese Diskrepanz die Täuschungsphänomene entstehen können.

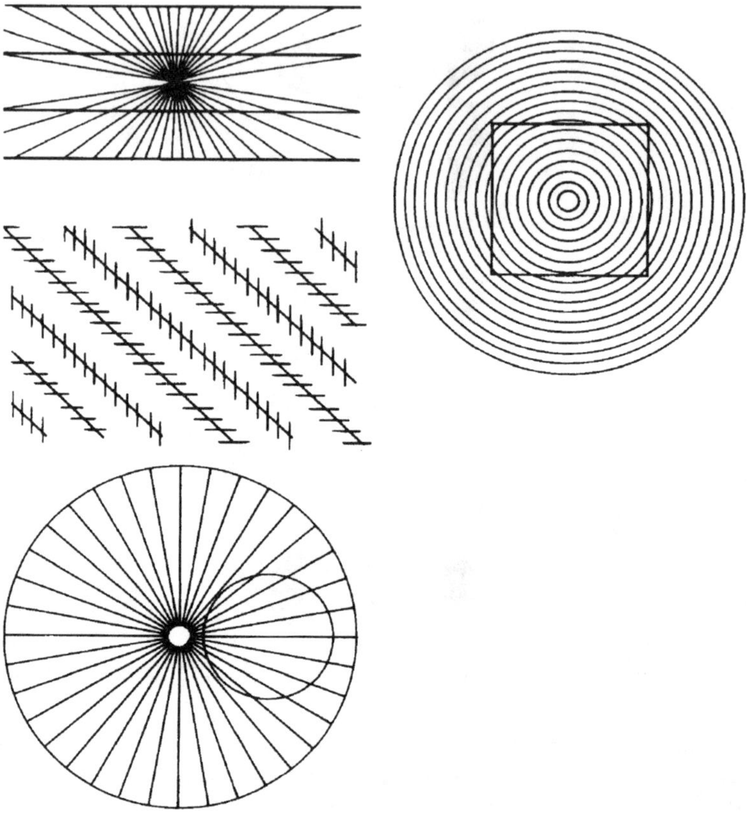

Abb. 82: Varianten der Zöllnerschen Täuschung

Physiologische Theorien greifen vor allem auf die Mechanismen der lateralen Hemmung und auf die Beobachtung der Existenz spezieller „Merkmalsdetektoren“ im visuellen Cortex zurück. Untersuchungen von BLAKEMORE et al. (1970) haben gezeigt, daß diese Eigenschaften der „Hardware“ unserer Informationsverarbeitung zu charakteristischen Verzerrungen, z.B. bei der Wahrnehmung von Winkeln, führen können. Wir haben gesehen, daß solche Winkelverzerrungen bei einer Reihe von Täuschungsfiguren offenbar eine wichtige Rolle spielen.

Als *funktionale Theorien* schließlich lassen sich alle die Ansätze bezeichnen, die davon ausgehen, daß die Korrekturmechanismen, die unter natürlichen Wahrnehmungsbedingungen (räumliche Anordnung der Gegenstände) zu adäquaten Leistungen des Wahrnehmungssystems führen, bei reduzierten Bedingungen (z.B. Bildvorlagen) Täuschungsphänomene verursachen. In den meisten Fällen handelt es sich dabei, wie wir bei den einzelnen Täuschungsfiguren gesehen haben, ja auch um die Interpretation von Bildinformationen als Hinweisreize auf räumliche Tiefe.

Aus dieser Sicht weisen die geometrisch-optischen Täuschungen nicht auf grundlegende „Konstruktionsfehler“ des visuellen Systems hin, sondern dokumentieren in artifiziellen Situationen, eigentlich sinnvolle Eigenschaften des Systems.

Simultan- und Sukzessivkontrast

In den vorigen Abschnitten wurden ausschließlich Wahrnehmungsphänomene behandelt, die in der Regel sofort und bewußt als Täuschungen identifiziert werden können, wenn man auf die Diskrepanz zwischen Wahrnehmungseindruck und Reizvorlage aufmerksam wird. Eine Reihe von Vorlagen, die ebenfalls Unterschiede zwischen wahrgenommenen und physikalischen Reizgegebenheiten hervorrufen und uns in diesem Sinne ebenfalls „täuschen“, sind dagegen in der Wahrnehmung ständig wirksam. Ihre Wirkung bestimmt unsere Wahrnehmung so grundlegend, daß sie meistens gar nicht als „Täuschungen“ betrachtet werden. Wahrnehmungstäuschungen dieser Art sind Simultan- und die Sukzessivkontraste, die sich stärker als ein großer Teil der geometrisch optischen Täuschungen auf physiologische Prozesse bei der Reizverarbeitung beziehen lassen.

Simultankontraste zwischen Flächen unterschiedlicher Helligkeit oder Farbe entstehen durch den Prozeß der lateralen Hemmung in der Netzhaut.

Ein charakteristisches Beispiel stellen die Machschen Bänder dar (vgl. auch Teil I): Dort, wo eine dunkle an eine hellere Fläche angrenzt, er-

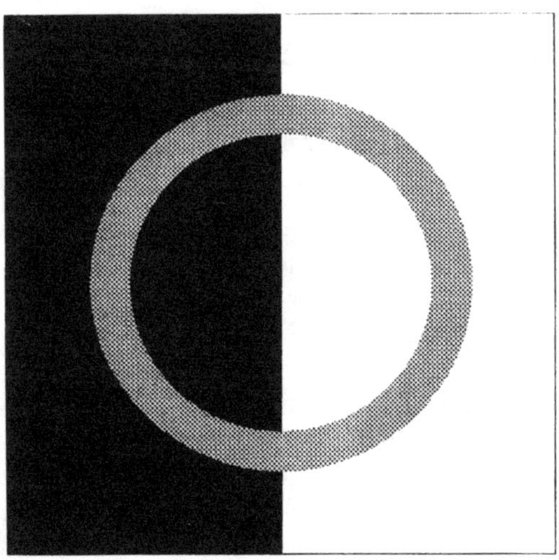

Abb. 83: Simultankontrast. Legt man auf die Grenze zwischen schwarzer und weißer Bildhälfte einen Bleistift, so erscheint die linke Hälfte des grauen Ringes heller als die rechte, obwohl der Ring tatsächlich einheitlich grau ist.

scheint ein schmaler Streifen der dunklen Fläche noch dunkler, ein ebensolcher Streifen am Rand der hellen Fläche dagegen heller als der Rest der jeweiligen Fläche. Die „Täuschung", also die Abweichung von den physikalischen Reizgegebenheiten, besteht im Falle der Simultankontraste darin, daß die Grenzbereiche zweier Flächen anders als der Rest der Flächen wahrgenommen werden, obwohl die Helligkeits- oder Farbverteilung objektiv völlig gleichmäßig ist. Durch die Simultankontraste sind wir offensichtlich in der Lage, Flächen im visuellen Feld stärker voneinander abzugrenzen, als dies den realen Verhältnissen entspricht.

Sukzessivkontraste beruhen auf dem Adaptationszustand, der in der Netzhaut entsteht, wenn ein bestimmtes Reizmuster über längere Zeit fixiert wird. Sie zeigen sich in „Nachbildern", Wahrnehmungen, die nach dem Betrachten des Reizmusters für kurze Zeit entstehen. Ein Beispiel für einen solchen virtuellen Nacheffekt wurde im Zusammenhang mit dem EMMERTschen Gesetz angeführt. Bei farbigen Reizmustern wird durch den Sukzessivkontrast immer die Gegenfarbe induziert, eine rote Vorlage führt also beispielsweise zu einem grünen Nachbild.

4.3 Gruppierungs- und Gestaltgesetze

Im Zusammenhang mit der Formwahrnehmung (Teil I) wurde eine Reihe von Gesetzen der Organisation der visuellen Wahrnehmung angeführt, die z.B. eine Unterscheidung von „Figur" und „Grund" im visuellen Feld erst ermöglicht. Formen, Figuren oder „Gestalten", die wir in unserer Umwelt wahrnehmen, sind demnach vor allem das Ergebnis von Prozessen der Gliederung und der Herstellung von Zusammenhängen im Wahrnehmungsfeld.

Mit diesen ganz grundlegenden Gesetzmäßigkeiten haben sich vor allem die Gestaltpsychologen in der ersten Hälfte unseres Jahrhunderts beschäftigt.

Nach ihrer Auffassung sollen die hier untersuchten Gruppierungs- und Gestaltgesetze aber keineswegs nur für die visuelle Wahrnehmung gelten, sondern auch in den übrigen Sinnesmodalitäten. So wird die Figur-Grund-Differenzierung etwa auch bei der Musikwahrnehmung wirksam, wenn man eine Melodielinie als Figur oder „Gestalt" aus dem „Hintergrund" der Begleitung heraushebt. Objektiv ist die Begleitung dabei meist nicht leiser oder weniger strukturiert als die Melodie, dennoch tritt sie phänomenal als „Grund" hinter die Melodie zurück. Die Figur-Grund-Unterscheidung zeigt sich hier als das Ergebnis einer Verarbeitung, die in mancher Hinsicht weniger den „objektiven" Reizgegebenheiten folgt, sondern das Wahrnehmungserlebnis nach „autochthonen", d.h. eigenständigen, von den Reizgegebenheiten nicht vollständig determinierten

Selbstversuch 12: Wirkung von Organisationsprinzipien

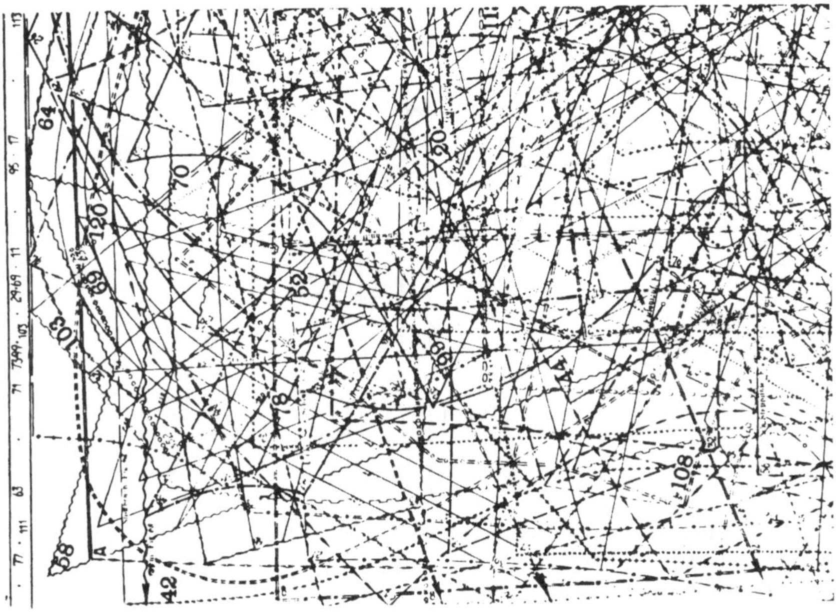

Abb. 84: Ausschnitt aus einem Schnittmuster-Bogen (nach METZGER, 1975).

Die Abbildung zeigt den Ausschnitt eines Schnittbogenmusters. Versuchen Sie einmal, einzelne Linien mit dem Stift konsequent zu folgen. Sie werden feststellen, daß dies trotz der vielen Formen, die auf engstem Raum untergebracht sind, kaum Schwierigkeiten bereitet. Verantwortlich dafür sind wichtige Organisationsprinzipien, die Zusammenhänge im Wahrnehmungsfeld stiften.

Organisationsprinzipien gestaltet. Ein extremes Beispiel hierfür haben wir bereits bei den amodalen Figuren (vgl. Teil I) gesehen, wo ein komplexes Reizmuster so interpretiert wird, daß eine Figur gesehen wird, für die in der Vorlage die zugehörigen Helligkeitssprünge, die die Grundlage der Konturwahrnehmung bilden, fehlen.

Prägnanzkonzept

Eine zentrale Rolle innerhalb der gestalttheoretischen Forschung spielt das Konzept der *„Prägnanz“*. Es faßt den übergeordneten Gedanken der einzelnen Gestaltgesetze zusammen: Das Wahrnehmungsergebnis wird immer so gut (einfach, stabil, konsistent) sein, wie es die Reizgegebenheiten erlauben.

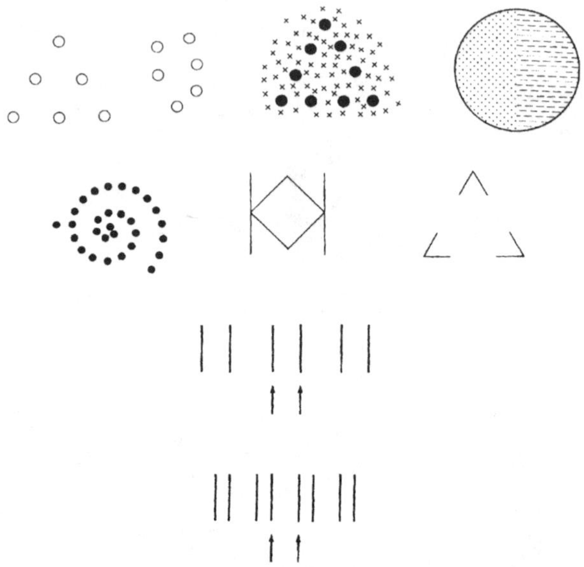

Abb. 85: Illustration der Gestaltgesetze (nach COREN et al., 1984).
A, G, und H: Gesetz der Nähe
B und C: Gesetz der Gleichartigkeit
D: Gesetz der guten Kurve
E und F: Gesetz der Geschlossenheit
(Erläuterung im Text)

Info-Box 10: Prägnanz

Entwickelt wurde das Konzept zunächst vor allem von WERTHEIMER (1923). Ausgangspunkt war die Beobachtung, daß Versuchspersonen bei bestimmten Reizvorlagen systematisch andere Phänomene berichteten als von den metrischen Eigenschaften dieser Vorlage her zu erwarten gewesen wäre. Dabei wiesen die Abweichungen immer in Richtung auf ein „gutes" oder „ausgezeichnetes" Wahrnehmungsergebnis. Eine weitgehend anerkannte, aber auch sehr allgemeine Formulierung des Prägnanzkonzeptes stammt von KOFFKA (1935, S.110) und wurde in etwas abgewandelter Form oben bereits zitiert: „Psychological organisation will be always as „good" as the prevailing conditions allow." Gemeint ist die Tendenz unseres Wahrnehmungssystems, das Wahrnehmungsfeld möglichst einfach zu strukturieren. Das ursprüngliche Prägnanzkonzept wurde am weitestgehendsten von RAUSCH (1966) differenziert. RAUSCH nennt sieben Prägnanzaspekte, die als eine Binnengliederung des Konzeptes zu verstehen sind und von Betrachtern auf bipolaren Skalen eingeschätzt werden können: Gesetzmäßigkeit, Eigenständigkeit, Integrität, Einfachheit der Strukturierung, Komplexität, Ausdrucksfülle und Bedeutungsfülle. Es gibt kaum ein Konzept in der Wahrnehmungsforschung, das soviel Verwirrung und Mißverständnisse hervorgerufen hat wie das Prägnanzkonzept. Deshalb erscheint es sinnvoll, heute wenigstens drei verschiedene Begriffe von Prägnanz zu unterscheiden (vgl. HÜPPE, 1984, S. 14ff): 1. Prägnanzstufe: Innerhalb einer Gruppe ähnlicher Gestalten bildet eine Gestalt einen Bezugspunkt für die übrigen Gebilde. Ein Beispiel hierfür ist der rechte Winkel. So erscheint ein Winkel von 87° dann als „beinaher" oder „nicht ganz" rechter Winkel. 2. Prägnanztendenz: In Abhängigkeit von den Reizverhältnissen wird das Wahrnehmungsfeld in möglichst prägnante Gestalten gegliedert. Ziel ist die möglichst einfache Organisation des Wahrnehmungsfeldes. 3. Gute Gestalt: Die Wahrnehmung kann unmittelbar von einem Werterleben begleitet sein. Dabei rufen prägnante Gestalten positive und unprägnante negative Werturteile hervor. Damit wird eine direkte Beziehung zwischen der Güte der Vorlage und dem ästhetischen Erleben postuliert.

Neuere Untersuchungen, die an das Prägnanzkonzept anknüpfen, bemühen sich vor allem um eine Formalisierung und die Möglichkeit der Quantifizierung. Die ersten Vorschläge hierzu kamen von der Informationstheorie unter Anwendung des Redundanzkonzeptes: gute Gestalten enthalten weniger Information (ATTNEAVE, 1954). Spätere Versuche gingen insbesondere von den Symmetrieeigenschaften der Figuren aus. Prägnanz wird dann als Invarianz gegenüber Transformationen (z.B. Rotationen und Spiegelungen) verstanden (vgl. z.B. GARNER, 1974; PALMER, 1982; ZIMMER, 1984; KEBECK, 1991). Diese Ansätze beschränken das Prägnanzkonzept auf die gut formalisierbaren Teilsaspekte der Zunahme von Einfachheit und Symmetrie. Sie decken damit keineswegs die ursprüngliche Breite des Geltungsbereichs ab, aber sie stellen sich der grundlegenden Kritik an den Bemühungen der Gestalttheorie, die PALMER (1982, S.97) so formuliert hat: „The main shortcoming of Gestalt theory were that it never offered an adequate definition of „good" organization and that it failed to prove a reasonable account of how „good" organization arose in preference to „bad" ones".

Experiment 18:

GARNER & CLEMENT (1963) haben in einem dieser Experimente die Hypothese überprüft, ob die Anzahl der durch Rotationen und Spiegelungen aus einem bestimmten Muster zu erzeugenden Alternativen eng mit der subjektiv erlebten „figuralen Güte" (oder Prägnanz) des Musters zusammenhängt. Sie legten den Teilnehmern ihres Experiments Punktmuster vor, die aus jeweils fünf Elementen auf der

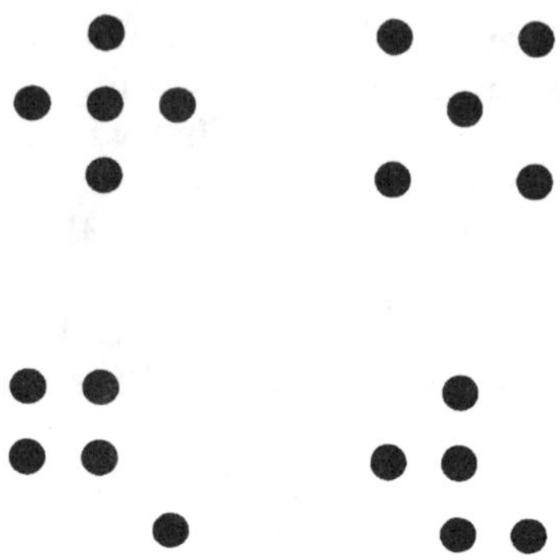

Abb. 86: Testmuster von GARNER & CLEMENT (1963)

Grundlage einer gedachten 3x3-Felder-Matrix (die die Teilnehmer nicht sahen) zusammengesetzt waren (siehe Abbildung 86). Die Muster unterschieden sich darin, daß durch rechtwinklige Rotationen und durch Achsenspiegelungen unterschiedlich viele neue Muster (Alternativen) erzeugt werden konnten. So gab es beispielsweise Muster, bei denen durch jede 90°-Rotation und jede Achsenspiegelung ein neues Muster entstand, während bei anderen immer wieder das gleiche Muster zustande kam. Diese letzte Gruppe mußte nach der Theorie als besonders „gut" oder prägnant gelten. Die Versuchspersonen hatten für jedes Muster ein Urteil über seine „Güte" abzugeben, für das eine Skala von 1 bis 7 verwendet wurde. Danach wurde eine andere Teilnehmergruppe aufgefordert, alle Muster, die sie als einander ähnlich empfanden, jeweils in einer Gruppe zusammenzufassen. Diese subjektiv-phänomenale Gruppierung sollte sich, so die Autoren, im wesentlichen auf die bereits beim Entwerfen der Muster zugrundegelegten Faktoren „Rotation" und „Spiegelung" stützen, d.h. mit anderen Worten: Muster, die durch Rotationen oder Spiegelungen aus anderen entstanden waren, würden wahrscheinlich zusammen gruppiert. GARNER & CLEMENT erwarteten daher, daß zwischen den Ergebnissen der Gruppierung und den Urteilen zur figuralen Güte der Muster ein enger statistischer Zusammenhang bestehen sollte. Tatsächlich ergaben sich Korrelationen zwischen .54 und .84, so daß die Hypothese als bestätigt betrachtet werden konnte. Eine weitere Analyse der Daten zeigte, daß die „Güte"-Urteile der Teilnehmer zu fast 75% allein durch die Anzahl der möglichen Alternativen oder Variationen der Muster bestimmt worden waren. Dieses Merkmal war damit von GARNER & CLEMENT als ein wichtiger Faktor für die Prägnanz oder „figurale Güte" visueller Muster bestimmt worden.

Neben dem Prägnanzkonzept sind eine Reihe einzelner Gruppierungs- und Gestaltgesetze formuliert und empirisch untersucht wurden. Auflistungen zählen z.T über 100 solcher Gesetze. METZGER (1967, S. 699 ff.)

nennt in seiner Systematisierung sieben hinreichend unterschiedliche Gestaltfaktoren und lehnt sich dabei eng an die Ursprungsarbeit von WERTHEIMER (1923) an. Diese Faktoren sollen jetzt vorgestellt werden.

1. Faktor der Gleichartigkeit und der geringsten Inhomogenität:

Sind mehrere Gebilde zu sehen, so besteht a) eine Tendenz zur Gruppierung, in der die gleichen Gebilde zusammengefaßt werden, und b) eine Tendenz zur Ausbildung von Gruppen, die in sich einheitlich sind. Dieser Faktor hat nach der Auffassung METZGERs eine Sonderstellung, weil sämtliche übrigen Faktoren erst wirksam werden können, wenn durch Qualitätssprünge (als Zeichen für Inhomogenität) Teilgebiete des Sehfeldes ausgegliedert worden sind.

2. Faktor der Nähe:

Gruppierungen erfolgen im Sinne eines möglichst kleinen Abstands zwischen den Gebilden, so daß dabei möglichst dichte und stark voneinander isolierte Gruppen entstehen.

3. Faktor des gemeinsamen Schicksals (übereinstimmenden Verhaltens):

Dieser Faktor bezieht sich auf Veränderungen der Reizvorlage in der Zeit (z.B. Bewegungen von Objekten) und nimmt an, daß a) Gebilde, die eine gleichartige Veränderung erleiden, als zusammengehörig wahrgenommen werden und b) sich bewegende Gebilde wiederum so gruppiert werden, daß Ganzgebilde entstehen, die in sich formbeständig sind, auch wenn alle einzelnen Bestandteile ihre Position verändern.

4. Faktor der (objektiven) Einstellung:

Dieser Faktor bezieht sich auf die sukzessive Darbietung von Gruppierungsverhältnissen. Werden vor den Augen des Betrachters Gruppierungsverhältnisse kontinuierlich oder in kleinen Schritten verändert, so fallen die späteren Gruppierungen vielfach auch dann noch im Sinne der früher gezeigten aus, wenn bei einer Einzeldarbietung des fraglichen Musters bereits eine andere Gruppierung erwartet werden muß.

5. Faktor des Aufgehens ohne Rest:

Bei Verteilungen, die einen Zerfall in Untergruppen nahelegen, vollzieht sich dieser Zerfall so, daß die Aufteilung in lauter gleich große und gleiche oder nach dem selben Prinzip gebaute Untergruppen erfolgt. „Anhängsel" oder „Lücken" enthalten einen Drang zur Veränderung in Richtung auf Abstoßung oder Ergänzung.

6. Faktor der durchgehenden Kurve (des glatten Verlaufs):

Läßt ein Reizmuster geradlinig angeordnete Zusammenfassungen zu, so werden diese bevorzugt. Dabei kommt es nicht auf die Einfachheit des Verlaufs in den kleinsten Einheiten, sondern in den „großen Zügen" an.

Hier spielt also die sequentielle Anordnung der Elemente eine zentrale Rolle.

7. Faktor der Geschlossenheit:

Kann ein Linienmuster einerseits in geschlossene, andererseits in offene Teilverläufe zerfallen, so wird die Zusammenfassung zu geschlossenen Teilverläufen bevorzugt.

Die hier behandelten Gruppierungsprinzipien schließen sich nicht wechselseitig aus, sondern ergänzen sich im Normalfall. Insbesondere bei komplexen Reizkonfigurationen, wie sie in der natürlichen Wahrnehmungsumwelt gegeben sind, wirken z.B. „Gleichartigkeit", „Nähe" und „gute Fortsetzung" oft zusammen. Um die relative Bedeutung der einzelnen Faktoren näher untersuchen zu können, ist es jedoch notwendig, sie in künstlichen Anordnungen miteinander in Konkurrenz treten zu lassen. Auf diese kann dann das Zusammenspiel und die Gewichtung abgeschätzt werden. Die folgende Abbildung zeigt solche „Konkurrenzsituationen".

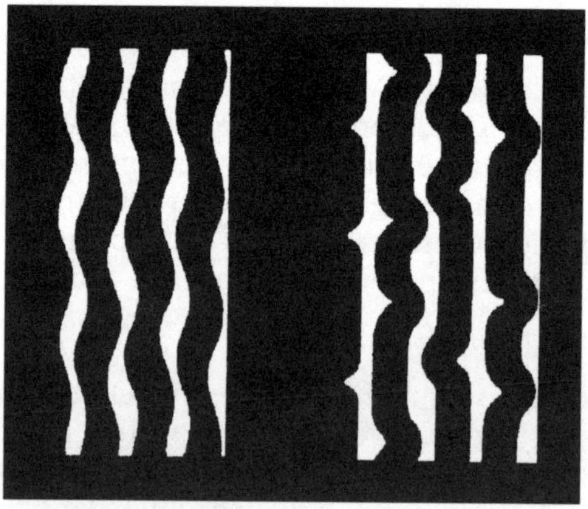

Abb. 87: Beispiele für konkurrierende Figur-Grund-Beziehungen. Nehmen Sie weiße Figuren auf schwarzem Grund oder schwarze Figuren auf weißem Grund wahr? (aus METZGER, 1975)

Die Kritik an den gestaltpsychologischen Untersuchungen konzentrierte sich vor allem auf drei Punkte: 1. Die Gestaltgesetze sind zwar annehmbare Beschreibungen grundlegender Prinzipien der Wahrnehmungsorganisation, aber sie liefern keine Erklärungsansätze, warum die Wahrnehmung gerade so und nicht anders arbeitet. 2. Die Formulierung der einzelnen Gesetze, vor allem aber des Prägnanzkonzeptes, sind so vage, daß keine genauen Vorhersagen möglich sind, unter welchen Bedingungen welcher Faktor wirksam wird und welchen Ausprägungsgrad ein Faktor haben muß. 3. Die zumeist einfachen, statischen und zweidimensionalen Reizvorlagen (häufig mit geometrisch-figürlichem Charakter), wie sie die

Gestalttheoretiker für ihre Demonstrationen und Experimente verwendeten, lassen kaum eine Übertragung ihrer Ergebnisse auf komplexe, sich ständig verändernde Wahrnehmungsbedingungen, zu.

Dieser, aus heutiger Sicht zum Teil berechtigten Kritik, soll hier die Auffassung entgegengestellt werden, daß es gerade die Gestalttheoretiker waren, die die für die kognitive Psychologie und auch für die synergetischen Ansätze (vgl. HAKEN & STADLER, 1990) zentrale Frage nach der *„Entstehung von Ordnung im Psychischen* in den Mittelpunkt der Forschung gerückt haben. Außerdem haben sie mit ihrer *Verbindung von sorgfältiger phänomenologischer Analyse und ausgedehnter experimenteller Manipulation* auch eine mögliche Untersuchungsmethodik vorgestellt (KEBECK, 1983; KEBECK & SADER, 1984).

5 Wahrnehmung und Kognition

Im Zusammenhang mit der Besprechung der Organisationsprinzipien ist schon deutlich geworden, daß Wahrnehmung als ein passiver Transfer äußerer Reizinformationen in subjektive Wahrnehmungserlebnisse nur unzureichend und in mancher Hinsicht sogar unzutreffend beschrieben ist. Der aktive Prozeß der Wahrnehmung beginnt aber nicht erst bei der Verarbeitung der sensorischen Information, sondern bereits in deren Vorfeld, bei der Selektion der zu verarbeitenden Informationen und der Steuerung der Aufmerksamkeit.

5.1 Aufmerksamkeit

Aufmerksamkeit bedeutet im Zusammenhang mit Wahrnehmung vor allem eine gezielte Selektion der Informationen, die zu Inhalten der bewußten Wahrnehmung werden sollen. Um die Bedeutung dieser Selektion zu verstehen, ist es notwendig, sich zu vergegenwärtigen, daß auf der Ebene der Sinnesorgane ein ständiges „Überangebot" an sensorischer Information besteht. Diese Reizflut übersteigt die Verarbeitungskapazität. Die Folge ist: Wir nehmen bei weitem nicht alles bewußt wahr, was uns an Informationen auf der Ebene der Sinnesrezeptoren erreicht. Die Aufmerksamkeit als systematischer Such- und Steuerungsprozeß sorgt dafür, daß die erforderliche Reduktion und Auswahl der Informationen nicht „zufällig" erfolgt, sondern sich an den in der jeweiligen Situation bestehenden Erfordernissen oder Interessen orientiert. Sie erst gestattet uns eine gezielte und kontinuierliche Wahrnehmung der jeweils „relevanten“ Umweltausschnitte.

Modelle der Aufmerksamkeitssteuerung

Es gibt unterschiedliche Vorstellungen darüber, wie die Aufmerksamkeit gesteuert wird. Eine Theorie der Aufmerksamkeitssteuerung, die zuerst von BROADBENT (1958) vorgeschlagen wurde und viele empirische Arbeiten angeregt hat, wird als „Flaschenhalsmodell“ der Aufmerksamkeit bezeichnet. Diesem Modell zufolge wird die Reduktion und Selektion sensorischer Informationen durch eine „Verengung“ der Übertragungskanäle an einer bestimmten Stelle bewirkt, die eine Filterfunktion besitzt. Dieser „Flaschenhals“ wird dabei nicht als eine physikalische Verengung, sondern als eine im Übertragungsweg auftretende Begrenzung der Übertragungskapazität gedacht, wodurch der größte Teil der ständig eintreffenden Informationen von einer weiteren Verarbeitung ausgeschlossen wird. Verschiedene Autoren, die für das Flaschenhalsmodell argumentieren, unterscheiden sich darin, wo sie den Engpaß im Informationsverarbeitungsprozeß annehmen. Im wesentlichen lassen sich zwei Positionen unterscheiden: Gleich nach den Sinnesorganen (frühe Selektion) oder aber erst nach weiteren Verarbeitungsschritten, in denen bereits eine erste Analyse der Information stattgefunden hat (späte Selektion).

Das sog. *„Kapazitätsmodell“* der Aufmerksamkeitssteuerung (MORAY, 1967; KAHNEMAN, 1973) nimmt demgegenüber an, daß die Selektivität der Informationsverarbeitung lediglich durch die begrenzte Verarbei-

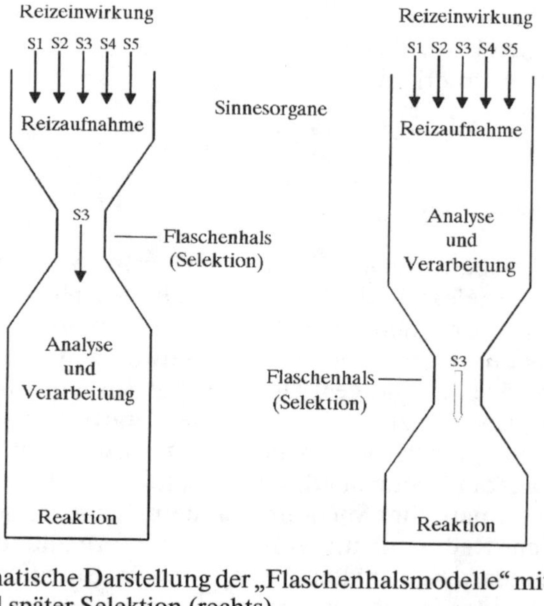

Abb. 88: Schematische Darstellung der „Flaschenhalsmodelle“ mit früher Selektion (links) und später Selektion (rechts).

tungskapazität bedingt ist, nicht aber durch eine Filterfunktion der Übertragungsstruktur, wie sie vom Flaschenhalsmodell vorausgesetzt wird. Die vorhandene Kapazität ist nach dieser Auffassung in den meisten Fällen deutlich geringer als der sensorische Gesamtinput, kann aber auf unterschiedliche „Verarbeitungsaufgaben" aufgeteilt werden. Eine parallele Informationsverarbeitung ist also bis zu einem gewissen Grade möglich, wobei der Kapazitätsbedarf einer Aufgabe von ihrer Komplexität und Neuheit abhängt. Dieses Modell kann damit erklären, warum aufmerksamkeitsabhängige Tätigkeiten, wie etwa Autofahren, mit fortschreitender Übung weniger Kapazität beanspruchen, wodurch andere Aufmerksamkeit beanspruchende Tätigkeiten, z.B. ein Gespräch führen, parallel ablaufen können. Es ist damit flexibler als das Flaschenhalsmodell, aber auch aufwendiger, denn es setzt ständige Entscheidungen darüber voraus, welche einkommenden Informationen Priorität erhalten sollen.

Die Annahmen des Kapazitätsmodells zur parallelen Verarbeitung unterschiedlicher Informationen widersprechen der häufig vertretenen Auffassung, daß zu einem Zeitpunkt nur jeweils eine Wahrnehmungs- oder Verarbeitungsaufgabe bewußt verfolgt werden kann. Die Aufteilung der Verarbeitungskapazität auf verschiedene Wahrnehmungsgegenstände oder Tätigkeiten wird auch als „geteilte Aufmerksamkeit" bezeichnet. Obwohl wir die gleichzeitige Durchführung unterschiedlicher Tätigkeiten und Wahrnehmung verschiedener Reize tagtäglich beobachten können, ist doch umstritten, inwieweit mehr als ein Verarbeitungsprozeß zeitgleich bewußt stattfinden kann. Meist wird nämlich davon ausgegangen, daß die übrigen Prozesse „automatisiert" ablaufen und daher nicht nur weit weniger Verarbeitungskapazität, sondern auch keine bewußte Zuwendung verlangen.

Die Möglichkeit einer geteilten Aufmerksamkeit hängt also in den meisten Fällen davon ab, welche Kapazität von der bewußten Verarbeitungsaufgabe beansprucht wird. Man kann sich als Beispiel etwa eine Gesprächssituation vorstellen, in der der Gesprächspartner dauerhaft auf uns einredet, während wir gleichzeitig „mit einem Ohr" einer möglicherweise viel interessanteren Unterhaltung am Nachbartisch zu folgen versuchen. Wieviel man von dort bewußt aufnehmen kann, hängt davon ab, in welchem Umfang die Verarbeitungskapazität auf den Gesprächspartner am eigenen Tisch gerichtet werden muß oder wieviel Aufmerksamkeit man ihm in dieser Situation „schenkt".

Selektive Aufmerksamkeit

Von *„selektiver Aufmerksamkeit"* spricht man demgegenüber, wenn Anteile der ankommenden Informationen gezielt ausgeblendet werden, um bestimmte andere Wahrnehmungsinhalte bewußt wahrnehmen zu können. Diese Selektivität der Wahrnehmung wird häufig am Beispiel des sog. „Cocktail-Party-Problems" veranschaulicht: Wenn um uns herum mehrere Gespräche gleichzeitig stattfinden, dann ist es unmöglich, ihnen allen aufmerksam zu folgen. Man muß zu einem bestimmten Zeitpunkt jeweils ein Gespräch als zu verarbeitende Information auswählen, das dann in den Fokus der Aufmerksamkeit rückt, während die übrigen Gespräche als ein nicht näher analysierbares „Stimmengewirr" in den Hintergrund treten. Diese Art auditiver Figur-Grund-Differenzierung ist über die Zeit aber veränderlich: Wir können den Fokus unserer Aufmerksamkeit verschieben, indem wir uns aus dem bisher verfolgten Gespräch aus- und in ein neues „einblenden".

Selbstversuch 13: Selektive Aufmerksamkeit

Der „Cocktail-Party-Effekt" tritt natürlich nicht nur auf Parties auf. Entsprechende Situationen findet man z.B. auch in einer Bahnhofshalle oder einem Kaufhaus. Was hier zunächst als unentwirrbare Geräuschkulisse erscheint, läßt sich bei genauerem, selektivem Hinhören durchaus differenzieren. Man kann aber, trotz höchster Konzentration, immer nur einem Gespräch wirklich inhaltlich folgen, von den übrigen werden allenfalls einzelne Worte oder Wortfetzen wahrgenommen. Das gezielte „Umschalten" oder Einblenden in andere Gespräche mit Hilfe der selektiven Aufmerksamkeit ist allerdings schon nach kurzer Zeit problemlos möglich.

Werden mit dem linken und dem rechten Ohr jeweils unterschiedliche auditive Informationen aufgenommen, so spricht man von *„dichotischem Hören"*. Verschiedene experimentelle Studien zur geteilten und selektiven Aufmerksamkeit haben von der Möglichkeit Gebrauch gemacht, mit Hilfe eines Kopfhörers den beiden Ohren unterschiedliche akustische Reize darzubieten.

Experiment 19:

In einem Experiment hat BROADBENT (1954) untersucht, auf welche Weise die Aufmerksamkeit bei dichotisch dargebotenen Informationen auf die beiden auditiven Kanäle verteilt wird, wenn keine Anweisung gegeben wird, sich auf eines der beiden parallelen Signale zu konzentrieren. Die Versuchsteilnehmer hörten auf beiden Ohren gesprochene Zahlenreihen, die aus unterschiedlichen, aber genau gleichzeitig erklingenden Zahlwörtern bestanden. Sie sollten im Anschluß an die Darbietung die wahrgenommenen Zahlen aufschreiben, wobei BROADBENT unterschiedliche Anweisungen gab. So erhielt beispielsweise eine Gruppe lediglich die Aufforderung, alle gehörten Zahlen zu notieren, während eine andere Gruppe die Zahlen möglichst genau in ihrer Reihenfolge wiedergeben sollte. BROADBENT erhielt folgende Ergebnisse: Die Teilnehmer der ersten Gruppe notierten überwiegend zuerst alle Zahlen aus dem einen und dann die Zahlen aus dem anderen Kanal. In der zweiten Gruppe wurde dagegen fast immer abwechselnd zuerst die Zahl aus einem, dann die (gleichzeitig dargebotene) Zahl aus dem anderen Kanal genannt, diese Reihenfolge wurde dabei über die gesamte Zahlenfolge beibehalten. Die Behaltensleistung war hier wesentlich besser, wenn der Abstand zwischen zwei Zahlwörtern mehr als eine Sekunde betrug. Diese Resultate führten BROADBENT zu der Schlußfolgerung, daß eine simultane Verteilung der Aufmerksamkeit auf zwei unterschiedliche Informationskanäle nicht möglich ist. Vielmehr würden die Signale aus dem linken und dem rechten Ohr offensichtlich nacheinander verarbeitet, wofür eine bestimmte Zeitspanne (ca. eine Sekunde) benötigt werde. Die systematische Wiedergabe-Reihenfolge bei der zweiten Gruppe erklärt sich also möglicherweise dadurch, daß die einmal gewählte Verarbeitungsabfolge (z.B. erst links, dann rechts) beibehalten wird und sich später in der Wiedergabe niederschlägt.

CHERRY (1953) hat zeigen können, daß bei einer parallelen Darbietung zweier Geschichten, wenn die Versuchspersonen ihre Aufmerksamkeit auf eine der beiden Informationen zu richten hatten, bestimmte Eigenschaften des anderen akustischen Signals (z.B. ein Wechsel der verwendeten Sprache) übersehen, andere dagegen (z.B. Wechsel von Männer- zu Frauenstimme) problemlos wahrgenommen wurden. BROADBENT hat aufgrund ähnlicher Befunde angenommen, daß „Filter" für unterschiedliche physikalische Qualitäten von akustischen Signalen existieren, die bei einer selektiv auf eine Information gerichteten Aufmerksamkeit gezielt eingesetzt werden können.

Spätere empirische Arbeiten (GLUCKSBERG & COWEN, 1970; NORMAN, 1969) haben gezeigt, daß häufig keine völlige Eliminierung, sondern nur eine Abschwächung der betreffenden Informationsanteile bzw. -merkmale erfolgt. So läßt sich beispielsweise beobachten, daß der eigene Name, wenn er in dem unterdrückten Signal enthalten ist, sofort wahrgenommen wird, während die übrigen Inhalte der Information unidentifizierbar bleiben. Darüberhinaus können die Versuchspersonen auch dann mehr Angaben über die unterdrückten Informationen machen, wenn die dichotische Darbietung plötzlich unterbrochen wird, als wenn sie erst eine kurze Zeit nach deren Abschluß dazu befragt werden. Offensichtlich dringt zumindest ein Teil der Informationen auf dem scheinbar „abgeschalteten" Kanal bis in einen kurzzeitig wirksamen sensorischen Speicher vor, wird dort dann aber nicht weiterverarbeitet und damit auch nicht länger gespeichert.

Alle diese Befunde sprechen eher für eine „späte" Selektion der schließlich bewußt wahrgenommenen Inhalte. Sensorische Informationen durchlaufen demnach zunächst eine Reihe „vorbewußter" Verarbeitungsschritte, bevor die Aufmerksamkeit bestimmt, welche Anteile weiterverarbeitet werden.

Aufmerksamkeit und Leistung

Bisher wurde die Aufmerksamkeit ausschließlich als eine kognitive Determinante der Wahrnehmung behandelt. Aufmerksamkeit impliziert aber gleichzeitig auch motorische Prozesse und Reaktionen, die die Sinnesorgane auf das jeweils als beachtenswert befundene Wahrnehmungsobjekt ausrichten. Sie werden als *„Orientierungsreaktionen"* bezeichnet. Wenn wir etwa einen Gegenstand „ansehen", werden die Augen so orientiert, daß der Gegenstand im Bereich der Fovea der Netzhaut abgebildet wird, wo die Sehschärfe und Diskriminationsfähigkeit am größten ist. Auch die ständigen Augenfolgebewegungen beim Lesen dieses Texts erfüllen diesen Zweck. Da die visuelle Wahrnehmung auf häufige Orientierungsreaktionen angewiesen ist, um größere Realitätsausschnitte abbilden zu können, stellt sich die Frage, wie groß die Erfassungsbreite des visuellen Systems ohne solche Steuerungsprozesse ist.

Experiment 20:

Z	C	R	T
L	D	B	W
X	P	N	E

Abb. 89: Versuchsmaterial im Experiment von SPERLING, (1960)

Wieviel Information aus einem komplexen visuellen Reizmuster ist nach einer sehr kurzen (z.B. tachistoskopischen) Darbietung noch verfügbar? Diese Frage hat SPERLING (1960) in einem vielbeachteten Experiment untersucht. Er verwendete Vorlagemuster, die aus 3 bis 12 unterschiedlichen Buchstaben zusammengesetzt waren (siehe Abbildung 89). Diese Vorlagen wurden den Versuchspersonen tachistoskopisch für sehr kurze Zeiträume (um 50 mSek) dargeboten. In einem Vorversuch stellte SPERLING fest, daß bei den komplexeren Vorlagen immer nur ein Teil der visuellen Information reproduziert werden konnte: Wurden die Teilnehmer aufgefordert, das gezeigte Buchstabenmuster auf Papier wiederzugeben, konnten sie nur etwa vier Buchstaben richtig reproduzieren. Diese Zahl war relativ unabhängig davon, wieviel Buchstaben in der Vorlage enthalten waren. Das Ergebnis konnte auf zweierlei Weise erklärt werden: Entweder war während der kurzen Darbietungszeit nicht die gesamte Vorlage wahrgenommen, d.h. visuell erfaßt worden, oder die Reproduktionsleistung wurde durch eine unzureichende Erinnerung an die Vorlage (also einen Gedächtniseffekt) beeinträchtigt. SPERLING untersuchte diesen Aspekt, indem er keine vollständige Reproduktion des Musters verlangte, sondern die Versuchspersonen nur jeweils eine bestimmte Buchstabenreihe wiedergeben ließ. Dazu erklang unmittelbar nach der Darbietung ein kurzer Ton, dessen Tonhöhe anzeigte, welche Reihe reproduziert werden sollte. Die Versuchspersonen wußten also bei der Darbietung der Vorlage noch nicht, welche Buchstaben anschließend wiederzugeben waren. Sie konnten sich dementsprechend auch nicht vor der Präsentation auf eine bestimmte Reihe konzentrieren. Wenn tatsächlich eine unvollständige Wahrnehmung (visuelle Erfassung) der Vorlage die Reproduktionsleistung beim ersten Experiment bestimmt hatte, dann war in diesem Versuch mit einer „Trefferquote" von 1-2 Buchstaben (bei einer Reihe aus vier Buchstaben) zu rechnen. Es zeigte sich aber, daß die Teilnehmer nach einigen Durchgängen häufig fast alle Buchstaben der geforderten Reihe richtig reproduzieren konnten. Wenn man die Resultate auf das gesamte Vorlagemuster hochrechnete, stieg die Reproduktionsleistung gegenüber Experiment 1 teilweise auf das Doppelte. Dieser Effekt ging allerdings deutlich zurück, wenn das Zeitintervall zwischen Darbietung und Signalton verlängert wurde. SPERLINGs Schlußfolgerungen: Die Teilnehmer hatten in beiden Versuchen mehr Detailinformationen aus den Vorlagen visuell erfaßt, als sie in Experiment 1 anschließend aus der bewußten Erinnerung wiedergeben konnten. Diese visuelle Information wurde offenbar nur für einen extrem kurzen Zeitraum gespeichert, der allerdings im zweiten Versuch ausreichte, bestimmte Informationen nach dem Tonsignal gezielt zu suchen und zu verarbeiten. Demnach bleibt also ein Reizeindruck auch nach dem Verschwinden des physikalischen Reizes für einen Bruchteil einer Sekunde im visuellen System bestehen, es wird aber bei komplexen Mustern nur ein Teil der Information verarbeitet.

Wenn eine Orientierungsreaktion über längere Zeit aufrechterhalten wird oder werden muß, sich die Aufmerksamkeit also kontinuierlich auf einen bestimmten Reiz richtet, spricht man von *Vigilanz*. Die Luftraumüberwachung am Radarschirm ist eine typische Aufgabe, die ein hohes Ausmaß an Vigilanz erfordert. Experimente haben gezeigt, daß bei solchen Aufgaben, wenn die Entdeckung eines vorgegebenen Signals durch eine bestimmte Reaktion angezeigt werden soll, schon nach etwa einer halben Stunde häufig Fehler bei den geforderten Reaktionen auftreten.

Die Versuchspersonen reagieren z.B. deutlich seltener, als es der tatsächlichen Auftretenshäufigkeit des Signals entspricht. Die naheliegende Annahme, daß in solchen Situationen die Wahrnehmungsleistung nachläßt, weil die ursprüngliche Aufmerksamkeit nicht über längere Zeit aufrechterhalten werden kann, wird durch andere Untersuchungen allerdings nicht bestätigt. Vielmehr scheint mit der Zeit vor allem die Bereitschaft der Versuchspersonen abzunehmen, auf ein tatsächlich wahrgenommenes Signal auch die entsprechende Reaktion zu zeigen.

Info-Box 11: Das Stroop-Phänomen

STROOP (1935) hat gezeigt, daß die Aufmerksamkeitssteuerung Informationen, die „normalerweise" relevant und bedeutsam sind, nicht beliebig ignorieren kann, auch wenn dies ausdrücklich gefordert wird. In seinem Experiment maß er zunächst die Zeiten, die die Versuchspersonen für das Lesen einer (in schwarzer Farbe gedruckten) Liste von Farbbezeichnungen (Rot, Grün usw.) und für das Nennen der Farbtöne bei einer Abfolge farbiger Muster benötigten. Eine dritte Teilnehmergruppe erhielt dann eine Liste, auf der wiederum Farbbezeichnungen in jeweils anderen Farbtönen gedruckt waren (z.B. war das Wort „Blau" in roter Farbe gedruckt usw.). Aufgabe war es nun, die Druckfarben der einzelnen Wörter nacheinander zu nennen, also den Sinngehalt der Wörter zu ignorieren. Es zeigte sich, daß dies den meisten Teilnehmern erhebliche Schwierigkeiten bereitete: Häufig wurde nicht die Druckfarbe, sondern der gedruckte Farbname genannt. Die Gruppe benötigte für ihre Liste eine wesentlich längere Zeit als die beiden vorhergehenden Gruppen. Offensichtlich fand hier eine Interferenz zwischen der eigentlichen Wahrnehmungsaufgabe (Identifizieren der Druckfarben) und der wahrgenommenen Information (Farbnamen) statt. Dieser Effekt wird nach seinem experimentellen Entdekker als „Stroop-Phänomen" bezeichnet.

5.2 Wahrnehmung als produktiver Prozeß

So wie die Aufmerksamkeit bestimmt, welche Informationen der bewußten Verarbeitung zugeführt werden, beeinflußt eine Reihe von Korrekturmechanismen im Verarbeitungsprozeß, wie wir die selektierten Informationen wahrnehmen. Einige Beispiele für die positive „Korrektur" sensorischer Informationen haben wir bereits im Zusammenhang mit den Konstanzmechanismen kennengelernt. In diesen Fällen ist das Ziel, die Wahrnehmungsobjekte möglichst „originalgetreu", d.h. entsprechend ihren tatsächlichen Eigenschaften, zu erfassen, auch wenn dies in manchen Fällen zu Irrtümern oder Täuschungen führt. Die optische Informationsübertragung und das Netzhautbild als ihr Resultat „unterschlagen" oder verändern viele Merkmale unserer natürlichen Wahrnehmungsumwelt, und bestimmte höhere Verarbeitungsprozesse versuchen offensichtlich, diese Eigenschaften nachträglich wieder zu rekonstruieren.

Korrekturmechanismen

Die Wirksamkeit solcher Korrekturmechanismen zeigt sich besonders deutlich in der visuellen Wahrnehmung unserer Umgebung als *„aufrechte Welt"*. In der Regel erkennen wir Bäume, Häuser und andere lotrecht zur Erdoberfläche stehende Objekte auch dann als vertikal oder „aufrecht", wenn sich ihre retinale Abbildung nicht in der Netzhautvertikalen befindet, etwa weil wir uns selbst in einer „Schräglage" befinden.

Diese *Orientierungskonstanz* der visuellen Wahrnehmung scheint auf zwei Faktoren zu basieren: Zum einen enthält das Netzhautbild selbst meistens Informationen, die wir eindeutig der Horizontalebene zuordnen können, so daß sich alle übrigen Objekte zu dieser Achse in Beziehung setzen lassen. Zum anderen ist es offenbar möglich, weitere Informationen über die eigene Raumlage in die visuelle Verarbeitung einzubeziehen. Solche Informationen über die Richtung der Schwerkraftwirkung und die eigene Position im Raum entstammen vor allem dem Vestibularapparat (vgl. Teil I). Zwar sind die Informationen dieses Sinnessystems selbst nicht bewußt wahrnehmbar, sie können aber als zusätzliche Daten andere Wahrnehmungsprozesse beeinflussen.

Zahlreiche Experimente haben untersucht, welcher der beiden genannten Faktoren, visuelle Hinweise oder die Richtung der Schwerkraft bzw. Raumlage, die Wahrnehmung der horizontalen und vertikalen Ebene bestimmt, wenn die einzelnen Informationen einander widersprechen (WITKIN, 1949). Man muß dazu die beiden Informationsquellen unabhängig voneinander variieren können. Solche Bedingungen können nur in aufwendigen Versuchsanordnungen annähernd realisiert werden, z.B. mit frei beweglich aufgehängten und beliebig drehbaren Wahrnehmungskammern. In solchen Situationen dominiert dann die visuelle Information die Wahrnehmung: Die vertikale bzw. horizontale Ebene des Raums werden entsprechend der visuellen Hinweise und gegen die Schwerkraftwirkung wahrgenommen. Obwohl der Korrekturprozeß also einerseits auf Informationen des Vestibularsystems zurückgreift, verläßt sich unsere Wahrnehmung „im Zweifelsfall" doch auf die visuelle Information. Solche Konfliktsituationen dürften in der natürlichen Wahrnehmungsumwelt allerdings eher selten auftreten.

Das Netzhautbild gibt aufgrund der Gesetze der physikalischen Optik die visuelle Welt seitenverkehrt und auf dem Kopf stehend wieder. Häufig wurde deshalb nach den Ursachen dafür gefragt, daß wir unsere Umgebung auch in ihrer „richtigen" Lage wahrnehmen. Der englische Philosoph George BERKELEY hat diese Frage schon im 18. Jahrhundert als ein Scheinproblem bezeichnet: Da unser Netzhautbild ja die einzige verfügbare visuelle Information ist, stellte er die Frage, in bezug worauf wir die visuelle Welt als „auf dem Kopf stehend“ wahrnehmen sollten. Das Netzhautbild, so BERKELEY, ist unsere visuelle Welt, zu der kein weiterer (visueller) Vergleichsmaßstab existiert. Die Diskrepanz zwischen dem Netzhautbild und der tatsächlichen Orientierung der Wahrnehmungsobjekte wird ihm zufolge nur dann erkennbar, wenn man beide als ein außenstehender Beobachter betrachten und vergleichen kann.

Prismenbrillen-Effekte

Wie wirkt es sich nun auf die Wahrnehmung aus, wenn das Netzhautbild selbst Objekt optischer Manipulationen ist? Sogenannte *„Prismenbrillen“*, bei denen die Lichtstrahlen mit Hilfe optischer Prismen in bestimmter Weise umgelenkt werden, erlauben es, von der normalen Abbildung abweichende Netzhautbilder zu erzeugen. In einem klassischen Experiment von STRATTON (1897) wurden Prismen verwendet, die das entstehende Bild um 180° drehten, so daß die wahrgenommene Welt auf dem Kopf stand. Auch in späteren Experimenten dieser Art wurden Prismenbrillen verwendet, die Umkehreffekte, horizontale Verschiebungen, Seitenvertauschungen und andere visuelle Verzerrungen erzeugten. Die Umkehrung oder Verzerrung des Netzhautbildes führte zunächst zu einer instabilen Wahrnehmung und zu deutlichen Koordinationsproble-

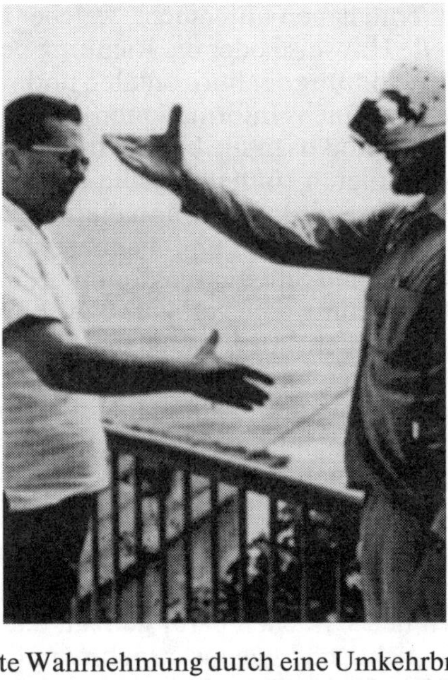

Abb. 90: Die verzerrte Wahrnehmung durch eine Umkehrbrille führt anfangs zu erheblichen motorischen Koordinationsproblemen (aus DOLEZAL, 1982).

men. Nach einigen Tagen kontinuierlichen Tragens der Brille trat aber eine zunehmende Anpassung an die neue visuelle Welt auf: Nicht nur die motorische Koordination wurde annähernd normal, viele Versuchsteilnehmer gaben auch an, ihre Umwelt zeitweise wieder aufrecht wahrzunehmen, so als trügen sie gar keine Prismenbrillen.

Wurde die Umkehrbrille schließlich abgenommen, entstand wieder eine Wahrnehmungsumkehrung mit erneuten Koordinationsschwierigkeiten, die aber relativ schnell, etwa innerhalb einer Stunde überwunden wurde.

Experiment 21:

KOHLER (1962) hat verschiedene Varianten der Prismenbrillen-Versuche mit sehr langen Gewöhnungszeiten (bis über 60 Tage) durchgeführt. Neben der prismatischen Verzerrung und der horizontalen oder vertikalen Umkehrung des Netzhautbildes verwendete er vor allem Prismen, die eine Farbseparation bewirkten oder Teile des Gesichtsfeld in einer bestimmten Farbe (ähnlich wie bei einer Sonnenbrille) „einfärbten". Neben den bereits in den früheren Experimenten beobachteten Anpassungsleistungen, z.B. der „Begradigung" von Linien und Kanten, die durch das Prisma gekrümmt wurden, sowie das langsame Verschwinden von Farbrändern, die durch die unterschiedliche Lichtbrechung im Prisma zustande kamen, stellte KOHLER auch komplexere Adaptationsprozesse fest. So wurden nach einiger Zeit auch die Farbseparation bzw. die unterschiedliche Farbverteilung auf der Retina „korrigiert". Die Nacheffekte nach dem Abnehmen der Brillen dauerten in diesen Fällen deutlich länger als bei anderen Prismen. So zeigte sich beispielsweise bei einer Brille, die die linke Hälfte des Gesichtsfeldes in einem blauen und die rechte Hälfte in einem gelben Farbton erscheinen ließ, nach einigen Wochen eine vollständige Anpassung, d.h. die wahrgenommene Umwelt wies wieder die normalen Farbverhältnisse auf. Nach Abnehmen dieser Brillen erschienen die beiden Gesichtsfeldhälften dann für einige Tage in den Gegenfarben der Farbtöne, die durch die Filterwirkung der Brille hervorgerufen worden waren. KOHLER fand allerdings auch einen Prismenbrilleneffekt, bei dem sich keinerlei Anpassung an die veränderte Reizinformation zeigte. Bei diesen Prismen entstand eine Farbseparation, bei der blaue Farbtöne (kurzwelliges Licht) dem Betrachter viel näher als gelbe und rote Farben (lange Wellen) erschienen. Diese von KOHLER als „Farb-Stereoeffekt" bezeichnete Wirkung, die die Tiefenwahrnehmung der Versuchspersonen wesentlich veränderte, blieb auch nach mehreren Wochen vollständig erhalten.

KOHLER schloß aus seinen Ergebnissen, daß nach einiger Zeit der permanenten Veränderung des Netzhautbildes eine wirkliche Wahrnehmungskorrektur, d.h. eine Anpassung der Wahrnehmung an die neuen

Bedingungen, stattfindet. Insbesondere die Nachwirkungen, die beim Absetzen der Prismenbrille auftreten, sind in diesem Sinne gedeutet worden (HARRIS, 1980).

HELD & HEIN (1958) haben zeigen können, daß die Anpassung an die veränderte visuelle Welt aktive Bewegungsmöglichkeiten voraussetzt, so daß offenbar unterschiedliche sensorische Informationen miteinander in Beziehung gesetzt werden, um zu einer integrierten Wahrnehmung zu kommen. Die Korrektur der Prismenbrillen-Effekte ist daher nach Meinung einiger Autoren nicht so sehr eine Anpassungsleistung des visuellen Systems, sondern hängt vor allem von nicht-visuellen Verarbeitungsprozessen ab. Tatsächlich wurde in den Experimenten von STRATTON und KOHLER vor allem beobachtet, daß sich die motorische Koordination zunehmend verbesserte. Es ist deshalb auch denkbar, daß nicht die visuelle Verarbeitung aufgrund anderer sensorischer Informationen „korrigiert" wurde, sondern umgekehrt die taktile und propriozeptive Wahrnehmung sich der neuen visuellen Erfahrungswelt angepaßt hat. In STRATTONs Berichten läßt sich kein Hinweis auf eine dauerhafte Wiederherstellung der normalen, d.h. aufrechten visuellen Wahrnehmung unter Einbeziehung der eigenen Körperlage entnehmen. Vielmehr scheint die Korrektur vor allem dann wirksam zu werden, wenn man sich vollständig auf den Wahrnehmungsgegenstand selbst konzentriert und dieser eindeutige Hinweise auf sein „Oben" und „Unten" vermittelt. STRATTON hat seinen Berichten zufolge in solchen Situationen nicht mehr die äußere Welt, sondern sich selbst als „auf dem Kopf stehend" wahrgenommen.

Es gibt daher nach wie vor Zweifel, ob man bei den Prismenbrillen-Effekten wirklich von einer aktiven Korrektur der visuellen Wahrnehmung sprechen kann. In einigen neueren Untersuchungen hat sich allerdings doch ein gewisser Grad an visueller Anpassung ohne taktiles oder kinästhetisches Feedback nachweisen lassen (BOSSOM & OMAYA, 1968; FOLEY, 1970; REDDING & WALLACE, 1976; TAUB & BERMAN, 1968).

Uneindeutige Reizvorlagen

Das Feld, in dem sich der produktive Einfluß der Verarbeitungsmechanismen auf das Wahrnehmungsergebnis vielleicht am deutlichsten zeigt, ist die Wahrnehmung uneindeutiger Reizvorlagen. Dabei müssen wir davon ausgehen, daß die sensorischen Informationen, wie sie auf der Ebene der Sinnesorgane kodiert werden, wesentlich häufiger „unscharf", mehrdeutig und ambivalent sind, als das Wahrnehmungsresultat dies schließlich erkennen läßt. So, wie etwa dasselbe Objekt in sehr unterschiedlicher Weise auf der Netzhaut abgebildet werden kann (wie wir dies bei der Formkonstanz gesehen haben), können andererseits unterschiedliche Objekte auch völlig identische Netzhautbilder hervorrufen. Dabei scheint es eine grundsätzliche Tendenz zu geben, zu einer möglichst klaren, eindeutigen und stabilen Interpretation der Reizvorlagen zu gelangen. Die

Transformation der sensorischen Information beinhaltet deshalb in der Regel auch eine Deutung und Festlegung darüber, um welches Objekt es sich handelt.

Eine besondere Rolle spielt bei dieser Deutung der *Kontext,* in dem sich der Wahrnehmungsgegenstand befindet. In vielen Fällen bestimmen die übrigen Objekte oder Strukturen im visuellen Feld ganz „automatisch", wie eine bestimmte Reizinformation zu interpretieren ist. Ambivalenz oder Mehrdeutigkeit wird daher in den meisten alltäglichen Situationen nicht erlebt.

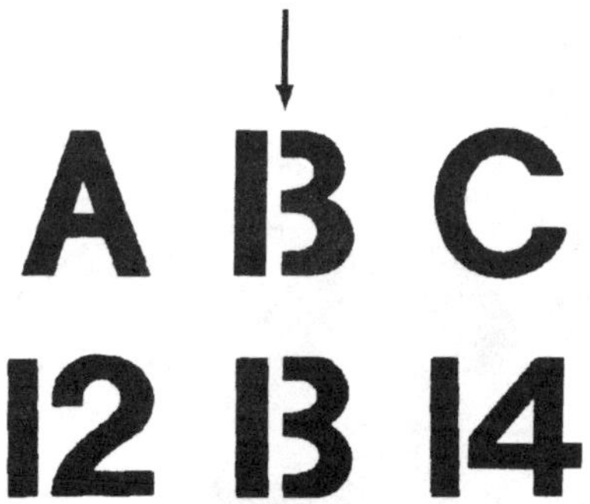

Abb. 91: Kontextabhängigkeit der Wahrnehmung. Dasselbe Zeichen wird je nach Kontext als „B" oder als „13" wahrgenommen (aus GOLDSTEIN, 1984).

Andererseits kann man an ausgewählten Beispielen und in experimentellen Situationen zeigen, daß bei weitem nicht jede Entscheidung über die angemessene Interpretation aufgrund von Kontextinformationen automatisch und ohne Deutungsschwierigkeiten erfolgt. Ein noch recht vertrautes Beispiel sind die oft mühseligen Versuche, Handschriften zu entziffern. Bei manchen Handschriften haben die Buchstaben objektiv betrachtet nur geringe Ähnlichkeit mit den „Prototypen" des lateinischen Alphabets. Obwohl der Kontext (Buchstaben rechts und links) hier eine unverzichtbare Stütze ist, muß die Interpretation manchmal doch aufgrund von Vermutungen über das, was der Schreiber (möglicherweise) mitteilen wollte, erfolgen. Natürlich basieren solche Hypothesen häufig ihrerseits auf dem Kontext des bis dahin entzifferten Textes. Wir gelangen hier (wenn auch nicht immer) zu einer letztendlich doch eindeutigen Wahrnehmung, weil wir auf der Basis umfangreicher Zusatzinformationen eine Entscheidung über die Identität eines Buchstabens oder Wortes treffen, die aus der Reizinformation selbst nicht zu entnehmen ist.

Es gibt allerdings auch Reizmuster, bei denen eine eindeutige und vor allem zeitlich stabile Interpretation auf dauerhafte Schwierigkeiten stößt. Dies ist z.B. bei den sog. *„Kippfiguren"* der Fall. Als Kippfiguren werden deutungsambivalente visuelle Vorlagen bezeichnet, die sich auf wenigstens zwei unterschiedliche Weisen interpretieren lassen.

Die bevorzugte Wahrnehmung solcher Figuren variiert in Abhängigkeit vom Kontext sowie von Erwartungen und Einstellungen des Betrachters. Einen wichtigen Einfluß auf die Richtung der ersten Deutung haben bei vielen Kippfiguren die Erwartungen des Betrachters. Diese lassen sich im Experiment entweder durch verbale Vorgaben („Gleich werden Sie eine alte Frau sehen ...“) oder bildliche Kontexte (zuvor wird das Bild einer alten Frau gezeigt) leicht steuern. Fast immer wird dann zuerst diejenige Alternative wahrgenommen, die der vorhergehenden Information entspricht. Aber auch hier „springt“ nach ausreichender Betrachtungszeit die Wahrnehmung meist in die andere Deutungsalternative um.

Abb. 92: „Gattin-Schwiegermutter“-Kippfigur. Betrachten Sie das Bild längere Zeit.

Die Veränderung der Wahrnehmung, die als Inversion oder Reversion bezeichnet wird, erfolgt in der Regel zyklisch, d.h. die unterschiedlichen Deutungen des Bildes wechseln einander in bestimmten Zeitabständen ab. Bei manchen Kippfiguren (z.B. beim Necker-Würfel in Teil I) verläuft diese regelmäßige Inversion unwillkürlich und läßt sich nicht bewußt beeinflussen.

Es hat hier den Anschein, als könne sich die Verarbeitung nicht für eine bestimmte Interpretation des Musters entscheiden, weil hinreichende Kontext- oder andere Informationen fehlen. Interessanterweise verändert sich etwa beim Necker-Würfel das Zeitintervall zwischen den Inversionen, wenn man Stimulantia wie z.B. Koffein zu sich nimmt: Einige Minuten, nachdem man eine hinreichende Menge Kaffee getrunken hat, wechseln die unterschiedlichen Wahrnehmungen einander deutlich schneller ab als vorher.

Kontextabhängigkeit

Wiederholte Wahrnehmungserfahrungen mit einem bestimmten Objekt erzeugen Wissen über seinen *„natürlichen Kontext"*, d.h. über den Reizzusammenhang, in dem das Objekt normalerweise auftritt. Dieses Wissen kann bei späteren Wahrnehmungen in zweierlei Weise wirksam werden: Zum einen kann der wahrgenommene Kontext, wie wir bereits bei den uneindeutigen Reizvorlagen gesehen haben, die Identifikation und Interpretation beeinflussen. Zum anderen erwarten wir bei einem uns bekannten Objekt auch einen unserer Erfahrung entsprechenden Kontext. Autos nehmen wir z.B. normalerweise auf Straßen und Parkplätzen, in Garagen, Parkhäusern und vielleicht auch in den Ausstellungspavillions der Autohändler wahr. Im Wohnzimmer eines Bekannten erscheint ein Auto dagegen als Fremdkörper, der nicht in diesen Kontext paßt.

Verschiedene Experimente haben gezeigt, wie Wahrnehmungsleistungen durch solches Vorwissen über die Beziehung zwischen Objekt und Kontext beeinflußt werden können.

Experiment 22:

In einem Experiment von BIEDERMAN (1981) wurden den Teilnehmern kurzzeitig (für je 150 mSek) Zeichnungen komplexer Szenen gezeigt, in denen einzelne Objekte teilweise nicht in ihrem natürlichen oder „normalen" Verhältnis zur Gesamtszene standen. So war z.B. der Hydrant in der Abbildung entweder an seiner „richtigen" Position (auf dem Gehweg) oder an einer falschen Stelle (auf einem Briefkasten) zu sehen.

BIEDERMANs Annahme war, daß die Wahrnehmung solcher komplexer visueller Muster maßgeblich von vorhandenen Gedächtnisschemata beeinflußt werden würde, in denen die „natürlichen" Beziehungen der Elemente in solchen Szenen repräsentiert sind. Dementsprechend erwartete er bei den Vorlagezeichnungen, die diese natürlichen (vom Betrachter erwarteten) Verhältnisse berücksichtigten, bes-

Abb. 93: Beispiel einer Zeichnung im Experiment von BIEDERMAN (1981)

sere Wahrnehmungsleistungen als bei Vorlagen, in denen Abweichungen hiervon auftraten. In den „gefälschten“ Zeichnungen waren ein, zwei oder drei von insgesamt fünf Faktoren (Standfläche, Überlagerung, Wahrscheinlichkeit des Auftretens des Gegenstands, Position in der Szene, Größe des Objekts) so manipuliert, daß die natürlichen Relationen zwischen dem Gegenstand und der ihn umgebenden Szene nicht mehr gegeben waren. Im Experiment wurde den Teilnehmern zunächst der Name des betreffenden Gegenstands gezeigt, nach der Darbietung der Vorlagen erschien dann im Blickfeld ein Markierungspunkt, von dem anzugeben war, ob sich das Zielobjekt an dieser Stelle befunden hatte oder nicht. Bei den veränderten Vorlagen gab es gegenüber den Zeichnungen mit natürlichen Positionen, Größen usw. der Zielgegenstände signifikant mehr falsche Antworten. Auch die bis zur richtigen Antwort benötigten Reaktionszeiten waren in diesem Fall deutlich länger. Die Erkennensleistung wurde offensichtlich vom Wissen bzw. von den Erwartungen der Teilnehmer über die Beziehung zwischen Objekt und Kontext beeinflußt. Bei den manipulierten Zeichnungen war die Darbietungszeit in vielen Fällen zu kurz, um die Identifikation erfolgreich abschließen zu können, während die „richtige“, d.h. erwartungsgemäße Objekt-Kontext-Relation den Such- und Vergleichsprozeß wie angenommen erleichterte.

Ähnliche Ergebnisse brachte eine ältere Untersuchung von ROSS & SCHILDER (1934). Auch sie arbeiteten mit tachistoskopisch dargebotenen Zeichnungsvorlagen, von denen manche durch Weglassen von Elementen (z.B. ein Gesicht ohne Mund) oder durch Hinzufügen unnatürlicher Elemente (z.B. ein drittes Auge auf der Stirn) manipuliert worden waren. Häufig wurden diese Veränderungen von den Versuchspersonen gar nicht wahrgenommen, obwohl sie die Vorlage selbst richtig erkannten. Sie berichteten dann beispielsweise, ein Gesicht gesehen zu haben, gingen aber auch dann nicht auf die falschen oder fehlenden Elemente ein, wenn sie von den Untersuchern ausdrücklich dazu befragt wurden. ROSS & SCHILDER schlossen aus ihren Ergebnissen, daß die Teilnehmer die Abweichungen in den Zeichnungsvorlagen tatsächlich nicht wahrgenommen hatten. Der wahrgenommene Kontext („Gesicht") beeinflußte die Reizverarbeitung hier möglicherweise so sehr, daß die fehlenden Elemente aus dem Gedächtnis hinzugefügt und die „falschen" Komponenten aus der weiteren Verarbeitung ausgeklammert wurden.

Wahrnehmung als Hypothesentesten

Bisher wurden an einer Reihe von Beispielen kognitive Prozesse dargestellt, die unsere Wahrnehmung zu einem aktiven Prozeß der Selektion, Korrektur und Interpretation machen. Eine theoretische Position, die sich auf die hier behandelten Phänomene stützt, ist die Auffassung der Wahrnehmung als ein Prozeß des „Hypothesentestens". Diesem Ansatz zufolge bilden wir bei einer ersten sensorischen Stimulation unter Rückgriff auf Kontextinformationen, Vorwissen und Erwartungen Hypothesen darüber, um welches Wahrnehmungsobjekt es sich handelt. Die nachfolgenden, detaillierteren Sinnesinformationen dienen aus dieser Sicht dann als Datengrundlage zur Bestätigung oder Verwerfung der Hypothese. Das impliziert unter anderem eine gezielte Suche nach solchen Informationen, die für die einmal gebildete Hypothese kritisch sind. *„Hypothesentesten"* in diesem Sinne bedeutet also einen weitgehend von Konzepten gesteuerten Verarbeitungsprozeß, in dem vorhandene Konzepte (Hypothesen) auf die Reizinformation vergleichend angewendet werden (vgl. auch Teil I).

GREGORY (1973) hat diese Sichtweise vor allem im Hinblick auf die Interpretation uneindeutiger und ambivalenter Informationen, z.B. bei Kippfiguren, vertreten. Beispiele für die Bildung und Überprüfung solcher Wahrnehmungshypothesen lassen sich im Wahrnehmungsalltag unschwer finden: In einem nur schwach erleuchteten Raum kann man oft nur die Umrisse von Gegenständen erkennen und ist zunächst darauf angewiesen, Vermutungen darüber anzustellen, um welche Objekte es sich handeln könnte. Diese Hypothesen kann man dann überprüfen, indem man sich dem betreffenden Objekt nähert, den Tastsinn zu Hilfe nimmt oder einfach das Licht im Raum einschaltet. Ähnliche uneindeutige Situationen ergeben sich unter bestimmten Beleuchtungsbedingungen auch mit Schatten, die zunächst wie „echte" Gegenstände wirken. Nicht zuletzt kann das bereits als Beispiel angeführte Entziffern eines handschriftlichen Textes in manchen Fällen ein ständiges und unter Umständen sehr anstrengendes „Hypothesentesten" darstellen.

HABER & HERSHENSON (1965) haben die Bedeutung des Hypothesentestens als konzeptgesteuerte Verarbeitung in einem Experiment veranschaulicht. Ihren Teilnehmern wurde jeweils ein Wort tachistoskopisch, also für sehr kurze Zeit, präsentiert, so daß sie das Wort nicht identifizieren konnten. Die Darbietung wurde dann jeweils einige Male wiederholt, und obwohl die Darbietungszeiten unverändert blieben, wurden die Wörter schließlich nach mehreren Durchgängen richtig identifiziert. Da die Reizvorlage wegen der extrem kurzen Zeitspanne in keinem der Durchgänge annähernd vollständig erfaßt werden konnte, kann man annehmen, daß die Teilnehmer nach der ersten Darbietung eine Hypothese über die Identität des gezeigten Wortes gebildet und diese in den folgenden Durchgängen gezielt (durch Fokussieren bestimmter Stellen) getestet haben. Das Erkennen der Wörter wäre hier ohne ein hypothesengeleitetes, d.h. gezieltes visuelles Abtasten der Vorlage, nicht möglich gewesen.

Wahrnehmung und Gedächtnis

Wenn viele unserer bewußten Wahrnehmungen letztendlich aktive *Konstruktionen* des Verarbeitungsapparates sind, wie das durch die verschiedenen Beispiele im vorigen Abschnitt nahegelegt wird, stellt sich die Frage, worauf die Verarbeitung neben den eigentlichen sensorischen Informationen zurückgreift, um zu einer eindeutigen Interpretation zu kommen. Nach Meinung vieler Wahrnehmungsforscher sind es vor allem frühere Erfahrungen mit der Wahrnehmungsumwelt, also Gedächtnisinhalte, aufgrund derer Hypothesen gebildet, Suchprozesse gesteuert und Reizinformationen verglichen werden.

Die These von der Erfahrungsabhängigkeit der Wahrnehmung impliziert allerdings keineswegs, daß die Gedächtnisinhalte bewußt auf die neuen Informationen angewendet werden. Der Vergleich, so lautet die Grundannahme, findet automatisch und unwillkürlich statt, und die bewußte Wahrnehmung ist immer schon das Ergebnis dieses Vergleichs. Ein Beispiel mag dies veranschaulichen: Die visuelle Raumwahrnehmung stützt sich zu einem Teil auf Hinweise im visuellen Feld, die bereits beim Sehen mit einem Auge wirksam sind und auch in zweidimensionalen Darstellungen, wie Zeichnungen oder Photos, räumliche Beziehungen erkennen lassen. Diese monokularen Hinweisreize, zu denen beispielsweise die Größe des Netzhautbildes oder die Überlagerung von Flächen oder Objekten gehören, können nach diesem Ansatz aber nur dann zur Beurteilung räumlicher Relationen verwendet werden, wenn entsprechende Vorerfahrungen vorhanden sind. Man muß „wissen", daß das im Netzhautbild teilweise überlagerte Objekt sich im Raum hinter dem anderen Objekt befindet, um es auch visuell in dieser Position wahrzunehmen.

Ebenso läßt sich die Entfernung eines Gegenstands anhand der Größe im Netzhautbild nach dieser Auffassung nur dann einschätzen, wenn die tatsächliche Größe unabhängig von der Entfernung bekannt ist. Im allgemeinen „überlegen" wir bei unseren Wahrnehmungen aber nicht, wie die räumliche Anordnung oder Entfernung des Objekts sein könnte, sondern erleben sie unmittelbar. Die räumlichen Relationen sind für uns „evident".

Die Betonung des Einflusses der Erfahrung auf die Informationsverarbeitung bedeutet, daß die Wahrnehmung zumindest zum Teil ein „konzeptgesteuerter" Prozeß ist. Dabei werden die sensorischen Informationen zunächst soweit analysiert, daß im Gedächtnis eine Suche nach passenden oder relevanten Konzepten möglich ist. Diese Konzepte werden dann aktiviert und auf die neuen Informationen angewendet, indem beide Komponenten miteinander verglichen werden. Der Vergleichsprozeß unterliegt dabei der Steuerung durch die aktivierten Gedächtnisinhalte. Das bedeutet, daß die sensorischen Informationen gezielt nach solchen Merkmalen abgesucht werden, die für das jeweils aktivierte Konzept bestimmend sind und es gegenüber Deutungsalternativen abgrenzen. Dieser Prozeß wird, weil er von „Oben nach unten" geht, auch als „top-down-processing" bezeichnet.

Info-Box 12: Wahrnehmungszyklus nach NEISSER

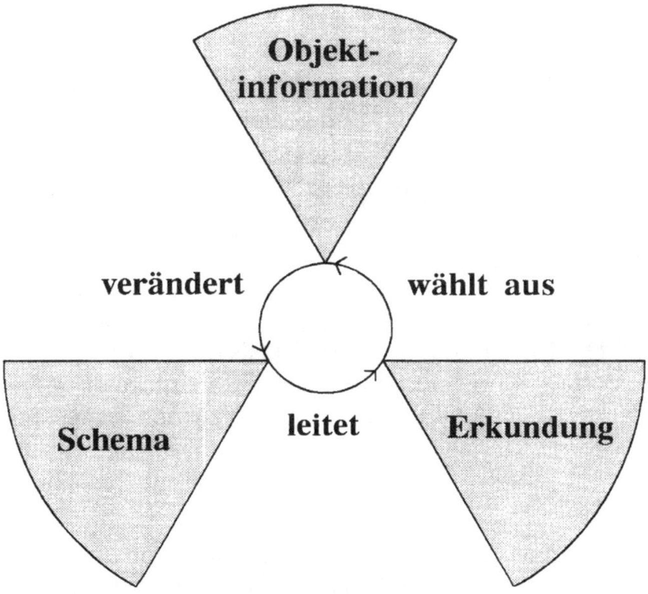

Abb. 94: Der Wahrnehmungszyklus nach NEISSER

NEISSER (1976) hat die Bedeutung und den Einfluß von Gedächtnisinhalten oder „Schemata" im Wahrnehmungsprozeß in seinem Modell des „Wahrnehmungszyklus" zu veranschaulichen versucht. Schemata, als Gedächtnisspuren früherer Wahrnehmungen, haben danach vor allem die Funktion, Wahrnehmungsinhalte anhand erster sensorischer Informationen zu antizipieren (= Hypothesen bilden) und auf diese Weise die Auswahl und Verarbeitung von Informationen zu steuern (= Hypothesen testen). Die Anwendung eines bestimmten Schemas führt nach NEISSERs Ansicht dazu, daß wir nach bestimmten Informationen suchen, während andere, die nicht in das aktivierte Schema passen, eher ignoriert werden. Verarbeitet und damit wahrgenommen wird immer nur eine Auswahl der verfügbaren Information.

Was wir letztendlich sehen, wird dieser Auffassung nach maßgeblich durch das aktivierte Schema mitbestimmt. Allerdings sind diese Schemata nicht statisch, sondern werden durch neue Informationen selbst ständig beeinflußt und verändert. Die Wahrnehmung stellt in NEISSERs Modell also einen zyklischen, sich wiederholenden Prozeß aus Antizipation, Auswahl von Informationen und Modifikation von Schemata dar.

Ein schönes Beispiel sind Bilder, in denen wir in der Regel erst nach einiger Zeit bzw. nach einer gezielten Suche ein bestimmtes Objekt erkennen. Wenn die Organisation des Reizmusters aber einmal in dieser Weise erfolgt ist, können wir das Objekt bei jeder weiteren Betrachtung jeweils sofort identifizieren.

Hier wird offenbar ein erfahrungsabhängiges Konzept über den Inhalt des betreffenden Bildes angewendet und gezielt nach den Anteilen im Reizmuster gesucht, die das erwartete Objekt repräsentieren.

Die Verarbeitung geht also nach diesem Modell nicht mehr von der sensorischen Information, sondern vom „Wissen" bzw. den Vorerfahrungen des Wahrnehmenden aus. Dadurch werden unter Umständen eine Reihe von Merkmalen des Wahrnehmungsreizes, die auf der Sinnesebene kodiert wurden, später aus der Verarbeitung ausgeklammert und nicht weiter beachtet. Die Interpretation auf der Basis eines Konzepts kann somit auch eine „Verfälschung" der eigentlichen Reizinformation beinhalten. Möglicherweise ist genau dies bei einigen Wahrnehmungstäuschungen der Fall.

Konzepterwerb

Nach der Erfahrungstheorie sind für das Identifizieren und das Wiedererkennen von Objekten die im Gedächtnis verfügbaren Konzepte ausschlaggebend. Es stellt sich daher die Frage, wie Konzepte auf der Basis von Wahrnehmungserfahrungen erworben werden.

Abb. 95: Einfluß von Erfahrung bei der Wahrnehmung. Wenn Fleckenmuster einmal als Bild organisiert und mit einem Begriff belegt sind, steuert diese Bezeichnung die weitere Wahrnehmung (aus ROCK, 1975).

Häufig wird der Erwerb von Konzepten als ein *Prozeß der Kategorienbildung* gesehen. Die Beispiele stammen zumeist aus dem Bereich der Entwicklungspsychologie, etwa der Erwerb von Konzepten wie „Auto", „Hund" usw. durch kleine Kinder. Ausgangspunkt ist dabei eine einzelne Erfahrung mit einem bis dahin unbekannten Wahrnehmungsobjekt. Der Hund, den das Kind zum ersten Mal sieht, wird von den Eltern mit einem sprachlichen Begriff („Hund" oder „WauWau") belegt. Weitere Erfahrungen mit dem selben oder mit weiteren Hunden, aber auch mit anderen Tieren führen nach dem Modell der Kategorienbildung nun dazu, daß das Kind den mit der ersten Wahrnehmung assoziierten Begriff auf diese späteren Erfahrungen anwendet. Es vermutet dann vielleicht hinter jedem Tier einen „Hund". Indem die Eltern bei falschen Assoziationen, also etwa bei einer Katze oder einem Pferd, den Irrtum korrigieren, lernt das Kind schrittweise, welche Merkmale seiner Wahrnehmungsobjekte relevant oder „kritisch" für die korrekte Einordnung in die Kategorie „Hund" sind. Es lernt damit gleichzeitig, Objekte ohne diese Merkmale aus der Kategorie auszugrenzen und einer anderen, eigenen Kategorie zuzuordnen. Das Konzept „Hund" bildet sich also in einem schrittweisen, auf einzelnen Erfahrungen basierenden Prozeß, in dem einzelne Merkmale als „kritisch" und andere Merkmale als unbedeutend für die Zuordnung zu einer bestimmten Kategorie erfahren werden. Die Kategorien sind dabei zunächst noch völlig offen und undefiniert, sie werden erst später durch einen entsprechenden Satz einzelner Merkmale festgelegt. Man spricht daher auch von einem Prozeß der „Induktion" von Kategorien. Eine solche Theorie der Konzeptbildung, die auf der Extraktion kritischer Merkmale aus einzelnen Erfahrungen beruht, hat E.J. GIBSON (1969) vorgeschlagen.

Eine Alternative zu diesem Modell, das ja lediglich eine Aufsummierung kritischer Merkmale für jede Kategorie vorsieht, ist die *„Prototypentheorie"* von ROSCH (1973). Ihrer Auffassung nach sind die einzelnen Kategorien jeweils durch einen Prototypen, d.h. ein besonders typisches Beispiel für die der Kategorie zugehörigen Objekte, gekennzeichnet. Der Prototyp besitzt alle kritischen Merkmale der Kategorie in adäquatem Ausmaß und bestimmt damit ihre „interne Struktur". Eine Amsel oder ein Star wären damit beispielsweise besser als Prototyp für die Kategorie „Vogel" geeignet als eine Ente oder ein Strauß, denn sie sind im Hinblick auf die kritischen Merkmale „typischere" Vertreter der Kategorie. ROSCH zufolge erfolgt die Kategorisierung der Wahrnehmungsobjekte anhand ihrer Ähnlichkeit oder Merkmalskongruenz mit den verfügbaren Prototypen. Je größer diese Ähnlichkeit ist, desto einfacher ist die eindeutige Kategorisierung des Objekts.

Eine allgemeine Vorstellung über die Organisation früherer Erfahrungen im Gedächtnis bietet die *Schematheorie* (BARTLETT, 1932). Ausgangspunkt BARTLETTs war die Beobachtung, daß sich bei der Wiedergabe von fremdartigen Geschichten ein außergewöhnlich hoher Anteil von Ungenauigkeit in fast allen Reproduktionen fand und daß diese Ungenauigkeit den meisten Versuchsteilnehmern nicht einmal bewußt war. Er vermutete daher, daß „eine akkurate Wiedergabe eher die Ausnahme als die Regel ist" (BARTLETT, 1932, S.61). Seiner Auffassung nach wird bei der Erinnerung von einem Kern ausgehend und mit Hilfe einiger weniger Details das Material rekonstruiert (Rekonstruktionshypothese). Es resultiert dann eine in sich stimmige Geschichte, die aber manchmal nur noch geringe Ähnlichkeit mit dem Original aufweist. Dieser Rekonstruktionsprozeß soll wesentlich durch „Schemata" gesteuert werden. Diese Schemata bündeln die Erfahrungen und das Wissen über einen bestimmten Gegenstandsbereich und unterliegen selbst ständigen Veränderungen: „The schemata are, we are told, living, constantly developing, affected by every bit of incoming sensational experience of a given kind" (BARTLETT, 1932, S.200). Schemata sind als zusammenhängende Makroeinheiten des Gedächtnisses aber nicht an sprachliche Ausdrücke gebunden, sondern sie können nach Auffassung verschiedener Autoren auch ganze Handlungsabläufe (AEBLI, 1980) oder soziale Interaktionen (SCHANK & ABELSON, 1977) repräsentieren. MINSKY (1975) hat den Schemabegriff auch explizit auf die Wahrnehmung bezogen. Er betrachtet Schemata als „Rahmen" (frames), in die sich einzelne Wahrnehmungsinhalte einordnen lassen. Bildlich formuliert benutzen wir die Gedächtniseinheiten als „Rahmen", durch die wir die sensorische Umwelt betrachten und die Identität der einzelnen Wahrnehmungsobjekte antizipieren. Schon MINSKYs Wortwahl läßt erkennen, daß die Schematheorie der Wahrnehmung auf dem Modell der Konzeptsteuerung basiert.

Unabhängig davon, ob man Konzepte als zusammenhängende Sätze kritischer Merkmale, als „Prototypen" oder als Schemata auffaßt, haben sie in der Wahrnehmung primär eine Ordnungsfunktion. Man kann Wahrnehmungsinhalte unter Rückgriff auf bestehende Konzepte identifizieren und in die jeweils passende Kategorie einordnen. Diese Art konzeptgesteuerter Identifikation ist natürlich nur ein Teilaspekt des Verarbeitungsprozesses, denn wir nehmen erheblich mehr wahr als nur das Vorhandensein oder Fehlen bestimmter kritischer Merkmale. Andererseits läßt sich auch das Identifizieren oder Wiedererkennen von Objekten nicht immer mit seiner Zuordnung zu einer Kategorie oder einem Schema im hier skizzierten Sinne erklären. Beispiele dafür findet man häufig in der Personenwahrnehmung, wenn man eine Person wiedererkennt, ohne sich im Augenblick darüber im klaren zu sein, in welchen Kontext man sein Gegenüber einzuordnen hat (der „Woher kennen wir uns noch gleich"-Effekt). Hier findet eine Identifikation statt, obwohl für das Wahrnehmungsobjekt offenbar kein „Rahmen" und keine passende Kategorie verfügbar ist. Offensichtlich ist es unzureichend, die Erfahrungseinflüsse in der Wahrnehmung auf die Anwendung von Kategorien und Schemata zu beschränken. Identifikation und Wiedererkennen scheinen auch darauf zu beruhen, daß bestimmte typische oder „kritische" Merkmale im Gedächtnis gespeichert und angewendet werden.

5.3 Motivationale und differentialpsychologische Faktoren

Nachdem wichtige Schwerpunkte der psychologischen Wahrnehmungsforschung zunächst in den psychophysischen Experimenten, später in Untersuchungen zur Gestalttheorie lagen, entwickelte sich in den späten vierziger Jahren dieses Jahrhunderts eine neue Perspektive, die stärker motivationale und emotionale Faktoren berücksichtigt. Eine Reihe amerikanischer Forscher kamen unter dem Einfluß der psychoanalytischen Theorie zu der Überzeugung, daß unsere Wahrnehmung maßgeblich von individuellen Bedürfnissen, Interessen, Einstellungen und Motiven beeinflußt ist und daher auch erhebliche interindividuelle Unterschiede in der Wahrnehmung bestehen, die durch die klassische Forschung völlig vernachlässigt werden (BRUNER & POSTMAN, 1949). Als *„New Look"* etablierte sich dieser Ansatz in der experimentellen Wahrnehmungsforschung.

New Look

Nach Auffassung der New Look-Vertreter führen die genannten Faktoren zu individuumsspezifischen Selektionen, Akzentuierungen, Fixierungen und zur bedürfnisabhängigen Organisation der Wahrnehmungsinhalte. Diese vier zentralen Konzepte wurden auf dem Hintergrund der neuen Programmatik in einer Vielzahl unterschiedlicher Experimente untersucht.

„Selektion" bedeutet in Termini des New Look, daß die Sensibilität, mit der wir auf unterschiedliche Reize reagieren, von unseren Bedürfnissen und Einstellungen gegenüber diesen Reizen bestimmt wird. Sie kann sich beispielsweise in einer „Abwehr", d.h. einer heraufgesetzten Wahrnehmungsschwelle für unangenehme oder bedrohliche Informationen zeigen.

Experiment 23:

Eine klassische und häufig zitierte Untersuchung zu dieser Annahme stammt von McGINNIES (1949). Seine Probanden bekamen eine Reihe einzelner kurzer Wörter („Apfel", „Kind" usw.) tachistoskopisch dargeboten und wurden aufgefordert, jedes erkannte Wort zu nennen. Unter den 18 Reizvorgaben waren sieben „Tabu-Wörter" (z.B. „Penis", „Hure" usw.), von denen McGINNIES annahm, daß sie für die Teilnehmer unangenehm oder bedrohlich seien und daher zu einer emotionalen „Abwehr" im skizzierten Sinne, also einer herabgesetzten Erkennensleistung, führen würden. Um die unterstellte emotionale Wirkung der Wörter zu erfassen, wurde während jeder Darbietung der galvanische Hautwiderstand der Teilnehmer, ein physiologisches Maß für die Erregung des autonomen Nervensystems, gemessen. In der Untersuchung wurden nun die Darbietungszeiten der einzelnen Wörter von einer extrem kurzen Zeitdauer ausgehend immer weiter erhöht, bis das jeweilige Wort erkannt wurde. Wenn für die kritischen Begriffe tatsächlich eine erhöhte Wahrnehmungsschwelle bestand, sollten hier gegenüber den neutralen Wörtern erheblich längere Darbietungszeiten zum Erkennen erforderlich sein. Tatsächlich erhielt McGINNIES genau dieses Ergebnis. Die Teilnehmer schienen die tabuisierten Wörter erst bei einer gegenüber neutralen Reizen deutlich erhöhten Präsentationsdauer wahrnehmen zu können. Gleichzeitig zeigte sich, daß auch die galvanischen Hautreaktionswerte bei den „kritischen" Wörtern deutlich erhöht waren.

Auf Nachfrage gaben alle Versuchspersonen im Anschluß an das Experiment an, auch die „Tabu-Wörter" sofort nach dem Erkennen genannt zu haben. Das Ergebnis wurde von McGINNIES als deutlicher Hinweis auf die Wirksamkeit der „Wahrnehmungsabwehr" und der „Selektion" in der Wahrnehmung aufgefaßt.

McGINNIES' Ergebnisse lassen sich aber, wie Kritiker wiederholt betont haben, auch völlig anders deuten: Möglicherweise waren die Teilnehmer eben doch zunächst nicht bereit, die „kritischen" Wörter dem Versuchsleiter gegenüber auszusprechen, obwohl sie sie längst erkannt hatten. Somit wurden in diesem Experiment möglicherweise soziale oder moralische Hemmfaktoren wirksam, die sich zwar auf das Äußern der Wörter, nicht unbedingt aber auf deren Wahrnehmung auswirkten.

Als *„Akzentuierung"* wurde im New Look die Tendenz bezeichnet, Wahrnehmungsobjekte, die mit aktuellen Bedürfnissen in Zusammenhang stehen, größer oder intensiver als andere Gegenstände wahrzunehmen. BRUNER & GOODMAN (1947) untersuchten diese These an Kindern aus unterschiedlichen sozialen Schichten bzw. Einkommensklassen. Die Kinder sollten die Größe verschiedener Geldmünzen sowie anderer, wertloser Objekte (Pappscheiben in Münzgröße) einschätzen. Es zeigte sich, daß die Kinder aus den unteren Einkommensschichten die Größe der Geldmünzen nicht nur gegenüber den Pappscheiben, sondern auch im Vergleich mit den Schätzungen der „reicheren" Kinder deutlich überschätzten. Dies entsprach der Erwartung der Untersucher, daß die Kinder aus den unteren Schichten aufgrund des faktischen Mangels ein größeres „Bedürfnis" nach Geld hatten und dadurch in ihrer Wahrnehmung eine Akzentuierung der Geldmünzen stattfinden würde.

Eine *„Fixierung"* der Wahrnehmung zeigt sich in der Tendenz, bestimmte bevorzugte Interpretationen oder Deutungsmuster immer wieder anzuwenden, d.h. faktisch verschiedene Reizinformationen immer in einer bestimmten Weise wahrzunehmen. Die „bedürfnisgesteuerte" Organisation hat einen ähnlichen Effekt: Mehrdeutige Reize werden immer so wahrgenommen, wie es dem augenblicklichen Bedürfniszustand entspricht. Dies sollte z.B. zu unterschiedlichen Präferenzen bei Kippfiguren wie „alte Frau" versus „junge Frau" (vgl. Abbildung 92) führen.

Die Ergebnisse der Experimente zu den Annahmen des New Look waren uneinheitlich. Replikationsstudien konnten die anfänglich gefundenen Hinweise auf einen direkten und systematischen Einfluß motivationaler Faktoren nicht immer sichern. Häufig wurden die positiven Ergebnisse der New Look-Forscher auch als „Artefakte" oder ihre experimentellen Anordnungen wenigstens doch als methodisch zweifelhaft kritisiert (ARONFREED, MESSICK & DIGGORY, 1953; LUCHINS, 1950). Die Kernaussage dieser Kritik wiegt in der Tat schwer: Wenn man zeigen kann, daß individuelle Ausprägungen von Motiven, Einstellungen und Bedürfnissen das Verhalten von Teilnehmern in einem Wahrnehmungsexperiment beeinflußen, hat man damit noch nicht den Einfluß auf die Wahrnehmung selbst nachgewiesen. Es ist zu unterscheiden zwischen dem abgegebenen Urteil und dem Wahrnehmungserlebnis. Ob und in welcher Weise „Selektionen", „Akzentuierungen" usw. unsere Wahrnehmungen und nicht nur unser geäußertes Urteilsverhalten prägen, ist keineswegs hinreichend geklärt.

Ein weiteres Beispiel für die Annahme von Wahrnehmungsunterschieden, die mit Unterschieden zwischen Personen einhergehen, ist das Konzept des „kognitiven Stils". Gemeint ist damit, ähnlich wie bei den Annahmen des New Look, ein individueller Modus der Verarbeitung von Wahrnehmungsreizen, der aber zeitlich stabil ist und nicht von augenblicklichen Bedürfnissen oder Emotionen, sondern von dauerhaften Persönlichkeitseigenschaften oder Dispositionen abhängt. Ähnlich wie sich die „Persönlichkeit" jedes Menschen etwa in seiner Körpersprache, seiner Handschrift usw. ausdrücken soll, prägt sie nach dieser Auffassung auch die individuelle Wahrnehmung der Umwelt. Unser „kognitiver Stil" bestimmt demnach, wie wir die Wahrnehmung organisieren und insbesondere mehrdeutige Reize interpretieren.

WITKIN hat auf der Grundlage seiner Forschungsergebnisse zwischen *„Feldabhängigkeit"* und *„Feldunabhängigkeit"* als grundlegenden „kognitiven Stilen" unterschieden (WITKIN et al., 1954). Ausgangspunkt war für WITKIN die Beobachtung, daß bei bestimmten Wahrnehmungsaufgaben deutliche Unterschiede in der Bearbeitungszeit und in der Güte der Lösung zwischen den Versuchsteilnehmern auftreten. So zeigte sich z.B. bei einem Versuch, bei dem die Probanden eine vorab gezeigte einfache Figur in einem komplexeren Reizmuster wiederfinden sollten, daß es immer wieder eine Gruppe unter den Teilnehmern gab, die mit der gestellten Aufgabe kaum Probleme hatte, während eine andere Gruppe auch bei längeren Darbietungszeiten nur selten zu richtigen Lösungen kam (GOTTSCHALDT, 1929).

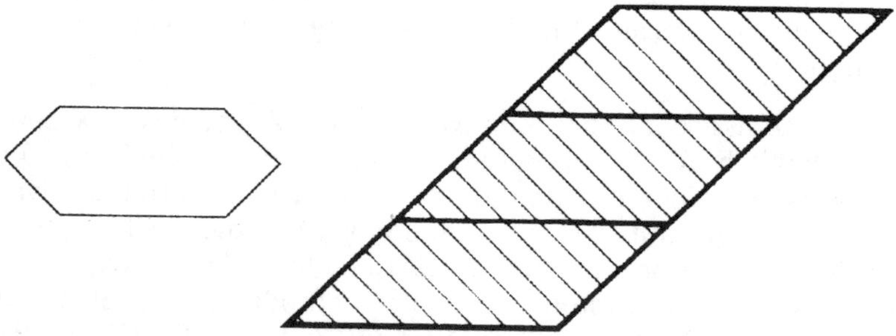

Abb. 96: Versuchsmaterial im Experiment von GOTTSCHALDT (1929). Wo läßt sich die linke Figur in der rechten wiederfinden?

Auch bei anderen Aufgaben, z.B. zur Einschätzung der Vertikal- bzw. Horizontalebene im Raum, ließen sich die Versuchsteilnehmer in zwei Gruppen aufteilen: Sollten Versuchspersonen in einem abgedunkelten Raum einen leuchtenden Stab möglichst genau in eine vertikale Lage bringen, wobei ein leicht schräg angeordnetes Rechteck den einzigen visuellen Bezugsrahmen darstellte, dann ließ sich ein Teil der Teilnehmer von dem irreführenden Bezugsrahmen kaum beeinflussen, während eine andere Gruppe das Rechteck als Anhaltspunkt für die Raumlage wählte und den Stab nach den vermeintlichen Vertikalen des Rechtecks ausrichtete.

WITKIN bezeichnete solche Versuchspersonen, die in ihren Wahrnehmungen stark an den Gesamtkontext des visuellen Felds gebunden schienen und offenbar Schwierigkeiten hatten, einzelne Elemente gezielt zu isolieren, als „feldabhängig", die andere Gruppe dagegen als „feldunabhängig". Diese beiden Gruppen sollen sich späteren Untersuchungen zufolge auch in einer Reihe von Persönlichkeitsmerkmalen unterscheiden: „Feldabhängige" Personen sind demnach stärker sozial angepaßt, submissiv und konformistisch, sie besitzen eine hohe soziale Sensibilität und ein größeres soziales Anschlußbedürfnis. „Feldunabhängigkeit" korreliert demgegenüber vor allem mit hohem Selbstvertrauen, Individualität, Autonomie in Entscheidungen und Egozentrismus. Andere Studien haben darüberhinaus eine Vielzahl weiterer Zusammenhänge zutage gefördert: Feldabhängige besitzen im Vergleich beispielsweise oft ein unzureichendes oder gestörtes Körperschema und zeigen sich ängstlich-ablehnend gegenüber eigenen sexuellen oder aggressiven Impulsen. Eine Reihe von Untersuchungen deuteten außerdem auf einen markanten Geschlechtsunterschied hin, demzufolge Frauen bei entsprechenden Wahrnehmungsaufgaben eher feldabhängig, Männer dagegen eher feldunabhängig sind (kritisch hierzu vgl. PICK & PICK, 1970).

Alle diese Untersuchungen sind Korrelationsstudien. Sie können daher nicht zeigen, ob die Wahrnehmung von den verschiedenen Persönlichkeitsfaktoren als „Ursachen" beeinflußt wird, sondern weisen lediglich auf ein gemeinsames Auftreten hin. Darüberhinaus haben manche Forschungsarbeiten, wie auch beim New Look, die gefundenen Zusammenhänge nicht replizieren können. Schließlich gilt auch hier der Einwand: Wenn „feldabhängige" Probanden tatsächlich weniger entscheidungsfreudig, unsicherer und leichter beeinflußbar sind, so ist damit noch nicht sichergestellt, daß die im Antwortverhalten gefundenen Unterschiede auch Rückschlüsse auf Unterschiede in der individuellen Wahrnehmung erlauben.

Ebenfalls unter den Oberbegriff „kognitiver Stil" gehört die Unterscheidung zwischen *„Reflexivität"* und *„Impulsivität"* der Wahrnehmung. KAGAN und Mitarbeiter (KAGAN, MOSS & SIGEL, 1963) haben diesen Aspekt vor allem bei Kindern untersucht. „Reflexive" Probanden analysieren Reizvorlagen gründlicher, sie lassen sich für die vom Untersucher geforderten Beurteilungsreaktionen mehr Zeit und machen in ihren Beurteilungen wenig Fehler. „Impulsive" Betrachter verlassen sich dagegen oft auf ihren ersten, nicht näher analysierten Eindruck, reagieren spontaner und damit häufig auch fehlerhafter als „reflexive" Teilnehmer. Die beiden Gruppen unterscheiden sich also im wesentlichen in ihrer Erfassungs- bzw. Reaktionsgeschwindigkeit und der Genauigkeit ihrer Wahrnehmungen. Spätere Studien deuten außerdem auf charakteristische Unterschiede im Lernverhalten und bei Leistungsforderungen in Test- oder Prüfungssituationen hin (WEINER & BERZONSKY, 1975). KAGAN hat daher die Bedeutung seiner Unterscheidung für die Schüler-Lehrer-Interaktion und speziell für das Lehrerverhalten bei extrem „impulsiv" wahrnehmenden Kindern hervorgehoben. Die empirischen Daten lassen allerdings erkennen, daß es sich bei den beiden von KAGAN beschriebenen Ausprägungen von „Reflexivität" und „Impulsivität" nur um die Extremgruppen einer mehr oder weniger kontinuierlichen Verteilung handelt. Ob man auf dieser Basis stabile kognitive Stile unterscheiden kann, gilt daher als fraglich.

Viele der Forschungsarbeiten zum Einfluß von Emotionen, Bedürfnissen oder Persönlichkeitsfaktoren auf die Wahrnehmung haben das bereits angedeutete Problem, daß sich aus den Reaktionsunterschieden der Versuchsteilnehmer nicht unbedingt auf Wahrnehmungsunterschiede schließen läßt. Von wenigen Ausnahmen abgesehen müssen die hier skizzierten Annahmen wohl nach wie vor als wenig gesichert gelten.

5.4 Kulturelle Einflüsse

Neben den individuellen Erfahrungen sind auch kulturell bedingte Einflüsse auf die Wahrnehmung anzunehmen. Untersucht wurden sie bisher vor allem an Bildmaterial, wie Photos und Zeichnungen. Einerseits sprechen viele Beobachtungen dafür, daß die grundsätzliche Fähigkeit zur Identifikation vertrauter Gegenstände in Abbildungen nicht gelernt werden muß, sondern auch von Betrachtern spontan beherrscht wird, die keinerlei Erfahrungen mit Bildern haben (HOCHBERG & BROOKS, 1962). Andererseits entnehmen wir zweidimensionalen Darstellungen aber auch Informationen, die auf bestimmten Darstellungskonventionen oder auf der „gelernten" Beachtung bestimmter monokularer Tiefenhinweise basieren. Comiczeichnungen z.B. enthalten oft Striche, die Bewegungen der Akteure symbolisieren sollen.

Abb. 97: Darstellungsmittel in Comics. Striche symbolisieren Bewegung. (aus COREN et al., 1984)

Das „Verstehen“ solcher Bilder setzt die durch Erfahrung erworbene Fähigkeit voraus, sie in der vom Urheber beabsichtigten Weise zu interpretieren. Man spricht hier von *„visual literacy“*, also der Fähigkeit, Informationen aus Bildern zu „lesen“.

Die Wahrnehmung von Räumlichkeit in einem Bild aufgrund der Größenverhältnisse, der Überlagerung oder der Zentralperspektive scheint eine solche durch Erfahrung erworbene Fähigkeit, das Ergebnis eines kulturellen Lernprozesses, der auf der bei uns üblichen Verwendung von Abbildungen zur Übermittlung von Informationen basiert, zu sein.

Experiment 24:

Eine interkulturelle Studie von HUDSON (1960) hat sehr deutliche Hinweise hierzu geliefert. HUDSON verwendete Zeichnungsvorlagen, die monokulare Tiefenhinweise (Größe des dargestellten Objekts, Überlagerung und Zentralperspektive) enthielten, aber so gestaltet waren, daß die Handlungen sich auch zweidimensional interpretieren ließen (siehe Abbildung 98). Um zwischen zweidimensionaler und räumlicher Interpretation unterscheiden zu können, fragte HUDSON seine Teilnehmer unter anderem nach den dargestellten Handlungen.

Abb. 98: Testvorlage im Experiment von HUDSON (1960). Erläuterung im Text.

Die Untersuchungsstichprobe bestand aus 11 Subgruppen, die sich vor allem in der Hautfarbe (weiße vs. schwarze Südafrikaner) und in der Schulbildung unterschieden. Bei der Deutung der Vorlagen zeigten sich sehr deutliche Unterschiede zwischen den Gruppen: Teilnehmer mit niedriger oder fehlender Schulbildung (überwiegend schwarze Minenarbeiter) interpretierten die dargestellten Szenen meist zweidimensional, während ältere Schulkinder und Betrachter mit höherer

Schulbildung (Schwarze wie Weiße) die Zeichnungen fast durchweg räumlich wahrnahmen. Insbesondere die mit Abbildungen unvertrauten Mitglieder relativ isoliert lebender Stämme, denen HUDSON die Zeichnungen vorlegte, kamen dabei zu Deutungen, die die vermeintlich dargestellte dritte Dimension völlig ignorierten: Sie gaben z.B. in den meisten Fällen an, der Mann in Abbildung 98 richte seinen Speer auf den Elefanten, weil dieser ihm näher als die Antilope sei. HUDSON schloß aus seinen Ergebnissen, daß die dreidimensionale Wahrnehmung solcher Zeichnungen, wie sie auch als Informations- oder Anschauungsmaterial eingesetzt wurden, kulturell vermittelt sei und daher bei bestimmten kulturellen Subgruppen in Südafrika deutlich andere als die beabsichtigten Interpretationen zustande kämen.

Die Beispiele in den letzten Abschnitten haben gezeigt, auf welche Weise Erfahrung und Wissen die Wahrnehmung beeinflussen können. Tatsächlich gibt es aber auch viele Situationen, in denen unser Wissen keinen Einfluß auf die Wahrnehmung ausübt. So bleiben z.B. die meisten Wahrnehmungstäuschungen auch dann bestehen, wenn wir ihren Täuschungscharakter und die „wirklichen" Eigenschaften der Vorlagefiguren kennen. Eine bewußte „Korrektur" der Wahrnehmung ist also in vielen Fällen nicht möglich. Es verwundert daher nicht, daß die Bedeutung des Einflusses der Erfahrung durchaus kontrovers eingeschätzt wird. Bedeutende Wahrnehmungsforscher haben entschieden gegen die Annahme der Konzeptsteuerung und einer starken Betonung der Erfahrungsabhängigkeit und dem Einfluß des Gedächtnisses argumentiert. J.J. GIBSON, einer der wichtigsten Vertreter, hat den hier referierten Modellen die These einer „direkten Wahrnehmung" entgegengestellt, wonach auf vermittelnde kognitive Prozesse weitgehend verzichtet werden kann und Wahrnehmung als ein Prozeß aufgefaßt wird, der sich vorrangig auf das Reizangebot der Umwelt stützt (vgl. ausführlich Teil IV).

6 Vorstellungsbilder

Das Thema *Vorstellungen* in einem Wahrnehmungsband zu behandeln, ist auf den ersten Blick befremdend. Wesentliches Merkmal von Wahrnehmungssituationen ist, daß das Objekt der Wahrnehmung zum Zeitpunkt des Urteils präsent ist. Definitorisches Merkmal von Vorstellungssituationen ist, daß wir zum Zeitpunkt des Urteils über die Sinnessysteme keinen Zugang zum Objekt haben, also ausschließlich auf unser Gedächtnis angewiesen sind. Auf der anderen Seite zeigt uns die alltägliche Erfahrung, daß, wenn wir uns z.B. das Gesicht unseres Nachbarn oder die Fassade des Hauses gegenüber bildhaft vorstellen, dieses Vorstellungsbild durchaus eine hohen Grad an Übereinstimmung mit der Realität oder einer fotografischen Abbildung haben kann. Es ist daher interessant, der Frage nachzugehen, ob nicht den beiden Prozessen „Wahrnehmung" und „Vorstellung", obwohl sie von unterschiedlichen „Informationsquellen" ausgehen (realen Objekten versus Gedächtnisinhalten), die gleichen Gesetzmäßigkeiten zugrundeliegen.

6.1 Charakteristika von Vorstellungsbildern

Viele gedächtnispsychologische Untersuchungen zeigen, daß die Behaltensleistung und das Wiedererkennen von Bildern wesentlich besser ist als von Worten. Interessanterweise treten diese Unterschiede jedoch nicht auf, wenn die Versuchspersonen die Instruktion erhalten, sich in der Lernphase zu den Worten ein Objekt anschaulich vorzustellen (METZLER, 1978). Diese Instruktion führt anscheinend zu ähnlichen Effekten wie eine tatsächliche Bilddarbietung. Durch den Akt der Vorstellung wird möglicherweise eine der Bildwahrnehmung vergleichbare Gedächtnisabbildung oder Repräsentation erzeugt (HOFFMAN et al., 1980).

Selbstversuch 14: Wahrnehmungsäquivalenz

Unter Wahrnehmungsbedingungen sind wir gewohnt, bei näheren Objekten mehr Details zu erkennen als bei entfernteren. Prüfen Sie, ob diese Gesetzmäßigkeit auch unter Vorstellungsbedingungen zutrifft. Stellen Sie sich dazu eine Ihnen gut bekannte Person zunächst in 50 m Entfernung vor und dann direkt vor Ihnen stehend. Erkennen Sie in der zweiten Situation mehr Details, z.B. Falten im Gesicht, Farbe der Augen, typische Mimik?

Vorstellungsbilder beinhalten ein Großteil der Eigenschaften eines Objekts. Sie sind dem Objekt in einer Form ähnlich, die als *analog* bezeichnet werden kann. Ein Beispiel: Eine Zeichnung des Bildes „Mont Saint Victoire" von Paul Cezanne (vgl. Abbildung 34) ist eine analoge Abbildung des Originals. Die Übertragung des Ölbildes in Zahlenwerte, die die Farbwerte symbolisieren, ist eine *digitale* Abbildung.

Analoge Repräsentation

Ein wesentliches Merkmal analoger Abbildungen ist, daß die wesentlichen Relationen (z.B. räumliche Verhältnisse), die ein Objekt konstituieren, nicht nur erhalten, sondern auch unmittelbar ablesbar bleiben. Sie

Abb. 99: „Mont Saint Victoire“ von Paul Cezanne

müssen nicht später im Rahmen eines Rekonstruktionsprozesses von außen „hinzugefügt“ werden. Für unser Beispiel vom Nachbarn bedeutet dies folgendes: Im Vorstellungsbild sind bereits alle entscheidenden Informationen etwa über Frisur oder Körperhaltung enthalten und es bedarf keiner weiteren Hinweise (z.B. verbaler Beschreibungen wie: „Nachbar X hat . . .“), um eine Frage nach dem Aussehen beantworten zu können. PALMER (1978) hat diese Charakteristik von analogen Abbildungen „intrinsisch“ genannt und sie den „extrinsischen“ Repräsentationen gegenübergestellt. Bei einer extrinsischen Repräsentation sind die relevanten Informationen nicht in der Gedächtnisabbildung selbst enthalten, sondern werden „von außen“ hinzugefügt. Dies ist z.B. dann der Fall, wenn sich kein einheitliches Vorstellungsbild generieren läßt. Etwa bei der Beantwortung von Fragen nach abstrakten Begriffen: Was ist Treue? Was ist Freundschaft?

Introspektion versus Reaktionszeitmessung

In der Bewußtseinspsychologie des ausgehenden 19. und beginnenden 20. Jahrhunderts waren „Vorstellungen“ ein zentrales Forschungsthema, dem viel experimentelle Sorgfalt gewidmet wurde. Mit der Kritik an der Methode der Introspektion und der Konzentration des Behaviorismus auf das beobachtbare Verhalten schwand das Interesse an einer systematischen Vorstellungsforschung. Erst innerhalb der Kognitiven Psychologie und auch hier erst seit etwa Mitte der 70er Jahre findet sich wieder ein zunehmendes Interesse für diesen Bereich. Allerdings haben sich Fragestellungen und Methoden geändert. Im Mittelpunkt steht der Vergleich zwischen Wahrnehmung und Vorstellung, und introspektive Berichte der Versuchsteilnehmer werden kaum mehr verlangt. Stattdessen werden die Probanden häufig gebeten, zunächst Vorstellungsbilder zu generieren (z.B. eine Landkarte) und dann anhand dieser „mentalen Bilder" Aufgaben auszuführen (z.B. einen Gegenstand in der Vorstellung zu rotieren). Registriert wird dabei meistens die Zeit, die die Probanden für die Bearbeitung der Aufgabe benötigen. Aus dem Vergleich der Zeiten bei unterschiedlichen Aufgaben und unter unterschiedlichen Wahrnehmungsbedingungen werden Rückschlüsse auf die zugrundeliegenden kognitiven Prozesse gezogen.

Selbstversuch 15: Fragebogen zu Vorstellungsbildern nach TITCHENER (1901)

Bitte diesen Fragebogen zweimal gründlich lesen, bevor Sie mit der Beantwortung der einzelnen Fragen beginnen!

(1) Bitte stellen Sie sich einen Strauß mit weißen Rosenknospen vor, der bei einem Floristen zwischen Farnblättern in einer Kiste liegt!

(a) Sind die Farben (weiß, grün) in Ihrem Vorstellungsbild einigermaßen klar und natürlich?

(b) Sehen Sie die Blumen in klarem Licht? Ist das Bild so hell wie die Objekte tatsächlich aussähen, wenn sie vor Ihnen auf dem Tisch lägen?

c) Sind die Blumen, die Blätter und der Karton gut zu erkennen und klar abgegrenzt? Können Sie die ganze Gruppe von Objekten gleichzeitig sehen oder ist immer nur ein Teil klar, während die anderen verschwommen erscheinen?

d) Können Sie sich den Geruch der Rosenknospen vergegenwärtigen? Den des Farns? Den der feuchten Pappe?

(e) Können Sie die samtige Oberfläche der Blütenblätter fühlen? Die rauhe Oberfläche des Farns? Die Starrheit des Kartons?

(f) Können Sie die Kälte der Knospen fühlen, wenn Sie sich vorstellen, die Knospen an Ihre Wange zu halten?

(g) Können Sie den stechenden Schmerz eines Dornes spüren? Können Sie den Blutstropfen sehen, der dann aus Ihrem Finger rinnen würde? Können Sie den Schmerz und die Empfindlichkeit an der Wunde fühlen?

(h) Können Sie sich den Geschmack von kandierten Rosenblättern vorstellen? Den von kandierten Veilchen? Von Salz? Zucker? Zitronensaft? Chinin?

(2) Bitte ordnen Sie die folgenden 20 Eindrücke in Gruppen, und zwar nach der Klarheit, Lebendigkeit und Deutlichkeit, mit der Sie sie erinnern oder sich vorstellen können!

(a) Ein dunkler, bewölkter Himmel; ein Blatt gelben Papiers; ein schwarzer Kreis auf weißem Grund.

(b) Das Gefühl von Samt; Teig; eines vertrockneten Blatts.

(c) Der Geruch von Teer; der eines Pelzmantels; der einer Petroleumlampe, die gerade ausgeblasen wurde.

(d) Der Geschmack von Schokolade; von Oliven; von Gebäck.

(e) Die Wärme einer Wärmflasche auf Ihren Füßen; die Kälte eines die Kleidung durchdringenden Windes.

(f) Ohrensausen; das Summen eines Induktionsapparates; der Kammerton ‚a' auf der Violine.

(g) Übelkeit; Zahnschmerzen; ‚Ameisenlaufen'.

6.2 Perzeptuelle und konzeptuelle Verarbeitung

Vorstellungsexperimente versprechen, aus dieser Perspektive Anhaltspunkte über die Organisation und Arbeitsweise des Gedächtnisses zu geben. Die Frage nach der *internen Repräsentation* der äußeren Welt rückt in den Mittelpunkt. Wenn ich mir meinen Nachbarn vorstelle, so kann ich sicher ein anschauliches Bild von ihm generieren, bedeutet dies aber auch, daß die Information in dieser Weise gespeichert wird? Haben wir Bilder im Kopf?

Duale Kodierungstheorie

Eine erste empirische Annäherung an dieses Problem aus der Sicht der Kognitiven Psychologie versuchte PAIVIO mit seiner Theorie der dualen Kodierung. Nach PAIVIO (1969, 1971) existieren zwei voneinander unabhängige, aber teilweise miteinander verbundene Systeme. In einem Bildspeicher (analoger Speicher) werden Objekte unserer Umwelt bildhaft aufbewahrt, in einem Sprachspeicher (analytischer Speicher) sind abstrakte Wissenseinheiten repräsentiert, die eng mit den Elementen unserer Sprache korrespondieren. Diese Speichersysteme arbeiten unabhängig voneinander, sie sind jedoch eng miteinander verbunden. Die bildhafte Repräsentation eines Sachverhaltes kann seine verbale aktivieren und umgekehrt. Die Aktivität der beiden Systeme muß nach PAIVIO dem Bewußtsein nicht zugänglich sein. Bilder sollen nun zunächst einen bildhaften Kode *(Imagene)* hervorrufen, während Sprache die Basiseinheiten des verbalen Systems *(Logogene)* aktiviert. Bei der weiteren Verarbeitung im Gedächtnis können Verbindungen zwischen den Systemen hergestellt werden, so daß z.B. konkrete sprachliche Information ein zugehöriges Vorstellungsbild auslösen kann. Nach PAIVIO werden Informationen besser behalten, wenn sie doppelt verarbeitet werden (Doppelkodierungen), d.h. gleichzeitig analytisch und analog. Dieser Mechanismus kann auch als Erklärung für die Verbesserung der Behaltensleistung bei einer „Vorstellungsinstruktion" herangezogen werden, von der zu Anfang des Kapitels berichtet wurde. Viele Mnemotechniken arbeiten mit einer Doppelkodierung. Bei abstrakten Begriffen ist es zumeist nicht möglich, „Imagene" zu generieren. Nach PAIVIO sollten abstrakte Begriffe deshalb auch schlechter reproduzierbar sein.

Tabelle 1 zeigt die Verfügbarkeit der Kodiersysteme als Funktion der Bildhaftigkeit zu verarbeitender Information (nach PAIVIO 1971, S. 179). Die Anzahl der Pluspunkte macht den Grad der Verfügbarkeit kenntlich.

		KODIERUNGSSYSTEM	
		imaginal	verbal
	Bilder	+++	++
STIMULI	konkrete Begriffe	+	+++
	abstrakte Begriffe		+++

Tab. 1: Kodierungssysteme nach PAIVIO (1971)

Experiment 25:

BOWER (1972) hat seinen Versuchspersonen Paare von Substantiven vorgegeben, wie z.B. Hund-Fahrrad, Wal-Zigarre usw. Diese Paare sollten so gelernt werden, daß nach Darbietung des ersten Wortes das zweite Wort sicher wiedergegeben werden kann. Als Maß für die Behaltensleistung galt der prozentuale Anteil der richtig reproduzierten Wortpaare. Eine Gruppe der Versuchspersonen wurde durch eine „Anschaulichkeitsinstruktion" dazu aufgefordert, die Objekte eines Paares durch eine anschauliche Vorstellung miteinander zu verbinden, sich beispielsweise einen Zigarre rauchenden Wal vorzustellen. Der Effekt einer solchen Instruktion ist im Vergleich zu einer zweiten Gruppe von Versuchspersonen, die eine solche Instruktion nicht erhielt, außergewöhnlich hoch. Unter sonst gleichen Bedingungen konnte die Gruppe mit der Anschaulichkeitsinstruktion z.T. 50% mehr der Substantive reproduzieren (vgl. Abbildung 100). Die systematische Aktivierung von anschaulichen Vorstellungen scheint Paare im Gedächtnis stärker zu verbinden als einfache Wort-zu-Wort-Assoziationen. Dieser Effekt wird als das Ergebnis einer Doppelkodierung der Wörter gedeutet. In einer anderen Untersuchung haben PAIVIO & DESROCHERS (1979) mit dieser Technik die Rate korrekt gelernter Vokabeln verdoppeln können.

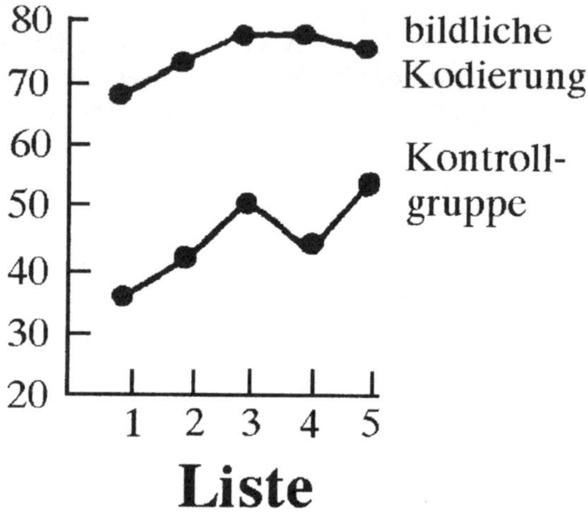

Abb. 100: Ergebnisse des Experiments von BOWER (1972). Reproduktionsleistungen mit und ohne „Anschaulichkeitsinstruktion" bei unterschiedlichen Listen von Wortpaaren (in Prozent, hier aus HOFFMANN, 1983).

Abstrakte Wissensbasis

Die Gegenposition, u.a. vertreten von PYLYSHYN (1973, 1981), nimmt an, daß ein einziges diskretes, *propositionales Format,* das als eine abstrakte Wissensbasis verstanden wird, zur Repräsentation aller Informationen ausreicht, unabhängig davon ob sie visuell oder auditiv dargeboten werden und ob sie verbal oder nonverbal sind. Ein zentrales Argument hierbei ist, daß sich Vorstellungen in sprachliche Formulierungen fassen lassen und Sprache ihrerseits Vorstellungen erzeugen kann.

„Solange wie wir feststellen können, daß Leute von mentalen Bildern zu mentalen Worten wechseln können oder umgekehrt, sind wir gezwungen zu schließen, daß es eine Repräsentation geben muß (welche abstrakter ist und nicht der bewußten Erfahrung zugänglich), die beide einschließt. Es muß ... ein gemeinsames Format oder Interlingua geben." (PYLYSHYN, 1973, S.5; Übersetzung vom Verfasser)

Die Grundbausteine dieser abstrakten Wissensbasis sind die der Tiefenstruktur der Sprache entlehnten Propositionen. Eine *Proposition* beinhaltet ein Relationskonzept (z.B. ein Verb), das Konzepte von Personen, Gegenständen oder Gegebenheiten miteinander verbindet. Der Satz „Freud half vielen Kranken" besteht z.B. aus den Konzepten „Freud" und „viele

Kranke“, die durch die Relation „helfen“ miteinander verbunden sind. Zur graphischen Veranschaulichung von Wissensstrukturen werden häufig sog. semantische Netzwerke verwendet, in denen Konzepte durch „Knoten“ und Relationen durch „Kanten“ dargestellt werden. Abbildung 101 zeigt ein solches semantisches Netz, daß an eines der ersten *Netzwerkmodelle* von COLLINS & QUILLIAN (1972) angelehnt ist.

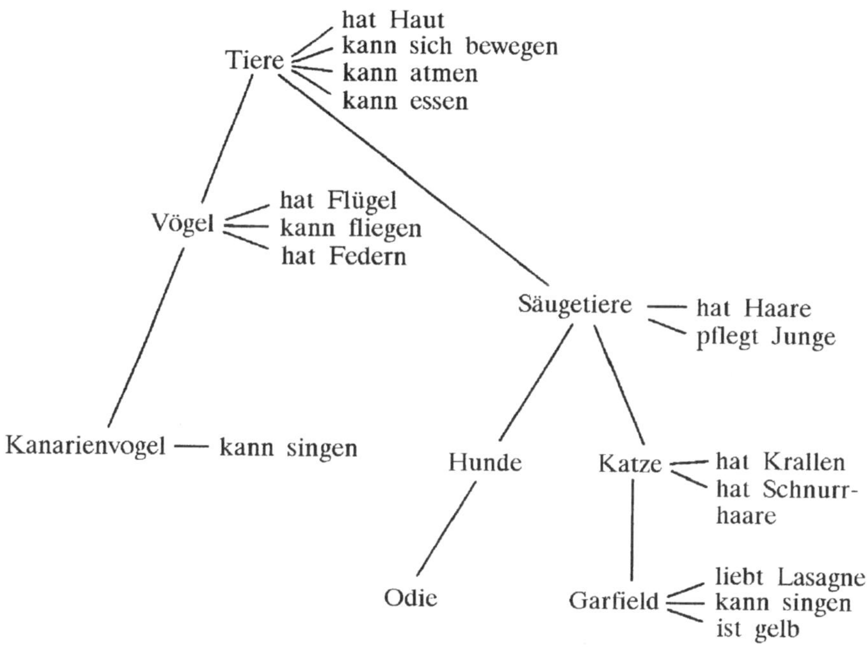

Abb. 101: Semantisches Netzwerk nach COLLINS & QUILLIAN (1972)

Inzwischen liegen viele Gedächtnistheorien auf der Basis von Netzwerk-Modellen vor (z.B. ANDERSON & BOWER, 1973; NORMAN & RUMELHART, 1975; ANDERSON, 1983). Die Modelle unterscheiden sich u.a. in der Art der abbildbaren Wissensinhalte und in den Annahmen darüber, wie auf das Wissen zugegriffen wird. Gemeinsam ist ihnen jedoch die Vorstellung, daß unser Wissen von der Welt hierarchisch organisiert ist und daß der Zugriff auf dieses Wissen wesentlich von dieser Tiefenstruktur bestimmt wird. Ein eigenständiges analoges Repräsentationsformat wird abgelehnt. Vorstellungsbilder sind lediglich Randerscheinungen (Epiphänomene), die im Laufe des Informationsverarbeitungsprozesses auftreten.

Die Frage nach einem analogen versus propositionalen Repräsentationsformat hat zu einer heftigen Diskussion geführt (der sog. „imagery“-Debatte), in deren Verlauf einige grundlegende Begriffe der Kognitiven Psychologie problematisiert wurden (vgl. zusammenfassend YUILLE, 1983).

Ein Modell, das eine Reihe empirischer Befunde integrieren und als eines der z.Z. elaboriertesten Modelle über Vorstellungsprozesse gelten kann, ist das „Kathodenstrahlröhrenmodell" von KOSSLYN (1980).

Modell des Bildabtastens

Die Hauptannahme dieses Modells oder besser dieser Metapher ist, daß zwei fundamentale Arten der Bildrepräsentation existieren. Zum einen wird eine Oberflächenrepräsentation postuliert, die weitgehend dem Vorstellungsbild selbst entspricht. Diese wird auf einem *„inneren Bildschirm"* dargestellt, dessen Funktionsweise dem eines realen Bildschirms ähnlich sein soll. Auf dieser „Oberfläche" können Objekte quasi bildlich dargestellt werden. Wie der Bildschirm eines Fernsehgerätes haben auch Vorstellungsbilder demnach (1) eine beschränkte Größe, (2) eine beschränkte Auflösung (zu kleine Bilder können nicht mehr dargestellt werden) und (3) nur eine begrenzte Lebensdauer (ähnlich wie ein TV-Bildschirm regelmäßig neu aufgebaut wird, müssen auch Vorstellungsbilder regelmäßig „aufgefrischt" werden). Der Oberflächenrepräsentation werden jedoch Datenstrukturen zugrundegelegt, die als propositionale Tiefenstrukturen zu kennzeichnen sind. Um im Bild zu bleiben, kann man sich dieses propositional abgelegte Wissen über das Aussehen der Objekte als Angaben darüber vorstellen, welche Punkte des „inneren Bildschirms" in welcher Farbe „gezeichnet" werden sollen. Die dritte wesentliche Annahme dieser Metapher ist, daß es einen *„Interpreter"* gibt, der die Oberflächenstruktur aufbaut und für eine bedeutungsvolle Interpretation des Bildes sorgt.

Wenn wir in einem Bild oder in einer Zeichnung ein bestimmtes Objekt suchen (in vielen Illustrierten gibt es solche „Suchbilder"), „tasten" wir es regelrecht mit den Augen ab, d.h. wir wandern mit den Augen in bestimmten Richtungen über das Bild, bis wir das Gesuchte gefunden haben. Diesen Vorgang nennt man *Bildscannen.* Ein Scanvorgang dauert um so länger, je schwieriger ein Gegenstand zu finden ist oder je weiter er von unserer Ausgangsposition entfernt ist.

Experiment 26:

In vielen Untersuchungen konnte gezeigt werden, daß diese Charakteristika auch unter Vorstellungsbedingungen erhalten bleiben. Eines der bekanntesten Experimente ist das von KOSSLYN, BALL & REISER (1978). Sie zeigten, daß die Zeit, um von einem Startpunkt aus einen anderen Punkt eines vorgestellten Bildes zu finden, proportional ist zu der Entfernung der beiden Punkte voneinander. Versuchspersonen wurde das Bild einer fiktiven Landkarte von einer Insel gezeigt (Abbildung 102), die sie sich im Gedächtnis gut einprägen sollten (insbesondere sieben hervorgehobene Orte der Insel: eine Hütte, ein Baum, ein See usw.). Die Versuchspersonen prägten sich die Karte dann solange ein, bis sie sie mit einer großen Genauigkeit wiedergeben konnten. Die Probanden wurden dann gebeten, sich die Karte vorzustellen und sich in der Vorstellung an einen bestimmten der sieben Punkte zu „begeben". Nach fünf Sekunden wurde ihnen ein anderer Punkt der Karte genannt, den sie mittels scanning erreichen sollten. Wenn sie angekommen waren, drückten sie einen Knopf, so daß die Zeit registriert werden konnte. Die Ergebnisse zeigen, daß die benötigte Zeit von der Entfernung der Orte abhängt. Zwischen der Entfernung der Orte und der Länge der benötigten Zeit bestand ein linearer Zusammenhang: Je größer die Strecke, um so länger die Zeit.

Abb. 102: Fiktive Landkarte im Experiment von KOSSLYN et al. (1978)

6.3 Funktionale Äquivalenz

Eine Vielzahl von Experimenten beschäftigt sich mit der Frage, ob die grundlegenden Verarbeitungsprozesse, die an der Wahrnehmung und an der Vorstellung beteiligt sind, vergleichbar sind. Nach NORMAN (1979) handelt es sich lediglich um zwei unterschiedliche „Perspektiven", die an den gleichen Forschungsgegenstand herangetragen werden. Wahrnehmen ist nach dieser Auffassung die Zurverfügungstellung von Interpretationen für die ankommende sensorische Information, Erinnern ist das Wiedergewinnen dieser Interpretation. Wenn es stimmt, daß diese beiden Prozesse so ähnlich sind, daß sie möglicherweise sogar dieselben neuronalen Grundlagen haben, wie kommt es dann, daß wir sie nicht häufiger verwechseln und unsere Vorstellungen für Realität halten? NEISSER (1974) vermutet, daß dies deswegen geschieht, weil die Wahrnehmung im Gegensatz zur Vorstellung durch die kontinuierliche Aufnahme neuer sensorischer Information aus der Umwelt kontrolliert wird.

Ein erstes Rahmenkonzept für die vergleichende Untersuchung von Wahrnehmung und Vorstellung hat FINKE (1980) vorgestellt. Es geht von der Annahme aus, daß ab einer bestimmten Verarbeitungsstufe funktional äquivalente Prozesse ablaufen. FINKE unterscheidet dabei drei Ebenen des Vergleichs von Wahrnehmung und Vorstellung:

- Auf einer ersten Ebene (höchste Verarbeitungsstufe) führen Wahrnehmung und Vorstellung zu denselben Resultaten. So führt die bewußte Vorstellung eines Elefanten zu dem gleichen Ergebnis wie die Wahrnehmung eines Elefanten.

- Auf einer zweiten Ebene (untere Verarbeitungsstufen) treten bei der Wahrnehmung eines Objekts eine Reihe von Phänomenen auf, die sich in der Regel nicht zeigen, wenn man sich ein Objekt lediglich vorstellt. So finden sich bei der Vorstellung etwa keine Nachbilder und auch die Adaptationsmechanismen der Zapfen fehlen.

- Auf einer dritten Ebene (mittlere Verarbeitungsstufen) führen Wahrnehmung und Vorstellung potentiell zu gleichen Ergebnissen. Diese Ergebnisse treten jedoch nicht immer in Erscheinung. Etwa, wenn ich über ein Objekt spreche, ohne es mir vorzustellen.

Wie sich FINKE (1986) das Zusammenspiel der beiden Prozesse im visuellen Bereich vorstellt, zeigt die Abbildung 103. Danach erfordert die Wahrnehmung eines Gegenstandes eine geordnete Reihe neuronaler Aktivitäten in aufeinanderfolgenden Stufen des visuellen Systems, beginnend bei der Netzhaut des Auges. Die Vorstellung eines Gegenstandes hängt vom Wissen über ihn ab und geschieht auf dem höchsten Niveau der Informationsverarbeitung. Wenn ein Vorstellungsbild generiert wurde, kann es auf neuronale Mechanismen in mittleren Verarbeitungsstufen des visuellen Systems einwirken und an dieser Stelle die Wahrnehmung eines Gegenstandes modifizieren. Es wird nicht angenommen, daß bildhaftes Vorstellen die untersten Ebenen des visuellen Systems beeinflussen kann.

Empirische Vergleiche von Wahrnehmung und Vorstellung

Eine der wesentlichen Schwierigkeiten beim empirischen Vergleich von Wahrnehmung und Vorstellung besteht darin, geeignete Indikatoren zu finden. Dies geschieht bisher, indem geprüft wird, inwieweit die gut be-

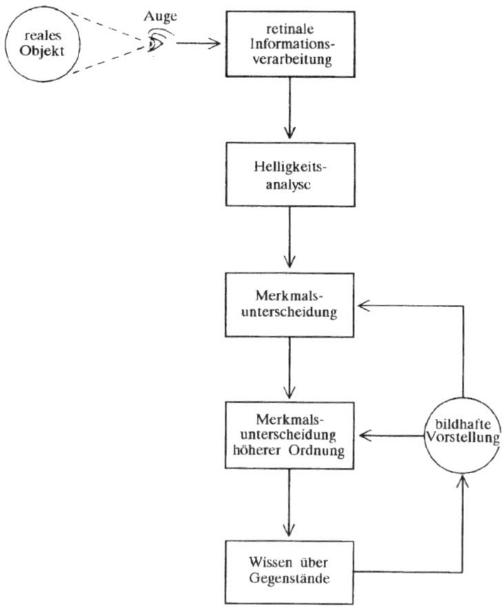

Abb. 103: Modell für den Einfluß visuellen Vorstellens auf die Wahrnehmung (FINKE, 1986). Erläuterung im Text.

kannten Leistungen des Wahrnehmungssystems ihre Entsprechung unter Vorstellungsbedingungen haben. Im folgenden soll, vor allem auch um die Arbeitsweise und die methodischen Probleme in diesem Bereich deutlich zu machen, eine Reihe von Experimenten aus folgenden Problemfeldern besprochen werden: Vergleich von Größen-, Längen- und Winkelverhältnissen sowie die Qualität der Auflösung.

MOYER (1973) und PAIVIO (1975) ließen visuell vorgestellte Objekte (z.B. eine Katze und einen Hirsch, eine Tasse und ein Buch) von Versuchspersonen hinsichtlich ihrer Größe unterscheiden. Die Versuchspersonen mußten angeben, welches der beiden Objekte größer ist. Für diesen Vergleich (etwa von Katze und Hirsch) benötigen sie Informationen über die wahre Größe der beiden Objekte. Diese muß aus dem Gedächtnis erinnert werden. Es zeigte sich, daß die Zeiten, die die Versuchspersonen für die Entscheidung in Anspruch nahmen, um so länger waren, je kleiner die Größenunterschiede zwischen den Objekten waren (vgl. Abbildung 104). In der Wahrnehmung finden wir genau die gleiche Gesetzmäßigkeit: Auch hier steht die Entscheidungszeit in einem umgekehrten Verhältnis zur Größendifferenz. Dieser Zusammenhang wird als „symbolischer Distanzeffekt" bezeichnet.

PAIVIO (1978) hat Versuchspersonen zwei Uhrzeiten verbal mitgeteilt und sie aufgefordert, so schnell wie möglich zu bestimmen, bei welcher der beiden Zeiten der Winkel zwischen den Zeigern größer ist (vgl. Abbildung 105).

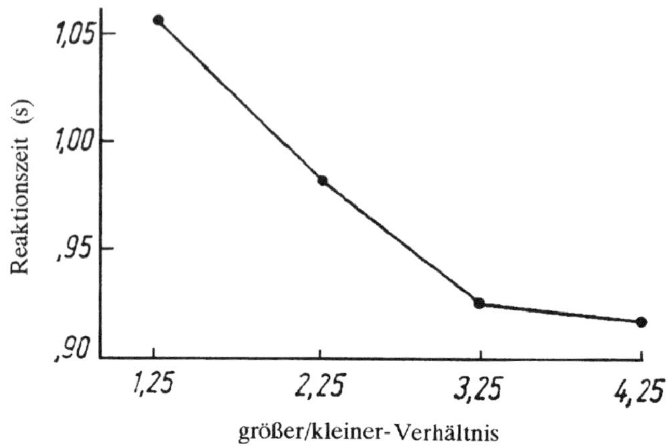

Abb. 104: Ergebnisse des Experiments von PAIVIO (1975). Je größer der Unterschied zweier Objekte ist, desto schneller kann eine Entscheidung gefällt werden (hier nach HOFFMANN, 1983).

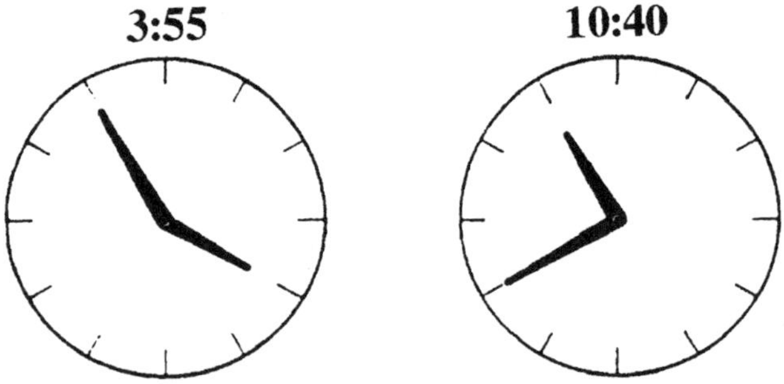

Abb. 105: Im Experiment von PAIVIO (1978) sollten die Versuchspersonen die Stellungen der Zeiger von zwei Uhrzeiten vorstellen und entscheiden, bei welcher Uhrzeit die Zeiger einen größeren Winkel einschließen.

Die Ergebnisse des Experiments zeigen, daß es den Versuchspersonen um so schneller gelingt, den Winkel zu benennen, je größer die Winkeldifferenz ist (Abbildung 106). Darüber hinaus konnten die Reaktionszeiten weiter vermindert werden, wenn man Versuchspersonen in einem Vortest trainierte, sich Vorstellungsbilder von den Zeigerstellungen aufzubauen.

Fixiert man unter Wahrnehmungsbedingungen ein Objekt, so nimmt die Güte der Auflösung mit dem Abstand vom Fixationspunkt im visuellen Feld kontinuierlich ab, wobei in der Regel die Auflösung in der horizontalen Ebene langsamer abfällt als in der vertikalen. Fixiert man bei einem kreisförmigen Feld mit hellen und dunklen Streifen, wie es in Abbildung 107 dargestellt ist, die Mitte, bemüht sich aber gleichzeitig immer weiter

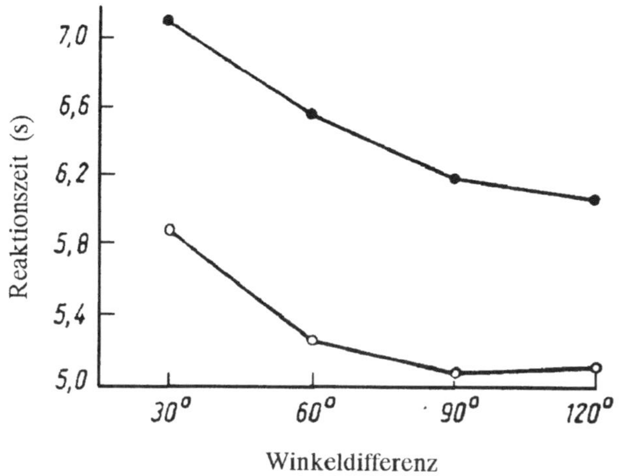

Abb. 106: Ergebnisse des Experiments von PAIVIO (1978) in der Darstellung von HOFFMANN (1983). Erläuterung im Text.

nach außen zu sehen, ist man ab einer gewissen Entfernung von der Mitte nicht mehr in der Lage, die einzelnen Streifen zu unterscheiden (für einen Selbstversuch ist zu beachten, daß dieser Bereich wesentlich vom Betrachtungsabstand abhängig ist). FINKE & KURTZMANN (1981) konnten zeigen, daß es zu dieser Eigenschaft des visuellen Systems Parallelen unter Vorstellungsbedingungen gibt.

Experiment 27:

FINKE & KURTZMANN (1981) prüften in einem Experiment, ob die Fähigkeit, Details in einem Bild zu unterscheiden, unter Wahrnehmungs- oder Vorstellungsbedingungen identisch ist. Die Versuchspersonen sollten sich die in Abbildung 107 dargestellten Muster bildhaft vorstellen und dieses Vorstellungsbild in das Zentrum eines großen kreisförmigen Schirms projizieren. Die Versuchspersonen gaben dann an, wie weit sie in ihrer Vorstellung nach außen blicken konnten, bis sie nicht mehr in der Lage waren, die vorgestellten Streifen zu unterscheiden. Wie es für die Wahrnehmung typisch ist, gaben die Versuchspersonen an, daß die vorgestellten Streifen in der Peripherie des Sehfeldes kontinuierlich verschwommener wurden und von einer gewissen Grenze an nicht mehr unterscheidbar waren. Wurden die Muster tatsächlich auf einem Bildschirm gezeigt (Wahrnehmungsbedingung), ergab dies dieselben Resultate wie in der Vorstellungsbedingung. Auch bei der Auflösung von Mustern scheinen ähnliche Gesetzmäßigkeiten für Vorstellen und Wahrnehmen zu gelten.

Abb. 107: Versuchsmaterial des Experiments von FINKE & KURTZMANN (1981). Die Muster unterscheiden sich in der Streifendichte pro Sehwinkelgrad.

Gegen diese Vorstellungsexperimente sind erhebliche *methodische Einwände* erhoben worden. Sie konzentrieren sich zumeist auf einen der vier folgenden Punkte (vgl. auch FINKE, 1985): (1) Hinweisreize auf die Hypothesen des Experimentators (sogenannte „demand characteristics"), die durch die spezifische Aufgabenstellung induziert werden (besonders leicht, wenn Vorstellungsinstruktionen verwendet werden), (2) Versuchsleitereffekte, die insbesondere bei längeren Trainingsphasen wirksam werden, (3) stilles Wissen (tacit knowledge) über die physikalischen und perzeptuellen Prozesse (so kann eine Vorstellungsaufgabe leicht zu einem Wissenstest werden) und (4) den Einfluß von Augenbewegungen.

Fast jedes der in diesem Kapitel berichteten Experimente ist gegen einen oder mehrere dieser Störfaktoren anfällig, es läßt sich eben letztlich nicht überprüfen, was die Versuchspersonen in einem Vorstellungsexperiment wirklich machen. Zum Abschluß dieser Gruppe von Untersuchungen soll daher ein Experiment von FINKE (1979) dargestellt werden, mit dem wenigstens dem Argument, daß das explizite oder implizite Wissen der Versuchsperson über die zu erwartenden Veränderungen die Ergebnisse bestimmt, entgegengetreten werden kann.

Experiment 28:

Das Experiment untersucht die Frage, ob die bekannte Anpassung an Prismengläser (vgl. Umkehrbrillen) auch zustande kommt, wenn die Versuchspersonen sich die zunächst auftretenden Fehler nur vorstellen. In der Wahrnehmungsbedingung hatten die Versuchspersonen die Aufgabe, mit dem rechten Arm auf ein vor ihnen aufgebautes Ziel (rote Karte) zu zeigen. Sie erhielten dann Rückmeldung über die Abweichung anhand einer Fehlermarkierung. Insgesamt wurden 20 Adaptationsdurchgänge durchgeführt. Entsprechend der Prismenwirkung zeigten die Versuchspersonen im ersten Durchgang ca. 5 cm zu weit nach rechts. Da die Prismen alle Objekte im visuellen Feld verschieben, sahen die Versuchspersonen auch ihren Arm verlagert. Sie hatten die Möglichkeit, den Richtungsfehler in den nachfolgenden Durchgängen zu korrigieren (perceptual feedback). Diese Möglichkeit wurde den Versuchspersonen der Vorstellungsbedingung genommen. Sie wurden ebenfalls aufgefordert mit dem ausgestreckten Arm auf das Ziel zu zeigen, konnten dabei aber ihre Finger nicht sehen, da sie durch eine Platte verdeckt waren. Sie sollten sich vielmehr vorstellen (imagery feedback), ihr Finger zeige genau auf eine vorgegebene Fehlermarke (entsprach dem mittleren Fehler in der Wahrnehmungsbedingung). In der Kontrollbedingung erhielten die Versuchspersonen weder bei der Wahrnehmung noch bei der Vorstellung eine Rückmeldung über den Zeigefehler. Nur in den beiden Experimentalbedingungen war ein statistisch signifikanter Rückgang der Größe des Fehlers zu beobachten, der Verlauf war dabei in beiden Bedingungen ähnlich, wenn auch die Beträge unterschiedlich waren. Einen weiteren Hinweis auf die funktionelle Gleichheit von beobachteten und wahrgenommenen Fehlern sieht FINKE darin, daß bei Abnahme der Prismenbrillen die Nacheffekte (Versuchsperson zeigt links an der roten Marke vorbei) auch in den Vorstellungsbedingungen auftraten.

6.4 Isomorphieproblem

Während sich die Untersuchungen zur funktionalen Äquivalenz mit dem Vergleich der Prozesse von Wahrnehmung und Vorstellung beschäftigen, wird hier nur relativ indirekt etwas über das grundlegende Verhältnis von externem Objekt und interner Abbildung, also dem Produkt gesagt. Es bleibt die Frage von KOFFKA (1935, S. 76): „Warum sehen die Dinge so aus, wie sie aussehen?" Bereits in der Einleitung wurde auf die Bedeutung und Schwierigkeit dieser Frage hingewiesen. Sie soll jetzt etwas näher betrachtet werden. Ausgangspunkt ist die Annahme, daß es auf der einen Seite eine relativ konstante und gut beschreibbare Beziehung zwischen externem Objekt und interner Abbildung geben muß, da sonst kein der Umgebung angepaßtes Verhalten möglich ist, daß es auf der anderen Seite aber auch keine einfache 1:1-Abbildung sein kann.

Konzept der funktionalen Isomorphie

SHEPARD & CHIPMAN (1970) gehen daher davon aus, daß zwar keine strukturelle Isomorphie oder *„Isomorphie 1. Ordnung"* zwischen externem Objekt und interner Abbildung besteht (bei der z.B. ein Quadrat als Quadrat abgebildet werden müßte), wohl aber eine funktionelle Isomorphie oder *„Isomorphie 2. Ordnung“* (bei der die Relationen zwischen externen Objekten den Relationen zwischen den zugehörigen internen Abbildungen entsprechen müssen). Welche Konsequenzen diese Annahme für den Vergleich von Wahrnehmung und Vorstellung hat, soll am Beispiel des Experiments von SHEPARD & CHIPMAN (1970) verdeutlicht werden.

Experiment 29:

SHEPARD & CHIPMAN (1970) verglichen Versuchspersonen-Urteile über die Ähnlichkeit der Umrisse von 15 amerikanischen Staaten. Alle Staaten wurden miteinander kombiniert, so daß 105 Paare entstanden, die die Versuchspersonen hinsichtlich der Ähnlichkeit der Umrisse in eine Rangreihe ordnen mußten. Während eine Gruppe Karten vorgelegt bekam, auf denen die Staaten in ihrer Form abgebildet waren, erhielt eine andere Gruppe Karten, auf denen lediglich deren Namen standen (vgl. Abbildung 108). Die Ergebnisse beider Gruppen entsprechen sich weitgehend, d.h. die Ähnlichkeitsurteile bleiben vergleichbar. Es wird daher angenommen, daß die Gruppe mit der rein verbalen Information ebenfalls Bilder generiert, die für den Vergleich der Umrisse herangezogen werden und diese Bilder ähnliche Merkmale aufweisen wie die tatsächlichen Umrißzeichnungen.

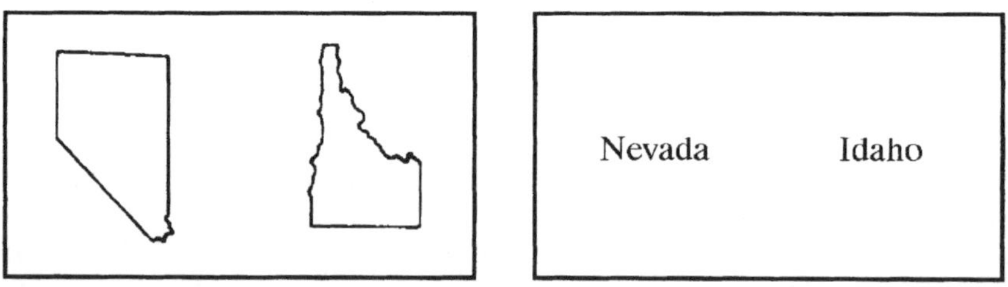

Abb. 108: Beispiel eines Paarvergleichs im Experiment von SHEPARD & CHIPMAN (1970). Links: Wahrnehmungsbedingung. Rechts: Vorstellungsbedingung

SHEPARD (1981) hat diese Gedanken stärker systematisiert und ausformuliert. Seine Überlegungen sollen hier wegen ihrer grundsätzlichen Bedeutung trotz ihrer Komplexität und der nicht einfachen Begrifflichkeit vorgestellt werden. Als Hilfe kann dabei die Abbildung 109 dienen, die das Gesagte graphisch veranschaulicht.

Ausgangspunkt ist die psychophysische Frage nach dem Verhältnis von *distalem Stimulus* (z.B. ein dreidimensionales externes Objekt, symboli-

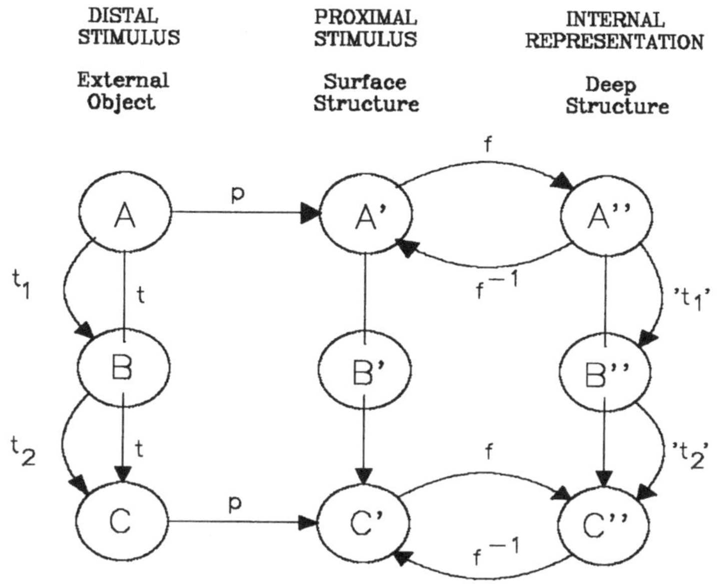

Abb. 109: Psychophysische Komplementarität nach SHEPARD (1981) in der Darstellung von ZIMMER (1986). Erläuterung im Text.

siert durch A (1. Zustand), B (2. Zustand), C (3. Zustand), *proximalem Stimulus* (projektive zweidimensionale Abbildung der Oberflächenstruktur des Objektes auf der Netzhaut, A', B', C') und der *internen Repräsentation* (A", B", C").

Außer den Objekten und den Abbildungen der Objekte werden vier Klassen von Transformationen betrachtet. (1) Transformationen, die sich auf das physikalische Objekt beziehen (symbolisiert durch t), (2) Transformationen zwischen distalem und proximalem Stimulus (p für „projective"), (3) Transformationen zwischen proximalem Stimulus und interner Repräsentation (f für „formational", f -1 für die Inversion des Prozesses) und (4) Transformationen interner Repräsentationen (‚t'). Isomorphie 2. Ordnung bedeutet nun, daß sich die entscheidende Korrespondenzbehauptung nicht auf das Verhältnis von externem Objekt zu interner Abbildung oder vom Netzhautbild zur internen Abbildung bezieht (also A zu A'oder A'zu A"), sondern auf das Verhältnis der Transformationen, speziell von t zu ‚t'. So wird angenommen, daß die Sequenz t,p,f zum gleichen internen Resultat führt wie die Sequenz p,f,‚t'. So können bei der internen Repräsentation die wesentlichen Merkmale eines 3-dimensionalen externen Objektes erhalten bleiben, obwohl auf der Netzhaut nur eine 2-dimensionale Abbildung erfolgen kann. Der Ansatz wird wegen der Bedeutung der Transformationen auch als „transformational view of perception" bezeichnet (vgl. CASSIRER, 1944; ZIMMER, 1986; KEBECK, 1991; KEBECK & MAY, 1991).

Mentale Rotation

Diese Annahmen wurden auf dem Hintergrund der Experimente zu *„mentalen Rotationen“*, die SHEPARD und Mitarbeiter seit Anfang der 70er Jahre durchführen, formuliert (vgl. für einen Überblick SHEPARD & COOPER, 1982). Sie beschäftigen sich mit dem Verhältnis zwischen physikalischer Rotation und mentaler Rotation. Die Frage ist, ob die mentale Transformation (hier: Rotation) den gleichen Gesetzmäßigkeiten folgt, wie sie für die physikalische Transformation bekannt sind. Ein Beispiel: Wenn Sie Schreibmaschine schreiben und ein Formular einspannen wollen, werden Sie vor dem Einspannen des Formulars im Geiste das Papier um die Walze herumlaufen lassen, um sicherzustellen, daß die Vorderseite des Formulars mit dem Kopf zuerst erscheint.

Experiment 30:

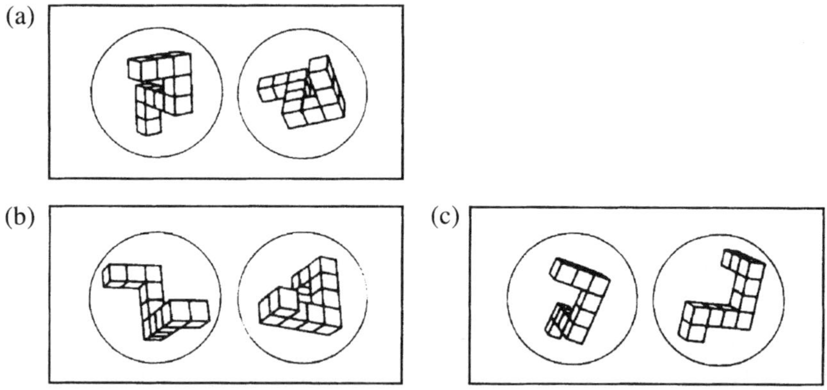

Abb. 110: Reizmaterial der Untersuchung von SHEPARD & METZLER (1971). (a) Ein identisches Paar, dessen Gebilde sich durch Drehung um 80° in der Bildebene unterscheiden. (b) Ein identisches Paar, dessen Gebilde sich durch Drehung um 80° in der Tiefendimension unterscheiden. (c) Ein Paar unterschiedlicher Gebilde, die nicht ineinander überführt werden können.

Der Aufbau dieser Experimente soll an der frühen Arbeit von SHEPARD & METZLER (1971) deutlich gemacht werden. Sie boten ihren 8 Versuchspersonen insgesamt 1600 Paare von perspektivischen Zeichnungen dreidimensionaler, rotierter Objekte dar. Jedes Bildpaar gehörte zu einer der drei folgenden Gruppen (Abbildung 110): 1. die Zeichnungen zeigen zwei Ansichten eines Objektes, das in der Bildebene gedreht ist, 2. sie zeigen zwei Ansichten eines Objektes, das in der dritten Dimension gedreht ist, 3. die beiden Bilder lassen sich weder durch eine Rotation in der Bildebene noch in der dritten Dimension ineinander überführen. Jeder Versuchsperson werden alle Zeichnungen in randomisierter Reihenfolge tachistoskopisch dargeboten. Die Aufgabe der Versuchsperson ist es, jeweils möglichst schnell zu entscheiden, ob es sich um zwei identische Objekte handelt oder nicht. Registriert wird die Entscheidungs- bzw. Reaktionszeit. Sowohl bei den Bildern der Gruppe 1 wie auch bei den Bildern der Gruppe 2 zeigt sich ein linearer Anstieg der Reaktionszeiten in Abhängigkeit von der Winkeldifferenz.

Dieser lineare Anstieg in der Winkeldifferenz fand sich in vielen nachfolgenden Untersuchungen. Er wird zumeist als Beleg dafür interpretiert, daß die mentale Rotation den gleichen Gesetzmäßigkeiten folgt wie die physikalische und daß, im Sinne des oben vorgestellten Modells, die Zeiten für die beiden internen Teiltransformationen ,t1' und ,t2' zur Überführung von A" in C" genauso additiv sind wie die beiden externen Transformationen t1 und t2, um A in C zu verwandeln. SHEPARD & PODGORNY (1978, S.223) fassen dieses wichtige Ergebnis in bezug auf das Verhältnis von Wahrnehmung und Vorstellung so zusammen: „... mentale Rotationen stimmen mit physikalischen Rotationen in dem Sinne überein, als die Prozesse (was auch immer sie im einzelnen sein mögen), die im Gehirn der betreffenden Person während der mentalen Rotation ablaufen, vieles gemeinsam haben mit denjenigen Prozessen, die im Gehirn derselben Person ablaufen, wenn sie das betreffende Objekt in Wirklichkeit rotieren sieht."

6.5 Anwendungsmöglichkeiten der Vorstellungsforschung

Bei den meisten Problemlöseaufgaben, in denen räumliche Strukturen eine Rolle spielen, ist die unterstützende Wirkung von Vorstellungsbildern bedeutsam. In der Mathematik wird z.B. häufig versucht, einen abstrakten Sachverhalt durch eine geometrische Umsetzung plausibel zu machen, so z.B. die Lösung eines Gleichungssystems durch Geraden, die sich in einem Punkt schneiden. Die lernunterstützenden Auswirkungen von Abbildungen und bildhaftem Material hat die Pädagogische Psychologie in vielen Untersuchungen belegen können (deshalb finden Sie auch in diesem Text so viele Abbildungen). Viele Intelligenztheorien (z.B. die „Primary Mental Abilities" von THURSTONE, 1941, das „Structure of Intellect"-Modell von GUILFORD, 1967) räumen bildlich-figuralen Komponenten neben semantischen Komponenten der Intelligenz einen großen Stellenwert ein. Eine Reihe moderner Intelligenztests beinhalten heute Testbatterien, in denen die Fähigkeit überprüft wird, Vorstellungen aufzubauen und Operationen mit ihnen durchzuführen. Große Ähnlichkeiten mit den Experimenten zur „mentalen Rotation“ haben z.B. die Würfelaufgaben des Intelligenzstrukturtests (IST 70) von AMTHAUER (1970). Abbildung 111 zeigt eine typische Aufgabe aus dieser Testreihe.

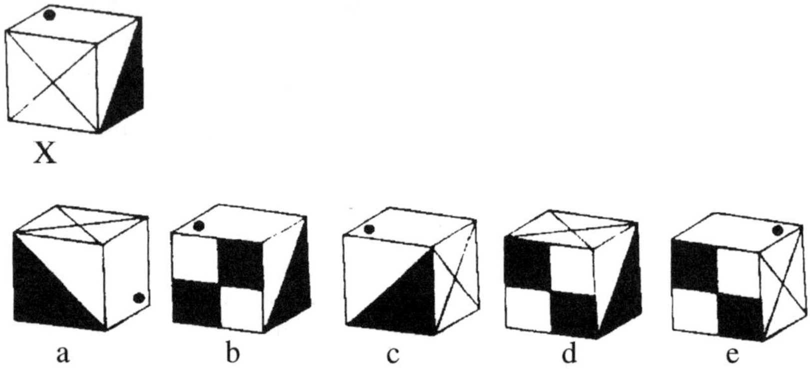

Abb. 111: Würfelaufgabe aus dem Intelligenz-Struktur-Test von AMTHAUER. Welcher der Würfel a, b, c, d, oder e ist mit dem Würfel X identisch?

Den Einfluß von Vorstellungsbildern auf die visuell-motorische Koordination macht man sich vor allem im Bereich des Sports zunutze, wo es unter dem Schlagwort *mentales Training* bekannt geworden ist. Eine Untersuchung von KEBECK, FIGGEN & SCHREIBER (1990), die sich mit den Grundlagen des mentalen Trainings beschäftigt, zeigt, daß auch unter Vorstellungsbedingungen die Verhältnisse zwischen den verschiedenen Teilstrecken einer slalomähnlichen Teststrecke erhalten bleiben. Schließlich sei noch auf den weiten Bereich der Klinischen Psychologie hingewiesen, wo bereits lange vor den ersten Untersuchungen zu „mentalen Rotationen“ oder „Scanning“ mit vorstellungsbezogenen Verfahren gearbeitet wurde (z.B systematische Desensibilisierung).

Teil III: Ausgewählte Anwendungsbereiche

Im Teil III werden drei verschiedene Anwendungsbereiche psychologischer Wahrnehmungsforschung vorgestellt. Es sind dies: 1. die eng mit der ökologischen Psychologie verbundene Lärmforschung, 2. die im Bereich der Arbeitspsychologie bedeutsame Forschung zur Raumbeleuchtung und 3. die zunehmend an Gewicht gewinnende Software-Ergonomie (Gestaltung von Computerprogrammen und Bildschirmoberflächen). In allen drei hier ausgewählten Schwerpunkten werden Ergebnisse der experimentellen Wahrnehmungsforschung direkt umgesetzt. Die Auswahl der Bereiche erfolgte unter drei Gesichtspunkten: 1. Es sollten, wie in den Teilen I und II, wieder verschiedene Modalitäten berücksichtigt werden (hier: akustisch und visuell). 2. Die Anwendungsbereiche sollten möglichen Arbeitsfeldern von Psychologen und Psychologinnen entsprechen. 3. Es sollte gerade in den letzten Jahren eine kontinuierliche Forschungstätigkeit gegeben haben.

7 Lärmwahrnehmung

7.1 Begriffseingrenzung

Die Alltagserfahrung zeigt, daß die Wahrnehmung von Lärm etwas sehr Subjektives ist. Den einen stört Straßenlärm, der andere bemerkt ihn gar nicht. Der eine kann Musik nicht laut genug hören, der andere fühlt sich bereits belästigt, wenn einige Etagen über ihm in Zimmerlautstärke eine Schallplatte läuft. Bei der Wahrnehmung von Lärm gibt es nicht nur Unterschiede zwischen Menschen, sondern auch intraindividuelle Abweichungen: Bei der Arbeit am Schreibtisch werde ich bereits durch das Tikken der Wanduhr gestört, das nicht minder laute Meeresrauschen am Strand finde ich hingegen beruhigend.

Wenn ein Physiker von „Lärm“ spricht, meint er damit meßbare Größen. Die Beispiele haben jedoch deutlich gemacht, daß ein *psychologischer*

Lärmbegriff immer auf das subjektive Erleben Bezug nehmen muß: „Lärm ist nur als psychologischer Begriff sinnvoll“ (SADER, 1966, S. 12). Ein so verstandener Lärmbegriff geht davon aus, daß – abhängig von individueller Wahrnehmung und Bewertung – akustische Ereignisse in der Umwelt als unterschiedlich „belästigend“ beurteilt werden: Der Wahrnehmende entscheidet darüber, ob ein Schallereignis Lärm ist oder nicht. Deshalb ist es auch sinnvoll, zwischen *„Lautstärke“* (als Bezeichnung für den physikalischen Aspekt) und *„Lautheit“* (für die psychologische Seite) zu unterscheiden. Eine Arbeitsdefinition für Lärm gibt GUSKI (1987). Lärm wird verstanden „als Schall, der für Betroffene unerwünscht ist oder geeignet, sie psychisch, physisch, sozial oder ökonomisch zu beeinträchtigen“ (S. 9).

Selbstversuch 16: Situationsabhängigkeit der Lärmempfindung

Versuchen Sie einmal, bei einem bestimmten Musikstück in möglichst verschiedenen Situationen und Stimmungen (Schreibtischarbeit, Hausarbeit, Besuch etc.) diejenige Lautstärke zu ermitteln, die Sie gerade noch als nicht belästigend empfinden. Notieren Sie sich dazu die Situation/Stimmung, in der Sie die Musik gehört haben, sowie die eingestellte Lautstärke (Skala des Lautstärkereglers).

Achten Sie bei der Auswertung Ihrer Aufzeichnungen auf die Größe der Lautstärkeunterschiede und suchen Sie mögliche Systematiken.

Bevor wir den Begriff der „Belästigung“ näher diskutieren, ist es notwendig, zunächst einige physikalische Grundlagen der Akustik zu erarbeiten. Nur bei Kenntnis dieser Grundlagen wird es möglich sein, dem Verhältnis physikalisch beschreibbarer Größen und deren phänomenaler Wahrnehmung nachzugehen (vgl. ausführlich Teil I).

7.2 Physikalischer Aspekt: Schalleigenschaften

Unter *„Schall“* versteht man Schwingungen in elastischen Stoffen im Frequenzbereich von 16 bis 20000 Hz („Hörbereich“). Schwingungen mit Frequenzen unterhalb von 16 Hz bezeichnet man als Infraschall, Schwingungen oberhalb von 20 000 Hz als Ultraschall. Schallwellen können, ähnlich wie Licht, reflektiert oder absorbiert werden. Die Absorptionseigenschaft von Schallwellen macht man sich bei sog. Schallschluckstoffen zunutze. Sie besitzen einen hohen Absorptionsgrad und werden deshalb in Gebäuden als Lärmschutzmaßnahmen eingesetzt. Für das menschliche Gehör ist neben der Schallfrequenz der Schalldruck entscheidend. Dieser entsteht, vereinfacht ausgedrückt, durch die Hin- und Herbewegung der

Teilchen im übertragenden Medium (im Normalfall der Luft). Die Lautstärkeempfindung hängt nun von der Frequenz und dem Schalldruck eines Tons ab. Der Schall, der von einer Schallquelle abstrahlt, heißt *„Schallemission“;* den auf einen Organismus einwirkenden Schall bezeichnet man als *„Schallimission“*. Die verschiedenen Formen des Schalls lassen sich in vier Klassen einteilen: Ton, Klang, Geräusch und Knall. Während ein *Ton* durch eine reine Sinusschwingung erzeugt wird, stellt ein *Klang* ein Gemisch von Tönen dar, deren Frequenzen ganzzahlige Vielfache der Frequenz des tiefsten Tons sind. Ein *Geräusch* dagegen ist ein Gemisch von Tönen unterschiedlichster Frequenzen. Ein Knall ist durch eine sprunghaft einsetzende und sehr kurz andauernde Schwingung großer Amplitude charakterisiert.

Für die *Messung des Schalldrucks* hat sich die logarithmische Einheit Dezibel (dB) durchgesetzt. Entsprechend der Konstruktion der Dezibelskala liegt deren Nullpunkt an der Hörschwelle. Die Schmerzschwelle liegt bei ca. 120-130 dB. Die Tatsache, daß das menschliche Ohr frequenzabhängig arbeitet, hat zur Erstellung von Gewichtungskurven für die Dezibelskala geführt. Durchgesetzt hat sich vor allem die sogenannte A-Gewichtung. Schallpegel werden deshalb im allgemeinen in dB(A) angegeben.

Geräuschquelle	Schallpegel
Standlauf von Düsenflugzeugen	105 – 130
Preßlufthammer	90 – 105
LKW im Stadtverkehr	70 – 90
PKW im Stadtverkehr	65 – 85
Schreibmaschine	55 – 65
„Zimmerlautstärke“ bei Radio und Fernsehen	50 – 60
normales Gespräch	40 – 55
üblicher Hintergrundschall im Hause	30 – 42
(Quelle: Umweltbundesamt, 1984)	

Tab. 2: Typische Schallpegel in dB(A)

7.3 Psychologischer Aspekt: Belästigung

Als Bezeichnung für die subjektiv wahrgenommene Belästigung von Lärm hat sich in der anglo-amerikanischen Literatur der Begriff *„annoyance“* eingebürgert: In etwa 50% der Buch- oder Zeitschriftenartikel, die sich mit psychologischen Lärmwirkungen befassen, findet sich dieser Begriff (GUSKI, 1987). Nach CLARK (1984) beinhaltet er drei Komponenten:

– das Gefühl, belästigt, geplagt und verärgert zu sein,

– die Störung erwünschter Aktivitäten, wie z.B. Kommunikation oder Entspannung,

– Kopfschmerzen, Gespanntheit und andere psychosomatische Symptome.

Durch Lärm verursachte Belästigungen können sehr verschiedene Ursachen haben: Die Baustelle vor der Haustür, die Eisenbahn, der Untermieter, die Wasserleitungen usw.. Da die Wahrnehmung von Lärm das Endglied einer Kette von Bewertungsprozessen ist und die Urteile darüber, wann ein Geräusch lästig ist, stark differieren, gibt es kaum allgemeinverbindliche Aussagen. Allerdings lassen sich ein paar *„Faustregeln“* formulieren (vgl. hierzu SCHUSCHKE, 1976, S. 19 ff).

1. Einzeltöne, die herausragen, sind im allgemeinen besonders lästig. Die Minderung der Auffälligkeit von Geräuschen mit herausragenden Frequenzanteilen („tonhaltige Geräusche“) läßt sich deshalb häufig dadurch erreichen, daß Nachbarfrequenzen verstärkt werden und die Einzeltoncharakteristik dadurch verringert oder aufgehoben wird. Eine Lästigkeitsminderung kann sogar dadurch erzielt werden, daß durch Erhöhung des Gesamtschalldruckpegels mittels von Zusatzgeräuschen bestimmte Störfrequenzen verdeckt werden (REIPLINGER & STELTER, 1971).

2. Geräusche mit ständig schwankendem Schallpegel („Tennisplatzgeräusche“) sind lästiger als Geräusche mit gleichbleibender Lautstärke. Starke Geräuschspitzen in größeren Zeitabständen verursachen außerdem Schreckmomente. Diese Eigenschaft schwankender Schallpegel macht man sich z.B. bei der Konstruktion von Alarmanlagen (Heulsirenen usw.) zunutze.

3. Geräusche, die sich um 10 dB(A) oder mehr vom jeweils gegebenen Grundgeräuschpegel abheben, werden als stark störend empfunden (BRUCKMEYER, 1963). Der Grundgeräuschpegel ist dabei definiert als „der geringste an einem Ort zu einer bestimmten Zeit gemessene Schallpegel, der durch entfernte Geräusche verursacht wird und bei dessen Einwirkung ‚Ruhe‘ zu herrschen scheint“ (SCHUSCHKE, 1976, S.20). Ein derartiges Geräusch kann z.B. von einem elektrischen Gerät im Zimmer (z.B. ein Ventilator auf dem Schreibtisch) ausgehen.

4. Sehr niedrige und sehr hohe Frequenzen sind lästiger als mittlere Frequenzen zwischen 100 und 2000 Hz. Diesen Effekt haben bereits LAIRD & COYE (1929) untersucht: Messerkratzen auf dem Teller ist unangenehmer als ein vorbeifahrendes Auto, obwohl das Auto einen wesentlich höheren Schallpegel verursacht.

Einen groben – obgleich nicht ganz repräsentativen – Überblick über die am häufigsten als lästig empfundenen Geräusche kann man sich verschaffen, indem man Lärmbeschwerden analysiert, die bei Behörden oder Bürgerberatungen eingehen. Eine solche Auswertung ist in Tabelle 3 nachzulesen. Wie dort zu erkennen ist, stellt der Straßenverkehrslärm offenbar eines der größten Übel der täglichen Lärmbelästigung dar. Nach Daten, die ROHRMANN (1984) veröffentlicht hat, waren 15 bis 20 Millionen Bundesbürger im Jahre 1984 von Autolärm betroffen; Lärm am Arbeitsplatz störte deutlich weniger Personen (7 bis 9 Millionen).

Quelle	%	Spezifikation	%
Verkehr	37.5	Straßenverkehr, fließend	42.5
		Luftverkehr	29.8
		Parken, Laden, Halten	19.6
		Schienenverkehr	6.6
		Schiffsverkehr	1.5
Gewerbe	33.5	Produktion, Reparatur	49.8
		Klima-Anlagen, Lüfter	19.5
		Gaststätten	19.4
		Verkauf, Verteilung	11.3
Nachbarschaft	15.6	Geräte	46.8
		Tiere (Hunde)	25.5
		Kinder, Jugendliche	14.8
		Heizung	12.8
Baustelle	7.7	unspezifiziert	38.4
		Preßlufthammer	21.1
		Baumaschine	17.3
		Ramme	15.4
		Baufahrzeug	15.4
Öffentliche Veranstaltung	3.6	Sport	
Sonstiges	2.1	Musik	

Tab. 3: Anteile verschiedener Lärmquellen bei Lärmbeschwerden (nach ROHRMANN,1984)

7.4 Beschreibungsmöglichkeiten von Lärm

Es gibt eine Reihe von Möglichkeiten, Schallereignisse zu beschreiben. Die meisten Verfahren beziehen sich auf die physikalisch meßbaren Eigenschaften. Es soll aber auch eine Methodik vorgestellt werden, welche psychologische Aspekte der Schallwahrnehmung in den Mittelpunkt rückt: Die Verwendung von Polaritätsprofilen.

a) Schallpegel

In der Lärmwirkungsforschung wird vor allem ein Beschreibungsverfahren für Lärm verwandt: Der auf der Dezibel-Skala gemessene Schallpegel. Neben dem Maximalpegel ist der Pegelverlauf eines Geräusches von hoher Relevanz. Der *Pegelverlauf* erlaubt Angaben darüber, wie kontinuierlich oder diskontinuierlich ein Geräusch ist. Diskontinuierliche Schallpegel sind bei den Hauptlärmquellen des Alltags, dem Straßenverkehrs- und Fluglärm, kaum vorzufinden. Diese Schallcharakteristik findet in Untersuchungen deshalb nur selten Interesse.

b) Frequenzcharakteristik

Die Frequenzcharakteristik betrifft die Verteilung der Schallenergie auf die für den Menschen hörbaren Schallfrequenzen. Die Geräusche des Autoverkehrs besitzen beispielsweise im niederfrequenten Bereich höhere Schallpegel, die Straßenbahn im höheren Bereich: Die Straßenbahn hört sich deshalb „heller" an. Abbildung 112 zeigt die Frequenzspektren von acht Geräuschen.

c) Impulshaltigkeit

Geräusche mit einer hohen Pegelanstiegsgeschwindigkeit zeichnen sich durch eine große Impulshaltigkeit aus. Solche „Knall-Geräusche" sind z.B. für Schießstände typisch. Knall-Geräuschen kann man sich nicht entziehen. Man nimmt sie „automatisch" wahr, selbst wenn man sich vornimmt, gar nicht hinzuhören. Geräusche mit schnellem Pegelanstieg werden deshalb als *„biologische Signale"* bezeichnet. Sie versetzen uns in Alarmbereitschaft.

d) Ruhigkeitsmaße

Maße für die *„Ruhigkeit"* einer Wohngegend erheben den Schallpegel, der in einem festgelegten Tagesanteil überschritten wird. Der L90 ist beispielsweise derjenige Pegel, der 90% des Tages überstiegen wird. Ruhigkeitsmaße werden wegen ihrer Abstraktheit selten verwendet; sie sind jedoch häufig Bestandteile von Kombinationsmaßen, in denen verschiedene Meßmethoden (Schallpegel, Tonhaltigkeit, Impulshaltigkeit usw.) kombiniert und zu einem Gesamtmaß zusammengefaßt werden.

e) Semantische Beschreibungssysteme

Die Idee semantischer Beschreibungssysteme ist es, beliebige Stimuli – und somit auch Geräusche aller Art – sprachlich zu charakterisieren. Dahinter steht die Annahme, daß es allgemeine Bedeutungsmerkmale *(„semantische Deskriptoren")* gibt, mit denen ein Begriff dargestellt werden kann. Auf diesem Wege wird ein Vergleich verschiedener Stimuli in einem einheitlichen sprachlichen Bezugssystem möglich.

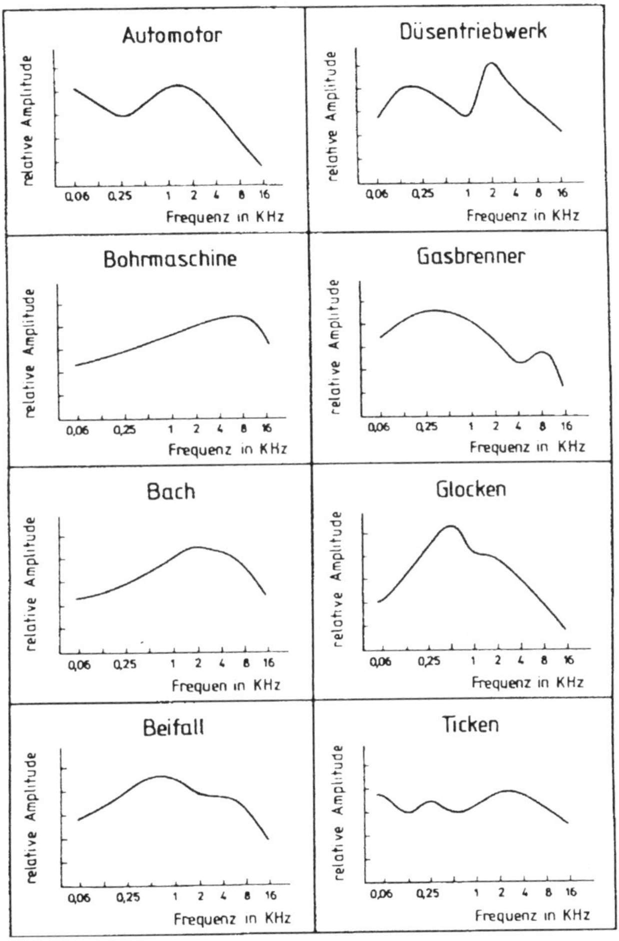

Abb. 112: Frequenzspektren acht verschiedener Geräusche (aus HÖGER, 1987)

Info-Box 13: Semantische Deskriptoren

Die Suche nach semantischen Deskriptoren geht auf die Arbeiten von OSGOOD und Mitarbeitern zurück. In einer Untersuchung von OSGOOD (1952) sollten Versuchspersonen mittels polarer Eigenschaftspaare Musikwerke beurteilen. Dabei zeigte sich, daß viele Eigenschaftswörter eine ähnliche (konnotative) Bedeutung haben:

„Breit war bei 96% aller Teilnehmer mit laut verbunden, nahe mit schnell zu 80%, hell mit glücklich zu 96%, schrill mit hoch zu 98% usw." (S. 225).

OSGOOD interpretierte die Übereinstimmungen als Auswirkungen von Begriffsbeziehungen in der semantischen Ebene und schlug drei

Dimensionen vor, mit denen der semantische Raum hinreichend beschrieben werden kann: Der „evaluative factor“, der „strength factor“ und der „activity factor“. Viele Nachfolgestudien konnten diese Dreidimensionalität des semantischen Raumes bestätigen (OSGOOD, MAY & MIRON, 1975).

Auch für Schallereignisse wurde versucht, allgemeine Bedeutungsmerkmale zu ermitteln, um mit ihnen die Bedeutungsstruktur von Geräuschen näher zu beschreiben. Im allgemeinen werden dazu Polaritätenlisten vor-

Selbstversuch 17: Polaritätenliste

Versuchen Sie, ein Musikstück Ihrer Wahl mittels der folgenden Polaritätenliste zu beurteilen. Kreuzen Sie die durch die Adjektivpaare gebildeten Skalen entsprechend an und verbinden Sie diese Punkte zu einem „Polaritätenprofil“.

nervös	1—2—3—4—5—6—7	gelassen
unangenehm	1—2—3—4—5—6—7	angenehm
gespannt	1—2—3—4—5—6—7	gelöst
schlecht	1—2—3—4—5—6—7	gut
wachsam	1—2—3—4—5—6—7	schläfrig
häßlich	1—2—3—4—5—6—7	schön
rastlos	1—2—3—4—5—6—7	träge
belastet	1—2—3—4—5—6—7	unbelastet
aktiv	1—2—3—4—5—6—7	passiv
ärgerlich	1—2—3—4—5—6—7	vergnüglich
ungemütlich	1—2—3—4—5—6—7	gemütlich
unerträglich	1—2—3—4—5—6—7	erträglich
lebhaft	1—2—3—4—5—6—7	verträumt
hastig	1—2—3—4—5—6—7	besonnen
uninteressant	1—2—3—4—5—6—7	interessant
erschöpft	1—2—3—4—5—6—7	frisch
unruhig	1—2—3—4—5—6—7	ruhig
unkonzentriert	1—2—3—4—5—6—7	konzentriert

(nach JANSEN & HOFFMANN, 1965)

gegeben, mittels derer Personen Schallereignisse beurteilen sollen (für ein Beispiel vgl. Selbstversuch 17). KLEINEN (1975) nennt drei wesentliche Dimensionen zur Beschreibung von Klängen: Helligkeit (dunkel-hell), Volumen (voll-leer) und Rauhigkeit (stumpf-glatt). Bei kulturvergleichenden Studien in unterschiedlichen Ländern sind diese Dimensionen übereinstimmend gefunden worden.

Aufgrund der Tatsache, daß der Eindruck von „Lärm“ vor allem durch subjektive Bewertungen zustande kommt, erscheint die Suche nach einem einheitlichen Maß für die Beschreibung zur Zeit wenig aussichtsreich. Bei der Messung eines Schallereignisses sollte daher dasjenige Verfahren angewendet werden, das die vermuteten Wirkungen auf den Menschen am besten wiedergibt. So ist es beispielsweise unangemessen, für den Vergleich der Wirkung eines Dieselmotors mit einem Symphonieorchester lediglich den „Schallpegel“ zu verwenden (vgl. SADER, 1966).

7.5 Verhältnis von physikalischen und psychologischen Merkmalen

Die Frage nach dem Verhältnis von physikalisch beschreibbaren Eigenschaften eines Geräusches und seiner Wahrnehmung bildet einen zentralen Schwerpunkt psychologischer Lärmforschung. Belästigungen werden zwar mit Zunahme des Schallpegels wahrscheinlicher; jedoch sind die meisten statistischen Zusammenhänge zwischen Belästigungsurteilen und Schallintensitäten eher als „mittel“ oder „gering“ einzustufen.

Experiment 31:

McKENNELL (1963) ging der Frage nach, welche korrelative Beziehung zwischen der subjektiv empfundenen Belästigung („annoyance“) und dem mittleren Schallpegel besteht. Er führte seine Untersuchung in acht Wohngebieten durch, die unterschiedlich weit vom Flughafen Heathrow entfernt waren und deshalb verschiedene Überflug-Schallspitzenpegel (PNdB) aufwiesen. Die ca. 1700 befragten Personen in diesen acht Wohngebieten sollten auf einer vierstufigen Skala angeben, wie stark sie sich im allgemeinen durch Fluglärm belästigt fühlen. Die Ergebnisse der Untersuchung zeigt Abbildung 113.

Wie Abbildung 113 zu entnehmen ist, besteht ein annähernd linearer Zusammenhang zwischen „annoyance“ und dem objektiven Schallpegel. Die relativ große Streuung der Urteile hat jedoch zur Folge, daß die Korrelation zwischen den subjektiv empfundenen Belästigungswerten und den durchschnittlichen Spitzenpegeln „nur“ den Wert 0.46 erreicht, d.h. lediglich 21% der Streuung der Belästigungs-Urteile lassen

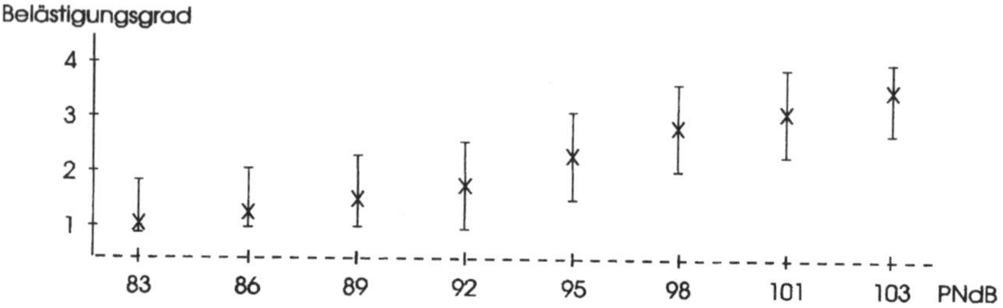

Abb. 113: Korrelativer Zusammenhang zwischen „annoyance" und mittlerem Spitzenpegel (nach McKENNELL, 1963). Eingetragen ist außerdem die Wertebereichsgrenze für 2/3 der Befragten.

sich statistisch mit dem mittleren Überflugpegel aufklären. Anders ausgedrückt: 79% der Urteilsstreuung sind aufgrund der objektiven Lautstärke nicht vorhersagbar.

Psychologische Erklärungsmodelle für die geringe Korrespondenz zwischen objektiven Größen und deren phänomenaler Wahrnehmung gehen vor allem von „intervenierenden" oder „moderierenden" Faktoren aus. Diese *Moderatoren* beziehen sich auf Variablen, die mit der akustischen Lärminformation selbst nichts zu tun haben, z.B. das Aussehen oder die wahrgenommene Größe eines Lärmverursachers. Als Moderatoren können aber auch bestimmte Einstellungen oder Dispositionen eines Individuums, dessen Schicht- oder Rassenzugehörigkeit fungieren. Diese Wirksamkeit nicht-akustischer Informationen für die wahrgenommene Lautheit von Schallereignissen konnte in verschiedenen Untersuchungen nachgewiesen werden.

STEVEN (1981) konnte beispielsweise zeigen, daß lärmarme LKWs, die den gleichen Schallpegel wie PKWs verursachen, als lauter eingeschätzt werden: Die Größe eines Objekts ist demnach mitverantwortlich dafür, wie laut ein von ihm ausgehendes Geräusch wahrgenommen wird. Auch das Umfeld einer schallverursachenden Situation scheint einen moderierenden Einfluß zu haben: KASTKA et al. (1986) stellten fest, daß bestimmte Wohnviertel in der Schweiz signifikant ruhiger beurteilt wurden als Wohngebiete in der Bundesrepublik, die objektiv dem gleichen Ausmaß an Lärm ausgesetzt sind.

Dieser Unterschied liegt nicht – wie man zunächst vermuten könnte – an der verschiedenen Mentalität von Schweizern und Deutschen. Die Ursache scheint vielmehr eine Variable zu sein, die KASTKA et al. „Umwelt-Ästhetik" nennen: Die betreffenden Straßen in der Schweiz weisen deutlich mehr Grünflächen auf als die Straßen in Deutschland. Andere Untersuchungen machen auf moderierende Faktoren aufmerksam, die mit bestimmten Personengruppen verknüpft sind: Alte Leute beispielsweise reagieren stärker auf Lärm als junge (SCHARNBERG, WÜHLER, FINKE & GUSKI, 1982). Italiener fühlen sich nicht so leicht durch Lärm gestört wie Schweden (JONSSON, PACCAGNELLA & SÖRENSEN, 1969).

Für dispositionelle und situative Faktoren der Lärmwahrnehmung findet man häufig den Begriff der „Sensibilisierung" bzw. „Desensibilisierung" (z.B. bei SCHUSCHKE, 1976). Eine *„Sensibilisierung"* gegenüber Lärm liegt vor, wenn bereits kleinste Geräusche, z.B. die Schallplattenmusik drei Etagen über mir, zu erheblichen Belästigungsgefühlen führen. SADER (1964) spricht in diesem Zusammenhang von „Lärm als Indiz". Lärm kann ein Indiz für gestörte Nachbarschaftsbeziehungen, persönliche Probleme usw. sein: Man hört den Hund des Nachbarn nur dann, wenn man sich mit ihm im Streit befindet.

7.6 Einfluß von Lärm auf individuelle Leistungen

Der Einfluß von Lärm auf Konzentrations- und Arbeitsleistungen ist nicht nur von theoretischem, sondern vor allem von praktischem Interesse. Es geht dabei z.B. um die Fragen: Welche Schallpegel sind leistungsfördernd? Welche wirken leistungshemmend? Welche akustische Umgebung ist in einem Betrieb mit monotoner Arbeit optimal?

In der Lärmforschung wird im Zusammenhang mit diesen Fragestellungen häufig auf einen *„umgekehrt-U-förmigen Zusammenhang"* zwischen Schallstärke und Leistung hingewiesen. Gemäß dieser Annahme ist niedrige Erregung mit einem geringen Leistungsniveau, mittlere Erregung mit optimalem Leistungsniveau und hohe Erregung wieder mit geringerem Leistungsniveau verbunden. Insbesondere Lärm soll gemäß dieses Ansatzes die Rolle eines erregungsbestimmenden „Aktivators" haben.

Trotz einiger Schwächen dieser Annahme – sie räumt z.B. kognitiven Verarbeitungsschritten keinerlei Platz ein – konnten in vielen Einzeluntersuchungen ihre Grundannahmen bestätigt werden. SCHÖNPFLUG & SCHÄFER (1962) führten ein Experiment durch, in dem Versuchspersonen sinnlose Silben lernen und anschließend replizieren mußten. Ein Optimum der Lernleistung lag in der Gruppe vor, die einer mittleren Hintergrundlautstärke ausgesetzt war. Ein geringerer oder stärkerer Lautstärkepegel hatte hingegen eine leistungsmindernde Wirkung. Ähnliche Befunde werden auch aus schallisolierten Großraumbüros berichtet: Wegen deutlicher Leistungsrückgänge mußten zum Teil Schallisolierungen wieder entfernt werden, um eine „normale" Geräuschkulisse herzustellen (vgl. NEUMANN & TIMPE, 1976, S. 92).

Bei der Frage nach der optimalen Geräuschkulisse in Betrieben ist es von Interesse, die *Auswirkungen von Musik* während der Arbeit zu untersuchen. Derartige Forschungen sind nicht neu: Bereits 1937 haben WYATT & LANGDON in einer Konfektionierungsabteilung 100 Tage lang die Wirkung von Musik auf die Arbeiterinnen untersucht. Die Autoren konnten dabei eine durchschnittliche Leistungssteigerung an den Tagen feststellen, an denen Musik gespielt wurde. GRANDJEAN (1967) empfiehlt, an Arbeitsplätzen mit monotoner Beschäftigung Musik zu verwenden, die zu einem angenehmen Klima und zu einer positiven Arbeitseinstellung führt. Er schlägt zu diesem Zweck Hintergrundmusik vor, die kaum ins Bewußtsein dringt und in Rhythmik und Tempo auf ein optimales Erregungsniveau abgestimmt ist. Die in vielen Betrieben oder Büros gehörte Radiomusik erfüllt diese Kriterien in aller Regel nicht. Sie führt im Gegenteil häufig zu stark aktivierenden und damit leistungshemmenden Wirkungen.

7.7 Lärmschwerhörigkeit

Im Gegensatz zum Auge besitzt das auditive System keinerlei natürliche Abschirmeinrichtungen gegen den adäquaten Reiz: Die Augen können geschlossen werden, die Ohren kann man nicht „abschalten". Die Schmerzschwelle wird beim menschlichen Gehör zwar erst bei ca. 120 dB(A) erreicht, weit unter diesem Grenzwert, nämlich bereits ab 80dB(A), kann der Lärm jedoch bereits eine schädigende Wirkung haben. Lärmschwerhörigkeit wird umso wahrscheinlicher, je länger man am Tage hohen Schallpegeln ausgesetzt ist. Bei einer täglichen 3-jährigen Lärmbelastung von 105dB(A) müssen beispielsweise 22% der Betroffenen mit einem Hörverlust rechnen.

Unter *Lärmschwerhörigkeit* versteht man eine dauerhafte und irreparable Minderung der absoluten Empfindlichkeit des Gehörs, die durch Degenerationsprozesse von Sinneszellen im Innenohr bedingt ist. Diese Funktionsminderung des auditiven Systems erfolgt zunächst für bestimmte Frequenzbereiche und kann deshalb nur durch spezielle audiometrische Verfahren erhoben werden. Beginnende Schwerhörigkeiten in einzelnen Frequenzbereichen werden als „Senken" bezeichnet. Senken sind typischerweise im Gebiet um 4000 Hz lokalisiert und werden deshalb zu Beginn einer Lärmschwerhörigkeit gar nicht wahrgenommen, da die Frequenzbereiche der menschlichen Stimme (100 – 300 Hz) erst später betroffen sind. Neben berufsbedingter Lärmschwerhörigkeit sind für den Hörverlust Faktoren in der Wohnumwelt und im Freizeitverhalten (überlauter Musikgenuß in Diskotheken, Konzerten, per Kopfhörer usw.) zu suchen.

Info-Box 14: Lärmgrenzwerte

Das Bundes-Imissionsschutzgesetz von 1974 macht keine expliziten Angaben über Normen oder Grenzen zulässiger Imissionswerte. Die 1968 im Auftrag des Bundesministeriums für Arbeit und Sozialordnung erschienene „Technische Anleitung Lärm" gibt jedoch Richtwerte an (Auszüge):

– Arbeiten mit überwiegend geistiger Beanspruchung: 50 dB(A)
– Einfache Büroarbeiten und vergleichbare Tätigkeiten: 70 dB(A)
– Sonstige Arbeiten: 90 dB(A)
– Gebiete, in denen nur gewerbliche Anlagen untergebracht sind: 70 dB(A)
– Gebiete mit gewerblichen Anlagen und Wohnungen: Tagsüber 60 dB(A), nachts 45 dB(A)
– Gebiete, in denen ausschließlich Wohnungen untergebracht sind: Tagsüber 50 dB(A), nachts 35 dB(A)
– Kurgebiete, Krankenhäuser usw.: Tagsüber 45 dB(A), nachts 35 dB(A)

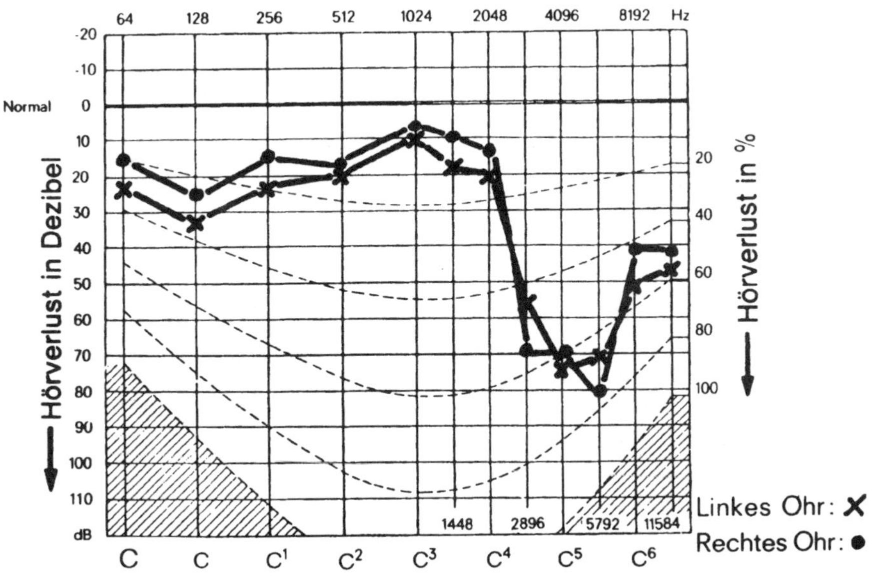

Abb. 114: Audiogramm eines Gehörs mit beginnendem Lärmschaden (C_5-Senke) (aus HETTINGER, KAMINSKY & SCHMALE, 1980)

Von der Lärmschwerhörigkeit ist die *Altersschwerhörigkeit* zu unterscheiden, die sich primär auf die hohen Frequenzen zwischen 10 000 und 20 000 Hz erstreckt. Abbildung 115 zeigt zum Vergleich das typische Audiogramm einer Altersschwerhörigkeit.

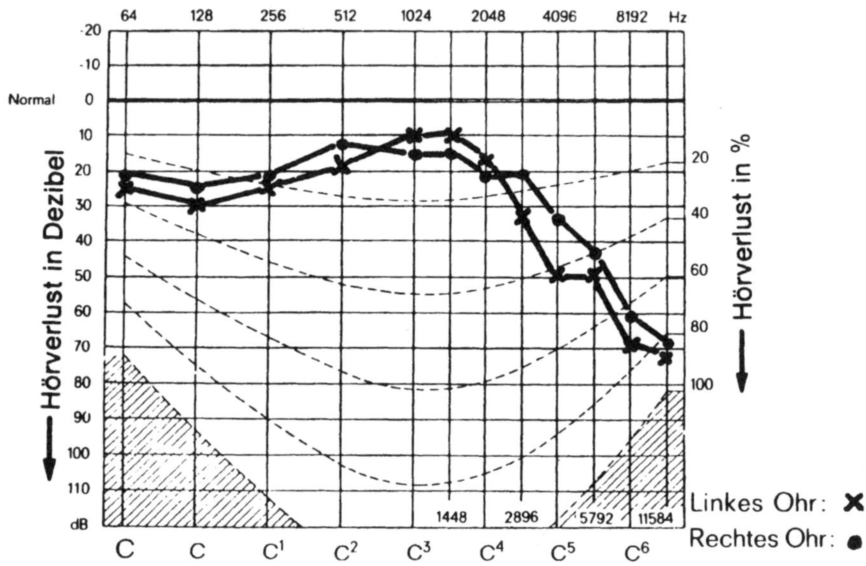

Abb. 115: Audiometrischer Befund eines Gehörs mit Altersschwerhörigkeit (nach HETTINGER, KAMINSKY & SCHMALE, 1980)

Ein Vergleich der beiden Audiogramme zeigt, daß keine der beiden audiometrisch untersuchten Personen in einem der Frequenzbereiche über ein voll funktionstüchtiges Gehör verfügt. Im Frequenzbereich zwischen 64-2048 Hz (C-c^4) wurde bei beiden Personen ein durchschnittlicher Hörverlust von 20 dB diagnostiziert, der im Alltag allerdings keine schwerwiegenden Behinderungen hervorruft. Typische Unterschiede zeigen sich jedoch bei den höheren Frequenzen. Während das Hörvermögen der Person mit Altersschwerhörigkeit umso geringer ist, je höher die Frequenzen sind, zeigt sich im Audiogramm des lärmgeschädigten Gehörs die typische c_5-Senke. Mit diesem Begriff bezeichnet man eine Schwerhörigkeit im Frequenzbereich von ca. 3000-6000 Hz bei relativ besseren Hörleistungen für höhere Frequenzen.

8 Ergonomie der Raumbeleuchtung

Beleuchtung ist eines der wichtigsten Mittel zur Gestaltung von Räumen. Je nach Art der Beleuchtung kann der gleiche Raum „in einem anderen Licht erscheinen". Die Licht- und Beleuchtungsverhältnisse bewirken nicht nur, daß wir Räume überhaupt sehen, sie entscheiden auch darüber, wie ein Raum wahrgenommen wird. Die spezifische Wirkung verschiedener Beleuchtungstechniken macht man sich intuitiv zunutze: Der Hobbykeller wird anders ausgeleuchtet als das Schlafzimmer. Wir wollen in diesem Kapitel folgenden Fragen nachgehen:

- Welche lichttechnischen Größen stehen zur Verfügung, um Beleuchtungscharakteristika zu beschreiben?
- Welche psychologischen Auswirkungen haben bestimmte Beleuchtungseigenschaften?
- Welche Konsequenzen lassen sich daraus für die Gestaltung von Räumen ableiten?

8.1 Grundbegriffe der Lichttechnik

Strahlt eine freie Lichtquelle allseitig in den Raum, wird die gesamte von dieser Lichtquelle abgegebene Strahlungsleistung „Lichtstrom" genannt. Der Lichtstrom, der in der Einheit Lumen (lm) gemessen wird, kennzeichnet die Leistung eines Leuchtmittels. Setzt man den Lichtstrom in Relation zu Positionen im dreidimensionalen Raum, erhält man die in Candela (cd) gemessene „Lichtstärke". Je nach Ausstrahlungsrichtung haben Lampen unterschiedliche Lichtstärken; die normale Glühlampe strahlt Licht z.B. nicht in Richtung der Fassung aus. Die *„Beleuchtungsstärke"*, die in Lux (lx) gemessen wird, ist das Verhältnis des auf eine bestimmte Fläche auffallenden Lichtstroms zu der Größe dieser Fläche. Die Beleuchtungsstärke ist umgekehrt proportional zum Quadrat der Entfernung: Bei Verdopplung des Abstandes zwischen Leuchtquelle und beleuchteter Fläche geht die Beleuchtungsstärke auf ein Viertel des ursprünglichen Wertes zurück („Entfernungsgesetz").

Der Helligkeitseindruck, den wir von einer beleuchteten oder selbstleuchtenden Fläche haben, wird bestimmt von der *„Leuchtdichte"*. Die Leuchtdichte einer Lichtquelle ist für die empfundene Helligkeit maßgebend. Sie ist definiert als die Lichtstärke einer Leuchtfläche geteilt durch ihre vom Auge wahrgenommene Größe. Die Maßeinheit der Leuchtdichte ist 1 Candela pro Quadratmeter, häufig wird auch die abgeleitete Einheit 1 cd/cm^2 (= 1 Stilb [sb]) verwendet.

Lichtquelle	Leuchtdichte/sb
Sonne	150 000
Glühlampe (klar)	200 – 2000
Glühlampe (matt)	5 – 50
Kerze	0.75
Leuchtstofflampe	0.35 – 1.4
Klarer Himmel	0.3 – 0.5
Mond	0.25

Tab. 4: Leuchtdichten einiger Lichtquellen

Unterschiedliche Leuchtdichten von Objekten bewirken Kontraste. Diese sind Voraussetzung für das Erkennen von Objekten. Bei zu geringen Kontrasten heben sich Objekte nicht voneinander ab, bei zu hohen Kontrasten entsteht Blendung.

Unter dem Begriff *„Farbwiedergabe"* versteht man die Eigenschaft einer Lichtquelle, verschiedene Körperfarben richtig, also z.B. Blau als Blau, wiederzugeben. Lampenhersteller geben auf Wunsch für ihre Produkte einen Farbwiedergabeindex R an.

Stufe	Farbwiedergabeindex R	Subjektives Urteil	Beispiel
1	85-100	entsprechen hohen Ansprüchen an die Farbwiedergabe	Farbabmusterung
2	70-84	entsprechen durchschnittlichen Ansprüchen an die Farbwiedergabe	Büro
3	40-69	entsprechen geringen Ansprüchen an die Farbwiedergabe	mechanische Werkstätten
4	< 40	schlechte bis keine Farbwiedergabe	Gießereien

Tab. 5: Vier Stufen der Farbwiedergabe, die auch Bestandteil der Arbeitsstätten-Richtlinien sind (nach HARTMANN, 1987).

Die unterschiedlichen Farbwiedergaben einzelner Leuchtmittel sind vor allem Folge der verschiedenen spektralen Lichtzusammensetzungen: Eine normale Glühbirne erzeugt ein kontinuierliches Spektrum, d.h.

Licht sämtlicher Wellenlängen wird ausgestrahlt. Leuchtstofflampen, die auf einem anderen Prinzip der Lichterzeugung basieren, liefern ein Linienspektrum und entsprechende Farbverfälschungen. Die schlechteste Farbwiedergabe erzielt man mit Natriumhochdrucklampen, die einen sehr starken Strahlungsanteil im Rotbereich haben. Wegen ihrer hohen Lichtausbeute werden sie vor allem im Straßenverkehr eingesetzt. So haben Sie vielleicht schon bemerkt, wie schwer es fällt, bei Straßenbeleuchtung Autofarben zu unterscheiden.

Bei der Verteilung des Lichtstroms im Raum kann unterschieden werden, wie groß die Lichtstromanteile im oberen bzw. unteren Halbraum sind. Von direkter Beleuchtung spricht man, wenn die Beleuchtungsstärke im unteren Halbraum dominiert. Bei einer stärkeren Ausleuchtung des oberen Halbraumes spricht man von indirekter Beleuchtung.

Info-Box 15: Vor- und Nachteile direkter und indirekter Beleuchtung nach CUSHMAN & CRIST (1983)

Vorteile	Nachteile
Direkte Beleuchtung	
– Einfache Konstruktion	– Blendungsgefahr viel größer
– Hohe Benutzerakzeptanz	– Probleme mit Nicht-Uniformität und Schatten
– Gewöhnlich höhere Lichtausbeuten	
Indirekte Beleuchtung	
– Geringe Blendungsgefahr	– Schwierigkeit, hohe Beleuchtungsstärken zu erzielen
– Kein Schlagschatten	– Oft geringere Lichtausbeuten
	– Gestaltung schwieriger
	– Benötigt oft hohe Decken

8.2 Einfluß der Beleuchtung auf individuelle Leistungen

Aus den vielfältigen Wirkungen der Beleuchtung auf die Leistung sollen hier drei Aspekte erläutert werden: Aktivierungszustand, Arbeitsleistung, subjektives Empfinden.

a) Aktivierungszustand

Viele Resultate experimenteller Analysen weisen darauf hin, daß die Lichtverhältnisse den allgemeinen Aktivierungszustand des Organismus stark beeinflussen. Auch ist bekannt, daß der *Tag-Nacht-Rhythmus* (die Veränderungen der Lichtverhältnisse) die biologische Periodik über 24 Stunden wesentlich mitbestimmt. Selbst bei rein geistigen Tätigkeiten finden sich Leistungsveränderungen in Abhängigkeit von den Beleuchtungsbedingungen. DALL (1973) beispielsweise konnte zeigen, daß durch Erhöhung der Beleuchtungsstärke Leistungssteigerungen bei Gedächtnisaufgaben, Rechenaufgaben und Aufgaben zum logischen Denken auftreten. Andere Untersuchungen weisen darauf hin, daß sowohl sehr niedrige, als auch sehr hohe Beleuchtungsstärken zu vorzeitiger Ermüdung führen.

b) Arbeitsleistung

In einer Reihe von Untersuchungen wurde ein deutlicher Zusammenhang zwischen den Lichtverhältnissen und der Produktivität nachgewiesen. ROSENKRANZ (1968, zit. nach NEUMANN & TIMPE, 1976) berichtet, daß die Erhöhung der Beleuchtungsstärke von 250 lx auf maximal 1200 lx in vier schwedischen Industriebetrieben eine Leistungssteigerung von 7% bis 8% bewirkt habe. In amerikanischen Untersuchungen konnte festgestellt werden, daß ungenügende Beleuchtung die direkte Ursache von Unfällen war (etwa 5%). Bei 20% aller Unfälle waren die Lichtverhältnisse indirekt beteiligt. Die Ergebnisse solcher Felduntersuchungen sind allerdings mit aller Vorsicht zu interpretieren, weil immer auch andere nicht kontrollierte Faktoren für die beobachtbaren Veränderungen verantwortlich sein können (z.B. die Motivation der Arbeiter: „Es hat sich überhaupt einmal etwas geändert"). Die folgende Tabelle ist NEUMANN & TIMPE (1976) entnommen und gibt einen Überblick über die Effekte der Erhöhung der Beleuchtungsstärke:

Untersuchungsergebnisse aus amerikanischen Betrieben				
	Beleuchtungsstärke alt (lx)	neu	Leistungs-zuwachs	Ausschuß-rückgang
Douglas Aircraft	1000	4000	–	90%
Metwood Co. Maschinen	300	2000	16%	29%
Erickson Tool Co. (schwierige Sehaufgaben)	500	1600-2000	10%	20%

Tab. 6: Untersuchungsergebnisse aus amerikanischen Betrieben: Effekte der Erhöhung der Beleuchtungsstärke (nach NEUMANN & TIMPE, 1976).

c) Subjektives Empfinden

Die subjektive Bewertung einer vorgegebenden Beleuchtungssituation hat nicht zu unterschätzende Wirkungen auf emotionale und motivationale Zustände. Diese wiederum können sich auf die Leistungsbereitschaft auswirken. Bereits aus der alltäglichen Erfahrung wissen wir, daß man mit Beleuchtung eine Stimmung erzeugen kann.

Experiment 32:

FLYNN (1977) führte verschiedene Untersuchungen durch, um Informationen über die subjektiven Auswirkungen von Beleuchtung zu sammeln. Unterschiedlich beleuchtete Räume sollten von den Versuchspersonen mittels zahlreicher Ratingskalen beurteilt werden (z.B. angenehm-unangenehm, klar-verschwommen usw.). In einer Faktorenanalyse konnten dann die folgenden fünf Faktoren extrahiert werden:

Subjektives Empfinden	*Beleuchtung*
Klarheit in der Wahrnehmung	Helle, uniforme Beleuchtung; etwas Wandbeleuchtung oder stark reflektierende Wände
Geräumigkeit	Uniforme Wandbeleuchtung
Entspannung	Nichtuniforme Beleuchtung; Schwergewicht betrifft Wandbeleuchtung
Privatheit	Nichtuniforme Beleuchtung; geringe Lichtintensitäten in der Nähe der Person; höhere Lichtintensitäten weiter außerhalb
Freundlichkeit	Nichtuniforme Beleuchtung; etwas Wandbeleuchtung oder stark reflektierende Wände

8.3 Kriterien der Raumbeleuchtungsgestaltung

Im Rahmen der Deutschen Industrie-Normen sind umfassende Richtlinien für die „Innenraumbeleuchtung mit künstlichem Licht" (DIN 5035) formuliert worden, die zum einen den Stand der Technik repräsentieren, zum anderen aus gesicherten physiologischen, ergonomischen und lichttechnischen Erkenntnissen entwickelt wurden (RICHTER, 1988). In der Arbeitsstättenrichtlinie ASR 7/3 wird auf der Basis von DIN 5035 festgelegt, welche Gütekriterien der Beleuchtung erfüllt sein müssen. Die ASR 7/3 ist als Teil der Arbeitsstättenverordnung (ArbStättV Paragraph 7) verpflichtend für die gewerbliche Wirtschaft. Sie ist jedoch auch für Arbeitsstätten der öffentlichen Verwaltung sinnvoll. DIN 5035 fordert die gleichzeitige Erfüllung von Gütekriterien bei folgenden Beleuchtungsaspekten: (1) Beleuchtungsniveau, (2) Harmonische Helligkeitsverteilung, (3) Lichtrichtung und Schattigkeit, (4) Blendungsbegrenzung, (5) Farbwiedergabe. Auf einige dieser Gütekriterien soll im folgenden näher eingegangen werden.

a) Harmonische Helligkeitsverteilung

Harmonische Helligkeitsverteilung im Raum besteht, wenn Flächenelemente unterschiedlicher Helligkeit, Struktur und Farbe aufeinander abgestimmt sind. Die Anordnungen von Lampen und Leuchten sollten gewährleisten, daß Leuchtdichteunterschiede zwischen den Arbeitsmitteln und der näheren Umgebung nicht größer als 3:1 sind. Zwischen der Arbeitsfläche und weiter entfernten größeren Flächen sollten sie nicht größer als 10:1 sein (vgl. Abbildung 116).

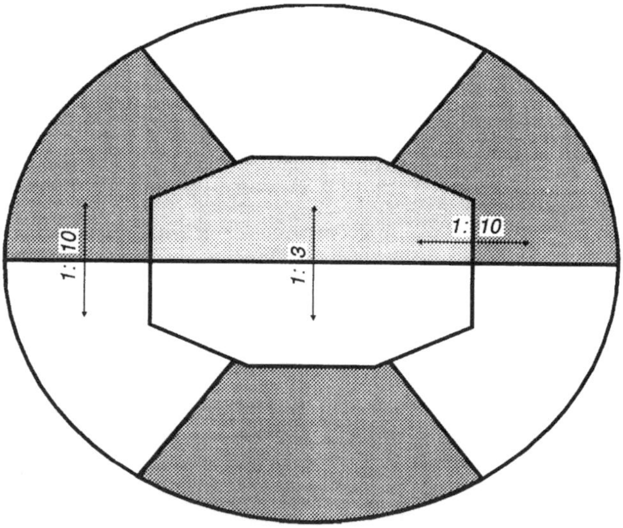

Abb. 116: Empfohlene Kontraste zur harmonischen Helligkeitsverteilung im Raum (nach NEUMANN & TIMPE, 1976)

Im Bereich des eigentlichen Arbeitsfeldes muß die Beleuchtungsstärke möglichst gleichmäßig sein, damit vorhandene Kontraste richtig wiedergegeben werden. Etwas niedrigere Beleuchtungsstärken in der Umgebung verbessern die Sehleistung, höhere Beleuchtungsstärken verschlechtern sie. Sehr niedrige Reflexionsgrade der Raumausstattung (dunkler Boden, dunkle Vorhänge und Möbel) sind im Interesse eines guten Raumwirkungsgrades zu vermeiden. Zu hohe Helligkeitsunterschiede verleiten das Auge zu ständiger Adaptationstätigkeit. Die Folge sind Ermüdungserscheinungen, die sich in Form nachlassender Konzentration, Unwohlsein sowie erhöhter Unfallgefahr offenbaren. Zu geringe

Helligkeitsunterschiede lassen beleuchtete Flächen monoton erscheinen und rufen ebenfalls Ermüdung hervor.

b) Lichtrichtung und Schattigkeit

Schattigkeit erleichtert das eindeutige Erkennen von Körperformen und Oberflächenstrukturen. Durch die Art und Ausrichtung der Leuchten sollten ausgewogene Schatten mit weichen Rändern angestrebt werden, die das plastische Sehen fördern. *Schlagschatten,* die überhaupt kein direktes Licht enthalten, setzen die Sehleistung drastisch herab und sind deshalb zu vermeiden. Für die Praxis folgt, daß Lichteinfall näherungs-

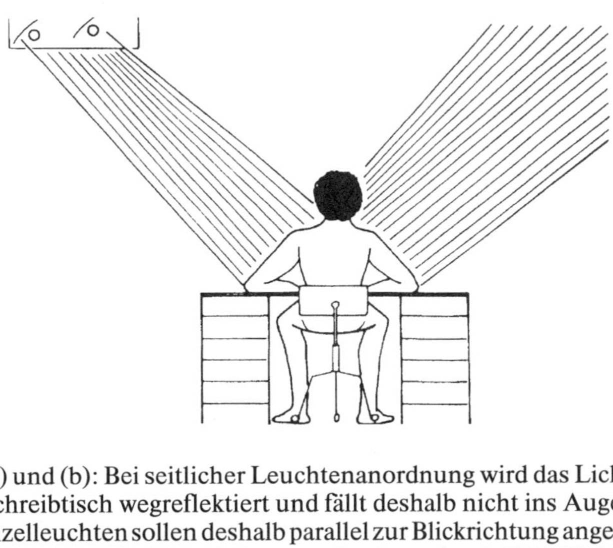

Abb. 117 (a) und (b): Bei seitlicher Leuchtenanordnung wird das Licht auch seitlich vom Schreibtisch wegreflektiert und fällt deshalb nicht ins Auge. Lichtbänder und Einzelleuchten sollen deshalb parallel zur Blickrichtung angeordnet sein, so daß die Blendung niedrig gehalten werden kann (nach HARTMANN, 1987).

weise parallel zur Blickrichtung erfolgen sollte, um eine optimale Schattigkeit zu erreichen. Sollen Schatten vollkommen vermieden werden, was bei wenigen Arbeiten (z.B. Farbprüfungen o.ä.) notwendig ist, muß diffus beleuchtet werde.

c) Blendungsbegrenzung

Blendung entsteht durch zu hohe Leuchtdichten im Gesichtsfeld, welche Streulichtbildung im Auge hervorrufen. Starke Blendung kann zu Unbehagen oder sogar Schmerz führen. Eine *Relativblendung* entsteht, wenn die Leuchtdichteunterschiede im Gesichtsfeld zu groß werden (Beispiel: Die eine Hälfte des Gesichtsfeldes ist hell (Fenster), die andere dunkel (Wand)). Durch Anordnung der Leuchten bzw. geeignete Wahl der Sitzposition kann die Blendung niedrig gehalten werden (vgl. Abbildung 117).

9 Software-Ergonomie

9.1 Fragestellungen der Software-Ergonomie

Die Software-Ergonomie beschäftigt sich – wie die Ergonomie im allgemeinen – mit der Frage, wie technische Systeme bestmöglich an den Menschen angepaßt werden können. Sie gehört einem Forschungsbereich an, der häufig mit dem Begriff „Mensch-Computer-Interaktion" (MCI) bezeichnet wird. Spezieller Gegenstandsbereich der Software-Ergonomie innerhalb der MCI-Forschung ist die Anpassung von Software-Produkten an die Prinzipien menschlicher Informationsverarbeitung.

Menschen und Computer verarbeiten Informationen auf unterschiedliche Weise. Ein leistungsfähiges Computerprogramm garantiert deshalb noch keine problemlose Benutzung. Eine zentrale Annahme der Software-Ergonomie ist, daß es wenigstens zwei Arten von Diskrepanzen zwischen einem Computersystem und den Aufgaben und Zielen des Benutzers gibt: Die *„Kluft der Ausführung"* und die *„Kluft der Auswertung"* (HUTSCHINS, HOLLAN & NORMAN, 1986). Die Kluft der Ausführung bezieht sich auf die Umsetzung der Ziele eines Benutzers in Eingaben, die vom Programm verstanden werden. Die Kluft der Auswertung betrifft die Notwendigkeit, daß das Programm seine Reaktionen in einer Form mitteilt, die der Benutzer verstehen kann. Beide Klüfte müssen mit Hilfe einer sog. Benutzerschnittstelle überbrückt werden, deren Gestaltung Aufgabe der Software-Ergonomie ist.

Die geringe Abstimmung von EDV-Programmen auf psychologische Gesetzmäßigkeiten hat häufig eine wenig effektive oder fehlerhafte Nutzung dieser Systeme zur Folge. SHNEIDERMAN (1987) verbindet diese Tatsache mit der oft zu findenden Angst vor Computern:

„Frustration and anxiety are a part of daily life for many computer users of computerized information systems. . . . Some people encounter such serious cases of computer shock, terminal terror, or network neurosis that they avoid using computerized systems". (zit. nach STREITZ, 1988, S. 5)

Der Informationsaustausch von Computern und Menschen kann als *„interaktives Problemlösen"* (STREITZ, 1985) aufgefaßt werden. Gemäß dieser Vorstellung muß ein Computerbenutzer zunächst ein Interaktionsproblem überwinden (er muß z.B. eine Benutzeroberfläche korrekt bedienen können), bevor er zum eigentlichen Sachproblem (z.B. die Abfrage von Datensätzen) übergehen kann. Sowohl das Sach- als auch das Interaktionsproblem muß ein Problemlöser beim Umgang mit einem Computerprogramm berücksichtigen.

Abbildung 118 veranschaulicht diese Zusammenhänge.

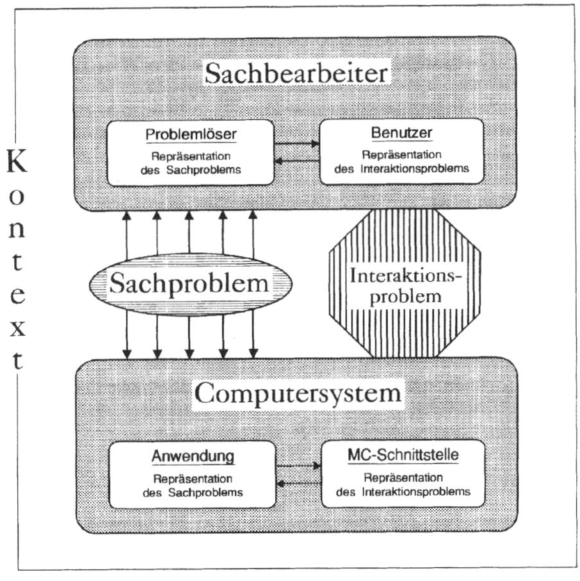

Abb. 118: Modell des interaktiven Problemlösens von Mensch und Computer (nach STREITZ, 1988)

Der vermehrte Einsatz von sog. *„Menü- und Fenstertechniken"* bei Software-Herstellern macht deutlich, daß den Erkenntnissen ergonomischer Bemühungen zunehmend Rechnung getragen wird. Inzwischen existieren diverse Normen (z.B. DIN 66234, Teil 8) zur Gestaltung von Benutzeroberflächen, die – aufbauend auf Resultaten der Software-Ergonomie – eine Vereinheitlichung von EDV-Systemen anstreben. Wenn Sie regelmäßiger Benutzer handelsüblicher Software sind, werden Sie vielleicht festgestellt haben, daß sich die Benutzeroberflächen von immer mehr Anwendungsprogrammen Normierungsvorschlägen anpassen.

Von HACKER (1980) stammen vier hierarchisch angeordnete Kriterien zur Bewertung von Arbeitsgestaltungsmaßnahmen, die hier als grundlegende Bewertungsbasis von Software-Produkten vorgestellt werden sollen. Der hierarchische Aufbau dieser Kriterien beinhaltet die Auffassung, daß stets die Mindestanforderungen der jeweils unteren Ebene(n) erfüllt sein müssen, bevor eine Bewertung auf einer nächsthöheren Ebene überhaupt zu sinnvollen Ergebnissen kommen kann. Diese Ebenen sind: (1) Ausführbarkeit, (2) Schädigungslosigkeit, (3) Beeinträchtigungsfreiheit, (4) Persönlichkeitsförderlichkeit.

(1) Ausführbarkeit

Das Kriterium der Ausführbarkeit betrifft die Frage, ob eine Arbeitstätigkeit überhaupt forderungsgerecht durchgeführt werden kann.

Beispiele: Ein Text kann nicht sorgfältig formatiert werden, da die Darstellung auf dem Bildschirm nicht dem Output des Druckers entspricht. Eine Grafik kann auf dem Bildschirm nicht korrekt justiert werden, da die Auflösung des Monitors zu gering ist.

(2) Schädigungslosigkeit

Schädigungslos sind Tätigkeiten, die nicht zu Gesundheitsschäden körperlicher oder psychischer Art führen.

Beispiele: Die Farbgestaltung von Programmoberflächen führt zu Augenbeschwerden. Die Überforderung mit einem EDV-System verursacht Streß und psychosomatische Beschwerden.

(3) Beeinträchtigungsfreiheit

Eine Arbeit ist gemäß diesem Kriterium beeinträchtigungsfrei, wenn Handlungen in der gewünschten Abfolge vollzogen werden können.

Beispiele: Ein Programm nimmt einen Befehl nicht an. Ein EDV-System bürdet Benutzern eine „Wartezeit" auf.

(4) Persönlichkeitsförderlichkeit

Das letzte Kriterium geht der Frage nach, ob die Ausführung einer Arbeit die Entwicklung im Erwachsenenalter positiv beeinflußt.

Beispiele: Persönlichkeitsförderlich sind z.B. Programme, die der Benutzer verändern und somit an seinen Arbeitsstil anpassen kann, indem er sich seine „persönliche EDV-Umgebung" schafft. Ebenfalls sind an dieser Stelle Programmpakete zu erwähnen, die mit steigenden Fähigkeiten des Benutzers „mitwachsen" (z.B. mittels wählbarer „User-levels").

Info-Box 16: Kriterien der Benutzerfreundlichkeit

ULICH (1988) hat sieben Kriterien der Benutzerfreundlichkeit von Software-Produkten zusammengestellt (vgl. SPINAS, TROY & ULICH, 1983; ULICH, 1986).

1. Transparenz
- Der Benutzer sollte erkennen können, ob ein eingegebener Befehl behandelt wird oder ob das System auf weitere Eingaben wartet.
- Bei längeren Vorgängen sollte das System Zwischenstandsmeldungen abgeben können.

2. Konsistenz
- Die Antwortzeiten des Systems sollten möglichst wenig variieren; wichtiger als kurze Antworten sind regelmäßige und damit kalkulierbare Intervalle.
- Das System sowie dessen Antwortverhalten sollten konsistent sein; ähnliche Aktionen sollten ähnliche Auswirkungen haben.

3. Toleranz
- Die Ausgabe sollte – insbesondere bei einem größeren Umfang – ohne Verlust anhaltbar und fortsetzbar sein.
- Der Benutzer sollte jeden Ablauf des Programms unterbrechen können. An Unterbrechungspunkten sollte der Dialog mit dem Programm stets aufnehmbar bzw. fortsetzbar sein.

4. Kompatibilität
- Bei der Darstellungsform für Einzelinformationen sollte auf Übereinstimmung mit gedruckten Vorlagen oder Unterlagen geachtet werden.
- Die Sprache und begriffliche Komplexität des Dialogs sollten an den Kenntnissen des spezifischen Benutzerkreises orientiert sein.

5. Unterstützung
- Dialoghilfen sollten vom Benutzer jederzeit abgerufen werden können. Eine Hilfe-Taste sollte gegenüber anderen Befehlen stets einen Sonderstatus einnehmen.

6. Flexibilität / Individualisierbarkeit
- Ein System sollte zum Zwecke der Individualisierbarkeit von Dialogabläufen unterschiedliche Vorgehensweisen offenlassen; die Abfolge einzelner Arbeitsschritte sollte so wenig wie möglich vorgegeben sein.
- Ebenfalls sollte die Geschwindigkeit der Interaktion vom Benutzer bestimmt werden können; Aufforderungen zur Eingabe sollten unaufdringlich und abschaltbar sein.

7. Partizipation
- Benutzern soll durch die Beteiligung am Veränderunsprozeß Gelegenheit zur Fortentwicklung des Softwareprodukts geboten werden.
- Bereits in der Planungsphase eines Programms sollte die potentielle Zielgruppe einbezogen werden.

9.2 Konzept der „direkten Manipulation“

Eine gute Anpassung von EDV-Systemen vor allem an Anfänger (Novizen) liegt zweifelsfrei dann vor, wenn die Oberfläche eines Programms auf dem Bildschirm mit vertrauten Gegenständen, Symbolen usw. arbeitet. Seit Beginn der 80er Jahre existieren eine Reihe von Arbeitsplatzsystemen, die diese Idee aufgegriffen haben. Der Benutzer sitzt hier einer Bildschirmoberfläche gegenüber, auf der Objekte der Bürowelt dargestellt sind. Diese Bildsymbole stehen für Funktionen, die mit Hilfe von Zeigeinstrumenten, z.B. einer Maus, angesteuert und ausgewählt werden. Abbildung 119 zeigt die Bildsymbole eines solchen „elektronischen Schreibtisches“. Die verschiedenen Symbole repräsentieren hier u.a. Eingangs- und Ausgangskörbe, Leermappen, Aktenschränke usw. Sie können beliebig auf dem „Schreibtisch“ angeordnet werden: Wie in der Wirklichkeit ist es möglich, sie auf nahezu jede Positionen zu verschieben.

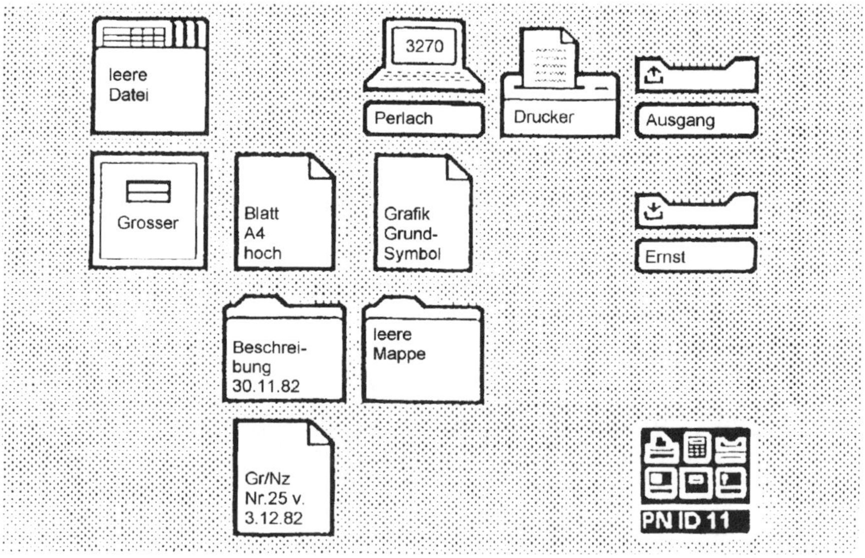

Abb. 119: Die Bildsymbole des „elektronischen Schreibtisches“ beim Siemens Kommunikationssystem EMS 5800 (aus Siemens, 1982, S. 22)

Die dargestellten Manipulationen sind direkt, da die Benutzerschnittstelle den Vorstellungen und Erwartungen, wie etwas „in Wirklichkeit“ funktioniert, angepaßt ist: Eine Grafik wird verschoben, indem man sie „anklickt“ und nach links oder rechts bewegt (anstatt dafür ein Kommando einzugeben), ein Bildschirmfenster wird vergrößert, indem es mit der Maus „auseinandergezogen“ wird (anstatt den Befehl „Zoom“ einzugeben). Streng genommen ist die Maus kein direktes Zeigeinstrument, da ihre Bewegung auf dem Tisch nur mittelbar der Bewegung von Objekten auf dem Bildschirm entspricht. Mittlerweile existieren aber auch direkte Zeigeinstrumente, z.B. der Lichtgriffel, mit dem man unmittelbar auf der Bildschirmoberfläche arbeitet oder der „touch screen“ – eine berührungsempfindliche Oberfläche, die es ermöglicht, durch Fingerberührung des Bildschirms an bestimmten Stellen Eingaben zu tätigen.

SHNEIDERMAN (1982, 1983) hat für diese Charakteristik der MCI den Begriff der „Direkten Manipulation“ (DM) eingeführt. Nach SHNEIDERMAN beruht die DM auf folgenden Prinzipien:

- Die interessierenden Objekte sind stets sichtbar. Man arbeitet nicht vor einem schwarzen Bildschirm. Die Gegenstände sind vielmehr kontinuierlich auf dem Bildschirm präsent (z.B. beim „elektronischen Schreibtisch“).
- Eingaben in die Maschine erfolgen nicht in einer formalen Kommandosprache, sondern mittels Bewegungen von Eingabegeräten (z.B. Maus), mit denen Objekte aus Menüs oder aus Mengen von Piktogrammen angewählt werden können.
- Eingaben sind sofort sichtbar (z.B. das Verschieben von Objekten auf dem elektronischen Schreibtisch) und unmittelbar umkehrbar.

Die geringen Voraussetzungen der DM an systemspezifisches Handlungswissen, z.B. in Form von Regeln einer Kommandosprache, führen zu einer schnellen Erlernbarkeit von Benutzeroberflächen. Dieser Effekt konnte z.B. bei Textsverarbeitungssystemen nachgewiesen werden (vgl. FRESE, SCHULTE-GÖCKING & ALTMANN, 1987). Die sorgfältige empirische Überprüfung, ob alle von SHNEIDERMAN postulierten Vorteile der DM (schnelle Erlernbarkeit eines Programmsystems, Fehlermeldungen werden kaum benötigt, Bedienungswissen wird auch von sporadischen Benutzern gut behalten u.a.) zutreffen, steht jedoch noch aus.

9.3 Gestaltung von Bildschirmmasken

Bildschirmmasken dienen der Strukturierung des Dialogs zwischen Benutzer und Computersystem. Dies geschieht dadurch, daß den wichtigsten Ein- und Ausgaben feste Positionen (sog. Felder) zugewiesen werden. Masken sollten stets alle für die Erledigung einer Aufgabe notwendigen Informationen enthalten. Diese Informationen sind (vgl. DIN E 66290, Teil 1): (1) Statusinformationen („Name des Dialogsystems und der aktuellen Maske“), (2) Arbeitsinformationen („Ein- und Ausgabefelder“, „Arbeitsbereich“), (3) Steuerinformationen („Wie komme ich in das nächste Menü? Wie zur Hilfsfunktion?“), (4) Meldungen („Fehlermeldungen, Warnungen“). Abbildung 120 zeigt eine solche ideale Anordnung.

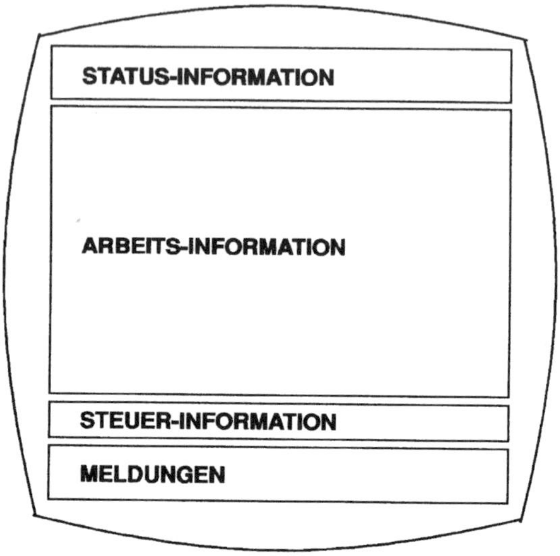

Abb. 120: Anordnung von Informationsklassen in einer Bildschirmmaske (nach ZWERINA, 1988)

Masken sollen dem Benutzer eine schnelle Orientierung auf dem Bildschirm ermöglichen und visuelle Suchprozesse weitgehend überflüssig machen. Dazu ist es notwendig, daß Informationen inhaltlich zusammengehörig und stets an der gleichen Position dargestellt werden. Für die visuelle Darstellung von Bildschirmmasken wird häufig auf die Gestaltgesetze zurückgegriffen (vgl. Teil II), nach denen Items dann als zusammengehörig wahrgenommen werden, wenn insbesondere Bedingungen der Nähe, Gleichartigkeit und Symmetrie erfüllt sind. Das im folgenden dargestellte Experiment demonstriert die Vorteile gut strukturierter Masken.

Experiment 33:

ZWERINA (1984) hat untersucht, welchen Einfluß verschieden stark strukturierte Bildschirmmasken auf Suchleistungen der Versuchspersonen haben. Dazu wurden folgende Masken angefertigt: Eine Maske mit schwacher Struktur (ohne Unterteilung in Informationsbereiche), eine mit mittlerer Struktur (mit Informationsbereichen), eine mit starker Struktur (nach Gestaltgesetzen). Diese drei Maskentypen lagen ferner in je zwei Versionen vor: eine mit reiner Großschreibung und eine andere Variante mit Groß- und Kleinschreibung.

Abbildung 121 zeigt die Ergebnisse des Experiments. Durch Strukturierung der Masken konnte die Suchleistung von der schwachen zur starken Struktur um das Vierfache verbessert werden. Die Verwendung von Groß- und Kleinschreibung scheint dagegen nur dann einen

Effekt zu haben, wenn zuvor Bereiche für Informationsklassen gebildet wurden oder die Informationen nach gestalttheoretischen Prinzipien angeordnet waren.

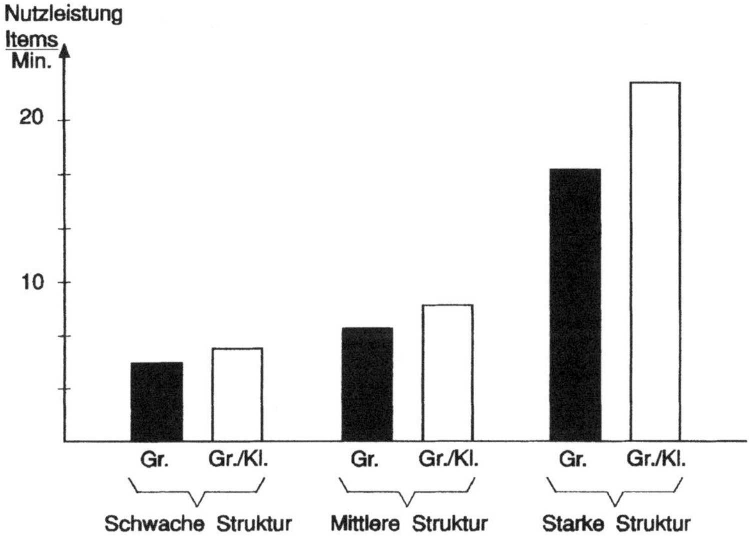

Abb. 121: Ergebnisse des Experimentes von ZERINA (1984)

Teil IV: Grundlegende Forschungsperspektiven

Während die Darstellung sich bisher an Problemfeldern wie Formwahrnehmung, Bewegungswahrnehmung oder Musikwahrnehmung orientierte, wird für den Teil IV eine andere Strukturierung gewählt. Die Idee ist, die Wahrnehmungspsychologie und ihre Forschungstraditionen aus drei grundlegenden Perspektiven darzustellen. Es sind dies: 1. der psychophysische Ansatz, 2. der kognitionspsychologische Ansatz, 3. der ökologische Ansatz. Es handelt sich dabei nicht um Theorien im engeren Sinne (wie etwa bei den Theorien zum Farbensehen), sondern um spezifische Herangehensweisen, Programme, wie eine Wahrnehmungsforschung auszusehen hat. Sie legen fest, welche Fragen wichtig sind und wie man sie methodisch angeht.

Hinter dieser Art der Darstellung steht die Auffassung, daß die heutige Wahrnehmungsforschung keinesfalls so homogen ist, wie sie auf den ersten Blick erscheint, sondern daß man sie unter unterschiedlicher Zielsetzung betreiben kann. Außerdem ist es die feste Überzeugung des Autors, daß durch diese Vorgehensweise am ehesten ein Verständnis für die grundlegenden Probleme des Faches erreicht wird. Die drei hier ausgewählten Perspektiven sind dabei für die Geschichte der Wahrnehmungsforschung von besonderer Bedeutung. Mit ihnen wurde ein großer Teil der Forschungssubstanz gewonnen. Darüberhinaus markieren sie in vielen Punkten (sowohl auf der inhaltlichen wie auf der methodischen Ebene) extreme Auffassungen, deren Kenntnis auch für die Einschätzung der weiteren Entwicklung von Bedeutung ist. Die Kernannahmen dieser Ansätze werden systematisch und vergleichend dargestellt. Aus didaktischen Gründen werden die Unterschiede etwas stärker betont als die Gemeinsamkeiten.

10 Psychophysische Perspektive

Wahrnehmungspsychologie beschäftigt sich immer mit dem Verhältnis zwischen der äußeren physikalischen Welt und der durch Wahrnehmung und Gedächtnis erzeugten phänomenalen Welt. Diese komplexe Fragestellung kann man aber von ganz unterschiedlichen Perspektiven aus angehen. So läßt sich z.B. untersuchen, wie das Wahrnehmungserleben von den zugrundeliegenden Reizverhältnissen abhängt (Psychophysik), oder nach welchen Prinzipien das Reizmaterial bei der Wahrnehmung organisiert wird (Gestalttheorie), oder wie der Wahrnehmungsinhalt von den verfügbaren Gedächtnisinhalten beeinflußt wird (kognitive Psychologie), oder welche Bedeutung die Struktur der von den Oberflächen der Gegenstände reflektierten Licht- oder Schallwellen für den Organismus hat (ökologische Optik). Der Ausgangspunkt des psychophysischen Ansatzes ist die Suche nach einer exakten Beschreibung der Beziehung zwischen Reiz und Empfindung bzw. zwischen Reizverhältnissen und Empfindungsverhältnissen.

„Unter Psychophysik soll hier eine exakte Lehre von den funktionellen Abhängigkeitsbeziehungen zwischen Körper und Seele, allgemeiner zwischen körperlicher und geistiger, physischer und psychischer Welt verstanden werden." (FECHNER, 1860, S. 8)

10.1 Programm

Ausgangspunkt der klassischen Psychophysik ist die Frage, wie die physikalischen und die ihnen entsprechenden phänomenalen Dimensionen empirisch zusammenhängen: Wie ändert sich die sichtbare Größe von Objekten, wenn man ihre objektive Größe verändert? Wie hängen wahrgenommenes und tatsächliches Gewicht von Gegenständen zusammen? Wie verhalten sich gemessene und erlebte Lautstärke? Im Alltag nehmen wir die Gegenstände der physikalischen Welt zunächst als Objekte wahr. Bei genauerer Analyse zeigen sich dann eine Reihe von Dimensionen, die für unser Verhalten wichtig sind, z.B. Gewicht, Temperatur, Größe, Lautstärke, Geschwindigkeit. Im psychophysischen Experiment wird die Komplexität der Alltagswahrnehmung dadurch reduziert, daß man sich auf eine der relevanten Dimensionen beschränkt. Dahinter steht die Idee, daß diese Beschränkung eine besonders günstige Voraussetzung ist, Empfindungen in ihrer Abhängigkeit von den Reizverhältnissen zu untersuchen. Man gewinnt so ein Maximum an experimenteller Kontrolle und gut beschreibbare Urteile der Versuchspersonen.

Info-Box 17: Innere und äußere Psychophysik

Der Ursprung der Psychophysik geht auf Gustav Theodor FECHNERs 1860 erschienenes Werk „Elemente der Psychophysik" zurück. Das Gesamtprogramm der Psychophysik teilt sich nach FECHNER in „innere" und „äußere" Psychophysik. Die innere Psychophysik bezieht sich auf den Zusammenhang zwischen den Wahrnehmungsinhalten auf der psychischen und den ihnen unmittelbar zugrundeliegenden hirnphysiologischen Prozessen auf der physischen Seite. Wie hängen Erregungsverteilung im Gehirn und Wahrnehmungseindruck zusammen? Um diesen theoretischen Ansatz weiterzuverfolgen, fehlten allerdings entsprechend weit entwickelte hirnphysiologische Methoden, so daß FECHNER sich auf die sogenannte äußere Psychophysik beschränken mußte. Nach FECHNER besteht ein kausaler Wirkungszusammenhang zwischen Eigenschaften des Reizgegenstandes (distaler Reiz) und Reizvorgängen am Sinnesorgan (proximaler Reiz). Dieser proximale Reiz determiniert die der Messung unzugänglichen hirnphysiologischen Prozesse. FECHNER schlug deshalb vor, an die Stelle der unmittelbaren inneren Psychophysik eine mittelbare äußere zu setzen, die die Abhängigkeit der Wahrnehmungsinhalte von den ihnen zugrundeliegenden Reizverhältnissen untersucht (äußere Psychophysik).

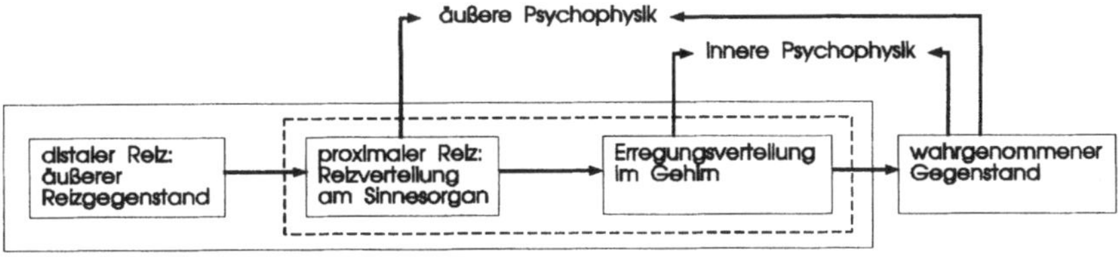

Abb. 122: Innere und äußere Psychophysik (nach PRINZ, 1990)

Wesentlich ist jetzt, daß FECHNER davon ausgeht, daß man Empfindungen nicht unmittelbar messen kann. Alles, was man beobachten kann, ist 1., ob eine Empfindung vorhanden ist oder nicht und 2. ob eine Empfindung größer, kleiner oder gleich einer anderen Empfindung ist. Über die absolute Größe einer Empfindung (z.B. einer Schmerzempfindung oder einer Hellligkeitsempfindung) gibt es kein direktes Wissen. Glücklicherweise kann man jedoch die Stärke des Reizes, der die Empfindung auslöst, messen und die Differenz zwischen verschiedenen Stimuli bestimmen und ins Verhältnis zu den Urteilen über Empfindungen setzen. Messung ist in diesem Sinne vor allem Schwellenbestimmung.

Info-Box 18: Empfindung und Wahrnehmung

In der älteren Psychologie (Bewußtseinspsychologie) wird in der Nachfolge von Wilhelm WUNDT streng zwischen „Empfindung" und „Wahrnehmung" unterschieden. Die Empfindungen sind hiernach die nicht weiter zerlegbaren Grundbausteine (Elemente) des Bewußtseins. In der Wahrnehmung treten dagegen Empfindungen nie isoliert auf, sondern immer in Verbindung mit früheren Erfahrungen (Gedächtnis). Während der Empfindungsbegriff in der klassischen Psychophysik eine zentrale Rolle spielt, wird auf die Unterscheidung zwischen Empfindung und Wahrnehmung in neueren Ansätzen (z.B. der kognitiven Psychologie, aber auch der ökologischen Optik) bewußt verzichtet.

Zur Erfüllung dieser Aufgaben wurden eine Reihe von Methoden entwickelt, die noch heute zum festen Bestand nicht nur der Psychophysik, sondern der Psychologie allgemein gehören.

10.2 Methoden

Unter den klassischen psychophysischen Methoden werden im folgenden diejenigen verstanden, die von FECHNER (1860) zur empirischen Bestimmung von Schwellenwerten aufgestellt wurden. Um die Leistungsfähigkeit von Sinnessystemen zu messen, war FECHNER vor allem daran interessiert, Maße für die Empfindlichkeit und Genauigkeit eines Sinnessystems zu bestimmen. FECHNER schlug vor, die minimale Reizgröße zu ermitteln, die zu einer eben merklichen Empfindung führt. Diese Reizgröße nannte er die *„absolute Schwelle"*. Die Idee, daß ein Reiz, um wahrgenommen werden zu können, eine bestimmte Größe überschreiten muß, geht dabei nicht auf FECHNER zurück, sondern auf den Philosophen HERBARD (1824).

Zur Messung der Genauigkeit der Wahrnehmung eines Sinnessystems schlug FECHNER vor, diejenige minimale Reizdifferenz zu bestimmen, die notwendig ist, um einen *„eben merklichen Unterschied"* in der Empfindung auszulösen. Diese Reizdifferenz nannte FECHNER die *„Unterschiedsschwelle"*. Die drei klassischen psychophysischen Methoden sollen hier einheitlich am Beipiel der Bestimmung der absoluten Schwelle erläutert werden.

a) Konstanzmethode

Bei der Methode der konstanten Reize werden der Versuchsperson in zufälliger Folge fünf bis neun schwellennahe Reize verschiedener Intensität dargeboten. In der zufälligen Folge wird jeder dieser Reize insgesamt etwa zehnmal präsentiert. Die Versuchsperson soll bei jedem Versuchsdurchgang angeben, ob sie etwas wahrgenommen hat oder nicht. Abbildung 123 zeigt die gegen die Reizgröße aufgetragenen Proportionen der ja-Antworten, die sich durch eine Linie, die sogenannte psychophysische Funktion verbinden lassen. Die absolute Wahrnehmungsschwelle kann über diese Linie als die Reizgröße bestimmt werden, die 50% ja-Urteile bewirkt.

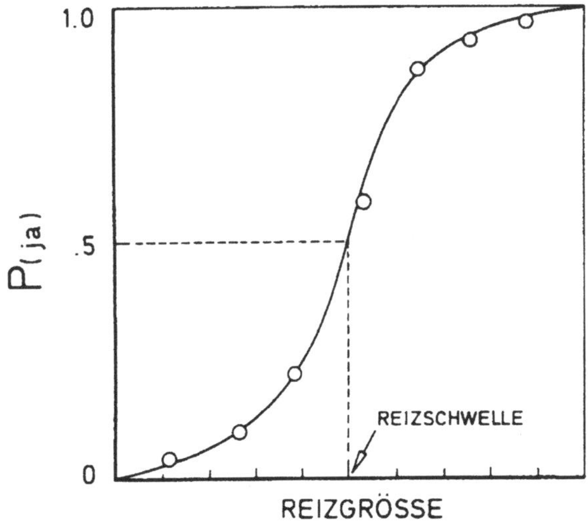

Abb. 123: Bestimmung der Absolutschwelle mit Hilfe der Konstanzmethode (nach VELDEN, 1982)

b) Grenzmethode

Bei diesem Verfahren wird der Beobachter im Gegensatz zur Konstanzmethode mit auf- und absteigenden Serien diskreter Reizgrößen konfrontiert. Ein typischer Versuchsablauf sieht so aus, daß der Versuchsleiter mit einem Reiz oberhalb der Schwelle beginnt und so lange Reize geringerer Intensität präsentiert, bis der Beobachter keinen Reiz mehr entdeckt. Anschließend beginnt man mit einem Reiz unterhalb der Schwelle und präsentiert so lange Reize größerer Intensität, bis der Beobachter angibt, einen Reiz entdeckt zu haben. Dieser Ablauf wiederholt sich mehrfach, wobei die Intensität der zuerst dargebotenen Reize variiert wird. Der Schwellenwert berechnet sich aus dem Mittel der Übergangswerte (von „kein Reiz entdeckt“ zu „Reiz entdeckt“ u. umgekehrt).

c) Herstellungsmethode

Im Gegensatz zu den beiden vorherigen Verfahren manipuliert der Beobachter bei der Herstellungsmethode die in Frage stehende physische Reizdimension selbst (z.B. durch Drehen eines Reglers). Wie bei der

Grenzmethode beginnt man mit einer Reizintensität deutlich oberhalb oder unterhalb der Schwelle. Der Beobachter wird angewiesen, die Stimulusintensität so lange zu senken, bis keine Empfindung mehr hervorgerufen wird oder sie so weit zu steigern, bis eben merklich eine Empfindung hervorgerufen wird. Üblicherweise ist die Stimulusintensität dabei kontinuierlich regulierbar. Der Schwellenwert ergibt sich aus dem Mittel der bei den verschiedenen Durchgängen erzielten Grenzwerte.

Bei der Bestimmung von Unterschiedsschwellen wird mit einem Standardreiz und einem Vergleichsreiz gearbeitet. Der Vergleichsreiz wird entsprechend den drei Vorgehensweisen so manipuliert, daß er gerade eben „größer“ oder „kleiner“ erscheint als der Standardreiz.

Info-Box 19: Methodische Weiterentwicklungen

1. *Paarvergleichsmethode:* Jeder Reiz bzw. jedes Beurteilungsobjekt (z.B. Fotos von Personen) wird mit jedem anderen kombiniert. Die so entstehenden Paare werden nacheinander der Versuchsperson zur Beurteilung vorgelegt. Sie gibt zu jedem Paar hinsichtlich eines vorgegebenen Kriteriums (z.B. physische Attraktivität) ein „größer“-Urteil ab (Dominanzpaarvergleich). Aus der Anzahl positiver Urteile für jedes Objekt ergibt sich später der Skalenwert.

2. *Rangplatzmethode:* Alle Beurteilungsobjekte werden gleichzeitig dargeboten. Die Aufgabe der Versuchsperson besteht darin, diese Reize nach einem vorgegeben Kriterium zu ordnen. Es resultiert eine Rangreihe der Objekte. Der Rangplatz entspricht dem Skalenwert.

3. *Ratingskalen:* Die Beurteilungsobjekte werden einzeln auf einem vorgebenen Kontinuum eingeordnet (z.B. sehr schwach bis sehr stark).

4. *Mehrdimensionale* Skalierung: Komplexe psychische Phänome (z.B. Emotionen) können oft nicht mit einer einfachen Skala erfaßt werden. Daher arbeitet man mit einer Serie von Skalen, die alle möglichen Aspekte der Beurteilungsobjekte erfassen sollen. Durch eine mathematische Analyse der Urteile (z.B. auf Ratingskalen) sollen dann die relevanten Dimensionen herausgefiltert werden (z.B. durch Faktorenanalyse).

10.3 Schwellentheorie

Die absolute Schwelle ist nicht der schwächste Reiz, der entdeckt werden kann, sondern derjenige Reiz, der von der Versuchsperson in 50% der Versuchsdurchgänge wahrgenommen wird. Ebenso ist die Unterschiedsschwelle nicht die kleinste Reizdifferenz, die wahrgenommen werden kann, sondern diejenige Reizdifferenz, die in 50% der Versuchsdurchgänge wahrgenommen wird. Diese zunächst umständlich erscheinende Definition läßt sich theoretisch gut begründen.

Wäre eine Schwelle ganz einfach der kleinste Reiz oder Reizunterschied, der wahrgenommen werden kann, müßte man Daten erhalten, wie sie in Abbildung 124 (a) dargestellt sind. Unterhalb der Schwelle käme es in 0%

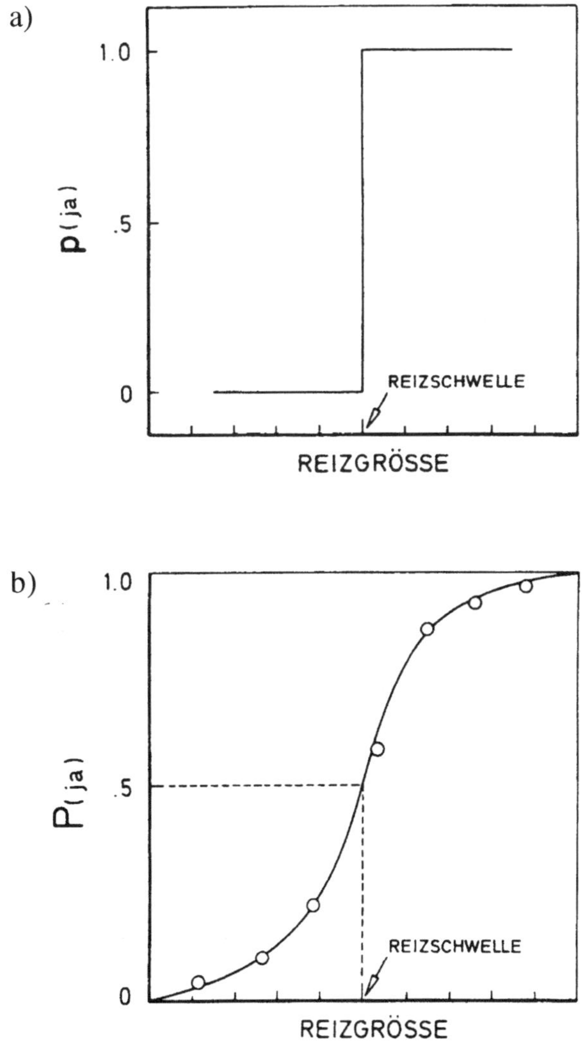

Abb. 124: Wahrscheinlichkeit einer ja-Antwort [p(ja)] für verschiedene schwellennahe Reizgrößen. (a) Angenommene psychometrische Funktion bei konstanter Wahrnehmungsschwelle (b) Empirischer Funktionsgraph (nach VELDEN, 1982).

der Versuchsdurchgänge zu einer ja-Antwort, oberhalb der Schwelle zu 100%. Derartige Funktionen findet man empirisch jedoch kaum. Empirisch gewonnene psychophysische Funktionen haben meist den in Abbildung 124 (b) dargestellten s-förmigen Verlauf. Es stellt sich also die Frage, warum es bei Schwellenexperimenten keine sprunghaften Änderungen im Antwortverhalten der Versuchspersonen gibt – wie der Begriff Schwelle eigentlich nahelegt – sondern eher kontinuierliche Übergänge.

Zur Erklärung dieses Phänomens sind in der Psychophysik eine Reihe von Theorien entwickelt worden, von denen hier die Annahmen THURSTONEs (1927) vorgestellt werden sollen. Der Ausgangspunkt der Überlegungen von THURSTONE ist folgender: Wird ein Reiz mehrmals präsentiert, ruft er nicht immer genau die gleiche, sondern leicht unterschiedliche Empfindungen hervor. So mag derselbe Ton bei mehrmaliger Darbietung mal etwas lauter und mal etwas leiser erscheinen. Für diese Variation können Aufmerksamkeitsprozesse, der Geräuschpegel der Umgebung oder die neuronale Hintergrundaktivität (spontane Entladungen von Neuronen) verantwortlich sein. Bietet man einer Versuchsperson einen bestimmten Ton sehr häufig dar und läßt sie die subjektive Lautstärke einschätzen, erhält man Urteile, die zufällig um einen Mittelwert schwanken. Abbildung 125 (a) zeigt das idealisierte Ergebnis eines derartigen Versuchs. Wenn, wie z.B. in Schwellenexperimenten, zwei eng benachbarte Reize mehrmals dargeboten werden, entstehen Emfindungsverteilungen, die sich teilweise überlappen. Ein objektiv schwächerer Reiz wird einige Male zu einer stärkeren Empfindung führen als ein objektiv stärkerer Reiz. Ebenso kann es zu einer umgekehrten Verwechselung kommen. Diese Verwechselungen geschehen umso häufiger, je enger die beiden objektiven Reizstärken benachbart sind. Die Abbildungen 125 (b) und (c) veranschaulichen diesen Sachverhalt.

Auf diese Weise lassen sich die in Abbildung 126 dargestellten typischen Ergebnisse eines psychophysischen Experimentes erklären. Die von Reiz 1 ausgelösten Empfindungen liegen fast immer unterhalb des Schwellenwertes (daher ist der Prozentsatz der ja-Antworten fast, aber nicht genau null). Reiz 2 bewirkt Empfindungen, die größtenteils unterschwellig sind, aber schon etwas häufiger als Reiz 1 oberhalb des kritischen Schwellenwertes liegen. Reiz 3 entspricht ziemlich genau dem Schwellenwert und führt deshalb zu ca. 50% ja-Antworten. Die Reize 4 und 5 bewirken Empfindungen, die meistens oberhalb der Schwelle liegen. Somit läßt sich also verstehen, warum die Antworten im Schwellenbereich kontinuierlich und nicht sprunghaft ansteigen.

Eine wesentliche Schwäche der „klassischen" Methoden zur Bestimmung von Schwellenwerten liegt darin, daß die damit erzielten Ergebnisse mehrdeutig sind. Dazu ein Gedankenexperiment: Nach der Konstanzmethode soll die absolute Schwelle für das Hören eines Tones bei zwei verschiedenen Beobachtern bestimmt werden. Beobachter A be-

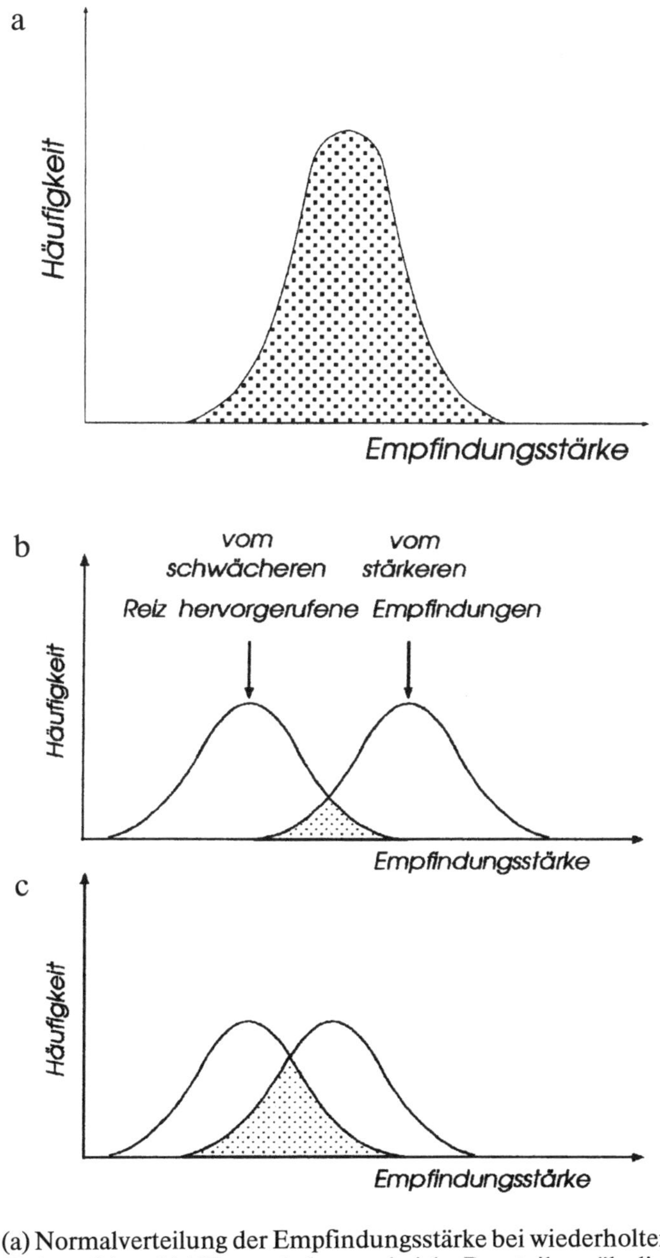

Abb. 125: (a) Normalverteilung der Empfindungsstärke bei wiederholter Darbietung eines Reizes. (b) und (c) Verwechslungen bei der Beurteilung ähnlich starker Reize (nach HERKNER, 1986).

schließt, ein besonders empfindliches Gehör zu demonstrieren und antwortet beim leisesten Verdacht, einen Ton gehört zu haben, mit „Ja ich habe etwas gehört". Beobachter B ist sehr gewissenhaft und antwortet nur

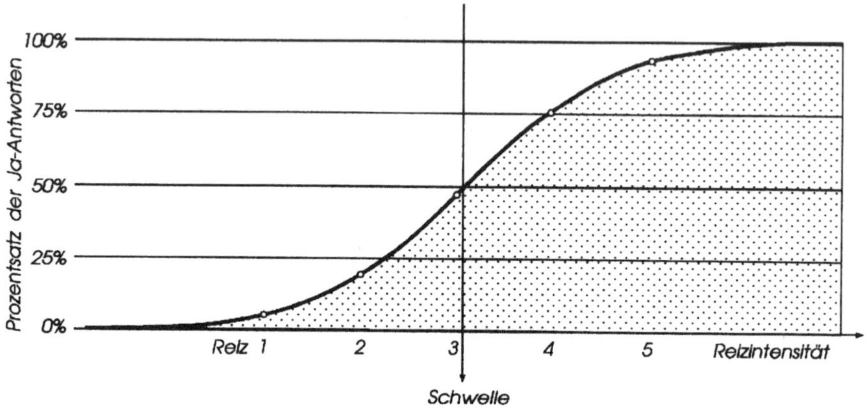

Abb. 126: Typische Ergebnisse eines psychophysischen Experimentes (nach HERKNER, 1986)

dann mit ja, wenn er sich sehr sicher ist, etwas gehört zu haben. Nach dem Ansatz der klassischen Psychophysik sind unterschiedliche Schwellenwerte für beide Beobachter zu erwarten. Bedeutet dies nun, daß Beobachter A ein empfindlicheres Gehör hat als Beobachter B? Offensichtlich nicht, da aus den zugehörigen Funktionskurven nicht ersichtlich ist, ob sie Resultat eines unterschiedlichen Antwortkriteriums sind oder tatsächliche Unterschiede in der auditiven Empfindlichkeit beider Zuhörer widerspiegeln. Es ist deshalb problematisch, Schwellenwerte als eine Art „Naturkonstanten" zu betrachten, deren Wert ausschließlich vom verwendeten Stimulusmaterial abhängt. Vielmehr wird in jedem psychophysischen Experiment immer auch menschliches Entscheidungs- und Urteilsverhalten bei uneindeutigem Reizmaterial untersucht. Das legt nahe, psychophysische Experimente mit Mitteln der statistischen Entscheidungstheorie zu analysieren. Hierzu hat die Signalentdeckungstheorie Vorschläge gemacht, die heute eine breite Verwendung finden.

10.4 Signalentdeckungstheorie (SDT)

Die Signalentdeckungstheorie geht davon aus, daß Reize, im folgenden *„Signale"* genannt, immer vor einem Hintergrund, dem *„Rauschen"*, beobachtet werden. Dieses Rauschen kann sowohl interner als auch externer Herkunft sein. Internes Rauschen bezieht sich auf Störsignale, die im wahrnehmenden Organismus selbst erzeugt werden (etwa spontane Aktivität des Nervensystems), externes Rauschen wird durch Umgebungsmerkmale verursacht (z.B. Nebengeräusche). Bei jeder Beobachtung (x) in einem SDT-Experiment muß der Beobachter entscheiden, ob x einem Signal „über" dem Rauschen oder dem Rauschen allein zuzuordnen ist.

So mag sich ein Mitarbeiter des Flugsicherheitsdienstes fragen, ob der flackernde Lichtpunkt auf seinem Radarschirm einer Fehlfunktion des Bildschirms, einer atmosphärischen Störung, der Übermüdung seiner Augen oder einem kleinen Sportflugzeug zuzuschreiben ist.

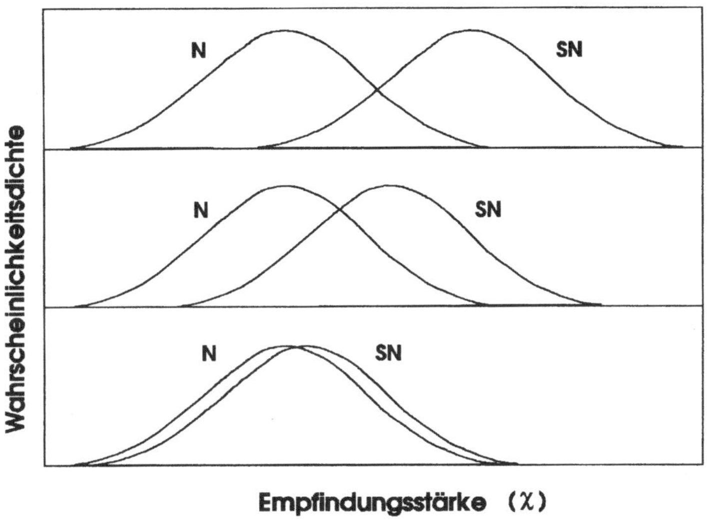

Abb. 127: Wahrscheinlichkeitsdichten für Rauschen bzw. Signal + Rauschen bei drei verschiedenen Signalstärken (nach GESCHEIDER, 1985)

Abbildung 127 veranschaulicht diese Annahmen. Demnach existieren für jeden Reiz gegebener Stärke und das ihn begleitende Rauschen zwei sich teilweise überlappende Wahrscheinlichkeitsverteilungen. Die linke Funktionskurve gibt die Wahrscheinlichkeit an (Wert der y-Achse), mit der eine Empfindung bestimmter Stärke (Wert der x-Achse) durch das Rauschen hervorgerufen wurde. Die rechte Funktionskurve gibt analog dazu die Wahrscheinlichkeit an, mit der eine Empfindung durch einen Reiz erzeugt wurde. Der Bereich, in dem die Wahrscheinlichkeitsverteilungen sich überschneiden, ist je nach der Stärke eines Reizes unterschiedlich groß. In diesem Bereich sind Verwechselungen möglich, d.h., daß das Rauschen irrtümlich für ein Signal gehalten werden kann oder umgekehrt ein tatsächliches Signal dem Rauschen zugerechnet wird. Im Beispiel hieße dies, daß eine starke atmosphärische Störung für ein Flugzeug gehalten wird oder eine kleine Sportmaschine bei ansonsten klarem Bildschirm als Störung erscheint. Bei einem relativ starken Reiz (oberer Teil der Abbildung) sollte es daher zu weniger Verwechselungen kommen als bei einem relativ schwachen Reiz (unterer Teil der Abbildung).

Das Antwortverhalten der Versuchspersonen wird ähnlich wie in der bereits dargestellten Theorie von THURSTONE erklärt. Die SDT nimmt an, daß Versuchspersonen in einem Signalentdeckungsexperiment ein sogenanntes Antwortkriterium entwickeln. Diesem *Antwortkriterium* (nicht in der Abbildung dargestellt) entspricht eine bestimmte Empfindungsstärke (Wert auf der x-Achse). Wird dieser kritische Wert in einem Versuchsdurchgang überschritten, geben die Versuchspersonen an, ein Signal entdeckt zu haben; umgekehrt geben die Versuchspersonen an, kein Signal entdeckt zu haben, wenn der kritische Wert unterschritten wird.

Experiment 34:

Angehörigen nicht-westlicher Kulturkreise sagt man eine geringere Schmerzempfindlichkeit nach (siehe dazu WOLFF & LANGLEY, 1968). Das nachfolgende Experiment zur Überprüfung dieser Behauptung wurde von CLARK & CLARK (1980) während einer Himalayaexpedition mit sechs nepalesischen Trägern und fünf Bergsteigern des westlichen Kulturkreises unter Feldbedingungen durchgeführt. CLARK & CLARK gingen dabei von der Hypothese aus, daß das von WOLFF & LANGLEY berichtete Ergebnis auf einen Methodenartefakt zurückzuführen ist. Diese hatten bei ihrer Untersuchung die Schmerzschwelle mit klassischen psychophysischen Methoden bestimmt. Das Ergebnis war, daß die Schmerzschwelle bei Angehörigen nicht-westlicher Kulturen höher lag. CLARK & CLARK führen dieses Resultat nicht auf eine geringere Schmerzempfindlichkeit zurück, sondern auf die Tendenz, Schmerzen erst bei einer höheren Intensität zu berichten. Sie haben deshalb zunächst die Schmerzschwelle beider

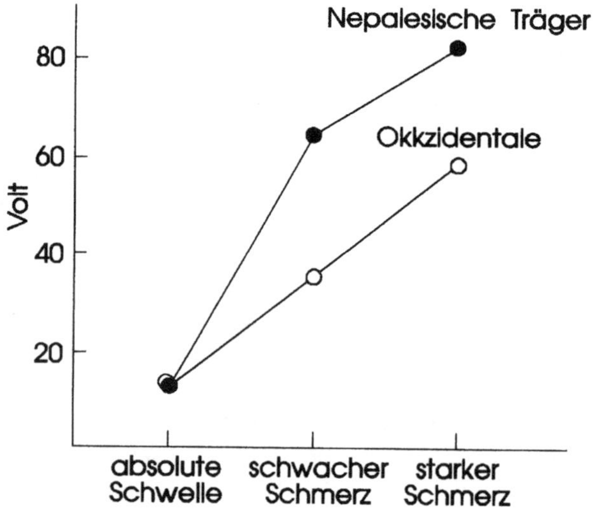

Abb. 128: Ergebnisse des Schwellenexperimentes von CLARK & CLARK (1980)

Versuchsgruppen mit der Grenzmethode bestimmt und anschließend ein Signalentdeckungsexperiment durchgeführt. Die Abbildung 128 zeigt die Ergebnisse des Schwellenexperimentes. Es wird deutlich, daß beide Gruppen sich hinsichtlich des Bemerkens elektrischer Spannung nicht unterscheiden (absolute Schwelle). Deutliche Unterschiede zeigen sich dagegen bei den Schwellen für schwache und starke Schmerzen.

In dem anschließenden Signalentdeckungsexperiment sollten die Versuchspersonen 10 Reize niedriger Spannung (die zuvor als unbehaglich beurteilt wurden) und 10 Reize höherer Spannung (die zuvor als leicht schmerzhaft eingeschätzt wurden) den beiden Kategorien hoch und niedrig zuordnen. Dabei ergab sich weder bei den d'-Werten (zur Bestimmung der Unterscheidbarkeit von Reizen) noch bei den BETA-Werten (zur Bestimmung des Antwortkriteriums) ein signifikanter Unterschied. CLARK & CLARK interpretieren ihre Ergebnisse so, daß die Schwellenunterschiede durch unterschiedliche Antwortkriterien zustande kamen, da die prinzipielle Unterscheidbarkeit der Reize bei beiden Gruppen gleich war.

Info-Box 20: Durchführung von SDT-Experimenten

Die Ergebnisse eines SDT-Experimentes sollten zwei verschiedene Berechnungen erlauben: (1) ein Maß für die Wahrnehmungsschärfe (d': wie gut trennen Versuchspersonen Signal und Rauschen) und (2) ein Maß für das Antwortkriterium der Versuchspersonen (ß). Dazu ist eine Modifikation des Schwellenexperimentes notwendig. Ein typisches Signalentdeckungsexperiment besteht aus mehreren Darbietungen eines schwellennahen Reizes und mehreren Durchgängen ohne Reizdarbietung (insgesamt zwischen 100 und 500 Durchgänge). Die Durchgänge mit und ohne Reizdarbietung wechseln einander in zufälliger Reihenfolge ab, wobei die Versuchsperson nicht darüber informiert wird, wann ein Reiz dargeboten wird und wann nicht. Jeder Versuchsdurchgang wird über ein Zeichen angekündigt, das eine andere Sinnesmodalität als der Testreiz ansprechen sollte (etwa ein Lichtsignal in einem akustischen Experiment). Nach der Darbietung dieses Zeichens beginnt das Beobachtungsintervall (üblicherweise 1 bis 2 Sek.), in dem die Beobachter entscheiden müssen, ob ein Signal dargeboten wurde (Antwort ja) oder nicht (Antwort nein). Betrachtet man die möglichen Ergebnisse eines einzigen Durchgangs, ergeben sich vier verschiedene Fälle:

1. Es wird ein Signal dargeboten und der Beobachter gibt an, (a) es entdeckt zu haben (Treffer), (b) kein Signal entdeckt zu haben (Auslassung). 2. Es wird kein Signal dargeboten und der Beobachter gibt an, (a) ein Signal entdeckt zu haben (falscher Alarm), (b) kein Signal entdeckt zu haben (richtige Zurückweisung).

Die Ergebnisse aller Durchgänge eines Sets lassen sich daher in einer Tabelle darstellen, in der die Prozentwerte für Treffer, Auslassung, falschen Alarm und richtige Zurückweisung eingetragen werden. Dabei genügt es, die Werte für Treffer und falschen Alarm zu betrachten, da die Werte für Auslassung und richtige Zurückweisung unmittelbar aus ihnen abzuleiten sind [1 – p(ja)]. Tab. 7 zeigt die Auswertungsschablone.

		Antwort: nein	Antwort: ja
Reiz	nein	richtige Zurückweisung	falscher Alarm
	ja	Auslassung	Treffer

Tab. 7: Ergebnismuster eines Signalentdeckungsexperimentes

10.5 Psychophysische Skalierung

Ein großer Teil der frühen Arbeiten in der Psychophysik befaßte sich mit der Messung von Absolut- und Unterschiedsschwellen für verschiedene Sinnesmodalitäten. Wenngleich dadurch eine Fülle wichtiger Daten über die verschiedenen Systeme gesammelt wurde, erhielt man doch nur ein sehr unvollständiges Bild. Dieses ist vergleichbar einem Ingenieur, der die Empfindlichkeit einer Photozelle testen möchte und sich mit der Kenntnis begnügt, was die minimale Energiemenge bzw. Energiedifferenz ist, damit die Photozelle reagiert. Sein eigentliches Interesse müßte darin bestehen, zu erfahren, wie zu jeder möglichen Menge an einfallendem Licht die zugehörige Spannung aussieht, die die Photozelle liefert. In gleicher Weise ist es für den Psychophysiker interessant, die exakten mathematischen Beziehungen zwischen Stimulus und Empfindung über das ganze Kontinuum möglicher Reizstärken zu bestimmen.

Im Unterschied zum Beispiel der Photozelle, wo sowohl für den Input wie für den Output durch die physikalischen Einheiten bereits Skalen vorgegeben sind, muß bei psychophysischen Versuchen für die Stärke der Empfindung erst eine Skala konstruiert werden. Diesen Vorgang nennt man *„Skalierung"*. Verfügt man über eine derartige Skala, kann man versuchen, Gesetzmäßigkeiten in der Beziehung zwischen der objektiven Reizstärke und der Stärke der subjektiven Empfindung zu formulieren. Eine derartige gesetzmäßige Beziehung nennt man *psychophysische Größenfunktion.*

Prinzipiell lassen sich zwei verschiedene Herangehensweisen bei der Skalierung unterscheiden: *direkte* und *indirekte.* Allen direkten Skalierungsmethoden ist gemeinsam, daß die Versuchspersonen gebeten werden, die Urteile über ihre Empfindungen unmittelbar in Maßen ihrer Empfindungsstärke abzugeben. Die auf FECHNER (1860) zurückgehende indirekte Skalierung zeichnet sich dadurch aus, daß die subjektive Größe von Reizen auf dem Umweg über die Messung ihrer Unterscheidbarkeit (Unterschiedsschwelle) ermittelt wird. Bei direkten Skalierungsmethoden schätzen die Versuchspersonen also Empfindungsstärken ein, während sie bei indirekten Methoden die Intensität von Reizen miteinander vergleichen.

Info-Box 21: Problem des Messens in der Psychophysik

Das psychophysische Vorgehen zeichnet sich dadurch aus, daß physikalische Dimensionen eines Reizes gemessen und mit psychischen Empfindungen in Beziehung gesetzt werden. Dies setzt voraus, daß sowohl physische wie psychische Dimensionen meßbar sind. Niemand wird heute bezweifeln, daß dies für physikalische Dimensionen gilt. Dazu wurden im Rahmen der Physik Maßeinheiten wie „Gramm" für die Dimension „Gewicht" oder „Centimeter" für die Dimension „Länge" definiert und Meßinstrumente entwickelt. Wie sieht dies für die psychischen Dimensionen aus? Dazu muß zunächst geklärt werden, was unter „messen" zu verstehen ist. Nach CAMPELL (1938) besteht „messen" in der Zuordnung von Zahlen zu Objekten, so daß bestimmte Relationen zwischen den Zahlen analoge Relationen zwischen den Objekten abbilden. Wesentlich an dieser Definition sind zwei Bestandteile: (1) Messungen beziehen sich immer auf Relationen zwischen Objekten (und nicht auf die Objekte selbst), und (2) Messungen repräsentieren Relationen zwischen Objekten. Die Zuordnung von Startnummern zu Skiläufern ist demnach keine Messung, da damit nichts über die Relationen zwischen den Skiläufern ausgesagt wird (die Nummern werden ausgelost).

Das Problem des Messens in der Psychophysik läßt sich somit präzisieren als der Versuch, psychischen Dimensionen in einer Weise Zahlen zuzuordnen, daß durch diese Zahlen die Relationen zwischen unterschiedlichen Ausprägungen einer psychischen Dimension angemessen abgebildet werden. Dies versucht die „axiomatische Meßtheorie" (siehe z.B. KRANTZ, LUCE, SUPPES & TVERSKI, 1971) zu erreichen, indem sie Axiome entwickelt, die festlegen, unter welchen Bedingungen eine bestimmte Art der Messung möglich und erlaubt ist. Jedem in der Psychologie verwendeten Skalenniveau (Nominal-, Ordinal-, Intervall- und Verhältnisskala) entspricht dann ein System von Axiomen. Diesem müssen Messungen genügen, um auf diesem Niveau Aussagen zu erlauben. So hat die axiomatische Meßtheorie eine Basis entwickelt, auf der sich psychische Dimensionen quantifizieren lassen.

1. Indirekte Skalierung

FECHNERs Ansatz zur Skalierung subjektiver Empfindungen geht von folgenden Annahmen aus. Zur Konstruktion einer *Verhältnisskala* benötigt man zwei Größen: einen *Nullpunkt* und eine *Maßeinheit*. Zur Definition des Nullpunktes dient die absolute Wahrnehmungsschwelle. Als Maßeinheit verwendete FECHNER die Unterschiedsschwelle. Beide Schwellen lassen sich durch eine der klassischen psychophysischen Methoden bestimmen. Ein physikalischer Reiz entspricht daher auf der psychologischen Skala einer bestimmten Anzahl von Unterschiedsschwellen. FECHNER beschränkte sich bei seinem Vorgehen darauf, die als Maßeinheiten verwendeten Unterschiedsschwellen aus dem WEBERschen Gesetz theoretisch herzuleiten. Damit unterliegt seine Skalierungsmethode den gleichen Vorbehalten, denen auch das WEBERsche Gesetz unterliegt: es gilt (und das auch nur näherungsweise) lediglich im Mittelbereich des Reizkontinuums.

Als weitere Vorannahme impliziert FECHNERs Skalierungsmethode, daß die subjektive Distanz von Reizen mit ihrer Unterscheidbarkeit zusammenfällt. Damit ist gemeint, daß im Sinne des FECHNERschen Skalierungsmodells ein Reiz, der auf der subjektiven Empfindungsskala vier Unterschiedsschwellen über der Absolutschwelle liegt, als doppelt so stark empfunden werden sollte wie ein Reiz, der zwei Unterschiedsschwellen über der Absolutschwelle liegt. Überprüft man diese Annahme mit einem der direkten Skalierungsverfahren, die im folgenden Abschnitt vorgestellt werden, ergeben sich meist charakteristische Abweichungen.

FECHNERs Skalierungsverfahren ist in der Folgezeit häufig kritisiert worden. Die beiden Annahmen, daß (1) das WEBERsche Gesetz gilt und daß (2) alle Unterschiedsschwellen entlang des psychologischen Kontinuums gleich groß sind, haben sich als empirisch zu ungenau erwiesen. Interessanterweise lassen sich auf der Basis der FECHNERschen Methodik valide Skalen konstruieren, wenn die einzelnen Unterschiedsschwellen nicht theoretisch aus dem WEBERschen Gesetz hergeleitet, sondern empirisch ermittelt werden (womit auch FECHNERs zweite Annahme fallengelassen wird). Das Verfahren sieht dann so aus, daß zunächst die Absolutschwelle bestimmt wird und dann derjenige Unterschied in der Reizintensität, der eine eben merkliche Unterschiedsempfindung auslöst. Anschließend benutzt man den Reiz, der der Summe aus Absolut- und Unterschiedsschwelle entspricht, als Standardreiz und bestimmt für diesen Reiz die Unterschiedsschwelle usw.

2. Direkte Skalierung

Von den verschiedenen Methoden der direkten Skalierung sollen im folgenden nur die auf STEVENS (1958) zurückgehenden Methoden zur Verhältnisskalierung dargestellt werden. Sie zählen heute zu den gebräuchlichsten Verfahren. Der Begriff Verhältnisskalierung bezieht sich dabei auf das Skalenniveau, das festlegt, welche mathematischen Operationen erlaubt sind.

a) Größenschätzung *(magnitude estimation)*

Der Beobachter wird dazu aufgefordert, die Empfindungsstärke verschiedener Stimuli in frei wählbaren Zahlenangaben auszudrücken. STEVENS (1958), auf den diese Methode zurückzuführen ist, beschreibt zwei verschiedene experimentelle Prozeduren. Bei der einen wird dem Beobachter ein Standardreiz präsentiert und ihm mitgeteilt, die Stärke der durch ihn vermittelten Empfindung habe einen Wert von z.B. 10. In darauf folgenden Versuchsdurchgängen werden weitere Reize mit der Instruktion vorgelegt, ihnen Zahlenwerte zuzuordnen, die ihre Empfindungsstärke relativ zum Standardreiz ausdrücken. Ein Reiz, der als doppelt so stark wie der Standardreiz empfunden wird, erhält so den Skalenwert 20. Ein Reiz, der als halb so stark empfunden wird, den Wert 5. Bei der anderen Version dieser Methode wird kein Standardreiz vom Experimentator vorgegeben. Die Stimuli werden einem Beobachter präsentiert, der ihnen entsprechend der Stärke seiner subjektiven Empfindung Zahlen zuordnet. In beiden Versionen, wie auch bei allen anderen Methoden zur Verhältnisskalierung, werden die Stimuli mehrmals in zufälliger Reihenfolge präsentiert. Dem psychologischen Skalenwert für einen bestimmten Reiz entspricht der Durchschnitt der ihm zugeordneten Zahlenwerte. Gehen die Daten mehrerer verschiedener Beobachter in die Auswertung ein, berechnet man das geometrische Mittel der einem Stimulus zugeordneten Zahlenwerte.

b) Größenherstellung *(magnitude production)*

Die Methode der Größenherstellung kehrt die experimentelle Verfahrensweise der Methode der Größenschätzung um. Der Experimentator gibt der Versuchsperson numerische Werte vor und bittet sie, einen kontinuierlich veränderbaren Reiz so einzustellen, daß die durch ihn ausgelöste Empfindungsstärke der Zahlenvorgabe entspricht. Die psychophysische Größenfunktion erhält man dadurch, daß man die Zahlenvorgaben gegen die gemittelten, von der Versuchsperson eingestellten Reizstärken, abträgt.

10.6 Psychophysische Gesetze

Am bekanntesten sind aus dem Bereich der Psychophysik vielleicht die psychophysischen Gesetze von WEBER, FECHNER und STEVENS geworden. Sie bestimmen oft das Bild der Psychophysik und stehen im Mittelpunkt vieler Darstellungen. Sie sind eigentlich aber nur sinnvoll zu interpretieren, wenn man weiß, auf welchem methodischen Weg sie gewonnen wurden und welche theoretischen Ansätze ihnen zugrundeliegen. Sie werden hier deshalb erst zum Abschluß des Kapitels vorgestellt.

Unter einem psychophysischen Gesetz versteht man in der Regel eine mathematische Formulierung des Zusammenhanges zwischen Reizgröße (S) und Empfindungs- bzw. Wahrnehmungsstärke (R): $R = f(S)$

Info-Box 22: Historischer Rückblick zum Fechnerschen Gesetz

Einer der ersten Versuche, ein psychophysisches Gesetz aufzustellen, geht auf den Mathematiker Daniel BERNOULLI (1738) zurück. BERNOULLI interessierte sich für den psychologischen Wert von Geld. Er vertrat die Ansicht, daß der wahrgenommene Nutzen von Geld langsamer ansteigt als der tatsächliche materielle Wert. Er schlug deshalb vor, daß der wahrgenommene Nutzen des Geldes als logarithmische Funktion des Geldbetrages zu bestimmen sei.

FECHNER wählte, wie schon mehr als 100 Jahre zuvor BERNOULLI, ebenfalls eine logarithmische Funktion. Kaum eine mathematische Funktion innerhalb der Psychologie hat das wissenschaftliche Denken ganzer Generationen von Forschern stärker bestimmt als FECHNERs Gesetz. Aber auch über die Psychologie hinaus war sie attraktiv; so fanden Neurophysiologen logarithmische Funktionen bei der Ableitung von Rezeptorpotentialen, und Ingenieure entwickelten die Dezibelskala, die auf der Annahme beruht, daß die wahrgenommene Lautstärke mit dem Logarithmus des Schalldruckpegels ansteigt.

Es dauerte dann bis etwa Mitte der 50er Jahre des 20. Jahrhunderts, bis die Validität des FECHNERschen Gesetzes ernsthaft hinterfragt wurde. Ausgangspunkt waren Untersuchungen von S. S. STEVENS, der mit Methoden der direkten Verhältnisskalierung psychophysische Größenfunktionen für Helligkeit und Lautstärke erhielt, die sich nicht einmal näherungsweise als logarithmische Funktionen abbilden ließen (STEVENS, 1953). Stattdessen konnte STEVENS zeigen, daß sowohl Lautstärke wie Helligkeit proportional zur Quadratwurzel der Stimulusenergie waren, also Potenzfunktionen folgten. Die Arbeiten von STEVENS markieren in gewisser Weise einen Wendepunkt innerhalb der Psychophysik, der vor allem durch einen Methodenwechsel gekennzeichnet ist. Mit dem „Exponentialgesetz“ konnten sich auch die direkten Methoden zur Verhältnisskalierung, darunter insbesondere Größenschätzung und Größenherstellung stärker durchsetzen.

a) WEBERsches Gesetz

Mit der Bestimmung von Unterschiedsschwellen hatte sich vor FECHNER schon der Physiologe Ernst Heinrich WEBER ausführlich beschäftigt und 1834 veröffentlicht. Sein Hauptergebnis, das WEBERsche Gesetz, lautet, daß die relative Unterschiedsschwelle konstant ist. Damit ist gemeint, daß der eben merkliche Unterschied zwischen zwei Reizen (ΔS)

in einem näherungsweise konstanten Verhältnis (k) zu der Größe des Bezugsreizes steht:

$$\frac{\Delta S}{S} = k$$

Ein Beispiel: bei der Unterscheidung von Gewichten ist k = .02, so daß zwei Gewichte von 100 und 102 Gramm eben noch voneinander unterschieden werden können. Um bei einem Bezugsreiz von 1000 Gramm einen Unterschied bemerken zu können, ist darum ein Vergleichsreiz von 1020 Gramm (und nicht 1002 Gramm) nötig.

b) FECHNERsches Gesetz

Das Ziel des FECHNERschen Gesetzes ist es, einen mathematischen Zusammenhang zwischen objektiven Reizstärken (S) und subjektiven Empfindungsstärken (N) zu formulieren. Abbildung 129 veranschaulicht die Herleitung des Fechnerschen Gesetzes.

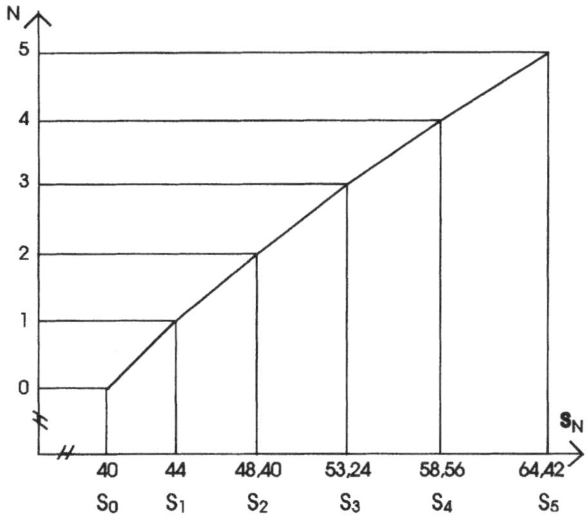

Abb. 129: Illustration der Skalierung nach FECHNER (nach PRINZ, 1990)

Gesucht ist im folgenden die mit einer gegebenen Empfindungsstärke (Wert von N) korrespondierende Reizstärke (S_N). Den Empfindungswert N = 1 erhält derjenige Reiz, der um eine Unterschiedsschwelle von der absoluten Schwelle verschieden ist. Nach dem WEBERschen Gesetz gilt:

$$\frac{\Delta S}{S} = k$$

bzw.

$$\frac{S_1 - S_0}{S_0} = k$$

Löst man diese Gleichung nach S_1 auf, erhält man:

$$S_1 = S_0 + k \cdot S_0 = S_0 \cdot (1 + k)$$

Entsprechend gilt weiter:

$$S_2 = S_1 \cdot (1 + k) = S_0 \cdot (1 + k)_2$$

Allgemein läßt sich der Reizwert S_n zu einem vorgegebenen Wert von N bestimmen als

$$S_n = S_0 \cdot (1 + k)^n$$

Ist dagegen für einen gegebenen Reizwert Sn der zugehörige Empfindungswert N zu ermitteln, muß die obige Gleichung logarithmiert und nach N aufgelöst werden. Durch diese, hier nicht näher erläuterten mathematischen Umformungen, erhält man das in dieser Form bekannte FECHNERsche Gesetz

$$N = c \cdot \log S_n + C,$$

wobei die multiplikative Konstante $c = 1/\log(1 + k)$ von der WEBERschen Konstanten k und die additive Konstante $C = -c \log S_0$ von der WEBERschen Konstanten k und der Absolutschwelle abhängen. FECHNERs Gesetz baut also auf den gleichen Annahmen auf wie das von ihm vorgeschlagene indirekte Skalierungsverfahren (siehe auch die dortige Diskussion der Annahmen): (1) Das WEBERsche Gesetz beschreibt die Tatsachen angemessen, und (2) Alle eben merklichen Unterschiede sind entlang des psychologischen Kontinuums gleich groß.

c) STEVENSsches Gesetz

Als Ergebnis einer Reihe von Experimenten mit direkten Skalierungsmethoden, darunter insbesondere mit den Methoden Größenschätzung und Größenherstellung, stellte S. S. STEVENS (1957) ein neues psychophysisches Gesetz auf. Mit Hilfe dieses *Potenzgesetzes* ließen sich eine Reihe experimenteller Daten wesentlich adäquater beschreiben, als es mit FECHNERs Gesetz möglich war. Die Potenzfunktion kann allgemein geschrieben werden als

$$R = c \cdot S^n$$

wobei R als Skalenwert eines Reizes auf einer subjektiven Verhältnisskala zu interpretieren ist. c und n sind Konstanten, die für eine gegebene Dimension charakteristisch sind. Eine besondere Bedeutung kommt dem Exponenten n des psychophysischen Gesetzes zu. Der Wert von n ist abhängig von der untersuchten Sinnesmodalität und den Eigenschaften des präsentierten Stimulus. Durch den Wert von n wird die Form des psychophysischen Funktionsgraphen festgelegt. Ist $n = 1$ erhält man eine Gerade, für $n < 1$ ergibt sich eine positive, für $n > 1$ eine negative Beschleunigung des Funktionsgraphen. Abbildung 130 zeigt die mittels der Methode der Größenschätzung bestimmten Funktionsgraphen für Schmerz (elektrische Schläge, n = 3.5), die subjektive Länge von Linien (n = 1.0) und die wahrgenommene Helligkeit (n = 0.33).

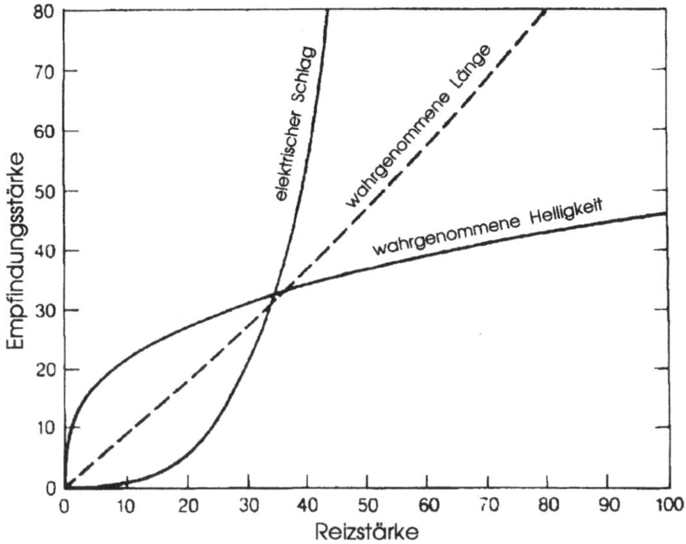

Abb. 130: Mit der Methode der Größenschätzung bestimmte Funktionsgraphen für Schmerz, die subjektive Länge von Linien und die wahrgenommene Helligkeit (nach STEVENS, 1962)

Um den spezifischen Wert von n zu bestimmen, logarithmiert man beide Seiten der obigen Gleichung und erhält

$$\log R = \log c + n \cdot \log S$$

Ermittelt man für diese logarithmierten Werte den Funktionsgraphen, erhält man, wenn STEVENS' Gesetz zutrifft, eine Gerade, deren Steigung durch den Exponenten n bestimmt wird. Jede systematische Abweichung dieser Funktion von einer Geraden bedeutet, daß die psychophysische Funktion keine Potenzfunktion ist. Abbildung 131 zeigt die Funktionsgraphen der logarithmierten Werte aus dem obigen Beispiel.

10.7 Heutige Bedeutung

Die historische Bedeutung der Psychophysik für die Entwicklung der Wahrnehmungspsychologie und auch der Psychologie allgemein, wird kaum in Zweifel gezogen. Ihre Bewertung ist allerdings selbst unter der historischen Perspektive kontrovers. Der ablehnenden Position hat JAMES (1890, zit. n. Boring, 1950, S.294) bereits eine schöne Formulierung gege-

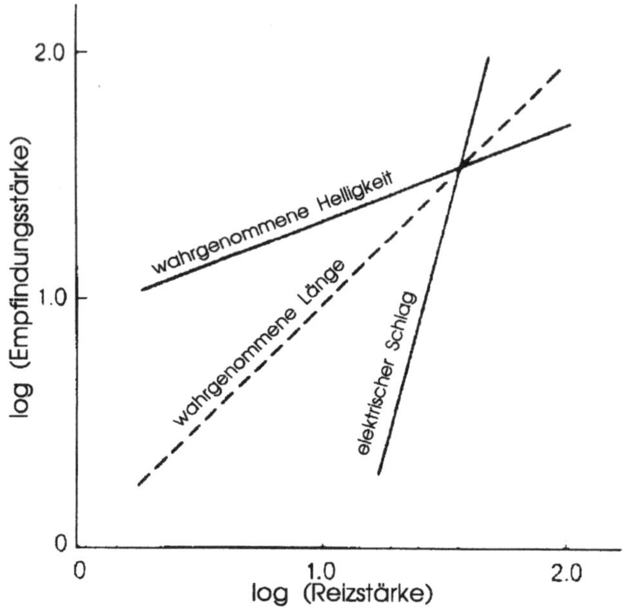

Abb. 131: Logarithmierte Funktionsgraphen für Schmerz, die subjektive Länge von Linien und die wahrgenommene Helligkeit (nach STEVENS, 1962).

ben, als er folgende Charakterisierung FECHNERs und seiner Psychophysik gab:

„Fechner war geradezu ein idealtypischer deutscher Gelehrter, sowohl anspruchslos als boshaft, ein Mystiker und ein Experimentator, sowohl häuslich wie auch waghalsig, gleichermaßen loyal zu seinen Fakten wie zu seinen Theorien. Aber es wäre eine Katastrophe, wenn so ein reizender alter Mann unsere Wisssenschaft für immer mit seinen schrulligen Einfällen beladen könnte und in einer Welt, wo es so viele nahrhaftere Objekte für seine Aufmerksamkeit gibt, alle unsere zukünftigen Studenten zwingen würde, sich durch die Schwierigkeiten nicht nur seines Werkes, sondern auch noch durch die viel trockeneren Werke seiner Widerleger durchzuarbeiten."

und noch etwas pointierter:

„Fechners Buch war der Beginn eines neuen Gebiets, das in bezug auf Sorgfalt und Scharfsinn kaum zu übertreffen war, welches aber nach der demütigen Meinung des Schreibers der eigentlichen Psychologie keinerlei Erkenntnis brachte."

Diese Auffassung wird hier, wie man leicht an der Anzahl der Seiten, die dem psychophysischen Ansatz zur Verfügung gestellt werden, nicht geteilt. Vielmehr wird unabhängig von den Ergebnissen, die die psychophysische Forschung erbracht hat, davon ausgegangen, daß ihre Herangehensweise ein mögliches Modell für die Wahrnehmungsforschung ist, begrenzt in ihren Anwendungsmöglichkeiten, aber mit einem klaren Profil. Aus heutiger Sicht scheinen u.a. folgende Aspekte bedeutsam:

1. Die psychophysische Fragestellung ist für die Psychologie weiterhin zentral. Das Verhältnis von Körper und Geist tritt eher wieder in den Mittelpunkt.

2. Die ursprüngliche Idee ist interessant: Bestimmung der funktionalen Abhängigkeit der subjektiven Empfindungen von den objektiven Reizverhältnissen in Form mathematischer Funktionsgleichungen.

3. Die Methodik ist grundlegend. Dies trifft zum einen für die Experimentiertechnik zu, deren Standards Referenzcharakter für die weitere Entwicklung großer Teile der experimentellen Psychologie gewonnnen haben, zum anderen für die speziellen psychophysischen Methoden und Skalierungsverfahren. Sie sind zum festen Bestandteil des Methodeninventars geworden und Ausgangspunkt für fast alle gängigen Urteils- und Skalierungsmethoden.

4. Viele der Erkenntnisse wurden praktisch umgesetzt: Das Anwendungsspektrum reicht von der Konstruktion und Anpassung von Hörgeräten bis hin zur ergonomischen Gestaltung von Arbeitsplätzen.

11 Kognitive Perspektive

11.1 Programm

Die Grundannahmen der kognitiven Wahrnehmungspsychologie lassen sich vielleicht am leichtesten verstehen, wenn man sie mit denen der Psychophysik vergleicht. Die Psychophysik nahm an, daß der Wahrnehmungsprozeß mit der Darbietung eines Reizes beginnt (zeitlich wie ursächlich) und daß die Leistung in der Transformation eines Reizes in einen Wahrnehmungsinhalt besteht. Nach einer Metapher von PRINZ (1990) betrachtet die Psychophysik den Wahrnehmungsapparat als eine Maschine, die aus physischem Rohmaterial ein psychisches Produkt fertigt. An diesem allgemeinen Paradigma orientierte sich auch die Methodologie der Psychophysik. Den Versuchspersonen wurden einzelne Reize (Lichtpunkte) unter sehr restriktiven Wahrnehmungsbedingungen (tachistoskopische Darbietung, fixierte Blickrichtung) vorgelegt. Mit diesem methodologischen Paradigma beschränkte sich die Psychophysik auf die Erfassung elementarer Wahrnehmungsleistungen und verzichtete weitgehend auf die Untersuchung komplexer alltagsnaher Phänomene.

Die Wahrnehmung eines Gegenstandes (z.B. eines Stuhls) unterscheidet sich jedoch qualitativ von der Wahrnehmung eines Lichtpunktes. Niemand, der schon einmal einen Stuhl gesehen hat, wird dieses Objekt als eine sinnlose Konfiguration von Lichtpunkten oder als eine geometrische Anordnung von Formen interpretieren. Er wird stattdessen immer einen Stuhl sehen, d.h. ein ihm bekanntes Objekt, mit dessen Aussehen und Gebrauch er umfangreiche Erfahrungen verbindet. Bei der Wahrnehmung eines Stuhles wird der Beobachter zudem Einschätzungen vornehmen, die über die bloße Form des Stuhles hinausgehen, wie z.B. Urteile über den Zustand (alt/neu), seine Funktionalität oder sein Design. Kognitive Ansätze zeichnen sich dadurch aus, daß sie Wahrnehmung als ein Instrument zum *Erkennen der Bedeutung* von Umgebungsbestandteilen verstehen. Wahrnehmung und Gedächtnis werden deshalb in enger Beziehung zueinander gesehen und untersucht. Wahrnehmen hat dabei die Funktion der Orientierung in einer sinnhaften Umgebung. Sie dient der Vorbereitung auf Handlungen. Beim Autofahren wird dies besonders deutlich: Das Erkennen des Straßenverlaufs, der Verkehrszeichen und der anderen Verkehrsteilnehmer ist lediglich die erste Stufe der Steuerung eines Fahrzeuges.

Ein weiterer wesentlicher Unterschied zur Psychophysik liegt in dem Forschung und Theoriebildung leitenden Paradigma. Während die frühe Psychophysik das Wahrnehmungssystem als eine Art „Black-Box" betrachtete, indem sie Input und Output maß und Relationen herstellte, nähert sich die kognitive Pychologie der Wahrnehmung unter dem Aspekt der *Informationsverarbeitung*. Sie ist nicht nur daran interessiert, was bei der Wahrnehmung geschieht, sondern auch wie es geschieht. Damit verbunden sind Fragen wie:

Welche Informationen werden aus dem Angebot der Umwelt ausgewählt? Welche Verarbeitungsschritte lassen sich identifizieren und in welcher Abfolge treten sie auf? Welche Rolle spielt die Erfahrung bei der Wahrnehmung und wie wirken Wahrnehmung und Gedächtnis zusammen?

Diese unterschiedlichen Fragestellungen implizieren bei Psychophysik und kognitiver Wahrnehmungspsychologie auch ein unterschiedliches Bild von der Funktionsweise des Organismus. Das Bild der Psychophysik ist eher deterministisch. Die Sinnesorgane sind Reizen ausgesetzt, die in eine Empfindung transformiert werden. Die Transformation verläuft streng gesetzmäßig und ist von der Person des Wahrnehmenden weitgehend unabhängig (es sei denn, mechanische oder chemische Beschädigungen der Sinnesorgane oder des Gehirns verursachen Wahrnehmungsanomalien). Diesem Modell hält NEISSER (1976) entgegen, daß wir entscheiden, wohin wir sehen und was wir tun. Man kann sich einer Geräuschquelle zuwenden oder weghören. Darüber hinaus ist auch die Art und Weise, wie Informationen verarbeitet werden, personenabhängig. Ein geübter Schachspieler wird beim Betrachten einer Spielstellung andere Konfigurationen erkennen als ein Anfänger oder, um es sprichwörtlich zu sagen: „wenn zwei dasselbe sehen, ist es noch lange nicht das gleiche".

Hieraus ergibt sich als weiteres Kennzeichnen kognitiver Wahrnehmungspsychologie die Betonung der *Konstruktivität.* Aus der oben dargelegten Individualität der Informationsauswahl und -verarbeitung folgt, daß die Wirklichkeit nicht unabhängig vom Betrachter wahrgenommen werden kann, Wahrnehmung also in diesem Sinne nicht objektiv ist. Stattdessen konstruiert jeder Beobachter seine eigene Welt, indem er Aspekte der Umwelt auf eine ihm spezifische Art und Weise auswählt und verarbeitet. Das bedeutet aber aus Sicht der kognitiven Psychologie nicht, daß die dahinterstehenden Verarbeitungsprozesse nicht allgemeinen und gut beschreibbaren Gesetzmäßigkeiten unterliegen, die sich auch experimentell prüfen lassen.

Überblick

Im weiteren Verlauf dieses Kapitels sollen stellvertretend drei kognitive Wahrnehmungstheorien dargestellt und verglichen werden: 1. die „Schematheorie" von NEISSER (1976), 2. die „Theorie der Logik der Wahrnehmung" von ROCK (1983), 3. die „Computational Theory" von MARR (1982). Um eine Einordnung der Theorien zu erlauben, sollen diese hier zunächst grob skizziert werden.

Die *Schematheorie* von NEISSER ist eine Rahmentheorie zur Erforschung der Wahrnehmung und des Erkennens in alltäglichen Kontexten. Leitend ist hierbei der Gedanke der ökologischen Validität, d.h. Wahrnehmung möglichst so untersuchen, wie sie sich in der alltäglichen Interaktion eines Wahrnehmenden mit seiner Umwelt darstellt.

ROCK geht von der Autonomie der Wahrnehmung gegenüber dem Bewußtsein aus. Das Ziel ist zu zeigen, daß Wahrnehmung schon auf der Ebene unbewußter Verarbeitungsprozesse zu einem wirklichkeitsgetreuen Abbild der Umwelt führt. Mit Hilfe einer Fülle experimentellen Belegmaterials argumentiert ROCK für die Position, daß Informationen *„logisch"* und *„intelligent"* verarbeitet werden.

MARR wählt bei seiner *„Computational Theory"* einen grundsätzlich anderen Ausgangspunkt als NEISSER oder ROCK. Er geht der Frage nach, welche prinzipiellen Aufgaben ein visuelles System – sei es das menschliche oder ein künstliches Wahrnehmungssystem – zu bewältigen hat, um Aspekte der Umwelt wirklichkeitsgetreu abzubilden. Erst nach einer mathematisch-physikalischen Analyse möglicher Lösungswege wendet sich MARR dem Problem zu, auf welche Art und Weise das menschliche visuelle System Informationen verarbeitet und welche physiologischen Mechanismen dabei wirksam sind.

Die drei hier ausgewählten Theorien repräsentieren also durchaus unterschiedliche Forschungstraditionen innerhalb des sehr breiten Rahmens „Kognitive Psychologie“. Allen dreien gemeinsam ist das Anliegen, Wahrnehmung als aktiven und konstruktiven Prozeß zu beschreiben.

Lesehinweis: Die Darstellung von Theorien ist in der Tendenz immer etwas trockener als die Darstellung von Experimenten oder wissenschaftlichen Diskussionen. Zwei der jetzt zu referierenden Theorien sind darüber hinaus noch sehr anspruchsvoll in ihrer Begrifflichkeit und der Tiefe ihrer Analyse. Es sind dies die Arbeiten von Irvin ROCK und David MARR. Insbesondere die Gedanken von MARR erfordern eine hohe Aufmerksamkeit und auch etwas Geduld. Es ist die Auffassung des Autors, daß hier Verständlichkeit am besten durch systematische Darstellung und weniger durch ausgedehnte Anwendungsbeispiele erreicht werden kann. Die Auseinandersetzung lohnt sich aber unbedingt, da gerade an diesen beiden Theorien ein Verständnis für den heutigen Stand der Analyse von Wahrnehmunsgvorgängen gewonnen werden kann.

11.2 Schematheorie

Wahrnehmung ist nach NEISSER (1976) ein Phänomen, das in der Zeit geschieht. Was wahrgenommen wird, hängt von der Geschicklichkeit und der Erfahrung des Wahrnehmenden ab, davon, was er vorher weiß. So wird ein Vorschulkind, das noch nicht lesen kann oder jemand, der die Sprache nicht versteht, in der dieses Buch geschrieben ist, beim Betrachten dieser Zeilen vermutlich weniger und ganz andere Informationen aufnehmen als der geübte Leser. Wahrnehmung beginnt also nicht beim Zeitpunkt Null, der Registrierung eines Reizes, sondern hängt von vorher existierenden Strukturen ab, die NEISSER „Schemata“ nennt.

Schemata bereiten den Wahrnehmenden darauf vor, bestimmte Informationen eher aufzunehmen als andere *(antizipierende Schemata).* Sie haben dabei die Funktion, Hypothesen bereitzustellen, wonach zu suchen ist. Dies erfordert Aktivitäten des Beobachters, wie etwa sich bestimmten Teilen des visuellen Feldes genauer zuzuwenden, sich etwas aus der Nähe anzusehen oder Informationen mehrerer Sinnesmodalitäten miteinander zu vergleichen und zu integrieren. Wahrnehmung erfolgt also nicht in Form von Schnappschüssen, sondern hat eine zeitliche Erstreckung. Was in einer bestimmten Situation wahrgenommen wird, hängt von den verfügbaren Informationen und den aktivierten Schemata ab.

Schemata sind nicht starr, sondern veränderlich. Durch jede neue Erfahrung wird ein aktiviertes Schema ergänzt oder revidiert. Dadurch bleibt die Wahrnehmung bestmöglich an die Verhältnisse der Umwelt angepaßt. Der Wahrnehmungsprozeß verläuft zyklisch. In einer bestimmten Situation wird ein Schema aktiviert, das die nähere Erkundung der Situation leitet. Das Ergebnis der Erkundung, die aufgenommene Information, verändert wiederum das Schema und wirkt sich so auf zukünftige Wahrnehmungen aus.

Ein Schema ist demnach eine Struktur des Gedächtnisses, in der veränderliches Wissen über die Umwelt gespeichert ist. Mit diesem Wissen sind Hypothesen darüber verknüpft, was in einer bestimmten Situation zu erwarten ist. Neben Wissenselementen und Erwartungen enthält ein Schema auch Handlunsprogramme, die die Aktivitäten des Wahrnehmenden lenken.

Es wäre ein Fehler, anzunehmen,'daß Informationen aus dem Gedächtnis zu Informationen des Reizangebotes hinzugefügt würden, um ein kombiniertes Ergebnis zu erhalten. Das Schema bestimmt, was aufgenommen wird, es fügt nichts hinzu. Wenn ein geübter Schachspieler auf dem Schachbrett Strukturen höherer Ordnung erkennt, liegt dies nicht daran, daß er Informationen aus dem Gedächtnis zu den verfügbaren Informationen addiert. Vielmehr ist er erst durch sein Wissen dazu befähigt, diese Strukturen zu erkennen.

Info-Box 23: Veränderung von Schemata

Ein naheliegender Einwand gegen die Schematheorie ist, daß auch völlig neuartige Objekte und Situationen wahrgenommen werden können, also Reizmuster, für die bisher kein spezifisches Schema bereitsteht. NEISSER ist der Auffassung, daß ohne eine voher existierende Struktur keine Information sinnvoll verarbeitet werden kann (rein hypothetisch gesehen, würde sich eine Person ohne Schemata in einer Welt bedeutungslosen Rauschens bewegen). Im Fall des Erkennens neuartiger Gegenstände muß daher davon ausgegangen werden, daß zunächst sehr allgemeine Schemata aktiviert werden, die sich im Verlauf mehrerer Wahrnehmungszyklen immer weiter verfeinern. Da aber immer auf bereits existierende Schemata aufgebaut werden muß, bleibt die Frage nach dem Ursprung des Wahrnehmungszyklus'. Wenigstens einige grundlegende Strukturen müssen daher als angeboren postuliert werden, um eine minimale Orientierung in der Umwelt zu gewährleisten. Hierfür gibt es aus der Entwicklungspsychologie eine Reihe von Belegen. So zeigen etwa Neugeborene schon nach wenigen Minuten Reaktionen in Richtung auf eine Geräuschquelle.

NEISSER hat sich bemüht, unterschiedliche Standpunkte in seiner Theorie zu integrieren. Er versuchte dabei, ein gemeinsames Begriffsinventar sowohl für stärker stimulusorientierte Ansätze als auch für konstruktivistische Theorien herzustellen. So enthält der Ansatz sowohl datengesteuerte (Verarbeitung geht vom Reizangebot aus) als auch konzeptgesteuerte Wahrnehmungsprozesse (durch Schemata gelenkte Informationsauswahl). Außerdem hat NEISSER den Wahrnehmungsprozeß auf einer Ebene analysiert, die von vielen Experimentalpsychologen außer Acht gelassen wird: Wahrnehmung als Interaktion eines Handelnden mit seiner Umwelt. Bisher hat die Schematheorie allerdings eher den Charakter eines Rahmenkonzepts, das zwar sehr anregend ist, aus dem sich aber kaum direkt prüfbare Aussagen ableiten lassen. Zudem ist der Schemabegriff selbst soweit gefaßt, daß er Gefahr läuft, an Erklärungswert zu verlieren. NEISSER betont daher auch besonders die programmatische Seite seines Ansatzes und die Implikationen für die Forschungsmethodologie. Gefordert wird eine Abkehr von hochgradig artifiziellen Versuchssituationen und eine Hinwendung zu alltagsnahen Beobachtungsbedingungen.

11.3 Logik der Wahrnehmung

Nach ROCK (1983) ist Wahrnehmung insofern ein konstruktiver Prozeß, als daß die Welt, wie sie in der Wahrnehmung erschaffen wird, sich qualitativ von den Reizverhältnissen an den Sinnesorganen (proximale Stimuli) unterscheidet. Dabei sind die internen Konstruktionen aber nicht zufällig und in der Regel auch nicht täuschend, sondern geben die Verhältnisse der Außenwelt (distale Stimuli) zuverlässig wieder. Für ROCK ist daher die Kernfrage einer kognitiven Wahrnehmungstheorie, wie es der Wahrnehmung gelingt, aus sich ständig verändernden, gefilterten und verzerrten Sinneseindrücken ein mehr oder weniger wirklichkeitsgetreues Abbild der Welt zu entwerfen. Ein eindrucksvolles Beispiel für diese Leistung auf der Basis verzerrter Sinneseindrücke liefern Experimente mit Prismenbrillen. Derartige Prismen führen dazu, daß das retinale Abbild der äußeren Welt auf dem Kopf steht oder seitlich verschoben ist. Tragen Versuchspersonen diese Brillen längere Zeit, werden die prismatischen Verzerrungen durch Informationsverarbeitungsprozesse weitgehend korrigiert, so daß sich die gewohnte Wahrnehmung wieder einstellt.

Nach ROCK beruht Wahrnehmung auf gedankenähnlichen Operationen. In diesem Sinne ist sie intelligent. Der Begriff der *Intelligenz* meint dabei, daß sich hier eine Reihe von Prozessen finden, wie sie für das Denken typisch sind: Beschreiben, Schlußfolgern, Problemlösen. Außerdem folgt der Konstruktionsprozeß der Wahrnehmung den Prinzipien der Rationalität und der internen Konsistenz. Damit ist aber nicht gemeint, daß Wahrnehmungsprozesse mit bewußten, zielgerichteten Denkprozessen gleichzusetzen sind. Wahrnehmung und Bewußtsein sind voneinander unabhängig. Die Metapher von der Intelligenz ist vielmehr in einem analogen Sinn zu verstehen: Wahrnehmung funktioniert so, als ob sie intelligent wäre.

An der internen Konstruktion von Objekten oder Ereignissen der äußeren Welt sind nach ROCK vier verschiedene Prozesse beteiligt. Je nach den

Gegebenheiten des proximalen Stimulus ist einer dieser Prozesse oder eine Kombination von mehreren für das Wahrnehmungsresultat verantwortlich. Die vier kognitiven Prozesse sind:

1. *Formkonstruktion:* Ergebnis ist hier die Wahrnehmung einer Form bzw. einer Gestalt. Sie basiert auf einem Prozeß unbewußter Beschreibung.

2. *Problemlösen:* Ergebnis ist die Wahrnehmung von Objekten, Ordnungen oder Ereignissen. Problemlösungen basieren auf den Prozessen der Hypothesengenerierung und der Hypothesentestung. Sie münden in eine Beschreibung.

3. *Relationale Bestimmung:* Ergebnis ist wieder die Wahrnehmung von Objekten, Ordnungen oder Ereignissen. Aber sie basiert auf einer Interpretation von Stimulusverhältnissen. Beispiele für Wahrnehmungsphänomene, die durch den Prozeß relationaler Bestimmung zustandekommen, sind: induzierte Bewegung (die scheinbare Bewegung eines stationären Lichtpunktes vor einem sich bewegenden Hintergrund) und Simultankontrast (eine Fläche gegebener Leuchtstärke erscheint in Abhängigkeit von der Leuchtstärke sie umgebender Flächen in der Farbe verändert).

4. *Schlußfolgerungen:* Auch hier ist das phänomenale Ergebnis die Wahrnehmung von Objekten, Ordnungen oder Ereignissen. Sie basieren auf einem Prozeß der Deduktion anhand von (angeborenen oder gelernten) Regeln und Annahmen. Sie münden in eine Beschreibung. Konstanzphänomene fallen in den Bereich unbewußter Schlußfolgerungen.

Wir beschränken uns hier auf eine Darstellung der beiden für die Theorie besonders kennzeichnenden Prozesse „Formwahrnehmung" und „Problemlösen".

Formwahrnehmung

Ziel eines Modells der Formwahrnehmung muß nach ROCK (1983) sein, auf zwei Fragen eine Antwort zu geben: 1. Warum sehen Figuren so aus, wie sie aussehen? 2. Warum sehen sich zwei Figuren ähnlich bzw. warum sehen sie sich nicht ähnlich?

Im Verlauf des Verarbeitungsprozesses erstellt das Wahrnehmungssystem nach ROCK (1983) zwei verschiedene Repräsentationsformen der Stimulusinformation: *Beschreibungen* und *Perzepte.* Beschreibungen haben dabei den Status von Propositionen. Sie sind also abstrakt, nichtsprachlich und nicht-bewußt. Perzepte hingegen sind analoge, bildhafte Darstellungen der Stimulusinformationen. Die unbewußten Beschreibungen bilden die Ausgangsbasis für die bewußten Perzepte. Sie sind damit das primäre Element der Formwahrnehmung.

Abbildung 132 illustriert diese Annahme von ROCK. Die linke Figur sieht auf den ersten Blick aus wie ein unregelmäßiges, auf der Seite liegendes

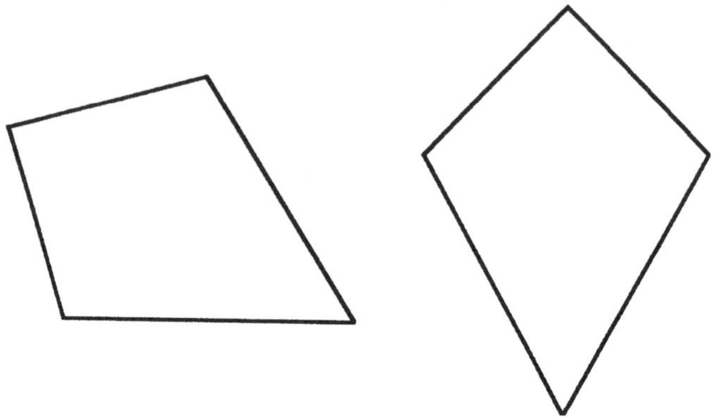

Abb. 132: Viereck versus Drachen (nach ROCK, 1985)

Viereck. Die rechte Figur wirkt symmetrisch und sieht aus wie ein auf die Spitze gestellter Drachen. Tatsächlich sind beide Figuren geometrisch identisch. Da beide Figuren unterschiedlich wahrgenommen werden, ist dies nach ROCK ein Beleg dafür, daß die visuelle Wahrnehmung nicht direkt zu bildhaften Repräsentationen führt. Dann nämlich sollten die Figuren als geometrisch identisch, aber unterschiedlich orientiert erscheinen. Im Beispiel wird aber die linke Figur als unregelmäßig und die rechte als symmetrisch beschrieben. Aufbauend auf dieser Beschreibung stellt sich der Eindruck unterschiedlicher Formen ein.

a) Der Prozeß der Formwahrnehmung

Die Analyse einer Form beginnt mit der Figur-Grund-Unterscheidung. Dabei wird zunächst festgelegt, welche Elemente eines Bildes die Figur bilden und welche dem Hintergrund zuzuordnen sind. Die *Figur-Grund-Unterscheidung* impliziert auch die Zuordnung von Grenzlinien zwischen Flächen, da sich Formen vor allem durch ihre Umgrenzungen auszeichnen. Dies wird durch Abbildung 133 veranschaulicht. Die Grenzlinie zwischen der schwarzen und der weißen Fläche erscheint als Wölbung, wenn die weiße Fläche als Figur organisiert wird. Ordnet man die Grenzlinie der schwarzen Fläche zu, erscheint sie als konkave Krümmung.

Formwahrnehmung ist nach ROCK im Wesentlichen ein datengesteuerter Prozeß. Das bedeutet, daß aus einzelnen Bildelementen zunehmend größere Einheiten wie Kanten, Grenzlinien und Regionen gebildet werden. Die Gruppierung dieser Bildelemente verläuft dabei gemäß den Gestaltgesetzen.

Im nächsten Verarbeitungsschritt wird die *„innere Geometrie"* der neu gebildeten größeren Analyseeinheiten beschrieben. In diese Beschreibung gehen z.B. Informationen über räumliche Beziehungen, parallele vs. konvergierende Kanten oder symmetrische Strukturen ein. Dabei scheint sich die Beschreibung an idealtypischen Attributen wie Vertikalität, Sym-

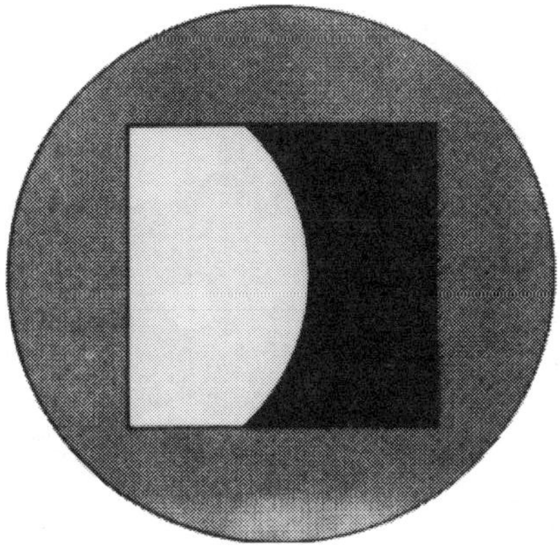

Abb. 133: Zuordnung von Grenzlinien bei der Figur-Grund-Unterscheidung (nach ROCK, 1985)

metrie, Gradlinigkeit oder Geschlossenheit zu orientieren und eine Figur hinsichtlich ihrer Nähe oder Entfernung zu diesen idealtypischen Attributen zu charakterisieren. Diese Beschreibung enthält auch Informationen über die Orientierung der Figur relativ zum sie umgebenden Raum.

Die bis zu diesem Zeitpunkt erarbeitete Beschreibung enthält alle Informationen, die bei einem rein datengetriebenen Vorgehen verarbeitet werden können. An dieser Stelle können nun nach ROCK Gedächtnisprozesse einsetzen, wenn die wahrgenommene Form Beschreibungen ähnelt, die im Gedächtnis bereits gespeichert sind.

b) Der Einfluß von Erfahrungen

Erfahrungen sind nach der Auffassung von ROCK zur Wahrnehmung einer Form prinzipiell nicht notwendig. Es gibt jedoch einige Phänomene, die sich kaum ohne den Einfluß von Erfahrungen erklären lassen. Bei einem längeren Betrachten der Fleckenmuster in Abbildung 134 ändert sich mit dem Erkennen der Figur auch der Wahrnehmungseindruck. Das Muster wird neu organisiert und räumlich wahrgenommen. Diese Umorganisation des Bildes läßt sich nicht mehr von unten nach oben erklären. Sie ist offensichtlich das Resultat einer erfolgreichen Suche nach einer Gedächtnisspur, die mit dem Reizmaterial vereinbar ist. Dieser von oben nach unten verlaufende Prozeß wird auch als konzeptgesteuerte Wahrnehmung bezeichnet (vgl. Teil II).

Interessanterweise wird die einmal gewonnene Sichtweise zu späteren Zeitpunkten sofort wieder eingenommen. Die Organisation des Bildes bleibt also stabil (im Gegensatz etwa zu Kippbildern). Hieraus lassen sich nach ROCK zwei Einflußmöglichkeiten früherer Erfahrung ableiten: 1. die Verfeinerung und Differenzierung zunächst unspezifischer Formen und 2. die Stabilisierung einer präferierten Organisation.

Abb. 134: Fleckenmuster (Jesus-Darstellung nach ROCK, 1985)

Problemlösen

Sucht man nach Beispielen, bei denen es angemessen erscheint, von *„Wahrnehmung als Problemlösen"* zu sprechen, so zeichnen sich diese meist dadurch aus, daß das Stimulusmaterial auf mehrere verschiedene Weise interpretiert werden kann. Oftmals kommt es dabei mit einer gewissen zeitlichen Verzögerung zu einer Umorganisation, die dann stabil bleibt. Hat man z.B. noch nie eine Zeichnung, wie die in Abbildung 135 gezeigte gesehen, wird man eher ein abstraktes Gebilde wahrnehmen, das aus vier Rechtecken unterschiedlicher Grauschattierungen besteht. Nach etwas längerer Betrachtungszeit ändert sich dieser Eindruck. Es dominiert ein teilweise transparentes Rechteck, das sich vor einem schwarzen und weißen Hintergrund befindet.

ROCK geht davon aus, daß in Fällen mehrdeutiger Stimulusinformation zunächst die Verarbeitung des proximalen Reizes, wie im vorherigen Abschnitt beschrieben, vor sich geht. Der Verarbeitungsprozeß stoppt dann, wenn eine maximale Analyse des proximalen Reizes ohne weitere interpretatorische Verarbeitungsschritte erreicht ist (Wahrnehmung von vier verschiedenen Rechtecken). Die auf dieser Stufe erreichte Verarbeitungstiefe bezeichnet er als datengetreues Perzept (literal percept). Im nächsten Schritt werden alle möglichen Lösungen, die mit der Stimulusinformation vereinbar sind, generiert. Von diesen möglichen Lösungen wird nach bestimmten Kriterien eine ausgewählt, die bevorzugte oder auch endgültige Lösung (Wahrnehmung des Transparenz-Effekts). Die bevorzugte Lösung korreliert in den meisten Fällen eher mit den distalen

Abb. 135: Transparenzeffekt (nach METELLI, 1974)

Reizverhältnissen als mit den proximalen. Das bedeutet, daß auf höheren Stufen der Verarbeitung von den Reizverhältnissen am Sinnesorgan abstrahiert wird und die Interpretation in Hinblick auf Objekte der äußeren Welt erfolgt.

Insgesamt unterscheidet ROCK drei Stadien im Problemlöseprozeß der Wahrnehmung: Lösungssuche, Lösungsannahme und Entscheidung zugunsten einer der konkurrierenden Lösungen.

a) Lösungssuche

Bei der Lösungssuche gibt es nach ROCK zwei voneinander qualitativ unterscheidbare Suchprozesse. In einigen Fällen gibt es im „datengetreuen Perzept" einen Hinweis, der eine bestimmte Art der Stimulusorganisation nahelegt. Ein gutes Beispiel für eine solche stimulusgesteuerte Problemlösung ist die Wahrnehmung einer Figur mit scheinbaren Konturen, wie sie Abbildung 136(a) zeigt. Für gewöhnlich sehen Betrachter diese scheinbaren Konturen sofort. Sind die Bedingungen für die Wahrnehmung der scheinbaren Konturen wie in Abbildung 136(b) erschwert, wird man zunächst eher drei unvollständige Keise auf einem gleichförmigen weißen

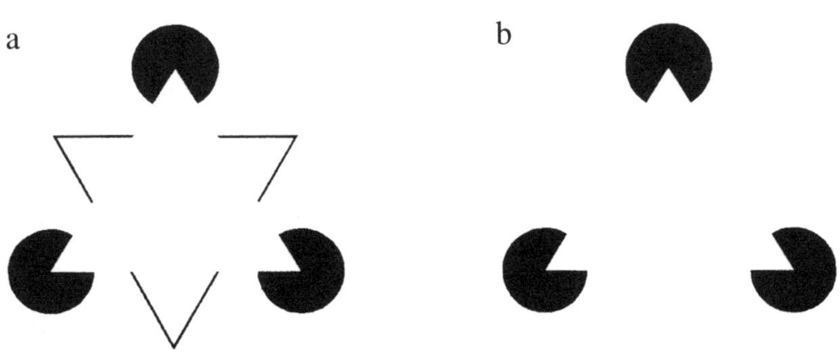

Abb. 136: Amodale Figuren. (a) Amodale Figur, (b) schwach amodale Figur (nach KANIZSA, 1955).

Hintergrund wahrnehmen (das datengetreue Perzept). Diese Wahrnehmungsorganisation stützt sich auf das Figur-Grund-Prinzip: die schwarzen Kreise werden von einer weißen Region umgeben und deshalb als Figuren wahrgenommen. Die Wahrnehmung der inneren Region als weißes Dreieck (die bevorzugte Lösung), das die Kreise teilweise überlappt, erfordert eine Figur-Grund-Umkehrung; für diese muß es im Reizmaterial Hinweise geben.

Experiment 35:

Der Frage, welche Hinweise im Reizmaterial für die Wahrnehmung der amodalen Konturen entscheidend sind, gingen ROCK & ANSON (1979) in einem Experiment nach. Ihre Annahmen waren, daß (1) die Unvollständigkeit der Kreise das Wahrnehmungssystem zu der Annahme leitet, daß ein Gegenstand sie verdeckt und daß (2) die gleich ausgerichteten Kanten der unvollständigen Figuren die bevorzugte Organisation des Reizmaterials hervorrufen. Um den Faktor „Ausrichtung der Ecken" isoliert prüfen zu können, verwendeten ROCK & ANSON drei verschiedene Reizvorlagen (siehe Abbildung 137).

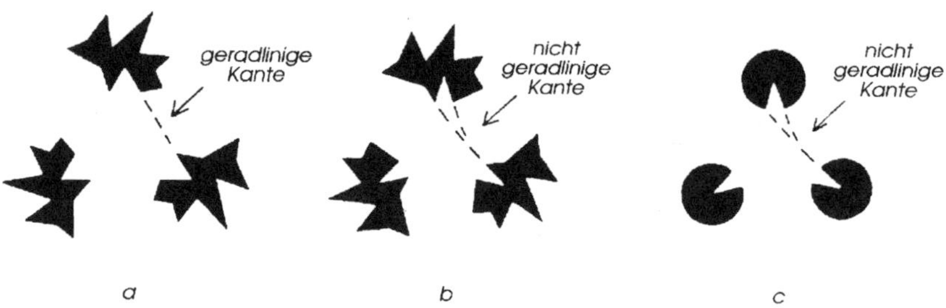

Abb. 137: Amodale Reizvorlagen aus dem Versuch ROCK & ANSON (1979)

Abbildung 137(a) und 137(b) zeigen unregelmäßig Figuren, bei denen der Faktor „Unvollständigkeit" keine Rolle spielen kann. Dabei sind die Ecken der Figur 137(a) gleich ausgerichtet, während die Ecken der Figur 137(b) leicht gegeneinander gedreht sind. Abbildung 137(c) zeigt regelmäßige Figuren, deren Ecken gegeneinander gedreht sind. Jeweils zwanzig Versuchspersonen sollten eine der drei Reizvorlagen betrachten und ihre Wahrnehmung beschreiben. Tabelle 8 zeigt die Ergebnisse. Aus den Ergebnissen läßt sich erkennen, daß bei der Verwendung unregelmäßiger Figuren deutlich mehr Versuchspersonen die scheinbaren Konturen wahrnehmen, wenn die Ecken gleich ausgerichtet sind. Der Faktor „Unvollständigkeit der Figuren" scheint allerdings gewichtiger zu sein, da ein hoher Prozentsatz der Versuchspersonen scheinbare Konturen auch unter der Bedingung ungleich ausgerichteter Ecken (Abbildung 137(c)) wahrnimmt.

Bedingung	N	Anzahl wahrgenommener (amodaler) Figuren	%
Unregelmäßige Bildelemente; gradlinige Kante	20	15	75
Unregelmäßige Bildelemente; nicht gradlinige Kante	20	6	30
Regelmäßige Bildelemente; nicht gradlinige Kante	20	18	90

Tab. 8: Wahrnehmung amodaler Figuren (nach ROCK, 1983)

Gibt es im „datengetreuen Perzept“ keine derartigen Hinweise, muß die „Idee“ zur Organisation des proximalen Stimulusmaterials aus der Gesamtkonstellation des Reizmaterials entnommen werden. Ein Beispiel hierfür ist der sogenannte *kinetische Tiefeneffekt.*

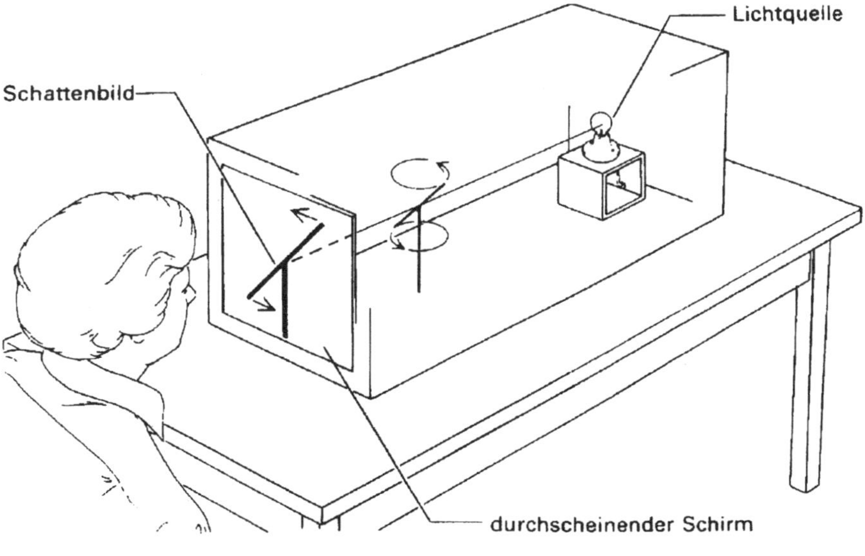

Abb. 138: Versuchsapparatur zum kinetischen Tiefeneffekt (nach ROCK, 1985)

Mit der in Abbildung 138 schematisch dargestellten Versuchsapparatur wird ein dreidimensionaler Gegenstand auf einen Schirm projiziert. Das Schattenbild, das aussieht wie ein schiefes T, ist zweidimensional und wird auch so wahrgenommen. Sobald der Gegenstand zu rotieren beginnt, erkennt der Beobachter die räumliche Drehung. Dabei würde ein Stab, der in einer senkrechten Ebene kreist und ständig seine Länge ändert, das gleiche Schattenbild hervorrufen. Für die dreidimensionale Organisation des Reizmaterials gibt es keinen Hinweis in der zweidimensionalen Reizvorlage. Daher muß die „Idee“ zu dieser Organisation aus der Gesamtkonstellation des Reizmaterials entstehen. Diesen Prozeß nennt ROCK hypothesengesteuerte oder top-down-Verarbeitung.

Selbstversuch 18: „Stereokinetischer Effekt“

Der folgende Versuch bedarf einiger etwas umständlicher Vorbereitungen. Die Mühe wird jedoch durch ein interessantes Wahrnehmungsphänomen belohnt. Fertigen Sie sich bitte eine Reizvorlage an, die der nebenstehenden Abbildung entspricht. Achten Sie dabei darauf, daß 1. die Scheibe aus hellem Karton besteht, 2. die exzentrischen Kreise möglichst kontrastreich aufgezeichnet werden (schwarzer, nicht zu dünner Filzstift), 3. die Mittelpunkte der Kreise auf einer Achse liegen. Lassen Sie diese Scheibe auf einem Plattenspieler rotieren (um den Mittelpunkt des äußeren Kreises) und beobachten Sie die rotierende Scheibe senkrecht von oben:

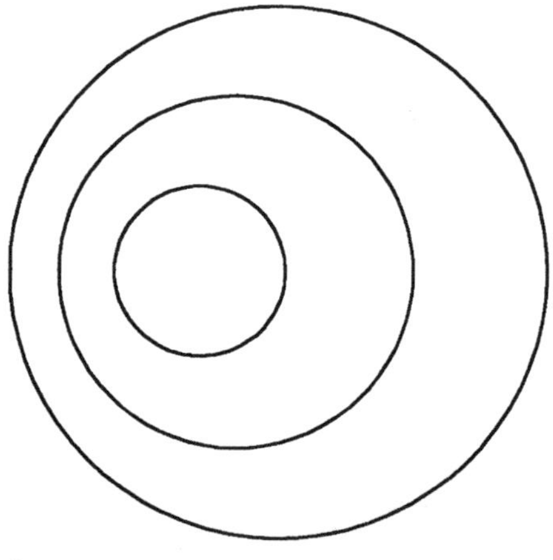

Abb. 139: Reizvorlage zum stereokinetischen Effekt

Beim Betrachten der rotierenden Scheibe entsteht der Eindruck einer räumlichen Figur: Man sieht einen schiefen Kegelstumpf, dessen abgeschnittene Spitze aus dem Papier nach vorne ragt oder einen in die Tiefe weisenden Tunnel. Ähnlich wie beim kinetischen Tiefeneffekt werden Netzhautbilder eines rotierenden Musters so in Komponenten eines Gegenstandes transformiert, daß ein Tiefeneindruck entsteht.

b) Lösungsannahme

Bevor eine mögliche Lösung eines Wahrnehmungsproblems akzeptiert wird, muß sie bestimmten Anforderungen genügen. Diese Kriterien sind: 1. das Prinzip der Verträglichkeit einer Lösung mit der Stimulusinformation und 2. das Prinzip der Unterstützung einer Lösung durch die Stimulusinformation. Mit der Stimulusverträglichkeit ist gemeint, daß eine mögliche Lösung nur dann angenommen wird, wenn sie (1) sämtliche Stimulusinformationen erklären kann und (2) keine Widersprüche enthält. Das Prinzip der Stimulusunterstützung besagt, daß die interne Lösung durch Merkmale des proximalen Reizes angeregt werden muß. Dabei kann das Ausmaß an Unterstützung variieren. Eine perspektivisch exakte Zeichnung eines Würfel, die alle sichtbaren Ecken und Schattierungen enthält, liefert ein hohes Ausmaß an Stimulusunterstützung für dessen räumliche Wahrnehmung.

c) Auswahl der bevorzugten Lösung

Die Entscheidung zugunsten einer der konkurrierenden Lösungen wird nach dem Prinzip der „Zurückweisung zufälligen Zusammentreffens" gefällt. Demnach wird diejenige Lösung bevorzugt, die zwei gleichzeitig oder in unmittelbarer Folge auftretende Phänomene durch eine einzige Ursache erklärt.

So gab es beim kinetischen Tiefeneffekt zwei mögliche Lösungen: die Wahrnehmung eines rotierenden T's und die Wahrnehmung eines Stabes, der in einer senkrechten Ebene kreist und dabei ständig seine Länge ändert. Nach der Theorie von ROCK wird die dreidimensionale Wahrnehmung des rotierenden T's deshalb bevorzugt, weil sie die sichtbaren Phänomene, nämlich Kreisen des Stabes und die Längenänderung durch eine einzige Ursache erklärt. Die Lösung, bei der beide Phänomene durch zwei voneinander unabhängige Ursachen erklärt würden (Rotation und Längenänderung), wird zurückgewiesen.

Mit seiner Theorie der „Logik der Wahrnehmung" hat ROCK die bisher vielleicht „kognitivste" Wahrnehmungstheorie vorgelegt. Damit ist gemeint, daß Wahrnehmung auf allen Ebenen, wenn auch in unterschiedlichem Ausmaß, auf gedankenähnlichen Prozessen beruht. Die Stärke der Theorie von ROCK liegt darin, daß er seine Idee einer intelligenten Wahrnehmung mit einer Fülle von Phänomenen und gut durchdachten Experimenten belegen kann. Dabei kommt er zu einer Reihe plausibler Erklärungen von kontrovers diskutierten Themen (z.B. Konstanzphänomene). Mit seiner Theorie der Formwahrnehmung gibt ROCK eine interessante Antwort auf die Frage, wo die frühe visuelle Verarbeitung endet und wo Gedächtnisprozesse einsetzen. Eine gewisse Schwäche der Theorie liegt vielleicht darin, daß die von ihm postulierten Prinzipien des Problemlösens noch relativ unspezifisch sind.

11.4 Komputationale Theorie

Ausgangspunkt der theoretischen Vorstellungen von David MARR ist der Versuch, ein Computerprogramm zu erstellen, das in der Lage ist, einfache visuelle Erkennungsleistungen wie das Identifizieren von Konturen und Formen auszuführen. Erste Ergebnisse legte MARR 1975 vor. Das Programm bezieht sich auf die Analyse statischer Schwarzweißbilder, die monokular dargeboten werden. Die abgebildeten Gegenstände sind dreidimensionale Objekte. Die Datengrundlage der Bildanalyse liefert ein schwarzweißes Kamerabild, aus dem über Halbleitersensoren ein Feld aus 1000 mal 1000 Helligkeitswerten gewonnen wird. Diese nur aus Bildpunkten unterschiedlicher Helligkeit, sogenannten Pixeln, bestehende Abbildung bezeichnet MARR als Grautonbild. Die Matrix der Helligkeitswerte wird in einen Computer eingegeben, der dann diejenigen Helligkeitsunterschiede abstrahiert, welche die Umrisse und Kanten der abgebildeten Gegenstände ergeben. Das Endergebnis ist eine zweidimensionale Linienzeichnung der Gegenstände. Das Bemerkenswerte am Vorgehen von MARR ist dabei, daß er keinerlei Vorannahmen über die Art der abgebildeten Gegenstände im Computerprogramm implementiert, mithin ein rein datengetriebenes Informationsverarbeitungsmodell vorlegt.

MARR hat seine theoretischen Vorstellungen mehrfach erweitert und modifiziert. Die folgende Skizzierung seiner Theorie bezieht sich auf die letzte Fassung von 1982, in der das binokulare dreidimensionale Sehen unter Einbeziehung von Gedächtnis- und Erkennungsprozessen modelliert wird.

Bei einem *Vergleich der menschlichen und der technischen Informationsverarbeitung* lassen sich drei Fragenkreise, die für beide Bereiche gleich bedeutend sind, unterscheiden: 1. Welche Aufgaben und Ziele muß das System erfüllen? 2. Mit welcher Folge von Einzelschritten lassen sich die Aufgaben lösen? 3. Wie können Neuronen oder elektronische Schaltkreise diese Abfolge ausführen? Die Frage zwei ist die Frage nach dem angemessenen Algorithmus, die Frage drei betrifft die Hardware. MARR hat vor allem auf der Ebene der Algorithmen wesentliche und vielbeachtete Beiträge geliefert. Ein Algorithmus, der in einem Computerprogramm zu zufriedenstellenden Resultaten führt, erlaubt seiner Auffassung nach Rückschlüsse auf mögliche ähnliche Algorithmen bei der menschlichen Informationsverarbeitung. Insofern sind die Ergebnisse der künstlichen Intelligenzforschung (KI) sinnvolle Beiträge zu einer umfassenden Theorie des menschlichen Sehens. Der Ansatz, die Prozesse am Rechner zu simulieren, bedingt, daß das Sehen in keinster Weise mehr als selbstverständlich betrachtet wird. Jedes noch so kleine Problem muß überhaupt erst einmal erkannt und versuchsweise gelöst werden.

Info-Box 24: Repräsentationsformen nach Marr

Nach MARR (1982) münden die am Vorgang des Sehens beteiligten Prozesse in eine Serie von Repräsentationen, die zunehmend detailliertere Informationen über die visuelle Umgebung enthalten. Marr unterscheidet drei wesentliche Repräsentationsformen:

(1) *Erstskizze:* Sie ist eine zweidimensionale Beschreibung der wesentlichen Helligkeitsänderungen im visuellen Feld. Sie enthält Informationen über Kanten, Linien, Flecken und Konturen. Die Repräsentation ist beobachterzentriert und perspektivenabhängig.

(2) *2.5-D Skizze:* Sie enthält eine Beschreibung der räumlichen Tiefe und der Orientierung sichtbarer Oberflächen. Die Informationen aus Schattierung, Textur, Bewegung und binokularer Disparität werden integriert. Die Repräsentation ist dreidimensional, aber nach wie vor beobachterzentriert.

(3) *3-D Repräsentation:* Sie beschreibt die dreidimensionale Form von Objekten und deren räumliche Beziehungen untereinander unabhängig von der Perspektive des Beobachters und ist für einen Vergleich mit Gedächtnisinhalten geeignet.

Erstellen der Erstskizze

Die Basis der visuellen Informationsverarbeitung bilden *Helligkeitsunterschiede zwischen einzelnen Bildpixeln.* Bei dem Prozeß der Konstruktion von Formen auf der Basis dieser Helligkeitsunterschiede treten jedoch beträchtliche Schwierigkeiten auf. Zum einen kann es vorkommen, daß zwei angrenzende oder sich überlappende Objekte sich nicht durch Helligkeitsunterschiede voneinander abheben. Zum anderen liefern Helligkeitswerte oft mehrdeutige Informationen. Nach MARR sind es vier Faktoren, die für Helligkeitsunterschiede verantwortlich sein können: 1. geometrische Verhältnisse, 2. Lichtreflexionen der sichtbaren Oberflächen, 3. Beleuchtungsstärke der Szene, 4. Perspektive des Betrachters. Diese vier Faktoren vermischen sich in den Helligkeitswerten eines Bildes. Sie müssen daher durch Informationsverarbeitungsprozesse voneinander getrennt werden.

Helligkeitsunterschiede treten in der physikalischen Welt nicht völlig willkürlich auf, sondern folgen festen Gesetzmäßigkeiten. Diese gelten auch für Helligkeitsunterschiede im retinalen Input und können zur Identifizierung sichtbarer Oberflächen genutzt werden. Eine für das weitere Verständnis der Theorie wesentliche Annahme besagt, daß Oberflächen auf unterschiedlich feinen bzw. groben Niveaus strukturiert sind. Dies soll am Beispiel des Fells einer Katze verdeutlicht werden. Auf dem feinsten Niveau besteht das Fell aus einzelnen Haaren, die auf jeweils unterschiedliche Weise Licht reflektieren. Die nächst höhere Ebene ist die Musterung des Fells durch benachbarte parallele Haare. Die höchste Organisationsebene bildet die Fellzeichnung der Katze. Diese Oberflächenstrukturen unterschiedlicher Ebenen kann man auch als *„Texturen"* bezeichnen (vgl. das Kapitel über die „ökologische Optik").

Abbildung 140 illustriert die Grundidee bei der Erstellung der Erstskizze. Auf der niedrigsten Ebene *(Rohskizze)* werden Bildelemente (einzelne Punkte oder Striche) hinsichtlich ihrer Helligkeitsänderungen relativ zum Hintergrund des Bildes analysiert. Diese Helligkeitsänderungen werden in der Abbildung durch Grenzlinien repräsentiert. Aus einem Punkt wird so ein Kreis, aus einem Strich eine leicht elliptische Grenzlinie. Bei Strichen werden zudem noch Anfangs- und Endpunkt bestimmt. In Abbildung 140 sind sie durch fette Punkte dargestellt.

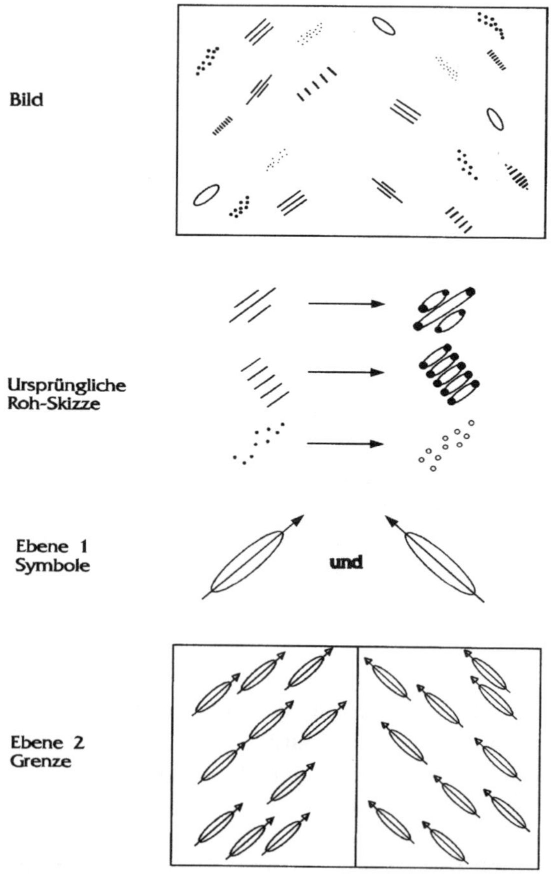

Abb. 140: Schematische Darstellung der Verarbeitungsschritte bis zur fertigen Erstskizze (nach MARR, 1982)

Im nächsten Schritt *(Ebene 1)* werden ähnliche Elemente gleicher Orientierung zu Zeichen höherer Ordnung zusammengefaßt. Diese Symbole sind in der Abbildung als Ellipsen dargestellt, deren Orientierung durch einen Vektor markiert wird. Schließlich *(Ebene 2)* wird eine Grenze zwischen den unterschiedlich orientierten Zeichen der linken und der rechten Bildhälfte konstruiert. Diese Grenze repräsentiert die Trennungslinie zwischen zwei Texturen, die sich auf der Dimension der Orientierung ihrer Elemente voneinander unterscheiden.

Der Gruppierungsvorgang ist tatsächlich wesentlich umfangreicher und komplexer als er in der Abbildung dargestellt ist. So gibt es nicht nur zwei Ebenen der Gruppierung, sondern nahezu unbegrenzt viele, in denen immer wieder andere Ausgangselemente auf unterschiedlich feinen bzw. groben Auflösungsniveaus gruppiert werden. Die Gruppierungsmecha-

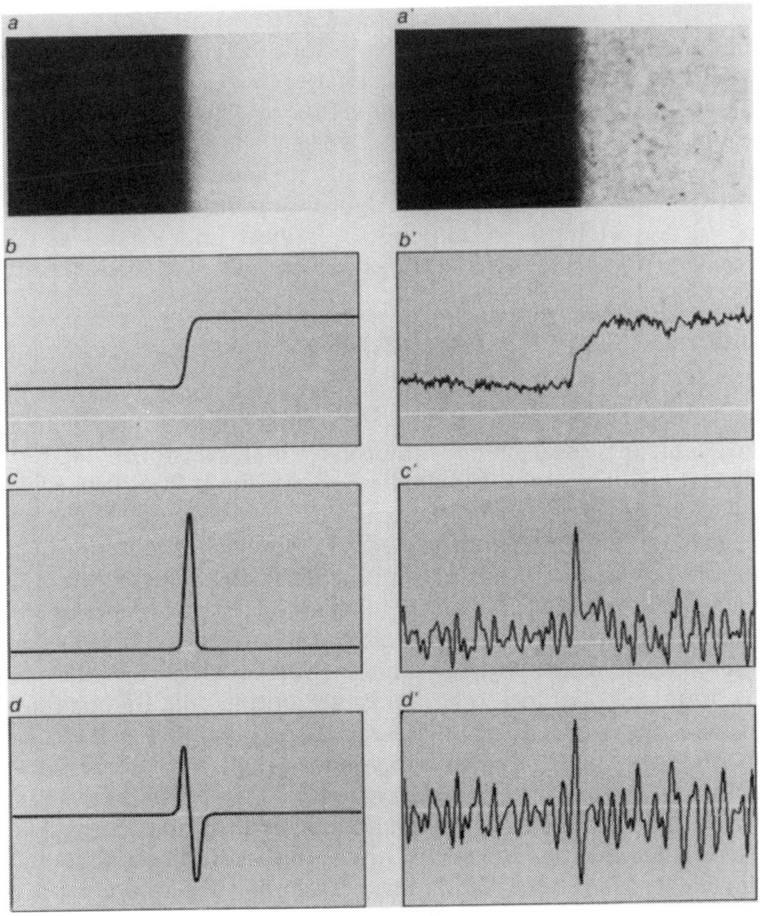

Abb. 141: Durch örtliche Ableitungen gewonnene Helligkeitsänderungen (entnommen aus POGGIO, 1986)

nismen suchen dabei nach immer größeren Zeichen, die immer mehr Bildelemente vereinen. Dieser Prozeß würde viel zu umfangreich und schwerfällig sein, wenn das visuelle System nicht an Gesetzmäßigkeiten der physikalischen Welt angepaßt wäre.

Der Prozeß des Erstellens der Erstskizze verläuft in drei Stadien: a) Auffinden von Helligkeitsänderungen; b) Bilden der rohen Erstskizze; c) Konstruktion der fertigen Erstskizze.

a) Auffinden von Helligkeitsänderungen

Die räumliche Verteilung der Helligkeitswerte läßt sich als eine mathematische Funktion darstellen. Von besonderer Bedeutung für eine Beschreibung der Struktur eines Bildes sind dabei abrupte Änderungen der Helligkeitswerte (sie markieren Änderungen der räumlichen Tiefe oder Änderungen in der Orientierung von Oberflächen). Mathematisch lassen sich solche Helligkeitssprünge durch Extrem- und Wendestellen beschreiben. Abbildung 141 zeigt einen idealisierten Helligkeitsprung (a) neben einem realistischerweise zu erwartenden (a') sowie die Graphen der Helligkeitsfunktionen und deren erster und zweiter Ableitung. Wie man sieht, enthalten die realistischerweise zu erwartenden Helligkeitsfunktionen „verrauschte" Informationen. Um dieses Problem zu umgehen, hat MARR einen mathematischen Algorithmus entwickelt, der das „Rauschen" in den Helligkeitsfunktionen wegfiltert und lokale Helligkeitsunterschiede durch eine Verstärkung des Kontrasts zusätzlich akzentuiert.

Info-Box 25: Algorithmus von MARR

Das wesentliche Prinzip des Algorithmus besteht darin, daß nicht mehr Helligkeitsunterschiede zwischen zwei benachbarten Bildpixeln, sondern Helligkeitsunterschiede innerhalb einer kreisförmigen Region analysiert werden. Jedes Bildpixel innerhalb dieser Region wird durch das gewichtete Mittel der benachbarten Bildpixel ersetzt. Dabei gehen die einzelnen Pixel mit unterschiedlicher Gewichtung in die Berechnung ein. Die Gewichtungsfaktoren richten sich nach einer mathematischen Funktion, die Marr anschaulich mit einem mexikanischen Hut vergleicht und als Zentrum-Umkreis-Filter bezeichnet. Bildpixel eines zentralen Kreises gehen mit einem positiven Gewichtungsfaktor in die Berechnung ein, der um so größer ist, je zentraler die Bildpixel innerhalb des Kreises liegen. Um den Kreis herum befindet sich ein Kreisring. Bildpixel innerhalb des Kreisringes erhalten negative Gewichtungsfaktoren. Das führt zu einer Akzentuierung. Abbildung 142 zeigt den Algorithmus in ein- und zweidimensionaler Darstellung. Als Resultat erhält man eine Art zweiter Ableitung der Bildintensität im Größenmaßstab des Filters. Die Nullstellen in diesem Feld entsprechen den Stellen im Bild, an denen sich die stärksten Helligkeitsänderungen befinden.

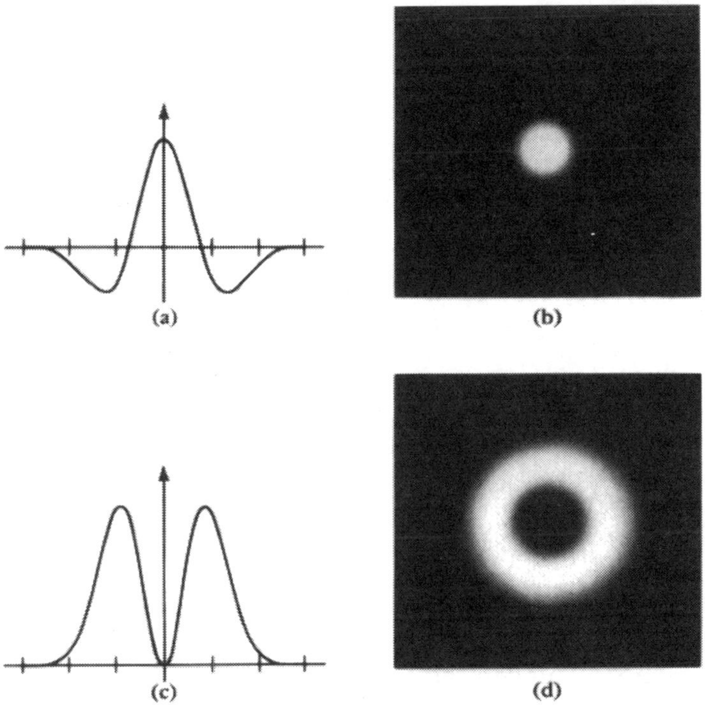

Abb. 142: Wirkungsweise des mathematischen Filters (aus MARR, 1982)

Um dem Gebot der Analyse einer Bildstruktur auf mehreren Ebenen nachzukommen, berechnet MARR Helligkeitssprünge mit verschiedenen mathematischen Filtern, die sich hinsichtlich des Durchmessers der analysierten Bildregion unterscheiden. Dadurch können Helligkeitsveränderungen unterschiedlicher Ausdehnung registriert werden. Abbildung 143, zeigt die Analyse des Fotos einer Plastik von Henry MOORE (a) mit von (b) bis (d) zunehmend gröberen mathematischen Filtern.

b) Rohe Erstskizze

Die rohe Erstskizze setzt sich aus vier Grundelementen zusammen: Kanten, Streifen, Flecken und Konturen. Diese Grundelemente zeichnen sich durch jeweils typische Intensitätsänderungen in ihren mathematisch gefilterten Helligkeitsfunktionen aus und können so kategorisiert werden. Jedes einzelne der Elemente wird auf fünf Dimensionen beschrieben: Orientierung, Kontrast, Länge, Breite, Position.

c) Fertige Erstskizze

Durch eine Weiterverarbeitung der rohen Erstskizze wird die fertige Erstskizze gebildet. Dabei werden zwei Ziele verfolgt: (1) die Bildung von Zei-

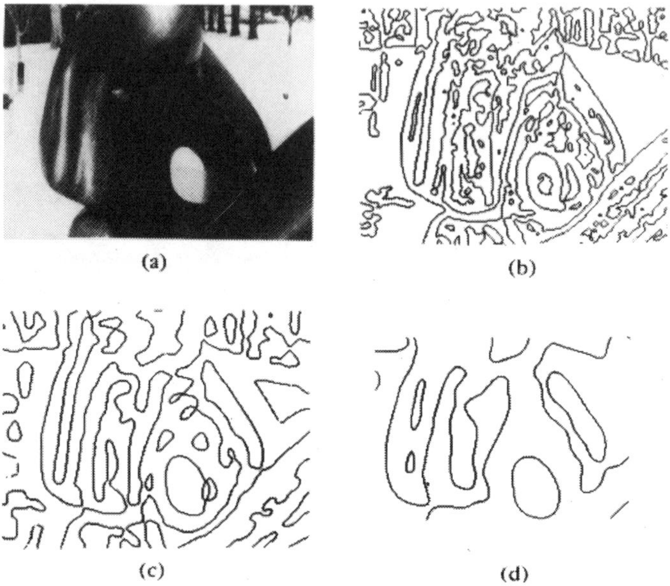

Abb. 143: Bildzerlegung durch mathematische Filter (aus MARR, 1982)

chen, die die Struktur der Oberfläche erfassen und (2) das Auffinden von Änderungen in den Parametern der Zeichen, die auf Änderungen der Tiefe oder Orientierung sichtbarer Oberflächen schließen lassen. Verkürzt gesprochen geht es darum, Zeichen und Grenzlinien zu bilden.

Dies geschieht zunächst dadurch, daß die Grundelemente zu größeren Zeichen, also Zeichen höherer Ordnung, zusammengefaßt werden. Bei dieser *Gruppierung* werden die Grundelemente nach dem Kriterium der Ähnlichkeit zu Linien, Kurven, größeren Flecken und Gruppen geordnet. Die so gebildeten Zeichen höherer Ordnung werden dann mit den gleichen fünf Parametern wie die Grundelemente, also Orientierung, Kontrast, Länge, Breite und Position beschrieben. Diese resultierenden Zeichen werden danach wieder zu höheren Zeichen zusammengefaßt, bis sich keine größeren Zeichen mehr bilden lassen.

Zur Bestimmung von *Grenzlinien* können sechs Bildeigenschaften verwendet werden. Drei der Eigenschaften beziehen sich auf die Zeichen. Diese sind: durchschnittliche Orientierung, Helligkeit und Größe der Zeichen. Daneben werden drei Parameter verwendet, die sich auf das räumliche Arrangement eines Bildes beziehen: die lokale Dichte der Zeichen, die lokale Entfernung benachbarter, ähnlicher Zeichen und das aus der Orientierung benachbarter Zeichen entstehende Muster. Mittels dieser Parameter läßt sich die Struktur von Oberflächen weiter aufschlüsseln. Abbildung 144 zeigt Beispiele dafür, wie mit ihnen Oberflächen strukturiert und Grenzlinien gebildet werden können. Abbildung 144(a) zeigt eine Grenzlinie, die durch eine Änderung der Punktdichte erzeugt wird. In Abbildung 144(b) wird sie durch eine Änderung der durchschnittlichen Größe der Quadrate hervorgerufen. Die Grenze in Abbildung 144(c) geht auf eine 45°-Rotation der Zeichen, die in Abbildung 144(d) auf mehrere Faktoren gleichzeitig zurück.

Am Beispiel des Katzenfells sieht der Prozeß des Erstellens der Erstskizze so aus, daß zunächst die Struktur einzelner Haare erfaßt wird (Ebene einzelner Zeichen), dann die Zeichnung einzelner Teile des Fells (Ebene der Textur niedriger Ordnung) und zuletzt das Streifenmuster des Fells (Ebene der Textur höherer Ordnung; Repräsentation von Grenzlinien). Die Informationen aus allen Analyseebenen gehen in die fertige Erstskizze mit ein.

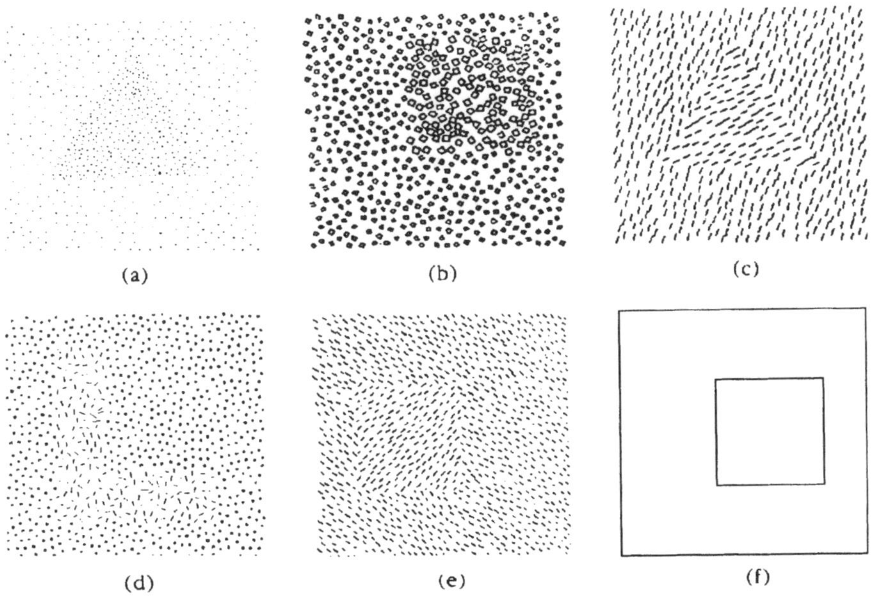

Abb. 144: Konstruktion von Bildgrenzen durch Texturmerkmale (aus MARR, 1982)

Erstellen der 2.5-D Skizze

Die *2.5-D Skizze* bildet so etwas wie die Schnittstelle zwischen Wahrnehmung und Kognition. Sie enthält das Maximum an Information, das durch frühe visuelle Verarbeitung zu gewinnen ist. Die 2.5-D Skizze enthält Informationen über die Orientierung und ungefähre Ausdehnung sichtbarer Oberflächen sowie eine symbolhafte Repräsentation der Übergänge zwischen Oberflächen unterschiedlicher Orientierung und Tiefe. Die einzelnen Bildpunkte der 2.5-D Skizze werden nach MARR dabei in ein Koordinatensystem eingetragen, das aus den Sichtlinien der beiden Augen gebildet wird. Abbildung 145 zeigt ein Modell dieser Repräsentationsform. An jedem Punkt des Koordinatensystems zeigt ein Vektor die räumliche Orientierung des Bildelementes an der betreffenden Stelle an. Tiefensprünge der sichtbaren Oberflächen werden durch durchgezogene Linien, Änderungen der Orientierunug von Oberflächen durch gepunktete Linien dargestellt.

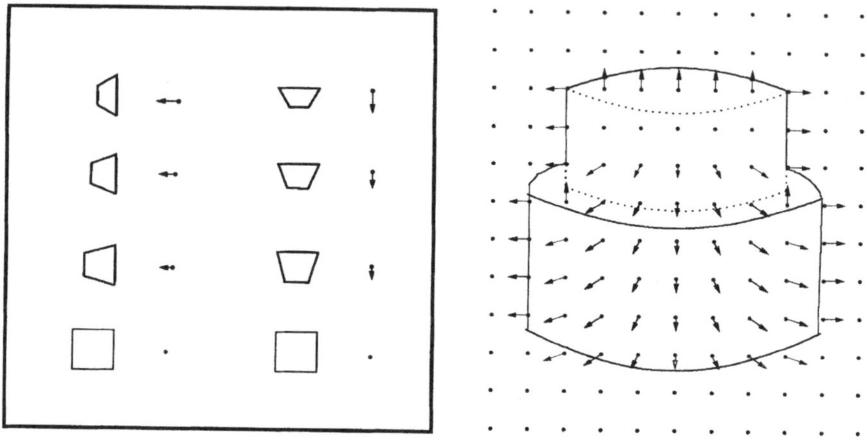

Abb. 145: Illustration der 2.5 D Skizze (nach MARR, 1982)

Zur Transformation der Erstskizze in die 2.5-D Skizze werden eine Reihe von Informationsquellen genutzt. Diese sind z.B. Schattierung, Textur, Bewegung, Okklusion und binokulare Disparität. Insbesondere zum Verständnis der Verarbeitung von Informationen aus der binokularen Disparität sowie aus der Wahrnehmung von Bewegung hat MARR (1982) eine Reihe weiterführender Ideen entwickelt, die im folgenden aber nur in Auszügen dargestellt werden können.

a) Tiefenwahrnehmung

Der Begriff der *binokularen Disparität* bezieht sich auf das Faktum, daß beide Augen die sichtbare Welt aus leicht unterschiedlichen Blickwinkeln betrachten. Fixieren die Augen einen bestimmten Punkt (A) des visuellen Feldes, wird dieser bei beiden Augen auf das Zentrum der Retina (Fovea) projiziert. Ein benachbarter Punkt (B) wird auf Netzhautregionen abgebildet, die sich in einem bestimmten Abstand zur Fovea befinden. Dieser Abstand ist bei beiden Augen verschieden, da sie den Punkt (B) ja aus unterschiedlichen Blickwinkeln sehen. Aus der Abweichung der beiden Abstände, der binokularen Disparität, läßt sich über einfache trigenometrische Berechnungen die Entfernung des Punktes (B) zum Beobachter berechnen. Binokulare Disparität ist damit einer der wichtigsten Tiefencues (vgl. ausführlich Teil I).

Diese, einem Punkt des äußeren visuellen Feldes entsprechenden retinalen Abbildungen beider Augen, werden als *korrespondierende Netzhaut-*

stellen bezeichnet. Bei der Tiefenwahrnehmung liegt das zentrale Problem der Informationsverarbeitung nun darin, korrespondierende Netzhautstellen auch als solche zu erkennen. Oder anders formuliert, müssen jene Elemente in den beiden Bildern, die jeweils derselben Stelle im Raum entsprechen, einander zugeordnet werden, ohne daß Objekte oder Teile davon erkannt werden müssen. Wie werden nun korrespondierende Netzhautstellen aufgefunden?

MARR & POGGIO (1976) haben drei Regeln für die binokulare Kombination von Bildpunkten aufgestellt, die das Korrespondenzproblem für Computerberechnungen handhabbar machen:

Regel 1: *Vereinbarkeit.* Korrespondierende Bildpunkte sind einander in ihren Parametern (lokale Dichte, lokale Entfernung, Orientierung) ähnlich.

Regel 2: *Eindeutigkeit.* Jeder Bildpunkt eines Bildes entspricht genau einem Punkt des anderen Bildes.

Regel 3: *Kontinuität.* Zwei Bildpunkte werden dann bevorzugt miteinander kombiniert, wenn sie eine ähnliche Disparität aufweisen, wie benachbarte Bildpunkte, die zuvor kombiniert wurden. Diese Regel trägt der Annahme Rechnung, daß sich die Tiefe und damit die Disparität entlang einer Oberfläche stetig ändert und nur an den Objekträndern Sprünge auftreten.

b) Bewegungswahrnehmung

MARR geht davon aus, daß bei der Verarbeitung von Bewegungsinformationen zwei unterschiedliche Prozesse beteiligt sind. Bewegung wird demnach zum einen durch *Bewegungsdetektoren* und zum anderen durch *komplexere Informationsverarbeitungsprozesse* identifiziert. Auf der Detektorebene werden Bewegungen in sehr kleinen Zeitintervallen analysiert. Diese Detektoren geben schnell verfügbare Hinweise darüber, wo im Gesichtsfeld eine Bewegung stattfindet und in welcher ungefähren Richtung sie verläuft. Sie liefern jedoch lediglich zweidimensionale Informationen über die Struktur bewegter Objekte, indem sie auf Diskontinuitäten im visuellen Feld reagieren (also Übergänge zwischen bewegten und unbewegten Oberflächen anzeigen). Aus diesen Diskontinuitäten der Bewegung lassen sich die Objektgrenzen bestimmen.

Eine komplexere Bewegungswahrnehmung steht dann allerdings immer noch vor zwei Problemen, die sich auf der Detektorebene nicht lösen lassen:

1. dem Korrespondenz-Problem und 2. dem Problem, aus Bewegungen räumliche Strukturen zu ermitteln. Das Korrespondenz-Problem beschäftigt sich mit der Frage, welches Item des Bildes zum Zeitpunkt t1 welchem Item zum Zeitpunkt t2 entspricht. Das zweite Problem besteht darin, aus korrespondierenden Bildpunkten die Bewegungsvektoren und

die dreidimensionale Struktur des Bildes zu bestimmen. Einen Vorschlag hierzu macht ULLMANN (1979).

Info-Box 26: Modell der Bewegungswahrnehmung nach ULLMAN (1979)

Bei seiner Darstellung der Bewegungswahrnehmung orientiert sich Marr an einem von ULLMAN (1979) entwikelten Minimalparadigma der Bewegungswahrnehmung. Abbildung 146 zeigt ein Schema der von ULLMAN benutzten Versuchsapparatur. Das Punktmuster zweier gegeneinander rotierender Zylinder wird auf eine Leinwand projiziert. Dabei wird dem Betrachter keine kontinuierliche Bewegung, sondern eine Abfolge von Einzelbildern gezeigt. Jedes einzelne Punktmuster für sich ist uninterpretierbar. Aus einer Abfolge mehrerer Einzelbilder läßt sich jedoch die Bewegung und die räumliche Struktur der bewegten Objekte rekonstruieren.

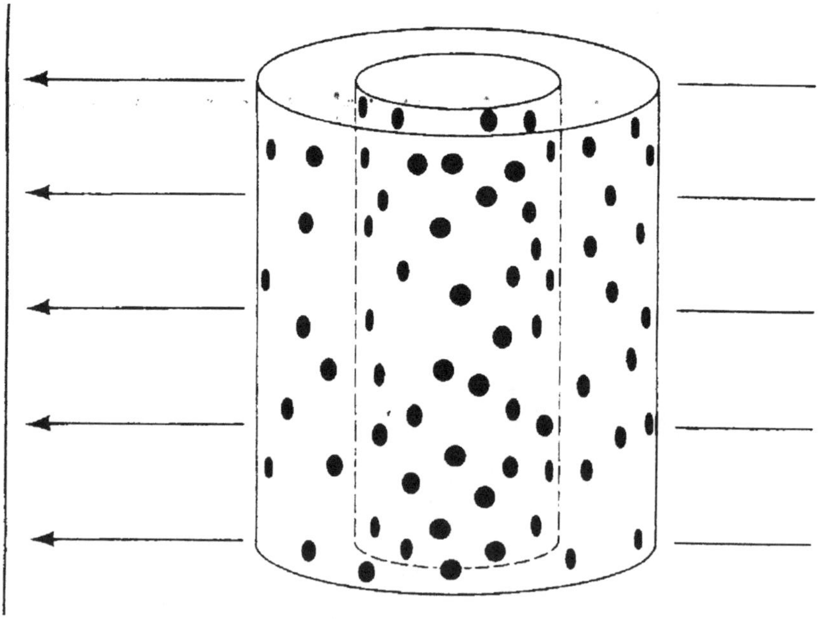

Abb. 146: Schematische Darstellung zu Ullmanns Versuchsaufbau mit rotierenden Zylindern (nach MARR, 1982)

Das Problem, dieses Bewegungsphänomen zu erklären, vereinfacht sich durch die sogenannte Starrheitsannahme Ullmans. Danach sind die meisten Strukturen der visuellen Welt wenigstens näherungsweise starr. Die Form einer Struktur ändert sich während einer Bewegung also nicht (es ändert sich lediglich die Position der Struktur im Raum).

Ein Gegenbeispiel wäre etwa ein fliegender Vogel, dessen Gestalt sich während des Fluges ändert. Für den Fall der Bewegung starrer, ihre Form nicht verändernder Körper, reduziert sich das Korrespondenz-Problem der Bewegungswahrnehmung auf das bekannte Korrespondenz-Problem der Tiefenwahrnehmung: Aus der veränderten Position kleiner Gruppen von Punkten werden Bewegungsvektoren berechnet, die die genaue räumliche Verschiebung dieser Punktgruppen wiedergeben. Auf diese Art und Weise erhält man ein Feld von Bewegungsvektoren, aus dem sich räumliche Strukturen ableiten lassen.

Erstellen des 3-D Modells

Ausgangspunkt der Überlegungen zum 3-D Modell war die folgende Fragestellung: Wie müssen visuelle Informationen repräsentiert sein, damit man sie mit Gedächtnisinhalten vergleichen kann?

Die 2.5-D Skizze liefert dazu eine unzureichende Grundlage, da sie z.B. keine Informationen über dem Beobachter verborgene (z.B. verdeckte) Oberflächen enthält. Außerdem ist die 2.5-D Skizze beobachterzentriert, liefert also eine von der Perspektive abhängige Beschreibung des Objekts. Zu jedem Objekt existieren daher unendlich viele 2.5-D Beschreibungen, was eine Objekterkennung, also eine Übereinstimmung mit Gedächtnisinhalten, unwahrscheinlich macht. Eine geeignete 3-D Repräsentation sollte nach MARR & NISHIHARA (1978) folgenden Kriterien genügen:

1. Sie muß unabhängig von der Beobachterperspektive sein (diese Anforderung erfüllt z.B. eine dreidimensionale Computergraphik, die über Tastaturbefehle auf dem Bildschirm um alle Achsen beliebig rotierbar ist).

2. Die Repräsentation sollte hierarchisch organisiert sein. D.h. es sollten unabhängige Beschreibungen sowohl für das gesamte Objekt als auch für dessen Teile vorliegen.

Info-Box 27: Hierarchische Beschreibung

Die Gestalt eines Menschen wäre schwer wiederzuerkennen, wenn nur eine Beschreibung für den gesamten Körper vorläge. Ein sitzender Mensch sieht anders aus als ein stehender. Trotzdem werden beide Gestalten als „Mensch“ erkannt. Dieses Problem läßt sich nach MARR & NISHIHARA (1978) dadurch lösen, daß neben einer Repräsentation des ganzen Körpers auch Beschreibungen einzelner Körperteile und ihrer Lage zueinander vorliegen. So kann man sich eine Repräsentation eines einzelnen Armes denken, die die Elemente Ober- und Unterarm enthält. Daneben mag eine Repräsentation eines Unterarmes bestehen, die die Elemente Unterarm und Hand trennt. Eine weitere

Repräsentation unterscheidet Hand und Finger etc. (siehe dazu Abbildung 147).

Ein sitzender Mensch unterscheidet sich von einem stehenden Menschen nunmehr nur noch durch eine unterschiedliche Orientierung der Beine zum Torso, sowie in der relativen Orientierung von Ober- und Unterschenkel. In allen übrigen Repräsentationen bestehen keine Unterschiede. Eine derartige hierarchische Organisation verschiedener Repräsentationen erlaubt es somit auch, variable Formen zu erkennen.

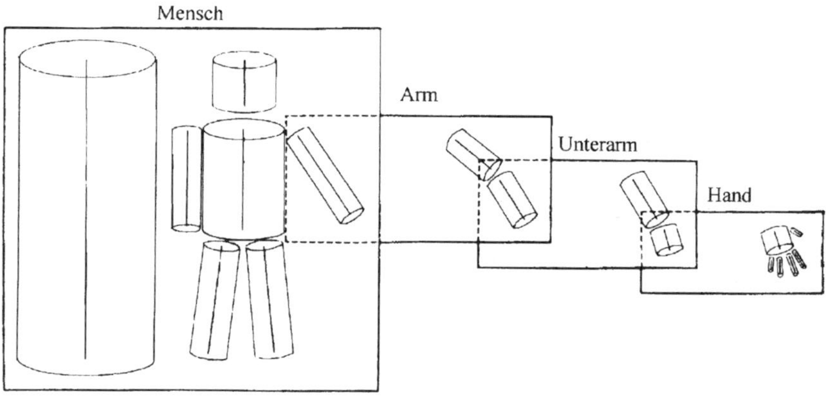

Abb. 147: Hierarchische Repräsentation einer Form in der 3-D Beschreibung (nach MARR, 1982)

Nach MARR sollte ein Modell der Formrepräsentation vor allem folgende drei Aspekte berücksichtigen:

1. das Koordinatensystem, in dem die Form dargestellt wird,
2. die Basiselemente, mit denen eine Form beschrieben werden kann,
3. die Organisationsform der Repräsentation.

Eine einfache Illustration dieser Grundidee zeigt Abbildung 148.

Die abgebildeten Pfeifenreinigerfiguren können identifiziert oder zumindest klassifiziert werden, obwohl lediglich die Achsen wesentlicher Teile repräsentiert sind. Stellt man sich um die in Abbildung 148 gezeigten Achsen zylindrische Körper vor, gelangt man zur der Repräsentationsform, wie sie bereits in Abbildung 147 gezeigt wurde. Nach MARR sind zum Erkennen von Formen also keine genau analysierten Oberflächenstrukturen mehr von Bedeutung. Formen werden direkt aus der relativen Orien-

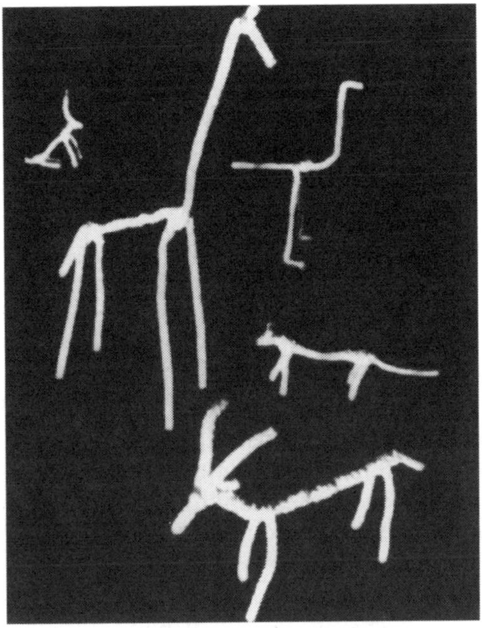

Abb. 148: Pfeifenreinigerfiguren (aus MARR, 1982)

tierung stilisierter Untereinheiten zueinander erkannt. Diese bilden die Basiselemente der Form (Aspekt 2). Die Organisation der 3-D Repräsentation wurde am Beispiel der Repräsentation eines menschlichen Körpers bereits angedeutet. Demnach werden Formen hierarchisch organisiert. Auf mehreren unterschiedlich feinen Analyseebenen liegen Repräsentationen des Ganzen und seiner Untereinheiten nebeneinander vor (Aspekt 3). Das Koordinatensystem anhand dessen die räumlichen Relationen innerhalb einer Form berechnet werden, wird nun nicht mehr durch die Sichtlinien eines Beobachters konstituiert, sondern durch die Hauptachsen (Linien in Abbildung 147). Auf der Analyseebene „Mensch" bildet die Achse des links abgebildeten Zylinders die Hauptachse des Koordinatensystems. Sie liefert das Bezugssystem für die Achsen der Untereinheiten Kopf, Rumpf und Gliedmaßen (Figur rechts neben dem Zylinder), deren Orientierung zur Hauptachse berechnet wird (Aspekt 1). Die 3-D Repräsentation besteht also aus hierarchisch organisierten Untereinheiten einer Form, die auf jeder Analyseebene in ein eigenständiges Koordinatensystem eingetragen werden, das sich nach der jeweiligen Form richtet.

Anhand der 3-D Darstellung sind nun Vergleiche mit in gleicher Weise repräsentiertem Gedächtnismaterial möglich.

Selbstversuch 19: Hierarchische Repräsentation

Die in Abbildung 148 gezeigten „Pfeifenreinigerfiguren" stellen lediglich die Hauptachsen wesentlicher Teile verschiedener Objekte dar. Versuchen Sie, die dargestellten Objekte zu benennen, und prüfen Sie so, ob diese Repräsentationsform hinreichend für eine Wiedererkennensleistung ist.

(Lösung: Hase, Giraffe, Strauß, Katze, Antilope)

David MARR verstarb 1980 35-jährig an Leukämie. Sein Gesamtwerk blieb daher notwendigerweise fragmentarisch in dem Sinne, daß eine Reihe vielversprechender Ideen, insbesondere für die höheren Analyseebenen, eher unverbunden nebeneinander stehen, als daß sie sich bereits zu einer umfassenden Theorie des Sehens zusammenfügen. Der eigentliche Verdienst von MARR liegt nach EYSENCK & KEANE (1990) darin, daß er aufzeigen konnte, wie komplex die scheinbar so einfache Aufgabe des Sehens ist und er mit seinem 1982 vorgelegten Ansatz bereits eine gute Annäherung an diese Komplexität erreicht. Wegweisend für spätere Arbeiten ist dabei der Ausgangspunkt, also zu fragen, welche Aufgaben ein visuelles System zu lösen hat und aufzuschlüsseln, welche Informationen die visuelle Umgebung überhaupt enthält. Insgesamt ist die „computational theory" wegen der Tiefe ihrer Analyse und der bemerkenswerten Fähigkeit zur Integration physikalischen, physiologischen und psychologischen Wissens die zur Zeit vielleicht einflußreichste Theorie der visuellen Formwahrnehmung.

11.5 Vergleich kognitiver Wahrnehmungstheorien

Die vorgestellten kognititiven Wahrnehmungstheorien sind nicht direkt vergleichbar, da sie – wie bereits im Überblick erwähnt – auf unterschiedlichen Ebenen liegen und dabei mit einem unterschiedlichen *Auflösungsgrad* an das Thema herangehen. NEISSER legt einen metatheoretischen Rahmen vor, der sich auf einige wenige Kernannahmen beschränkt. Im Gegensatz dazu hat MARR eine mathematisch ausgerichtete Theorie des Sehens formuliert, die den Prozeß der Informationsverarbeitung im Detail analysiert. Der Ansatz von ROCK liegt in seinem Auflösungsgrad zwischen NEISSER und MARR und beruht hauptsächlich auf experimentalpsychologischen Ergebnissen.

ROCK versucht dabei, einzelne Schritte im Prozeß der Informationsverarbeitung zu identifizieren und allgemeine Organisationsprinzipien aufzustellen. Insofern besteht also keine echte Theorienkonkurrenz.

Der weitere Vergleich der Theorien soll unter den folgenden Leitfragen stattfinden: Wie gelangt der Wahrnehmende zu einer wirklichkeitsgetreuen internen Repräsentation seiner Umwelt? Welchen Einfluß haben Erfahrungen? In welchem Verhältnis stehen Wahrnehmung und Wirklichkeit zueinander?

Im Sinne NEISSERs funktioniert Wahrnehmung deshalb so zuverlässig, weil das wahrnehmende Individuum umfangreiche Erfahrungen mit seiner Umwelt in Schemata integriert hat, aktiv Informationen einholen kann und über Informationen aus mehreren Sinnesmodalitäten verfügt. Erst dadurch, daß ein Individuum Informationen aktiv einholt, bewertet und integriert, wird eine wirklichkeitsgetreue Wahrnehmung möglich. Wahrnehmung ist demnach das Produkt einer Interaktion des Wahrnehmenden mit seiner Umwelt. Nach ROCK führt Wahrnehmung bereits auf der Ebene nichtbewußter Verarbeitungsprozesse zu einer wirklichkeitsgetreuen Abbildung der Umwelt. Im Verlauf der phylogenetischen Entwicklung haben sich Mechanismen der Informationsverarbeitung etabliert, die mehrdeutige Reizverhältnisse „intelligent" im Hinblick auf tatsächliche Gegebenheiten der Umwelt verarbeiten. Während bei NEISSER eine sinnvolle Wahrnehmung ohne Erfahrungen (Schemata) undenkbar ist – Erfahrung also eine Voraussetzung für Wahrnehmung ist – sieht ROCK die Bedeutung von Erfahrungen darin, daß sie eine prinzipiell sinnvolle Wahrnehmung noch verfeinern. Nach MARR beruht Sehen auf der Verarbeitung im Licht enthaltener Informationen. Diese können prinzipiell nicht falsch sein, sondern nur fehlerhaft verarbeitet werden. Ein wesentliches Anliegen von MARR ist es daher aufzuzeigen, daß die visuelle Verarbeitung bis zur 2.5-D Skizze ohne die Beteiligung von Erfahrungen möglich ist. Erfahrungen sind erst zum Aufbau einer 3-D Repräsentation wesentlich.

Allen drei Theorien gemeinsam ist die Vorstellung, daß Wahrnehmung in einem gewissen Ausmaß konstruktiv ist, also über die Verarbeitung von im Reizmaterial verfügbaren Informationen hinausgeht. Sie unterscheiden sich jedoch hinsichtlich ihrer Einschätzung des Ausmaßes an Konstruktivität. Nach NEISSER wählt jeder Wahrnehmende nur die für ihn interessanten Ausschnitte aus dem verfügbaren Reizangebot aus und verarbeitet sie in Abhängigkeit von individuellen Gedächtnisstrukturen. Die Konsequenz daraus ist, daß jeder Wahrnehmende sich seine eigene Welt erschafft. Für ROCK sind zwei verschiedene Konstruktionsakte an der Wahrnehmung beteiligt. Ein allgemeiner, der unvollständige und mehrdeutige Reizvorlagen interpretiert, und ein individueller, der in der Verfeinerung früherer Stimulusbeschreibungen besteht. Der Konstruktionsakt auf der Ebene allgemeiner Mechanismen ist dabei der theoretisch bedeutungsvollere. In der Computational Theory spielt die Konstruktivität der Wahrnehmung eine eher implizite Rolle. Sie setzt zudem erst bei späteren Verarbeitungsprozessen ein.

12 Ökologische Perspektive

12.1 Ausgangspunkt und Entstehungsgeschichte

Der Begriff der *„Ökologischen Optik“* ist vor allem mit dem Namen von James Jerome GIBSON (1904 – 1979) verbunden. Im Mittelpunkt dieses Ansatzes steht die Wahrnehmung der natürlichen dreidimensionalen Lebensumwelt und ihrer Handlungsmöglichkeiten. Ausgangspunkt ist dabei die Aufgabe des Dualismus von Organismus und Umwelt. Beide Bereiche bilden ein synergetisches Gefüge.

Was die Umwelt für einen Organismus spezifiziert, nennt GIBSON „Information“. Diese kann vom visuellen System aus der Struktur des von den Oberflächen reflektierten Lichtes entnommen werden. In dieser Struktur sind bereits die Bedeutung eines Gegenstandes und bestimmte

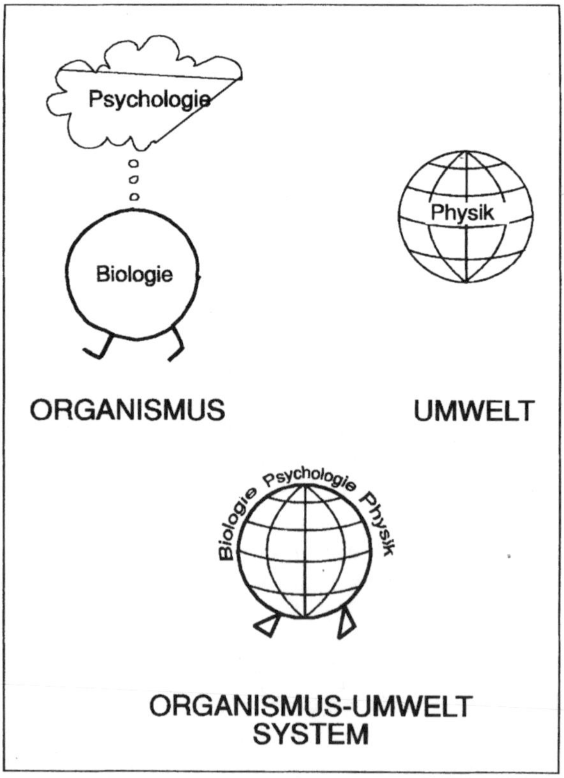

Abb. 149: Der traditionelle Dualismus von Organismus und Umwelt und das Organismus-Umwelt-System der ökologischen Optik (nach MICHAELS & CARELLO, 1981)

Handlungsangebote für den Organismus enthalten. Diese Sichtweise ist neu. Damit rückt GIBSON von einer rein physikalischen Optik ab. Sie beschreibt nach seiner Auffassung lediglich die Funktionsweise eines Fotoapparates, nicht aber die menschliche Wahrnehmung. Zur Erklärung der Wahrnehmung von Organismen benötigt man eine neue Optik, die die Bedeutung des Wahrnehmungsgegenstandes für den Organismus einbezieht. Man benötigt eine „ökologische Optik".

Info-Box 28: Entwicklung der ökologischen Optik

GIBSONs Ansatz ist nicht aus einem Guß, sondern zerfällt in mindestens drei Hauptwerke, die 1950, 1966 und 1979 erschienen sind. Zwischen diesen drei Entwicklungsstufen gibt es bei aller Kontinuität auch einige Brüche und Akzentverschiebungen. Ausgehend von dem Bemühen, die klassiche Psychophysik vom „Kopf auf die Füße zu stellen" (1950) hat sich über eine intensive Beschäftigung mit der phylogenetischen Entwicklung der Sinnesorgane (1966) die „ökologische Optik" (1979) entwickelt. Bei der Darstellung kann hier aus Platzgründen nur auf diese letzte Fassung eingegangen werden.

Für das Verständnis der Theorie ist es dennoch sinnvoll, sich kurz den Ausgangspunkt zu vergegenwärtigen. In den 30er Jahren und Anfang der 40er Jahre war GIBSON in der amerikanischen Luftwaffe als Ausbilder und Berater von Flugzeugpiloten tätig. Er stellte fest, daß die gängigen Wahrnehmungstheorien und Forschungsergebnisse kaum Anhaltspunkte für ein effektives Training gaben und die grundlegende Wahrnehmungssituation des Piloten eine völlig andere war als die der Versuchsperson in den Wahrnehmungsversuchen. Während Versuchspersonen meistens einzelne diskrete Reize (häufig zweidimensionale Abbildungen) in einem annähernd leeren Raum beobachteten, ist die Situation des Piloten gekennzeichnet durch kontinuierliche Wahrnehmung, aneinander grenzende Oberflächen, eine Horizontlinie und Ortsveränderungen. Wahrnehmung ist daher aus der Sicht des Piloten immer Raum- und Bewegungswahrnehmung. Diese Erfahrung hat einen weitreichenden Einfluß auf die spätere Entwicklung der ökologischen Optik gehabt.

12.2 Bodentheorie

Die Wahrnehmungssysteme der Organismen haben sich den jeweiligen Erfordernissen der Umwelt angepaßt. Sie stellen Resultate der phylogenetischen Entwicklung dar. Das visuelle System des Menschen ist bestimmt für das terrestrische Sehen bei aufrechtem Gang. Typischerweise wird bei einer aufrechten Fortbewegung im Freien der untere Teil des visuellen Feldes mit dem *Boden,* der obere mit dem *Himmel* ausgefüllt. Zwischen beiden verläuft der *Horizont.* Dieser liegt je nach Neigungswinkel des Kopfes höher oder tiefer, ist normalerweise aber als eine waagerechte Linie zu beschreiben (vgl. Abbildung 150). Wenn wir uns in einem Innenraum befinden, treten Decke und Wände an die Stelle des Himmels und Horizonts, während der Fußboden das Äquivalent zum Erdboden darstellt.

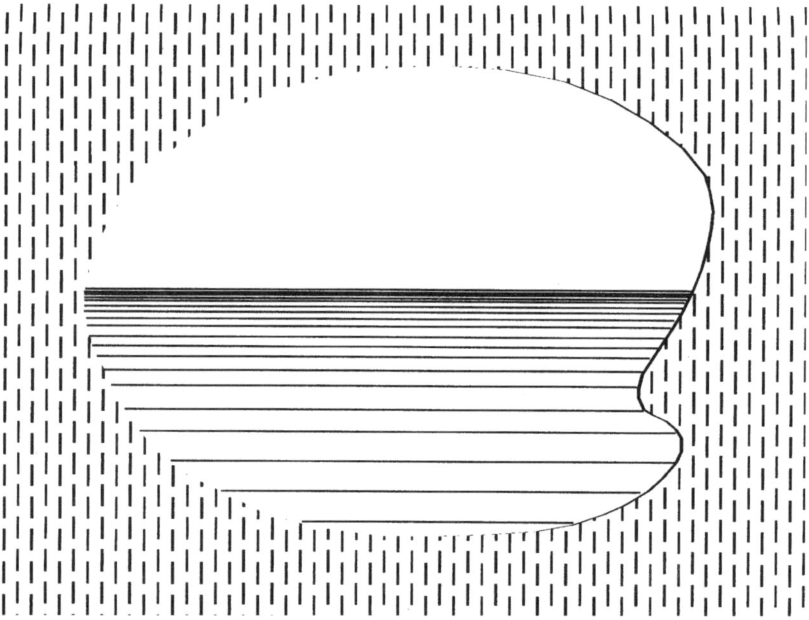

Abb. 150: Typisches visuelles Feld für ein Auge (nach GIBSON, 1950)

Mit diesen drei Elementen ist das grundlegende Bezugsystem für die Raumwahrnehmung beschrieben. Der Boden stellt dabei die „fundamentale Oberfläche" dar. Er bildet den Hintergrund für die Gegenstände und ermöglicht die Bestimmung der relativen Entfernung zwischen Objekten. Er hat daher in der ökologischen Optik einen hohen Stellenwert:

„Der Raum (...) stellt weder den abstrakten Raum der Theorien dar noch die Linien und Figuren des Stereoskops und auch nicht den Raum der üblichen Forschungsapparatur für das Tiefensehen in den Laboratorien. Er besteht nicht aus Gegenständen in verschiedenen leeren Distanzen. Er besteht hauptsächlich aus einem grundlegenden Gegenstand – einer kontinuierlichen Oberfläche von fundamentaler Bedeutung – dem Boden" (GIBSON, 1973, S. 97).

Selbstversuch 20: Erkennen von Substanzen

Versuchen Sie, die folgenden Substanzen anhand ihrer Texturen zu erkennen!

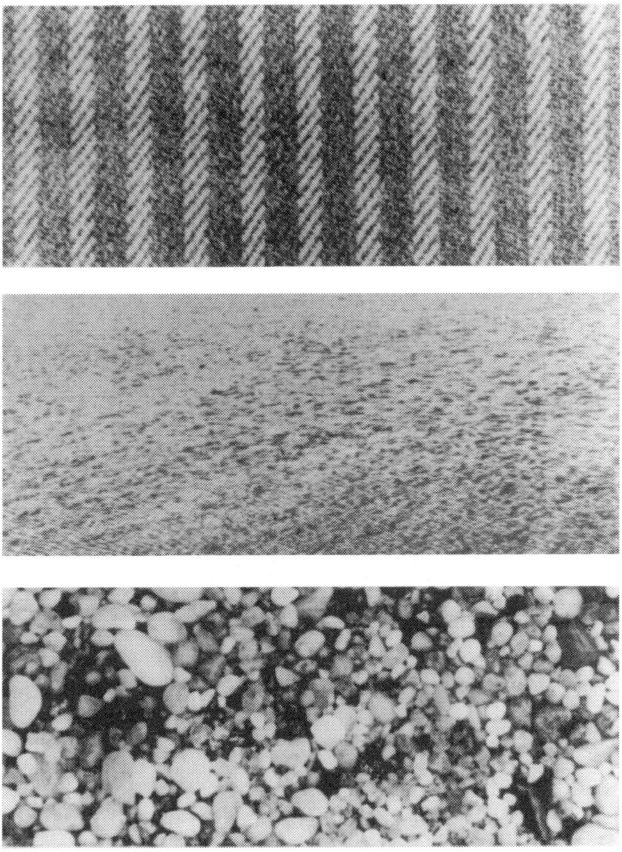

Abb. 151: Charakteristische Oberflächentexturen (aus GIBSON, 1979)

(Lösung: Kleiderstoff, Wasser, Kiesel)

Die Erdoberfläche besteht, wenn sie nicht durch Wasser unterbrochen wird, größtenteils aus Gestein und Erde. Dies sind in der Terminologie von GIBSON *„Substanzen“,* feste Stoffe oder Flüssigkeiten, die in der Regel undurchsichtig sind. Die Oberflächen von Substanzen haben eine charakteristische Struktur. So besteht Erdboden beispielsweise häufig aus Furchen, die eine bestimmte Tiefe haben und in regelmäßigen Abständen auftreten.

12.3 Oberfläche und Textur

Die Struktur einer Oberfläche hat in der ökologischen Optik einen zentralen Stellenwert. Sie wird *Textur* genannt. Das Fell eines Tieres hat eine andere Textur als die Rinde eines Baumes oder die Fensterbank. Die Textur zeigt uns an, um welche Stoffe unserer Umwelt es sich handelt. Eine wichtige Beschreibungsdimension für Texturen ist die *„Texturdichte"*. Sie gibt an, wieviele zählbar unterscheidbare Elemente pro Flächeneinheit vorkommen. Eine Textur ist fein, wenn die Einheiten der Oberfläche relativ klein sind (z.B. feiner Sand; große Texturdichte). Sie ist grob, wenn große Einheiten vorliegen (z.B. Murmeln; geringe Texturdichte). Ein gutes Beispiel für unterschiedliche Texturdichte ist Schmirgelpapier, das in verschiedener Körnung angeboten wird.

Abb. 152: Verschiedene Texturdichten eines einfachen Punktmusters (nach GIBSON, 1950)

Blickt man auf eine texturierte Oberfläche, verändert sich die Texturdichte des auf die Netzhaut projizierten Bildes in Abhängigkeit vom Aufsichtwinkel: Mit der Entfernung nimmt die Dichte stetig zu. Eine Maßzahl, die die Veränderung der Textur angibt, ist der *„Texturgradient"*. Der Gradient beträgt „Null", d.h. die Dichte verändert sich nicht, wenn man genau im 90°-Winkel auf eine Oberfläche schaut. Im Regelfall gibt es eine systematische Zu- oder Abnahme der Texturdichte, mit deren Hilfe wir die Position und Neigung einer Oberfläche im Raum bestimmen können. Abbildung 153 zeigt zwei Zeichnungen, bei denen lediglich der Dichtegradient umgedreht wurde:

Oberflächen sind im Rahmen der ökologischen Optik noch aus einem anderen Grunde bedeutsam: Sie sind es, mit denen ein Lebewesen beim Handeln in Berührung kommt. Ihre Beschaffenheit signalisiert, aus welchem Material sie sind und welche Handlungsmöglichkeiten sie gestatten. Hindernisse und Sperren schränken die Fortbewegung ein, während andere Geländemerkmale sie erst ermöglichen oder fördern.

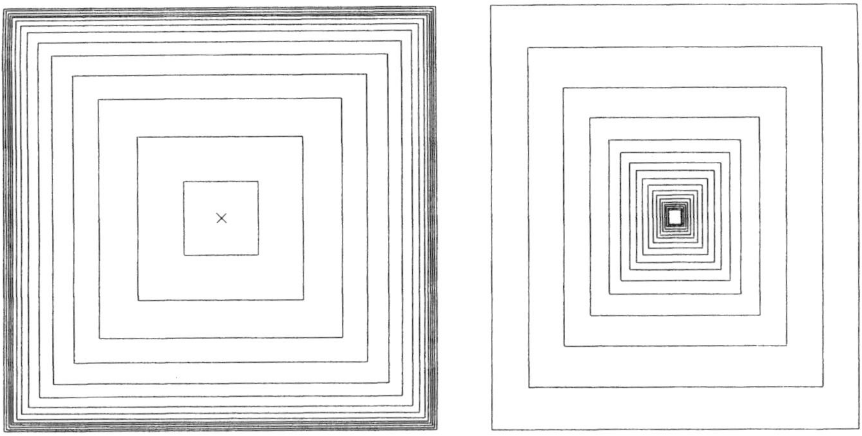

Abb. 153: Veränderung der räumlichen Wahrnehmung bei Umkehrung des Texturgradienten (nach GIBSON, 1950)

12.4 Licht als Informationsträger

Ähnlich wie beim Problem der „Raumwahrnehmung“ führt GIBSON auch beim Thema „Licht“ eine neue Beschreibungsebene ein, die sich von der physikalischen deutlich abgrenzt. Wesentlich ist hier die Unterscheidung von Strahlungs- und Umgebungslicht. *Strahlungslicht* bezieht sich auf eine Energiequelle, die dieses Licht aussendet (z.B. die Sonne). *Umgebungslicht* ist das von den Oberflächen reflektierte Licht, das einen Organismus umgibt.

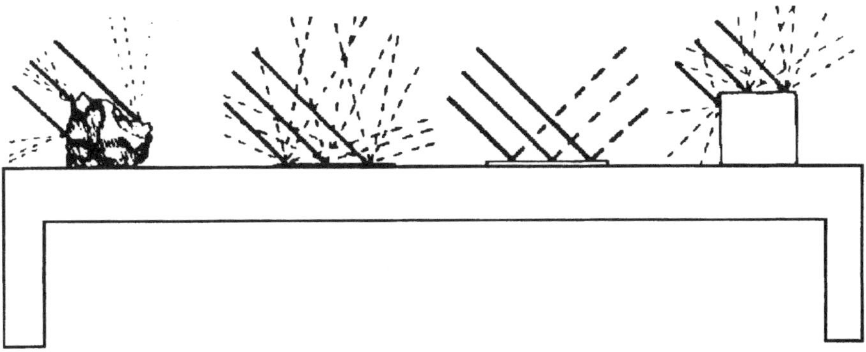

Abb. 154: Umgebungslicht erhält seine Struktur durch die für Oberflächen charakteristischen Reflexionen von Oberflächen (hier: Kohle, weißes Papier, Spiegel, Würfel). Selbstleuchtende Lichtquellen, wie z.B. die Verkehrsampel, sind im Alltag die Ausnahme (nach MICHAELS & CARELLO, 1981).

Info-Box 29: Strahlungslicht und Umgebungslicht

Strahlungslicht kennen wir aus dem Physikunterricht: Die Sonne oder andere Lichtquellen senden Licht aus, während nichtleuchtende Objekte einen Teil des Lichts, das auf sie fällt, reflektieren. Die Lichtstrahlen der Sonne erreichen die Erde jedoch nicht ungehindert. Je nach Wetterbedingung werden sie in der Atmosphäre gestreut. Die Folge ist, daß das Licht auf der Erde häufig diffus ist. Streulicht ist das typische Licht unserer Umwelt. Den Beobachter erreicht das Licht zumeist über Reflexionen an den ihn umgebenden Oberflächen. Dieses reflektierte Licht nennt GIBSON „Umgebungslicht".

Umgebungslicht ist strukturiert. Die Struktur wird bestimmt durch die Textur der Oberflächen, von denen es reflektiert wird. Das strukturierte Licht ist der Informationsträger. Man kann es selbst nicht wahrnehmen, sondern nur die Umweltinformation, die in ihm enthalten ist. Fazit: Umgebungslicht enthält Informationen – Strahlungslicht nicht. Umgebungslicht ist in der ökologischen Optik die einzig relevante Form des Lichts.

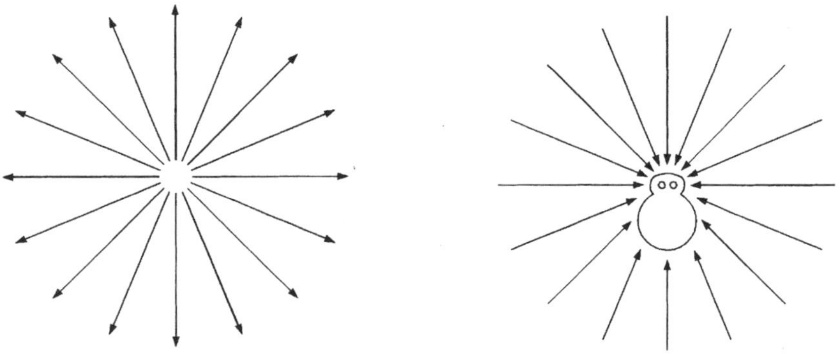

Abb. 155: Strahlungslicht und Umgebungslicht (nach GIBSON, 1979)

Die Struktur des Umgebungslichtes kann man sich am leichtesten vorstellen, wenn man sich die verschiedenen Bestandteile der Umwelt vor Augen führt. Charakteristischerweise besteht sie aus untereinander verschachtelten Einheiten: Schluchten und Berge, Blätter und Bäume usw. Ihnen entsprechen bestimmte Sehwinkel (oder exakter: Raumwinkel, da die Umwelt ein Raum und keine Ebene ist), die ebenfalls untereinander verschachtelt sind. Sie zusammen bilden die „optische Anordnung". Die *„optische Anordnung"* ist demnach das durch die Umwelt strukturierte Umgebungslicht, das auf einen bestimmten Ort im Raum konvergiert, an dem sich ein Beobachter befindet. Dort ist der Scheitelpunkt aller Raumwinkel. Die optische Anordnung enthält alle für eine dreidimensionale

Wahrnehmung notwendigen Informationen. Abbildung 156 veranschaulicht diese Zusammenhänge:

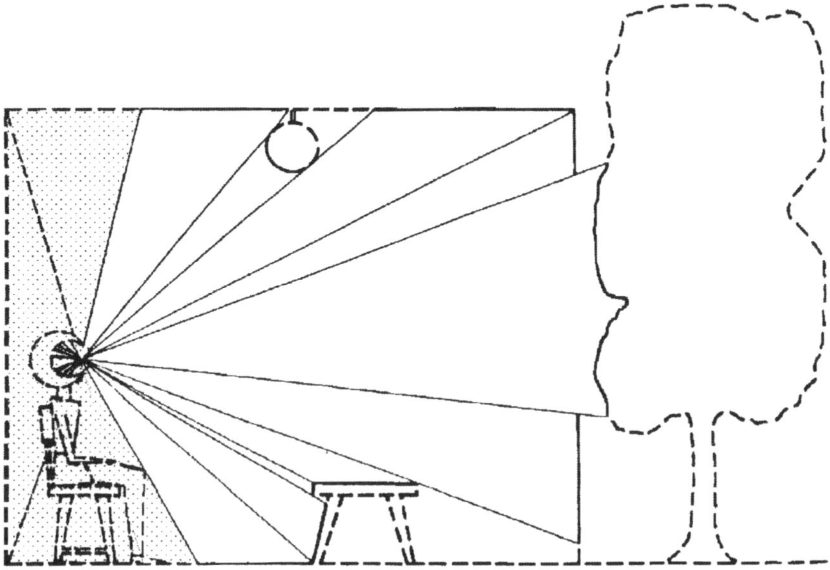

Abb. 156: Die umgebende optische Anordnung eines Beobachters. Eingezeichnet sind die entstehenden Raumwinkel, die alle ihren Scheitelpunkt im Auge des Beobachters haben (nach GIBSON, 1979).

Wenn sich der Beobachter bewegt, verändert sich auch die optische Anordnung. Gewisse Eigenschaften bleiben jedoch konstant. Mit diesen Konstanzen, die erst eine Orientierung im Raum ermöglichen, beschäftigt sich das Konzept der „Invarianz".

12.5 Invarianten

Bedenkt man, daß sich bei jeder Kopf- oder Körperbewegung stets alle Bilder auf der Netzhaut verschieben, so ist die Frage, warum wir uns so komplikationslos in der Umwelt bewegen können, keinesfall trivial. Die Grundlage unserer visuellen Wahrnehmung sind keine statischen Einzelbilder, sondern *„Fließmuster"*. Trotz dieser Fließmuster nehmen wir unsere Umwelt als konstant und stabil wahr. In ihnen müssen also Informationen „höherer Ordnung" enthalten sein, die auch bei Bewegung des Beobachters gleich bleiben. Die Konstanz bestimmter Eigenschaften von Objekten, unabhängig von bestimmten „Transformationen" an ihnen, hat GIBSON „Invarianz" genannt.

Info-Box 30: GIBSONs Begriff der „Transformation“

„Unter Transformation kann man zunächst jede beliebige Änderung gegenüber einem Ausgangszustand verstehen, z.B. die verschiedensten Gestaltungen der Wolken oder die Veränderung eines Kindergesichts zum Lächeln. (...) Wir wollen hier unter Transformationen nur solche Änderungen verstehen, die durch optische Gesetze bestimmt sind und die daher von Änderungen in der Vorlage selbst unterschieden werden müssen. Eine solche Begriffsbestimmung steht in nächster Nähe zum mathematischen Begriff der Transformation, wie er in der darstellenden Geometrie gebraucht wird“ (GIBSON, 1957).

Beispiele für Transformationen sind etwa die Drehung eines Objektes oder Veränderungen in der Beleuchtungsstärke. Trotz dieser Transformationen bleibt die Wahrnehmung der Objekte invariant: Ich nehme einen Stuhl immer als denselben Stuhl wahr, ob er nun steht oder umgefallen ist (Transformation: Drehung). Ebenso bleibt eine weiße Tapete weiß, gleichgültig ob die Sonne darauf scheint oder nicht (Transformation: Veränderung der Beleuchtungsstärke). Auch die Problematik der stabil erlebten Umwelt bei Eigenbewegung läßt sich mit Hilfe des Transformationsansatzes ausdrücken: Wenn Sie durch Ihr Zimmer gehen, erleben Sie es trotz sich stets verändernder Raumwinkelverschachtelungen als stabil und ruhend. Sie sind es, der sich bewegt.

Wir wollen GIBSONs *Invarianzkonzept* am Beispiel der Formwahrnehmung diskutieren (dies ermöglicht den Vergleich zu ROCK und MARR). Bereits in Teil II haben Sie am Beispiel eines Quadrates gesehen, daß sich Netzhautbilder je nach Neigung des Objektes bzw. Veränderung des Blickwinkels systematisch voneinander unterscheiden. Das Netzhautbild eines Quadrates ist nur bei 90°-Aufsicht ebenfalls ein Quadrat und kann ansonsten sehr verzerrte Formen, z.B. ein Trapez, annehmen, wird aber auch dann als „Quadrat“ wahrgenommen. Die Umrisse des Objektes auf der Netzhaut, die Reizkonstellation „unterster“ Ordnung, kann also nicht für sich genommen die Information beinhalten, daß es sich um ein Quadrat handelt. Auch der Tisch in Ihrem Zimmer verursacht je nach Blickwinkel verschiedene Netzhautbilder, ohne daß er Ihnen von der einen Position im Raum anders erscheint als von der anderen. Die von GIBSON postulierten Stimuli „höherer Ordnung“ betreffen nun bestimmte Verhältnisse von Objekten, die gleich bleiben, unabhängig davon, in welchem Blickwinkel oder von welcher Entfernung man auf ein Objekt schaut. Umgangssprachlich könnte man diesen Sachverhalt als das „Bleibende im Wechsel“ beschreiben. In der Sprache der Mathematik sprechen wir von „Invarianz trotz Transformation“.

MICHAELS & CARELLO (1981) haben die vielen verschiedenen Formen der Invarianten in zwei Gruppen aufgeteilt. Dies sind die Gruppen strukturelle Invarianten und Transformations-Invarianten.

Eine *strukturelle Invarianz* liegt vor, wenn eine Klasse von Objekten unterschiedlich ist, bestimmte Strukturen jedoch gleich bleiben. Ein Tisch kann beispielsweise aus Holz, Stein oder Kunststoff sein, wird aber immer als Tisch wahrgenommen. Diese Art der Invarianz ist auch für das auditive Wahrnehmungssystem unentbehrlich: Man erkennt eine Melodie unabhängig davon, ob sie von einer Blockflöte oder einem Kontrabaß gespielt wird. Die Wahrnehmung einer Melodie ist dagegen von bestimmten zeitlichen Mustern abhängig, die invariant bleiben müssen: Will man eine Melodie schneller spielen, muß man alle Noten- und Pausenlängen verändern, damit die relevanten Verhältnisse gewahrt bleiben.

Eine *Transformations-Invarianz* ist typisch für Ereignisse, die über die Zeit hinweg ablaufen. Die Wahrnehmung von Bewegung hat stets etwas mit Transformations-Invarianz zu tun. In Teil II haben Sie bereits solche Invarianten kennengelernt, als Sie sich mit „biologischen Bewegungen" beschäftigt haben. In diesem Beispiel waren es die Verhältnisse der Gelenkbewegungen zueinander, die ausreichen, um einen gehenden oder laufenden Menschen identifizieren zu können.

GIBSONs Invarianzkonzept berührt einen Fragenkomplex, der in der Wahrnehmungspsychologie unter der Überschrift „Konstanzphänomene" diskutiert wird (zum Konstanzbegriff und den Phänomenen der Helligkeits-, Farb-, Größen- und Formkonstanz vgl. Teil II). Nach GIBSON beruht die Stabilität der wahrgenommenen Umwelt darauf, daß man Stimuli höherer Ordnung wahrnehmen kann. Diese Invarianten in der Struktur des reflektierten Lichtes müssen nicht „erschlossen" oder „errechnet" werden; sie sind in der umgebenden Energie (im Falle visueller Informationen im umgebenden Licht) enthalten und werden ihr entnommen.

Um Invarianzen beschreiben zu können, benötigt man eine Geometrie, die die konstanten Verhältnisse bei wechselndem Beobachterstandpunkt berücksichtigt. In der Schulgeometrie haben wir vorrangig die *euklidische Geometrie* kennengelernt. In ihr werden nur solche Objekte als gleich angesehen, die metrisch äquivalent sind: Quadrate sind gleich, wenn sie gleich groß sind. Diese Konzeption läßt nur „starre" Bewegungen wie Schiebungen, Drehungen und Spiegelungen als Transformationen zu, um „gleiche" Objekte zu erzeugen. Die zugehörigen Projektionen nennt man Parallelprojektionen. Sie kommen in der Natur selten vor. Die euklidische Geometrie stellt daher kaum Beschreibungsmöglichkeiten zur Verfügung, um den Invarianzphänomenen näher zu kommen. Ein Bild auf der Netzhaut wird bei Bewegung des Beobachters typischerweise ja nicht im Sinne einer Parallelprojektion verschoben, sondern in systematischer Weise verzerrt.

Info-Box 31: Projektive Geometrie

Gesetzmäßigkeiten

metrischer Abbildungen	projektiver Abbildungen
– Geradentreue: das Bild einer Geraden ist wieder eine Gerade	– Geradentreue
– Parallelentreue: Bilder paralleler Geraden sind wieder parallel	– Parallelen schneiden sich im Unendlichen
– Winkelmaßtreue: ein Winkel und sein Bild haben das gleiche Winkelmaß	– keine Winkelmaßtreue
– Längenmaßtreue: Strecke und Bildstrecke haben das gleiche Längenmaß	– keine Längenmaßtreue
– Teilverhältnistreue: das Teilverhältnis dreier Punkte ist gleich dem Teilverhältnis der drei Bildpunkte	– Proportionen von Strecken werden i.d.R. verändert; es gilt die Konstanz des sog. Doppelverhältnisses (vgl. Abbildung 157)

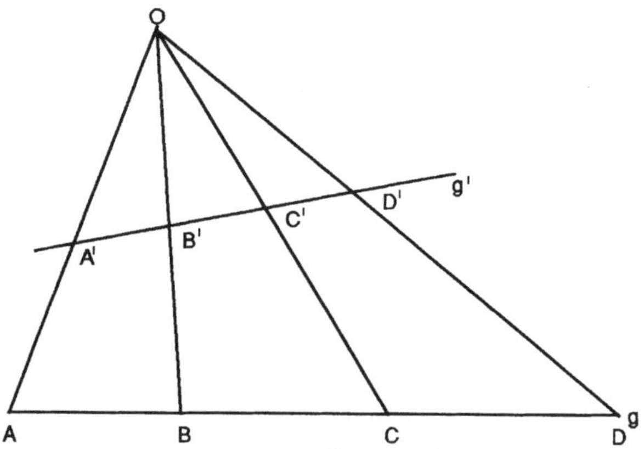

Abb. 157: Invarianz des Doppelverhältnisses. Während die Maße und Verhältnisse von Längen und Strecken im allgemeinen verändert werden, bleibt das sog. Doppelverhältnis unverändert. Projiziert man vier Punkte A', B', C', D' in g' auf A, B, C, D in g, so gilt: CA/CB : DA/DB = C'A'/D'B'. Die Invarianz des Doppelverhältnisses ist maßgeblich an der wahrgenommenen Objektkonstanz beteiligt.

Projektive Geometrien (z.B. Zentralperspektive) beinhalteten hingegen Axiome, die es erlauben – genau wie bei der Abbildung von Gegenständen auf der Netzhaut – Maße von Längen und Winkeln sowie die Proportionen von Strecken auch bei Wechsel des Beobachterstandpunktes unverändert zu lassen. In der Natur trifft man die Zentralprojektion wesentlich häufiger als die Parallelprojektion an: Sowohl der Fotoapparat als auch unser Auge funktionieren nach diesem Prinzip.

12.6 Direkte Wahrnehmung

GIBSON (1966) hat die Prinzipien der direkten Wahrnehmung mit der Funktionsweise eines Radios verglichen. Ähnlich wie ein Organismus Informationen aus dem Meer von Energie, die die Umwelt zur Verfügung stellt, entnimmt, fängt ein Radio Wellen ein, die sich in der Umwelt befinden. Im Gegensatz zum Radiohörer, der einen Sender einstellt, stimmt sich ein Wahrnehmungssystem jedoch selbst ab, indem es – ähnlich den Akkomodationsmechanismen des Auges – automatisch „nach dem Zustand des scharfen Erfassens" (S. 330) guckt. Auf eine Reihe von Informationen ist unser Wahrnehmungssystem von Geburt an „abgestimmt", andere „Feinabstimmungen" müssen gelernt werden. Ein Computer stellt hingegen eine Metapher für indirekte Wahrnehmungstheorien dar: Ein Computer arbeitet typischerweise mit Prinzipien der Datenspeicherung und -verarbeitung: Kleinste Einheiten (bits) müssen kombiniert und verrechnet werden.

Die Möglichkeit, Invarianten direkt wahrzunehmen, hat sich nach GIBSON im Laufe der Evolution zur immer besseren Ausnützung der im umgebenden Licht enthaltenen Information entwickelt. Auch Ereignisse und/oder Abfolgen von Ereignissen können direkt wahrgenommen werden: Die Wahrnehmung einer Bewegung zerfällt nicht in viele Einzelbilder, die ein kognitives System dann zu einer kontinuierlichen Bewegung zusammenfügt, sondern besitzt Merkmale (Invarianten), die als solche extrahierbar sind. Abbildung 158 veranschaulicht den traditionellen und ökologischen Erklärungsansatz am Beispiel der Bewegung eines Balles.

Traditionelle Erklärungsansätze gehen davon aus, daß die Grundbausteine der Bewegungswahrnehmung in einzelnen Zustandsbildern zu suchen sind. Die Zustandsbilder Z1-Z5 werden zunächst isoliert voneinander analysiert (etwa hinsichtlich Lage und Orientierung des bewegten Objektes). Der Bewegungseindruck und Informationen über Richtung und Geschwindigkeit der Bewegung ergeben sich erst aus einem Vergleich der Zustandsbilder. Diese komplizierten Berechnungen sind nach GIBSONs Auffassungen bloße Konstruktionen findiger Laborforscher. Er begreift das Springen des Balles als ein fließendes Ereignis, dem unmittelbar Informationen über die Bewegung des Balles entnommen werden. Komplizierte Informationsverarbeitungsprozesse sind dazu nicht nötig.

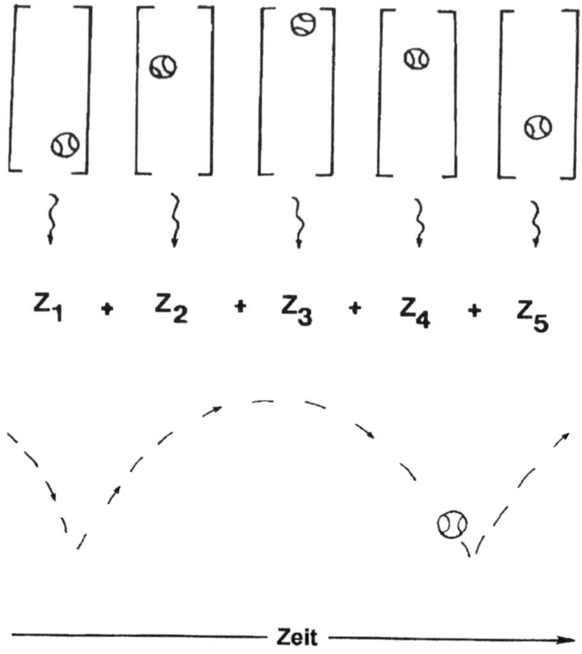

Abb. 158: Schematische Darstellung eines fallenden Balles. Oben: Traditioneller Erklärungsansatz. Unten: Erklärungsansatz der ökologischen Optik (nach MICHAELS & CARELLO, 1981).

Info-Box 32: Direkte und indirekte Wahrnehmungstheorien im Vergleich

Die folgende Übersicht vergleicht direkte und indirekte Wahrnehmungstheorien in vier Punkten (nach EPSTEIN, 1980, hier in der Form von WILKENING, 1988).

Information und Stimulation:
direkte Wahrnehmung: optischer Input, hinreichend informativ; für jeden spezifischen Input (= Ereignismuster in der Umwelt) gibt es nur eine mögliche Wahrnehmungsantwort.

indirekte Wahrnehmung: Reizangebot ist nicht hinreichend informativ; es enthält ein Ausmaß an Ungewißheit, das nicht auf Null reduzierbar ist.

Vermittelnde Prozesse:
direkte Wahrnehmung: Vermittelnde Prozesse gibt es nicht. Die im Reiz existierende Information wird „extrahiert" (information pick up); diese Wahrnehmungsmechanismen sind im Verlauf der Evolution ausgebildet worden.

indirekte Wahrnehmung: Es gibt Prozesse, die zwischen Stimulation und Ergebnis der Wahrnehmung vermitteln.

Verarbeitungsstufen:
direkte Wahrnehmung: Mehrstufige Operationen sind überflüssige theoretische Erfindungen; Wahrnehmung findet in einem Schritt („direkt") statt.

indirekte Wahrnehmung: Parallel und sequentiell ablaufende Prozesse transformieren den optischen Input in eine kommunizierbare Wahrnehmung.

Gedächtnis und Wahrnehmung:
direkte Wahrnehmung: Wahrnehmung ist für sich erklärbar und bedarf keiner anderen Erklärungsansätze.

indirekte Wahrnehmung: Das Langzeitgedächtnis und kognitive Repräsentationen wie Schemata spielen eine entscheidende Rolle im Wahrnehmungsprozeß.

12.7 Theorie der Angebote

Der Gedanke, das Dinge nicht nur ein Aussehen, sondern eine Bedeutung und einen Aufforderungscharakter haben, ist nicht neu. Der Gestaltpsychologe Kurt KOFFKA (1935) nannte diese Eigenschaft von Dingen *„Forderungscharakter"*:

„Jedes Ding sagt, was es ist... eine Frucht sagt: ‚Iß mich'; das Wasser sagt: ‚Trink mich'; der Donner sagt: ‚Fürchte mich'; die Frau sagt: ‚Liebe mich'" (S. 7). Und an anderer Stelle: (Alle Dinge) „sagen uns, was wir mit ihnen tun sollen" (S. 353).

GIBSON nennt das, was die Umwelt einem Organismus an Handlungsalternativen zur Verfügung stellt – seien sie zum Positiven oder Negativen – Angebot. Der Begriff meint dabei ein spezifisches Wechselverhältnis zwischen Individuum und Umwelt, das man auch als *„Passung"* übersetzen könnte (GUSKI, 1989), um die evolutionstheoretische Perspektive zu unterstreichen: Bestimmte Umweltnischen passen zu bestimmten Organismen und stellen in diesem Sinne ein Angebot dar. Ein dünner Ast stellt für einen kleineren Vogel ein Angebot dar, sich auf ihm niederzulassen, für einen Menschen sicherlich nicht. Angebote ändern sich nicht, auch wenn sich die Bedürfnisse des Lebewesens ändern: Ein Bett bietet stets an, sich auf ihm hinzulegen, unabhängig davon, ob Sie müde sind oder nicht. Die Angebotsinformation eines Gegenstandes ist nach GIBSON ebenfalls in der uns umgebenden Reizwelt enthalten:

„Jede Substanz, jede Oberfläche und jede Flächenanordnung hält irgendein Angebot zum Nutzen oder Schaden irgendjemandes bereit. Die Physik mag wertfrei sein, die Ökologie ist es nicht“ (GIBSON, 1982, S. 152).

Im Hinblick auf das Invarianzkonzept lassen sich Angebote als *„Invarianten von Invarianten“* verstehen. Was ist damit gemeint? Die verschiedenen Invarianten, die einen Gegenstand als „Stimuli höherer Ordnung“ konstituieren, können auf einer noch höheren Ebene wiederum Invarianten bilden. Diese Invarianten beziehen sich einerseits auf die Motive eines Individuums und andererseits auf die Substanzen der Außenwelt. Nimmt man eine solche Invarianz wahr, muß man nicht erst die einzelnen Komponenten auf tiefer gelegenen Ebenen registrieren und miteinander verknüpfen. Die Wahrnehmung der „Invarianten von Invarianten“ ist daher die ökonomischste Form der Wahrnehmung.

Info-Box 33: Angebote der Umwelt

GIBSON (1979) hat einige Angebote zusammengetragen, die die irdische Umwelt Organismen zur Verfügung stellt.

Luft:
Sie gestattet das Atmen und bietet lebensnotwendigen Sauerstoff an. Sie erlaubt ungehinderte Fortbewegung relativ zu einem Untergrund und ermöglicht visuelle, auditive und olfaktorische Wahrnehmung.

Feste Stoffe:
Viele feste Stoffe bieten sich als Nahrung an. Der hohe Nährwert von Früchten und Beeren wird durch deren Oberfläche ausgewiesen.

Oberflächen:
Starre Oberflächen bieten sich als Grundlage zur Fortbewegung an, eine Mauer oder andere senkrechte Flächen stellen Hindernisse dar.

Objekte:
Der Angebotscharakter von beweglichen Objekten ist vor allem von deren Größe relativ zum Organismus abhängig. Beim Menschen bieten sich z.B. greifbare Objekte mittlerer Größe zum Werfen an.

Menschen:
Die kompliziertesten Angebote der Umwelt stammen von Menschen. Sexual-, Pflege-, Kooperations- und Kampfverhalten sind Beispiele für Angebote, die Mitmenschen zur Verfügung stellen.

Orte / Gebiete:
Es gibt Orte, die Nahrung anbieten, andere sind gefährlich und werden gemieden. Einige Orte bieten Schutz und Deckung.

Abb. 159: Angebote sind auf die Motive eines Individuums bezogen. Das Bild zeigt eine Extremkletterin. Stellt die Steilwand für Sie ein Angebot zum Klettern dar? (Foto von Gerard KOSICKI aus KAMINSKI & IMMELMANN, 1987)

12.8 Wahrnehmung von Handlungsmöglichkeiten

An einem weiteren Beispiel soll gezeigt werden, wie unterschiedlich Vertreter direkter und indirekter Wahrnehmungstheorien die Wahrnehmung von Handlungsmöglichkeiten erklären. Nehmen wir an, ein Mensch möchte ein Hindernis übersteigen. Ein Kognitionspsychologe würde hier vermutlich von einer „Meßlatte im Auge" (GUSKI, 1989) sprechen, welche die Erdbodenbeschaffenheiten hinsichtlich ihrer Höhenunterschiede analysiert. Ein so ermittelter Wert könnte dann mit im Gedächtnis gespeicherten „Erfahrungsgrößen" verglichen werden. Diese erlaubt eine Entscheidung darüber, ob das aktuelle Hindernis übersteigbar ist oder nicht. Diese Argumentationsfolge benötigt GIBSON nicht: Die Dinge der Umwelt stehen für ihn in einem festen Verhältnis zum Organismus, wodurch auch das Angebot spezifiziert ist. Kurz: Man kann dem Hindernis „ansehen“, ob es überstiegen werden kann oder nicht. Dies gilt für Mensch und Tier gleichermaßen. Auch ein Tier muß einem bestimmten Terrain stets die Information entnehmen können, ob das gewünschte Verhalten möglich ist oder nicht. Eine Reihe von Tierexperimenten stützt diese Hypothese. INGLE & COOK (1977) konnten beispielsweise zeigen, daß ein Frosch einer Blendenöffnung ansehen kann, ob es möglich ist, sie zu durchspringen. In diesem Experiment wurde der Durchmesser einer kreisförmigen Blende stetig verkleinert. Als die Blende nur noch 1,3mal so groß wie der Kopf des Frosches war, sank die Sprunghäufigkeit von 75% auf 25%.

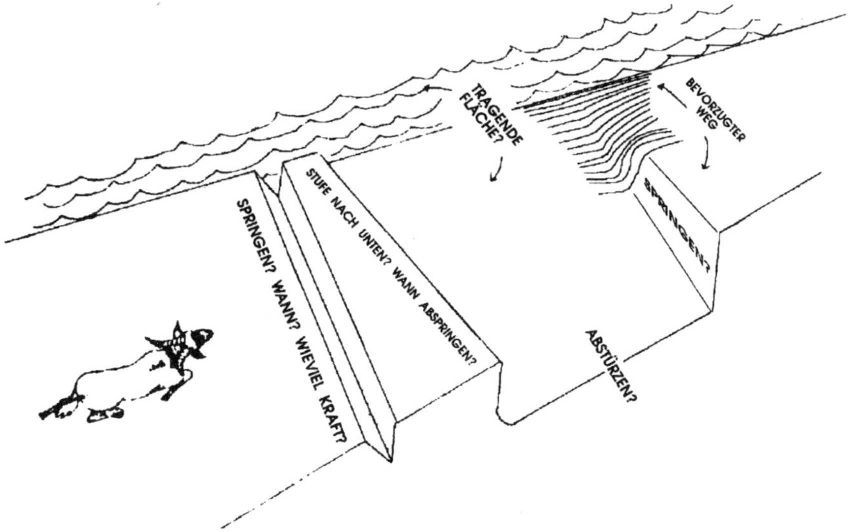

Abb. 160: Typische „Probleme“, die ein Landtier mit Hilfe der Wahrnehmung lösen muß (nach TURVEY & CARELLO, 1986).

Das Verhältnis von Umwelt- zu Organismus-Variablen wurde in der Gibson-Nachfolge als sog. *PI-Wert* definiert:

PI = Umwelt / Organismus

Man erhält *PI,* wenn man eine relevante Organismusgröße als Standard nimmt und diese in Beziehung zu der entsprechenden Umweltgröße setzt. Da beide Größen in derselben Einheit gemessen werden (z.B. ein Gewichts- oder Längenmaß), besitzt *PI* selbst keine Einheit.

Wir wollen den *PI-Wert* an einem Beispiel veranschaulichen. Stellen Sie sich vor, Sie müßten eine Treppe besteigen. Nehmen wir als entscheidende Umweltgröße der Treppe deren Stufenhöhe (H). Ferner müssen relevante Organismusgrößen einbezogen werden. Dies ist in diesem Beispiel Ihre Beinlänge (L). Wichtig ist nun das Verhältnis beider Größen zueinander, also das Verhältnis der Stufenhöhe zur Beinlänge. Es wäre ja denkbar, daß eine Stufenhöhe H für Sie viel zu groß ist, während sie einem 2 m großen Basketballspieler keine Probleme bereitet. *PI* nimmt in diesem Beispiel dann optimale Werte an, wenn die Treppe Ihren körperlichen Bedingungen optimal angepaßt ist. *PI* erreicht kritische Werte, wenn Sie fast schon klettern müßten, um die Treppe zu besteigen.

Experiment 36:

WARREN (1984) ist in einem von drei Experimenten der Frage nachgegangen, ob Menschen die kritische Stufenhöhe einer Treppe wahrnehmen können. An der Untersuchung nahmen 24 Versuchspersonen teil, die nach ihrer Körperlange in zwei Gruppen („kurze" und „lange") aufgeteilt wurden. Die Durchschnittsgröße der Versuchspersonen der „kurzen" Gruppe betrug 163,7 cm, die der „langen" Gruppe 189,8 cm. Die kritische Stufenhöhe H_{krit} läßt sich schätzen, wenn man ein einfaches biomechanisches Modell des Treppensteigens zum Ausgangspunkt nimmt (vgl. Abbildung 161).

H_{krit} wird gemäß dieses Modells dann erreicht, wenn die Stufenhöhe so groß ist, daß ein Bein beim Aufsetzen auf eine Stufe vollkommen gebeugt ist, d.h. Ober- und Unterschenkel vertikal stehen. Man kann der

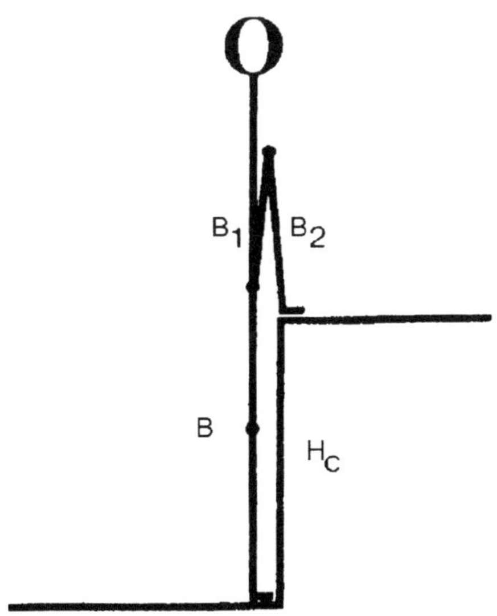

Abb. 161: Biomechanisches Modell des Treppensteigens. B: Beinlänge, B_1: Länge des Oberschenkels, B_2: Länge des Unterschenkels, H_{krit}: kritische Stufenhöhe (nach WARREN, 1984).

Zeichnung entnehmen, daß dann folgende Beziehung gilt: $H_{krit} = B + B_1 - B_2$. Warren hat seine Versuchspersonen „vermessen" und mittels dieser Gleichung H_{krit} und PI_{krit} ($PI_{krit} = H_{krit}/B$) bestimmt. Während Hkrit bei jeder Versuchsperson einen anderen Wert annimt, wird PIkrit aufgrund des nahzu konstanten Verhältnisses von Ober- zu Unterschenkel bei allen Versuchspersonen gleich (0.88). Die Versuchspersonen sollten sich nun Dias von 5 verschiedenen Treppen anschauen. Jede Treppe besaß eine andere Stufenhöhe, die im Bereich von 50 bis 100 cm lag. Alle Dias wurde in einer Zufallsreihenfolge 10 mal gezeigt. Nach jeder Präsentation entschied die Versuchsperson, ob die Treppe „normal besteigbar" oder „unbesteigbar" ist. Die Ergebnisse zeigen, daß die Wahrnehmung der Besteigbarkeit einer Treppe systematisch mit der Körpergröße variiert: Die „lange" Gruppe befand – im Vergleich zur „kurzen" Gruppe – wesentlich mehr Treppen als besteigbar. Die empirischen PI_{krit}-Werte betragen für die „lange" Gruppe 0.88 und für die „kurze" Gruppe 0.89. Sie sind in beiden Gruppen also annähernd gleich und entsprechen dem vorhergesagten „theoretischen" PI_{krit}-Wert von 0.88. Die Ergebnisse stützen die Annahme, daß es einen generellen PI-Wert gibt, der über die Besteigbarkeit einer Treppe entscheidet. Dieser Wert, der ein invariantes Verhältnis zweier Größen darstellt, kann wahrgenommen werden. Er kennzeichnet den Grenzpunkt, an dem ein Objekt seinen positiven Angebotscharakter verliert.

12.9 Raum- und Entfernungswahrnehmung

Sowohl in der Gestalttheorie als auch in weiten Teilen der kognitiven Psychologie stammen die weiterführenden Ansätze aus dem Bereich der Form- und Figurwahrnehmung. Die forschungsleitende Idee ist, die Gesetzmäßigkeiten der Wahrnehmung an zweidimensionalen Abbildungen zu untersuchen, um damit auch die Prinzipien der viel komplizierteren Raumwahrnehmung zu verstehen. GIBSON kehrt dieses Verhältnis um. Für ihn ist jede Form der Wahrnehmung zunächst Raumwahrnehmung. Bildwahrnehmung dagegen ist ein Spezialfall, der zusätzlicher Annahmen bedarf. Diese Umzentrierung hat sowohl die Forschungsthemen verändert als auch die Methodologie. Hierfür sollen jetzt einige Beispiele gegeben werden.

Vetreter des ökologischen Ansatzes haben in einer Reihe von Untersuchungen zeigen können, daß sich Versuchspersonen bei der *Einschätzung von Streckenlängen* auf die Menge von Textur im jeweiligen Blickwinkel stützen. Auf jeder gleichmäßig texturierten Oberfläche besitzen gleich große Teilstücke auch identisch viele Texturelemente. Die gleiche Menge an Textur bei gleicher Terraingröße ist für GIBSON eine Invariante bei der Wahrnehmung von Entfernung im natürlichen Raum. Dazu ein Beispiel: Wenn Sie über eine Wiese schauen, nehmen Sie einen 10 m vor Ihnen liegenden Fußball und einen Ball, der 100 m entfernt liegt, als gleich groß wahr. Nach GIBSON ist dies die Folge, der durch die Fußbälle verdeckten Grasbüschel: Es sind in beiden Fällen gleich viele. Die Dichte der Grasbüschel – die Texturdichte der Wiese – ermöglicht Ihnen außerdem ein ungefähres Urteil darüber, um wieviel der eine Ball weiter entfernt liegt als der andere.

Experiment 37:

In der Untersuchung von PURDY & GIBSON (1955) sollten Versuchspersonen Strecken halbieren oder dritteln. Das Experiment fand auf einer ca. 320 x 320 m großen Fläche im Freien statt. Die Fläche wurde durch Bäume und Gebäude begrenzt. Der Untergrund war kurz gemähtes Gras. Eine insgesamt 275 m lange Strecke wurde für die Unterteilungsaufgaben ausgewählt. Auf dieser Strecke wurde mit Hilfe von Markierungen dasjenige Teilstück angezeigt, das die Versuchsperson halbieren oder dritteln sollte. Die Länge der Teststrecken variierte zwischen 45 und 275 Meter. Es gab unterschiedliche Beobachtungsbedingungen. Der Beobachter stand entweder an einem der beiden Endpunkte und teilte die Strecke oder er sah, wie ein Fahrradfahrer durch die Strecke (auf ihn zu oder von ihm weg) fuhr und hatte die Aufgabe, diesen nach der Hälfte oder einem Drittel der Strecke mit Hilfe einer Trillerpfeife zu stoppen. Der Versuchsperson wurde dabei ein zweiter Versuch zugestanden, wenn sie mit der ersten Streckenunterteilung nicht zufrieden war. Es gab zwei Versuchsgruppen: Eine Gruppe erhielt nach jedem Urteil eine Rückmeldung über ihre Urteilsgenauigkeit, eine andere Gruppe bekam diese Information nicht.

Wichtigstes Ergebnis ist die relativ hohe Genauigkeit der Urteile beider Gruppen: Die größte Abweichung zwischen objektiver und wahrgenommener Distanz betrug 7,2 %, der durchschnittliche Fehler 3,1 %. Hinsichtlich der Genauigkeit der Urteile unterschieden sich die beiden Versuchsgruppen nicht voneinander.

Die Ergebnisse legen nahe, daß wahrgenommene Entfernungen und physikalische Distanzen einander gut entsprechen. Nach GIBSON (1979) scheinen Beobachter dabei nicht auf Sehwinkel zurückzugreifen, die mit zunehmender Entfernung vom Auge immer kleiner werden, sondern stützen sich auf die Menge von Textur im jeweiligen Sehwinkel, die konstant bleibt (vgl. hierzu auch die Ergebnisse von BRANDT & KEBECK, 1983 und KEBECK & HÜPPE, 1985).

Neben Invarianten, die die Entfernungswahrnehmung betreffen, postuliert GIBSON auch Invarianten für die wahrgenommene Höhe von Objekten. Abbildung 162 zeigt ein solches Beispiel: Die Telefonmasten in der Zeichnung werden als gleich hoch wahrgenommen. Dieser Eindruck resultiert aus dem invarianten Verhältnis der Objekte zum Horizont: Alle Telefonmasten werden von der Horizontlinie im selben Verhältnis geschnitten. Der Horizont ist als „ruhendes“ Element, dessen kreisförmige Form zwischen oberer und unterer Hemisphäre sich nie ändert, eine Invariante jeder optischen Anordnung im Freien. Er bildet ein festes Bezugssystem.

Selbstversuch 21: Raumwahrnehmung ohne Horizont?

Abbildung 163 ruft den Eindruck räumlicher Tiefe hervor, da das Punktmuster einen entsprechenden Dichtegradienten besitzt. Stellen Sie fest, ob der räumliche Eindruck bestehen bleibt, wenn Sie die Horizontlinie entfernen. Schneiden Sie dazu aus einem weißen Bogen Papier einen Kreis mit ca. 6 cm Durchmesser aus und legen Sie diesen Bogen mit kreisförmiger „Blende“ auf die Abbildung.

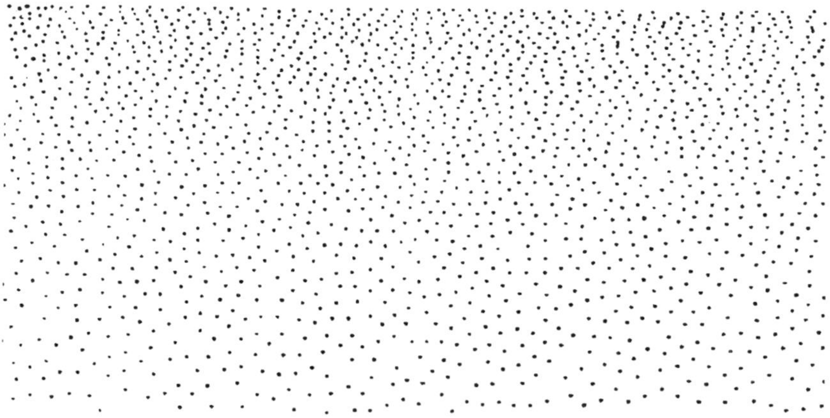

Abb. 163: Der Dichtegradient eines Punktmusters erzeugt den Eindruck räumlicher Tiefe (nach STEVENS, 1981).

12.10 Ereignis- und Bewegungswahrnehmung

Die Umwelt ist kein starres Gefüge. In der Regel verändert sich ständig etwas in ihr: Tiere bewegen sich, Laub fällt zu Boden, Fels verwittert usw. Diese Veränderungen sind ökologische Ereignisse. Ereignisse sind für GIBSON „primäre Realitäten“, die man wahrnehmen kann und nicht erschließen muß. Ähnlich wie die Raumwahrnehmung nicht der „Stütze“ eines abstrakten, leeren Raumes bedarf, bedarf auch die Ereigniswahr-

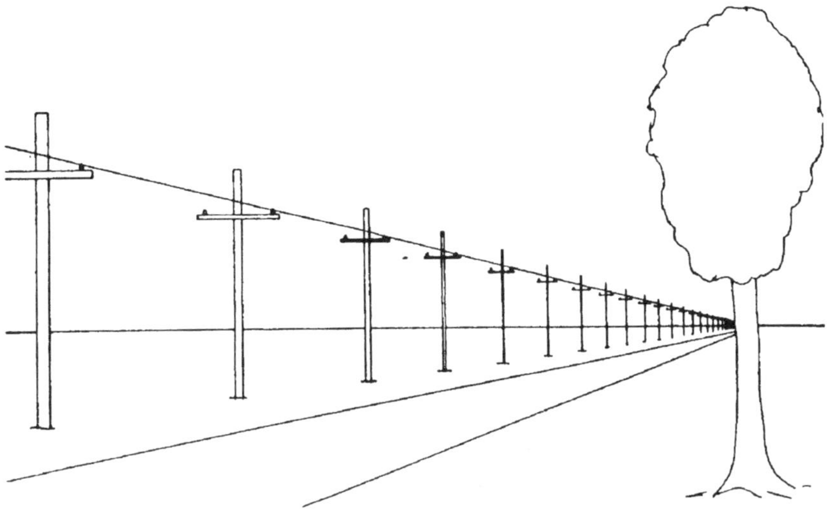

Abb. 162: Invariantes Verhältnis von Objekten zum Horizont. Die Telefonmasten wirken alle gleich groß, da sie im selben Verhältnis von der Horizontlinie geschnitten werden (nach GIBSON, 1979).

nehmung nicht der Annahme einer von den Ereignissen unabhängigen Zeitdimension. Ereignisse sind vielmehr auch ohne den Rückgriff auf physikalische Zeitmaße beschreibbar. Das Nacheinander von Ereignissen kann man wahrnehmen, die Zeit als physikalische Größe nicht: „Ereignisse kann man wahrnehmen, nicht aber die Zeit“ (GIBSON, 1982).

Info-Box 34: Terrestrische Ereignisse

Veränderungen der Flächenanordnung

Starre Translationen und Rotationen
- Verlagerungen (Fallen eines Körpers)
- Drehungen (Öffnen einer Tür)
- Kombinationen (Rollen eines Balles)

Zusammenstöße von Objekten
- mit und ohne Rückprall

Nichtstarre Verformungen
- Unbelebte (Flüssigkeitstropfen)
- Belebte (Veränderung der Körperhaltung)

Oberflächenverformungen
- Wellen, Fließen, Elastizität

Oberflächenzerfall
- Zerreißen, Brechen
- Zersetzen
- Explodieren

Veränderungen der Farbe und der Textur

Oberflächen von Pflanzen
    Grünen, Welken, Reifen, Blühen
Oberflächen von Tieren
    Veränderungen von Haut, Gefieder, Fell
Terrestrische Oberflächen
    Verwittern von Fels
    Schwärzung von Holz
    Rötung von Eisen

Veränderungen in der Existenzweise von Oberflächen

Verdampfen, Kochen, Sublimieren, Zergehen, Schmelzen, Auflösen, Kondensieren, Wolkenbildung, Gefrieren, Kristallisieren, Auseinanderfallen, Zerfallen, Zerstören, Vereinigen, Wachsen, Aufbauen.

(nach GIBSON, 1979)

Wir wollen nun einen häufig auftretenden Ereignistyp näher betrachten, die *„starre Translation"*. Stellen Sie sich vor, ein Objekt (z.B. eine Kugel) verlagert sich vor einem Hintergrund von links nach rechts, behält hierbei aber den Abstand zum Beobachter bei (frontoparallele Bewegung). Mit jeder Verdeckung von Textureinheiten des Hintergrundes rechts der rollenden Kugel werden auf der linken Seite neue Textureinheiten wieder sichtbar. Dieses Verhältnis von zunehmender Verdeckung und Freilegung ist invariant. Es ist typisch für starre Translationen. Wenn sich ein Objekt jetzt ihnen nähert, so verdeckt es mehr und mehr die übrigen Oberflächen der Umgebung bzw. den Hintergrund. Anschaulich wird es „größer" (Magnifikation). Hierbei nehmen Sie nicht nur ein Objekt wahr, daß sich bewegt. Sie können außerdem sehen, daß das Objekt auf Sie zukommt, mit welcher Geschwindigkeit es dies tut (Magnifikationsrate) und ob es mit Ihnen kollidieren wird (Symmetrie der Annäherung). Auch komplizierteren Bewegungen, wie der Verschiebung eines Objektes auf einer Kreisbahn (Drehung), entsprechen exakt beschreibbaren Verdeckungsverhältnissen.

Bewegungswahrnehmung im Sinne GIBSONs ist ein Sonderfall der Ereigniswahrnehmung. Das bei der Bewegung eines Beobachters in der Umwelt wahrgenommene Ereignis ist dabei die stetige Veränderung der optischen Anordnung *(„optische Fluß")*. Ist das visuelle System in Bewegung, werden aus Texturgradienten Bewegungsgradienten. Alle Elemente einer Textur werden aus ihrer ursprünglichen Lage verschoben und es entstehen Fließmuster, die mit Verschiebungsvektoren beschrieben werden können (vgl. Teil I). Fließmuster selbst stellen wieder Invarianten dar. Der Brennpunkt des Auseinanderfließens der optischen Anordnung spezifiziert den Zielort, auf den sich ein Individuum hinbewegt. Auch Informationen über die Bewegungsgeschwindigkeit können dem Fließmuster entnommen werden.

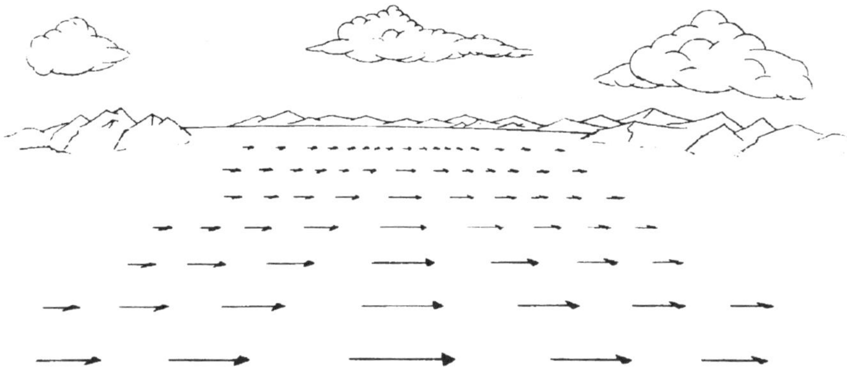

Abb. 164: Fließmuster der optischen Anordnung für einen Piloten, der im 90°-Winkel rechts aus dem Fenster seines Cockpits blickt (nach GIBSON, 1979).

Eine Bewertung des ökologischen Ansatzes zum gegenwärtigen Zeitpunkt ist schwierig. Dies hängt zum einen mit dem geringen zeitlichen Abstand der meisten Arbeiten zusammen (ähnliches gilt dann natürlich auch für die kognitive Psychologie), zum anderen wegen des für die Psychologie recht ungewohnten Denkansatzes: Ausgangspunkt ist nicht das Individuum, sondern der Organismus und seine Beziehung zur Umwelt.

Es sollen hier deshalb nur einige Punkte stichwortartig aufgelistet werden. Wesentliche Leistungen des ökologischen Ansatzes von GIBSON sind bisher meiner Einschätzung nach u.a.:

1. Lange vernachlässigte Themen rücken in den Mittelpunkt der Forschung (z.B. Raum- und Bewegungswahrnehmung).

2. Es erfolgt eine mathematische Beschreibung komplexer Wahrnehmungssituationen (z.B. mit Hilfe projektiver Geometrien).

3. Ein begrifflicher Rahmen wird vorgestellt, in dem verschiedene Disziplinen (also z.B. auch Geographie und Architektur) ihre Ergebnisse bewerten und diskutieren können.

4. Die Forschungsmethodologie wird erweitert. Experimente unter natürlichen Umgebungsbedingungen erhalten ein stärkeres Gewicht.

Schwierigkeiten zeigen sich bisher vor allem:

1. Bei der erkenntnistheoretischen Einordnung (die Ebene der „ökologischen Analyse“ gehört weder zur physikalischen noch zur phänomenalen Welt).

2. Bei der Entwicklung von Experimenten, die den Anforderungen der Theorie genügen (z.B. Experimente, in denen zu Handlungen und nicht zu Urteilen aufgerufen wird).

3. Bei der Interpretation von Wahrnehmungsfehlern und Täuschungen, die häufig einfach als Artefakt der Untersuchungssituation gesehen werden, sich aber auch unter weniger restriktiven Beobachtungsbedingungen finden.

13 Schlußbemerkung

Erstes und vorrangiges Ziel dieses Buches ist es, den Leser für einen Themenbereich zu interessieren, der – im wörtlichen Sinne – von „grundlegender Bedeutung“ ist: Alle Erkenntnistätigkeit hat in der Wahrnehmung ihren Ausgangspunkt. Dabei sollte im Laufe der Darstellung deutlich werden, daß unsere Vertrautheit mit der Wahrnehmung für die Geschichte ihrer Erforschung eher hemmend war, so wie ihre Zuverlässigkeit im Alltag uns hindert zu fragen: Wie kommen diese erstaunlichen Leistungen eigentlich zustande?

Ist diese Frage jedoch einmal gestellt, so gehört ihre Beantwortung meiner Meinung nach zu den interessantesten Gegenstandsbereichen der Psychologie. Gerade der letzte Teil hat dabei gezeigt, daß bei allem bereits vorhandenen Wissen, was im Vergleich zu anderen Teilbereichen der Psychologie keinesfalls als gering einzuschätzen ist, grundlegende Fragen immer noch kontrovers diskutiert werden. Dies betrifft sowohl das methodische Vorgehen als auch die Ebene der Theorien. In diesem Sinne kann man am Beispiel der Wahrnehmungsforschung auch etwas über das Problem des „Fortschritts in der Psychologie“ lernen.

Auch wenn die doppelte Seitenzahl zur Verfügung gestanden hätte, wäre es nicht möglich gewesen, auch nur einen annähernd vollständigen Überblick über den heutigen Forschungsstand zu geben. So war das hier gewählte Vorgehen notwendigerweise bruchstückhaft. Dies gilt sowohl für die Auswahl der Themen als auch für ihre Behandlung. Der Leitgedanke dabei war, einen etwas tieferen Einblick in die heutige Forschung, ihre Theorien, Methoden und Ergebnisse zu geben. Es wäre daher schon viel erreicht, wenn Sie nach der Lektüre dieses Buches die hier angesprochenen Fragen „nicht mehr aus dem Auge verlieren“ würden und über eine Struktur verfügten, um selbständig über sie nachzudenken.

Glossar

2.5 D Skizze:
In der Theorie von MARR eine beobachterzentrierte Repräsentation der räumlichen Tiefe und Orientierung sichtbarer Oberflächen.

3 D Modell:
Eine von der Beobachterperspektive unabhängige Repräsentation der Form, die hierarchisch organisiert ist.

Absolutschwelle:
Die minimale Reizstärke, die notwendig ist, um eine eben merkliche Empfindung hervorzurufen.

Additive (versus subtraktive) Farbmischung:
Bei additiver Farbmischung wird Licht unterschiedlicher Wellenlängen kombiniert. Gelbes Licht mit einer Wellenlänge von 570 nm kann auch durch die Kombination von rotem (640 nm) und grünem Licht (500 nm) erzeugt werden. Subtraktive Farbmischung beruht demgegenüber auf der Mischung von Farbpigmenten (z.B. Malfarben). Der Farbeindruck entsteht hier so, daß alle Wellenlängen mit Ausnahme der den Farbeindruck auslösenden absorbiert werden.

Akkomodation:
Fähigkeit des Auges, durch Veränderung der Brechkraft bei nahen und entfernten Objekten stets ein scharfes Bild auf der Netzhaut abzubilden. Die Anpassung der Brechkraft erfolgt durch eine Kontraktion der Ciliarmuskeln, die eine Krümmung der Linse bewirkt.

Akustische Maskierung:
Die Erschwerung der Signalaufnahme durch das Vorhandensein anderer akustischer Reize in zeitlicher Nähe.

Amodale Figur:
Eine Form wird als Figur wahrgenommen, obwohl die zugehörige Reizgrundlage unvollständig ist (z.B. wesentliche Kanten fehlen).

Analoge Repräsentation:
Interne (mentale) Abbildung, die die Eigenschaften eines Objektes oder Umweltereignisses beibehält und die Information in einer direkt zugänglichen Form speichert (bildhafte Kodierung).

Angebot:
Nach GIBSON nimmt ein Organismus nicht nur die Beschaffenheit der Umwelt, sondern auch ihre Bedeutung und ihre Handlungsmöglichkeiten direkt wahr. Ein Angebot bezeichnet dabei das Gesamt der Handlungsalternativen, die die Umwelt dem Organimus zur Verfügung stellt.

Assimilation:
Erklärungsmodell geometrisch optischer Täuschungen, demzufolge bestimmte Elemente einer Täuschungsfigur unbeabsichtigt und unbewußt bei der Wahrnehmung eines anderen Elementes der Täuschungsfigur mit einbezogen werden.

Audiogramm:
Graphische Darstellung der Hörleistungen für Töne unterschiedlicher Frequenzen.

Beleuchtungsstärke:
Maß für die Lichtenergie, die auf eine Fläche bestimmter Größe fällt.

Benutzeroberfläche:
Die Art und Weise, wie die Funktionen eines Computerprogramms einem Anwender zugänglich gemacht werden. Man unterscheidet dabei befehlsgesteuerte und menügesteuerte Programmoberflächen. Bei befehlsgesteuerten Programmen werden Funktionen über Tastaturbefehle aufgerufen. Bei menügesteuerten Programmen sind alle Befehlsmöglichkeiten am Bildschirm präsent und werden z.B. über eine Maus angesteuert.

Bewegungsparallaxe:
Befindet sich ein Beobachter in Bewegung, dann werden die Netzhautbilder von Objekten geringerer Entfernung schneller bzw. stärker verschoben als bei größeren Distanzen. Dieser Distanzhinweis wird als Bewegungsparallaxe bezeichnet.

Bildpixel:
Bildpunkt einer digitalisierten Bildvorlage, der sich allein durch seinen Helligkeitswert auszeichnet.

Binaurale Temporaldifferenzen:
Die Schallwellen einer nicht in der Medianebene (Ebene in der sich die direkt vor bzw. hinter einer Person liegenden Schallquellen befinden) gelegenen Schallquelle erreichen die Ohren, vermittelt durch unterschiedlich lange Schallwege, zu verschiedenen Zeiten.

Binokulare Disparität:
Beim Betrachten eines im Raum befindlichen Objekts fallen die retinalen Abbilder dieses Objektes nicht auf völlig identische Netzhautgebiete. Diese Differenz ist auf den etwas unterschiedlichen Blickwinkel zurückzuführen, den jedes Auge auf das Objekt einnimmt.

Blendung:
Als Blendung bezeichnet man die Streulichtbildung im Auge, die durch zu hohe Leuchtdichten oder zu hohe Leuchtdichteunterschiede im Gesichtsfeld hervorgerufen wird. Folgen einer Blendung sind unscharfes Sehen sowie Unbehagen oder Schmerz (Beispiel: Blendung durch Fernlicht beim Autofahren).

Brechkraft:
Fähigkeit des Auges, die von einem Punkt ausgehenden Strahlen wieder in einem Punkt (Brennpunkt) zu vereinigen. Einheit der Brechkraft ist die Dioptrie.

Computational Theory:
Ein von MARR eingeführter Begriff. Computationale Theorien des Sehens beschäftigen sich damit, wie Informationen – etwa die Form eines Objektes oder die Entfernung von Oberflächen – einer Bildvorlage entnommen werden können.

Datengesteuerte versus konzeptgesteuerte Mustererkennung:
Datengesteuerte Mustererkennung geht von „unten nach oben" vor und basiert auf einer Merkmalsanalyse eines visuellen Reizes. Dabei wird ein Reiz durch Detektoren für Linien, Winkel etc. in einzelne Elemente zerlegt und in einem zweiten Schritt wieder zusammengeführt.

Konzeptgesteuerte Mustererkennung vergleicht demgegenüber einen visuellen Reiz mit Datenmustern aus dem Gedächtnis (Mustererkennung von „oben nach unten").

Datengetreues Perzept:
Analoge Repräsentation eines Reizmusters, die aus der vollständigen Analyse des proximalen Reizes resultiert, ohne daß dabei Problemlöse- oder Gedächtnisprozesse beteiligt sind.

Detektor:
Untereinander in spezifischer Weise verschaltete Gruppe von Rezeptoren, die nur auf bestimmte Reizkonstellationen (Linien, Winkel, Bewegung etc.) reagiert.

Dichotisches Hören:
Präsentation jeweils unterschiedlicher Stimuli zu den beiden Ohren (z.B. Männerstimme links liest Text eins; Frauenstimme rechts liest Text zwei).

Dioptrischer Apparat:
Das optische System des Auges. Zum dioptrischen Apparat gehören: Cornea (Hornhaut), Kammerwasser, Iris, Linse, Glaskörper, Retina, Choroidea (Aderhaut), Sklerea (Lederhaut).

Direkte vs. indirekte Beleuchtung:
Bei direkter Beleuchtung überwiegen die Lichtstromanteile in der unteren Hälfte eines Raumes. Entsprechend spricht man bei größeren Lichtstromanteilen in der oberen Raumhälfte von indirekter Beleuchtung.

Direkte Wahrnehmung:
Nach GIBSON ist ein Organismus dazu in der Lage, dem Umgebungslicht Informationen über die Beschaffenheit der Umwelt zu entnehmen. Direkt meint er dabei, daß alle notwendigen Informationen bereits in der Struktur des reflektierten Lichtes enthalten sind und ein Rückgriff auf Gedächtnisinhalte nicht notwendig ist. Die Fähigkeit zur direkten Wahrnehmung haben Organismen im Laufe der Evolution erworben.

Distaler Reiz:
Reizkonstellation am Wahrnehmungsobjekt.

Doppler-Effekt:
Veränderung der wahrgenommenen Tonhöhe, wenn eine sich rasch bewegende Schallquelle den Standort des Zuhörers passiert.

Duale Kodierung:
Nach PAIVIO existieren zwei funktional voneinander unabhängige, teilweise miteinander verbundene kognitive Systeme. Das bildhafte („imagery") System verarbeitet konkrete Information in Form von Vorstellungsbildern. Demgegenüber verarbeitet das verbale System bevorzugt abstrakte Reizinformationen.

Erfahrungstheorien:
Gruppe von Ansätzen zur Erklärung der Konstanzphänomene; diesen Ansätzen ist gemeinsam, daß die Konstanzphänomene unter anderem auf die Beteiligung von Gedächtnis- (also Erfahrungs-) inhalten an der Wahrnehmung zurückgeführt werden.

Farbkonstanz:
Obwohl bei wechselnden Lichtverhältnissen Licht unterschiedlicher Frequenzanteile auf ein Objekt fällt und infolgedessen auch Licht unterschiedlicher Wellenlängen reflektiert wird, bleibt dabei ein konstanter Farbeindruck.

Feldabhängigkeit versus Feldunabhängigkeit:
Persönlichkeitskonstrukt, das sich auf die Art und Weise bezieht, wie Individuen die ihnen zur Verfügung stehenden Informationen analysieren. Hiernach haben feldabhängige Personen im Gegensatz zu feldunabhängigen Schwierigkeiten damit, komplexe Informationen in ihre Elemente zu zerlegen. Sie haben demnach einen eher globalen Wahrnehmungsstil, während Feldunabhängige differenzierter wahrnehmen.

Figur-Grund-Prinzip:
Bestimmte Elemente eines Reizmusters werden als Figuren aufgefaßt, während das übrige (visuelle) Feld als Hintergrund interpretiert wird. Die Figuren werden dabei als vor dem Hintergrund befindlich wahrgenommen.

Filter:
Mechanismen, die spezifische Informationen aus dem Reizangebot selegieren.

Filter (MARR):
In der Theorie von MARR ist ein Filter ein mathematischer Algorithmus, der die Helligkeitsänderungen in einem bestimmten Bildausschnitt glättet. Dabei werden kleine Helligkeitsänderungen unterdrückt und größere Helligkeitsänderungen hervorgehoben.

Formkonstanz:
Eine Form wird auch bei wechselnden räumlichen Orientierungen relativ zum Beobachter (und daraus resultierenden unterschiedlichen Netzhautbildern) als konstant wahrgenommen.

Funktionale Äquivalenz:
Das Konzept der funktionalen Äquivalenz nimmt an, daß bei bestimmten Stufen der Informationsverarbeitung (etwa ab der Merkmalsanalyse) bei Wahrnehmung und Vorstellung vergleichbare Prozesse ablaufen.

Funktionale Isomorphie:
Das Konzept „funktionale Isomorphie" bezieht sich auf den Vergleich der Resultate. Untersucht wird dabei, inwieweit sich wahrgenommene und vorgestellte Objekte entsprechen.

Ganzfeld:
Ein Gesichtsfeld, in dem keinerlei visuelle Konturen vorhanden sind (z.B. eine völlig ebene weiße Fläche).

Geometrisch-optische Täuschungen:
Einfache figürliche Darstellungen, bei denen eine Messung der Längen- und Winkelverhältnisse zu einem anderen Ergebnis führt, als die anschauliche Wahrnehmung.

Gestaltgesetze:
Von den Gestaltpsychologen aufgestellte Prinzipien zur Beschreibung der Wahrnehmungsorganisation (z.B. Gesetz der Nähe, Gesetz des glatten Verlaufs, Gesetz des gemeinsamen Schicksals).

Gradient:
Mathematische Größe zur Beschreibung der Zu- oder Abnahme einer physikalischen Größe entlang einer vorgegebenen Dimension.

Größenkonstanz:
Die wahrgenommene Größe eines Gegenstandes bleibt auch bei veränderter Distanz des Gegenstandes (und damit einer veränderten Netzhautabbildung) konstant.

Haptisch-taktile Wahrnehmung:
Wahrnehmung von Druck-, Berührungs-, und Vibrationsempfindungen durch mechanosensible (auf mechanische Reizung reagierende) Rezeptoren in der Haut.

Helligkeitskonstanz:
Die wahrgenommene Helligkeit eines Gegenstandes bleibt trotz sich verändernder Beleuchtungsbedingungen weitgehend konstant.

Hypothesentesten:
Die Auffassung von Wahrnehmung als Hypothesentesten geht von einem mehrstufigen Wahrnehmungsprozeß aus. Danach wird beim Eintreffen eines neuen Reizes unter Rückgriff auf Erwartungen, Vorwissen etc. eine Hypothese darüber aufgestellt, um welches Wahrnehmungsobjekt es sich handelt. Diese Hypothese wird dann mittels einer gezielten Merkmalsanalyse geprüft.

Identitätswahrnehmung:
Bewegt sich ein Objekt, nimmt ein Beobachter nicht ständig ein neues Objekt, sondern das gleiche Objekt an einer neuen Position wahr.

Induzierte Bewegung:
Die scheinbare Bewegung eines unbewegten Objektes, hervorgerufen durch die Bewegung anderer Objekte im visuellen Feld (Bsp.: ziehende Wolken – scheinbar sich bewegender Mond).

Impulshaltigkeit (von Geräuschen):
Impulse sind sehr rasche Anstiege im Geräuschpegel (also der wahrgenommenen Lautstärke). Die Impulshaltigkeit eines Geräusches drückt aus, wieviele Impulse ein Geräusch pro Zeit enthält.

Invarianz:
Bewegt sich ein Beobachter, verändert sich das Muster des ihn erreichenden Umgebungslichtes ständig. Aus diesem sich ständig verändernden Lichtmuster ließen sich keine zuverlässigen Informationen über die Beschaffenheit der Umwelt entnehmen, wenn nicht bestimmte Eigenschaften konstant, also invariant blieben. So bleibt zum Beispiel der Dichtegradient einer geneigten Fläche unabhängig von der Entfernung des Beobachters gleich.

Invarianz:
Tendenz der Wahrnehmungsorganisation, Objekte der Reizwelt trotz Veränderungen der Reizgrundlage als konstant (invariant) zu erleben.

kinetischer Tiefeneffekt:
Wird ein sich bewegendes dreidimensionales Objekt auf einer Projektionsfläche zweidimensional abgebildet, so kann unter bestimmten Umständen trotzdem die Bewegung eines dreidimensionalen Objektes wahrgenommen werden.

Konvergenz:
Die koordinierte Bewegung (Drehung) der beiden Augen zur Fixierung desselben Punktes. Je näher das Objekt, desto größer die Konvergenz.

Korrespondenzproblem:
Bei der binokularen Betrachtung einer Reizvorlage fällt ein bestimmter Bildpunkt auf verschiedene Stellen der beiden Netzhäute. Das Korrespondenzproblem besteht nun darin, festzustellen, welche beiden retinalen Bildpunkte einem Bildpunkt der Reizvorlage zuzuordnen sind.

Laterale Hemmung:
In der Retina können benachbarte Rezeptoren vermittelt durch die horizontalen Neuronen (Horizontalzellen und Amakrine) einen hemmenden Einfluß aufeinander ausüben. Das visuelle System akzentuiert auf diese Weise Grenzen zwischen Bereichen unterschiedlicher Leuchtdichte.

Leuchtdichte:
Ein Maß für die subjektive Helligkeit einer Lichtquelle. Sie entspricht der Lichtstärke einer Leuchtfläche geteilt durch ihre vom Auge wahrgenommene Größe.

Lichtstrom:
Strahlungsleistung einer Lichtquelle.

Magnifikation:
Bei sich auf einen Beobachter zubewegenden Objekten wächst der Sehwinkel nicht linear, sondern geometrisch, was einer Vergrößerung (Magnifikation) des Sehwinkels entspricht. Phänomenal bedeutet dies, daß Objekte sich u.U. scheinbar schneller auf den Beobachter zubewegen, als es tatsächlich der Fall ist.

Mentale Rotation:
Drehen einer Figur in der Vorstellung.

Multistabilität:
Bei mehrdeutigen Figuren (z.B. Kippfiguren) kommt es in der Regel zu einem zyklischen Wechsel zwischen den möglichen Wahrnehmungsorganisationen (Multistabilität).

New Look:
Forschungsrichtung innerhalb der Wahrnehmungspsychologie, die die Bedeutung des Beobachters (insbesondere seines Motivationszustandes) bei der Wahrnehmung hervorhebt.

Okklusion:
Bewegt sich ein Objekt durch den Raum, wird es ständig Teile des Hintergrundes oder andere Objekte verdecken und wieder freigeben. Das Verdecken von Objekten oder des Hintergrundes wird dabei als Okklusion, das wieder Freigeben als Disokklusion bezeichnet.

Okulomotorik:
Ständige und unwillkürliche Augenbewegungen, die zum Teil in sprunghaften (saccadischen), zum Teil in langsamen Versetzungen bestehen. Sie sorgen dafür, daß das Netzhautbild keine statische Projektion darstellt, sondern sich permanent geringfügig verändert (Verhindern von Adaptionsprozessen).

Olfaktorisches System:
Geruchssinn

Orientierungsreaktion:
Hinwendung des Kopfes zu einem neuen Reiz.

Phoneme:
Kleinste Spracheinheiten, deren Fehlen oder Variation die Bedeutung eines sprachlichen Ausdrucks ändern.

Prägnanz:
Tendenz des Wahrnehmungssystems, das Wahrnehmungsfeld möglichst einfach zu strukturieren.

Prismenbrillen:
Prismenbrillen brechen das einfallende Licht derart, daß der Träger einer solchen Brille alle Objekte in einer veränderten räumlichen Orientierung wahrnimmt. Unter Prismenbrillen-Effekten versteht man dabei die Anpassung der Wahrnehmung an die veränderten Bedingungen: prismatische Verzerrungen werden korrigiert, die „normale" Raumwahrnehmung stellt sich wieder ein. Beim Absetzen der Brille kommt es als Folge der Anpassungsleistung kurzfristig zu denen der Prismenbrille entgegengesetzten Effekten.

Propiozeption:
Wahrnehmung körperinnerer Vorgänge und Zustände. Man unterscheidet dabei die (bewußte) Wahrnehmung der Lage des eigenen Körpers im Raum (Kinästhesie) von der (nicht bewußten) Wahrnehmung der inneren Organe.

Proposition:
Eine Proposition besteht aus Konzepten und Relationen zwischen Konzepten. Konzepte sind dabei sprachliche Benennungen für Personen, Gegenstände oder Begebenheiten. Relationen (z.B. Verben) verbinden Konzepte einer Proposition miteinander.

Prototyp:
Besonders typisches Beispiel für die Elemente einer Kategorie.

Proximaler Reiz:
Reizkonstellation am Sinnesorgan.

Psychophysische Größenfunktion:
Mathematische Beziehung zwischen der objektiven Reizstärke und der zugehörigen subjektiven Empfindungsstärke.

Psychophysische Skalierung:
Konstruktion einer Skala mittels derer in einem psychophysischen Experiment die Urteile von Versuchspersonen gemessen werden können.

Reafferenzprinzip:
Erklärungsmodell für das Phänomen, daß der wahrgenommene Raum weitgehend weder durch Bewegungen des Kopfes, noch solche der Augen oder des Körpers beeinflußt wird. Man geht dabei davon aus, daß Änderungen der retinalen Abbilder (Afferenzen) mit einer Kopie der motorischen Steuerungsbefehle (Efferenzkopie) verrechnet werden. Dadurch kommt es zur wahrgenommenen Konstanz des Raumes.

Repräsentation:
Abbildung oder internes Modell einer Information im Gedächtnis.

Retina:
Die hintere innere Oberfläche des Auges ist mit der Netzhaut (Retina) ausgekleidet. In dieser „Projektionsfläche“ befinden sich die Pigmentzellen, Rezeptoren und Nervenzellen des Auges.

Rezeptives Feld:
Gruppe von in spezifischer Weise angeordneten Rezeptorzellen, die auf ein einzelnes Neuron zusammengeschaltet sind.

Schalldruck:
Der Schalldruck ist ein Maß zur Bestimmung der Intensität von Tönen und Geräuschen. Er entspricht dem logarithmischen Verhältnis der Schallenergie zu einer Standardenergie.

Schallfrequenz:
Die Schallfrequenz gibt an, wieviele Sinuswellen ein reiner Ton pro Zeit enthält. Sie ist ein Maß zur Bestimmung der Tonhöhe.

Schallpegel:
Die wahrgenommene Lautstärke eines Tones oder Geräusches ist sowohl vom Schalldruck (der Schallintensität) wie auch von der Frequenz der Schallwellen abhängig. Der Schallpegel ist ein Lautstärkemaß, bei dem die unterschiedliche subjektive Lautheit von Tönen gleichen Schalldrucks, aber unterschiedlicher Frequenz berücksichtigt wird.

Schema:
Wissensstruktur, in der aufgrund von Erfahrungen typische Zusammenhänge eines Realitätsbereiches repräsentiert sind.

Sehbahn:
Hintereinandergeschaltete Nervenzellen, die die elektrische Aktivität von der Netzhaut zu den entsprechenden Arealen des Gehirns weiterleiten.

Selektion:
Auswahl von Reizen aus dem Überangebot an sensorischer Information.

Selektive Aufmerksamkeit:
Bestimmte Anteile der ankommenden Information werden gezielt ausgeblendet, um andere Wahrnehmungsinhalte besser wahrzunehmen (Bsp.: Cocktail-Party-Phänomen).

Semantische Netzwerke:
Graphische Darstellung propositionaler Wissensstrukturen, in der Konzepte als Knoten und Relationen als Verbindungen zwischen Knoten (sog. Kanten) dargestellt werden.

Simultankontrast:
Phänomen, das sich bei gleichzeitiger Darbietung kontrastreicher Stimuli ergibt. Umgibt man zum Beispiel eine farbige Fläche (A) mit einem andersfarbigen Hintergrund (B), verändert sich der Farbeindruck von A im Sinne einer Beimischung der Komplementärfarbe des umgebenden Hintergrundes (B). Im Gegensatz zu Sukzessivkontrasten tritt dieser Effekt sofort (simultan) auf.

Software-Ergonomie:
Die Software-Ergonomie beschäftigt sich mit der Anpassung von Softwareprodukten an Gesetzmäßigkeiten der menschlichen Informationsverarbeitung. Das Ziel der Software-Ergonomie ist die Konstruktion leicht bedienbarer und wenig fehlerträchtiger Produkte.

Spektrogramme:
Graphische Darstellung der Frequenzanteile und Amplituden von Geräuschen im zeitlichen Verlauf.

Strahlungslicht:
Licht, das von einer Energiequelle ausgesendet wird.

Stroboskopische Bewegung:
Scheinbare Bewegung, die dadurch erzeugt wird, daß zwei räumlich voneinander getrennte Lichtquellen kurzzeitig nacheinander an- und ausgeschaltet werden.

Stroop-Phänomen:
Bezeichnet die Schwierigkeit, die Personen beim Bearbeiten einer Aufgabe mit inkongruenten Informationen (z.B. Vorlesen des rot geschriebenen Wortes „Grün") haben. Dabei fällt es schwer, sinnvolle aber für die Aufgabe unwichtige Teile des Informationsangebotes zu ignorieren (hier: die rote Farbe).

Sukzessivkontrast:
Der bekannteste Sukzessiveffekt ist das Nachbild. Es entsteht, wenn man nach intensiver Fixierung eines kontrastreichen Stimulus auf einen neutralen Hintergrund blickt.

Tachistoskopische Darbietung:
Darbietung von visuellen Reizen für sehr kurze Zeitintervalle.

Textur:
Oberflächenbeschaffenheit eines Objektes. Sie ist entscheidend für die Struktur des reflektierten Lichtes.

Transformationen:
Änderungen im Muster des reflektierten Lichtes einer Oberfläche, die nicht auf Veränderungen des Objektes selber zurückzuführen sind (z.B. Verformungen). Beispiele für Transformationen sind Änderungen in der Beleuchtung eines Objektes oder Änderungen der relativen Position eines Objektes zum Beobachter.

Umgebungslicht:
Licht, das von den Substanzen der Umwelt, also festen oder flüssigen Stoffen, reflektiert wird. Umgebungslicht enthält im Gegensatz zum Strahlungslicht Informationen über die Beschaffenheit der Umwelt.

Unterschiedsschwelle:
Diejenige minimale Reizdifferenz, die notwendig ist, um die Intensität zweier Reize unterscheiden zu können.

Verarbeitungskapazität:
Menge an Informationen, die zu einem bestimmten Zeitpunkt von einer Person verarbeitet werden kann.

Vestibularapparat:
Der Teil des inneren Ohres, der das Organ für Gleichgewicht, Körperstellung und Bewegung ist.

Wahrnehmungsabwehr:
Beschreibt das Phänomen, daß tabuisierte bzw. negativ besetzte Worte erst nach längerer tachistoskopischer Darbietung erkannt werden als neutrale.

Wissensbasis:
Grundlegende und abstrakte Repräsentationsform von Informationen. Aus ihr sollen sich sprachliche wie bildhafte Repräsentationen erzeugen lassen.

Verzeichnis der Abbildungen

Abb. 1: Skizze von Rene Descartes zur geometrisch-optischen Abbildung von Punkten auf der Netzhaut (nach Descartes, 1637)
Abb. 2: Amodale Figur (nach Kanizsa, 1955)
Abb. 3: Amodale Figur (nach Kanizsa, 1979)
Abb. 4: Größenvergleich (Titelseite von Sciene, Vol. 175, Nr. 4028)
Abb. 5: Suchbild (nach Metzger, 1975)
Abb. 6: Neker-Würfel
Abb. 7: Horizontalschnitt durch das menschliche Auge
Abb. 8: Schematische Darstellung des Strahlengangs bei Normal-, Kurz- und Weitsichtigkeit
Abb. 9: Aufbau der Netzhaut (nach Cornsweet, 1970)
Abb. 10: Schematische Darstellung einer Synapse
Abb. 11: Versuchsmaterial zum „Blinden Fleck“
Abb. 12: Heringsches Gitter
Abb. 13: Verteilung unterschiedlicher Zapfentypen auf der Netzhaut (nach Coren, Porac & Ward, 1984)
Abb. 14: Schema der Sehbahn (nach Krech et al., 1985)
Abb. 15: Schematische Darstellung der Versuchsanordnung von Dobelle et al. (1974)
Abb. 16: Impulsreaktionen bei ON- und OFF-Zentrum-Feldern
Abb. 17: Experimentelle Anordnung zur Herstellung eines Ganzfeldes (nach Metzger, 1930)
Abb. 18: Versuchsmaterial des Experiments von Werner (1935)
Abb. 19: Rubinsche Becherfigur (nach Rubin, 1921)
Abb. 20: Vexierbild
Abb. 21: Prägnanzeffekt
Abb. 22: Amodale Figur (nach Kanizsa, 1979)
Abb. 23: Versuchsmaterial im Experiment von Attneave (1955).
Abb. 24: Beispiel für eine konzeptgesteuerte Wahrnehmung (nach Thurston & Carraher, 1966)
Abb. 25: Zwei Modelle der Mustererkennung: Daten- und Konzeptsteuerung
Abb. 26: Spektrum elektromagnetischer Wellenlängen
Abb. 27: Farbenkreis
Abb. 28: Additive und subtraktive Farbmischung
Abb. 29: Schematische Darstellung der zwei „rivalisierenden“ Theorien des Farbensehens
Abb. 30: Testmuster im Versuch von McCollough (1965)
Abb. 31: Schematische Darstellung von Indikatoren für die Wahrnehmung räumlicher Tiefe (nach Schiff, 1980)
Abb. 32: Zusammenhang zwischen Abbildungsgröße und Entfernung (aus Rock, 1985)
Abb. 33: Hogarths Gemälde „False Perspective“
Abb. 34: Schattenwirkung als Indikator für räumliche Tiefe (nach Zanforlin, 1982)
Abb. 35: Beispiele für Texturgradienten (nach Gibson, 1950)
Abb. 36: „Zufallsstereogramme“ von Bela Julesz

Abb. 37: Bild einer unmöglichen Raumkonstruktion von M.C. Escher
Abb. 38: Magnifikation bei Annäherung eines Objekts mit konstanter Geschwindigkeit(nach Schiff, 1980).
Abb. 39: Versuchsanordnung im Experiment von Brown (1931a)
Abb. 40: Versuchsanordnung im Experiment von Brown (1931b)
Abb. 41: Verhältnis von Objektgeschwindigkeit und Netzhautverschiebung (nach Schiff, 1980).
Abb. 42: Die Aufzeichnungen einer Versuchsperson im Experiment von Runeson (1974)
Abb. 43: Versuchsanordnung bei Pantle & Picciano (1976)
Abb. 44: Schematische Darstellung des Wagenradeffekts
Abb. 45: Schematische Darstellung des Reaffernzprinzips
Abb. 46: Fließmuster (nach Haber & Hershenson, 1973)
Abb. 47: Anordnung der Markierungspunkte bei Johansson (nach Johansson, 1973)
Abb. 48: Punktmuster eines tanzenden Paares (nach Johansson, 1986)
Abb. 49: Überlegenheit der Bewegungsidentität vor anderen Identitätsfaktoren wie Form, Farbe und Größe (nach Heller & Lohr, 1983)
Abb. 50: Schematische Darstellung von äußerem, mittlerem und innerem Ohr (nach Lindsay & Norman, 1981)
Abb. 51: Die Cochlea (nach Goldstein, 1984)
Abb. 52: Stark vereinfachtes Schema der Hörbahn (nach Wever, 1949)
Abb. 53: Schematische Darstellung komplexer Wellen und die Zerlegung von Sinuskomponenten durch Fourieranalyse (nach Coren, Porac & Ward, 1984)
Abb. 54: Verschiedene Geräuschquellen und die von ihnen erzeugten dB-Pegel in Abhängigkeit von der Entfernung (nach Schiff, 1980)
Abb. 55: Ausbreitung von Schallwellen im Raum (nach Gibson, 1966)
Abb. 56: Direkte und indirekte Schallwellen (nach Lindsay & Norman, 1981)
Abb. 57: Auditive Schatten bei hohen Frequenzen (nach Goldstein, 1984)
Abb. 58: Transposition von Notensequenzen (nach Coren, Porac & Ward, 1984)
Abb. 59: Lage des Riechepithels und Ausschnittsvergrößerung der Regio olfactoria und des Bulbus olfactorius (nach Amoore et al., 1964)
Abb. 60: Schematischer Aufbau des Riechepithels (nach Moulton & Beidler, 1967)
Abb. 61: Zusammenhänge zwischen Molekülstruktur und Geruchswahrnehmungen (nach Amoore et al., 1964)
Abb. 62: Geruchsprisma von Henning (nach Henning, 1915)
Abb. 63: Schematischer Aufbau einer „Geschmacksknospe“ (nach Woodworth, 1940)
Abb. 64: „Somatosensorische Homunkulus“ (nach Penfield & Rasmussen, 1950)
Abb. 65: „Aristetotelische Täuschung“
Abb. 66: Alphabet der Blindenschrift
Abb. 67: Schematische Darstellung des Vestibularapparates (nach Gibson, 1966)
Abb. 68: Helligkeitskonstanz in natürlicher Umgebung (Photo von Joel Meyerowitz aus Rock, 1985)
Abb. 69: Typischer Versuchsaufbau zur Helligkeitskonstanz (nach Schiff, 1980)
Abb. 70: Zusammenhang zwischen der Entfernung eines Objekts und resultierendem Sehwinkel

Abb. 71: Texturgradient und Größenkonstanz (nach Neisser, 1968)
Abb. 72: Material für einen Selbstversuch zum Emmert-Gesetz
Abb. 73: Formkonstanz (nach Lindsay & Norman, 1977)
Abb. 74: Suchbild (aus Gillam, 1986)
Abb. 75: Horizontal-Vertikal-Täuschung
Abb. 76: Müller-Lyer-Täuschung
Abb. 77: Varianten der Müller-Lyer-Täuschung
Abb. 78: Tiefenaspekte der Müller-Lyer-Täuschung (nach Gregory, 1968)
Abb. 79: Ponzo-Täuschung (nach Coren et al., 1984)
Abb. 80: Poggendorff-Täuschung
Abb. 81: Poggendorff-Täuschung bei amodalen Konturen (nach Rock, 1985)
Abb. 82: Varianten der Zöllnerschen Täuschung
Abb. 83: Simultankontrast
Abb. 84: Ausschnitt aus einem Schnittmuster-Bogen (nach Metzger, 1975)
Abb. 85: Illustration der Gestaltgesetze (nach Coren et al., 1984)
Abb. 86: Testmuster im Versuch von Garner & Clement (1963)
Abb. 87: Beispiele für konkurrierende Figur-Grund-Beziehungen (aus Metz ger, 1975)
Abb. 88: Schematische Darstellung der „Flaschenhalsmodelle“
Abb. 89: Versuchsmaterial im Experiment von Sperling (1960)
Abb. 90: Motorische Koordinationsprobleme als Folge der verzerrten Wahr nehmung durch eine Umkehrbrille (aus Dolezal, 1982)
Abb. 91: Kontextabhängigkeit der Wahrnehmung (aus Goldstein, 1984)
Abb. 92: „Gattin-Schwiegermutter“-Kippfigur
Abb. 93: Beispiel einer Zeichnung im Experiment von Biederman(1981)
Abb. 94: Wahrnehmungszyklus nach Neisser
Abb. 95: Einfluß von Erfahrung bei der Wahrnehmung (aus Rock, 1975)
Abb. 96: Versuchsmaterial im Experiment von Gottschaldt (1929)
Abb. 97: Darstellungsmittel in Comics (aus Coren, Porac & Ward, 1984)
Abb. 98: Testbild im Experiment von Hudson (1960)
Abb. 99: „Mont Saint Victoire“ von Paul Cezanne
Abb. 100: Ergebnisse des Experiments von Bower (1972)
Abb. 101: Semantisches Netzwerk nach Collins & Quillian (1972)
Abb. 102: Fiktive Landkarte im Experiment von Kosslyn et al. (1978)
Abb. 103: Modell für den Einfluß visuellen Vorstellens auf die Wahrnehmung (Finke, 1986)
Abb. 104: Ergebnisse des Experiments von Paivio (1975)
Abb. 105: Veranschaulichung des Experiments von Paivio (1978)
Abb. 106: Ergebnisse des Experiments von Paivio (1978)
Abb. 107: Versuchsmaterial des Experiments von Finke & Kurtzman (1981)
Abb. 108: Beispiel eines Paarvergleichs im Experiment von Shepard & Chipman (1970)
Abb. 109: Psychophysische Komplementarität nach Shepard (1981) in der Dar stellung von Zimmer (1986)
Abb. 110: Reizmaterial der Untersuchung von Shepard & Metzler (1971)
Abb. 111: Würfelaufgabe aus dem Intelligenz-Strukturtest von Amthauer
Abb. 112: Frequenzspektren verschiedener Geräusche (aus HÖGER, 1987)
Abb. 113: Korrelativer Zusammenhang zwischen „annoyance“ und mittlerem Spitzenpegel (nach McKENNELL, 1963)

Abb. 114: Audiogramm eines Lärmschadens (aus HETTINGER, KAMINSKY & SCHMALE, 1980)
Abb. 115: Audiogramm einer Altersschwerhörigkeit (aus HETTINGER, KA MINSKY & SCHMALE, 1980)
Abb. 116: Empfohlene Kontraste zur harmonischen Helligkeitsverteilung (nach NEUMANN & TIMPE, 1976)
Abb. 117: (a) und (b): Leuchtenanordnung zur Blendungsvermeidung (nach HARTMANN, 1987)
Abb. 118: Modell des interaktiven Problemlösens von Mensch und Computer (nach STREITZ, 1988)
Abb. 119: Die Bildsymbole des „elektronischen Schreibtisches" beim Siemens-Kommunikationssystem EMS 5800 (nach Siemens, 1982)
Abb. 120: Anordnung von Informationsklassen in einer Bildschirmmaske (nach ZWERINA, 1988)
Abb. 121: Ergebnisse des Experimentes von ZWERINA (1984)
Abb. 122: Innere und äußere Psychophysik (nach PRINZ, 1990)
Abb. 123: Bestimmung der Absolutschwelle (nach VELDEN, 1982)
Abb. 124: Theoretischer und empirischer psychometrischer Funktionsgraph (nach VELDEN, 1982)
Abb. 125: (a) Normalverteilung der Empfindungsstärke bei wiederholter Darbie tung eines Reizes. (b) und (c) Verwechselungen bei der Beurteilung ähnlich starker Reize (nach HERKNER, 1986)
Abb. 126: Ergebnisse eines psychophysischen Experimentes (nach HERKNER, 1986)
Abb. 127: Wahrscheinlichkeitsdichten für Rauschen bzw. Signal + Rauschen (nach GESCHEIDER, 1985)
Abb. 128: Ergebnisse des Experimentes von CLARK & CLARK (1980)
Abb. 129: Illustration der Skalierung von FECHNER (nach PRINZ, 1990)
Abb. 130: Mit der Methode der Größenschätzung bestimmte Funktionsgraphen (nach STEVENS, 1962)
Abb. 131: Logarithmierte Funktionsgraphen (nach STEVENS, 1962)
Abb. 132: Viereck versus Drachen (nach ROCK, 1985)
Abb. 133: Zuordnung von Grenzlinien bei der Figur-Grund-Unterscheidung (nach ROCK, 1985)
Abb. 134: Fleckenmuster (aus ROCK, 1985)
Abb. 135: Transparenzeffekt (nach METELLI, 1974)
Abb. 136: Amodale Figuren (nach KANIZSA, 1955)
Abb. 137: Amodale Reizvorlagen aus dem Versuch ROCK & ANSON (1979)
Abb. 138: Apparatur zum kinetischen Tiefeneffekt (nach ROCK, 1985)
Abb. 139: Reizvorlage zum stereokinetischen Effekt
Abb. 140: Schematische Darstellung der Verarbeitungsschritte bis zur fertigen Erstskizze (nach MARR, 1982)
Abb. 141: Durch örtliche Ableitungen gewonnene Helligkeitsänderungen (aus POGGIO, 1986)
Abb. 142: Wirkungsweise des mathematischen Filters (aus MARR, 1982)
Abb. 143: Bildzerlegung durch mathematische Filter (aus MARR, 1982)
Abb. 144: Konstruktion von Bildgrenzen (aus MARR, 1982)
Abb. 145: Illustration der 2.5 D Skizze (nach MARR, 1982)
Abb. 146: Schematische Darstellung zu ULLMANNs Versuchsaufbau mit rotie renden Zylindern (nach MARR, 1982)

Abb. 147: Hierarchische Repräsentation einer Form in der 3 D Beschreibung (nach MARR, 1982)
Abb. 148: Pfeifenreinigerfiguren (aus MARR, 1982)
Abb. 149: Der traditionelle Dualismus von Organismus und Umwelt und das Organismus-Umwelt-System der ökologischen Optik (nach MICHAELS & CARELLO, 1981)
Abb. 150: Typisches visuelles Feld für ein Auge (nach GIBSON, 1950)
Abb. 151: Charakteristische Oberflächentexturen (aus GIBSON, 1979)
Abb. 152: Verschiedene Texturdichten eines einfachen Punktmusters (nach GIBSON, 1950)
Abb. 153: Veränderung der räumlichen Wahrnehmung bei Umkehrung des Texturgradienten (nach GIBSON, 1950)
Abb. 154: Beispiele natürlicher Texturen (nach MICHAELS & CARELLO, 1981)
Abb. 155: Strahlungslicht und Umgebungslicht (nach GIBSON, 1979)
Abb. 156: Die umgebende optische Anordnung eines Beobachters (nach GIBSON, 1979)
Abb. 157: Invarianz des Doppelverhältnisses
Abb. 158: Schematische Darstellungen eines fallenden Balles (nach MICHAELS & CARELLO, 1981)
Abb. 159: Extremkletterin in einer Steilwand (Foto von GERARD KOSICKI aus KAMINSKI & IMMELMANN, 1987)
Abb. 160: Typische „Probleme", die ein Landtier mit Hilfe der Wahrnehmung lösen muß (nach TURVEY & CARELLO, 1986)
Abb. 161: Biomechanisches Modell des Treppensteigens (nach WARREN, 1984)
Abb. 162: Invariantes Verhältnis von Objekten zum Horizont (nach GIBSON, 1979)
Abb. 163: Tiefeneindruck durch den Dichtegradienten eines Punktmusters (nach STEVENS, 1981)
Abb. 164: Fließmuster der optischen Anordnung (nach GIBSON, 1979)

Tabellen

Tab. 1: Kodierungssysteme nach PAIVIO (1971)
Tab. 2: Typische Schallpegel in dB(A) (nach Angaben des Umweltbundesamtes, 1984)
Tab. 3: Anteile verschiedener Lärmquellen bei Lärmbeschwerden (nach ROHRMANN, 1984)
Tab. 4: Leuchtdichten einiger Lichtquellen (nach NEUMANN & TIMPE, 1976)
Tab. 5: Vier Stufen der Farbwiedergabe (nach HARTMANN, 1987).
Tab. 6: Untersuchungsergebnisse aus amerikanischen Betrieben: Effekte der Erhöhung der Beleuchtungsstärke (nach NEUMANN & TIMPE, 1976).
Tab. 7: Ergebnismuster eines Signalentdeckungsexperimentes
Tab. 8: Wahrnehmung amodaler Figuren (nach ROCK & ANSON, 1979)

Literatur

AEBLI, H. (1980). Denken – Das Ordnen des Tuns (Bd.1). Stuttgart: Klett-Cotta

AMOORE, J.E. (1970). Molecular basis of odor. Springfield, Ill.: Thomas

AMOORE, J.E., JOHNSTON, J.W. Jr. & RUBIN, M. (1964). Stereochemical theory of odor. Scientific American, 210, 42-49

AMTHAUER, R. (1970). Intelligenz-Struktur-Test 70 (I-S-T 70). Göttingen: Hogrefe

ANDERSON, J.R. (1983). The architecture of cognition. Cambridge: Harvard University Press.

ANDERSON, J.R. & BOWER, G.H. (1973). Human associative memory. Washington: Winston

ARONFREED, J.M., MESSICK, S.A. & DIGGORY, J.C. (1953). Re-examining emotionality and perceptual defense. Journal of Personality, 21, 517-528

ATTNEAVE, F. (1954). Some informational aspects of visual perception. Psychological Review, 61, 183-193

ATTNEAVE, F. (1955). Symmetry, information, and memory for patterns. American Journal of Psychology, 68, 209-222

AUBERT, H. (1886). Die Bewegungsempfindung. Archiv für die Gesamte Physiologie des Menschen und der Tiere, 39, 347-370

BACH-Y-RITA, P., COLLINS, C.C., SAUNDERS, F., WHITE, B. & SCADDEN, L. (1969). Vision substitution by tactile image projection. Nature, 221, 963-964

BARTLETT, F.C. (1932). Remembering. Cambridge: Cambridge University Press

BECK, J. & GIBSON, J.J. (1955). The relation of apparent shape to apparent slant in the perception of objects. Journal of Experimental Psychology, 50, 125-133

BERNOULLI, D. (1738). Specimen theoriae novae de mensura sortis. Commentarii Academiae Scientiarum Imperiales Petropolitanae, 5, 175-192. (Transl. by L. Sommer in Econometrica, 1954, 22, 22-36.)

BIEDERMAN, I. (1981). On the semantics of a glance at a scene. In M. KUBOVY & J.R. POMERANTZ (Eds.), Perceptual organization. Hillsdale, N.J.: Erlbaum

BLAKEMORE, C., CARPENTER, R.H.S. & GEORGESON, M.A. (1970). Lateral inhibition between orientation detectors in the human visual system. Nature, 228, 37-39

BORING, E.G. (1933). The physical dimensions of consciousness. New York: Appleton

BORING, E.G. (1943). The moon illusion. American Journal of Physics, 11, 55-60

BORING, E.G. (1950FD). A History of Experimental Psychology. New York: Appleton-Century-Crofts

BORING, E.G. & HOLWAY, A.H. (1940). The moon illusion and the angle of regard. American Journal of Psychology, 53, 109-116

BOSSOM, J. & OMAYA, A.K. (1968). Visuo-motor adaptation in monkeys with bilateral dorsal rhizotomy. Brain, 91, 161-172

BOWER, G.H. (1972). Mental imagery and associative learning. In L.W. GREGG (Ed.), Cognition in learning and memory. New York

BRADDICK, O.J. (1974). A short range process in apparant motion. Vision Research, 14, 519-527

BRANDT, A. & KEBECK, G. (1983). Streckenvergleich im Rokokopark. Ein Beitrag zur Distanzwahrnehmung unter natürlichen Bedingungen. Gestalt Theory, 5, 114-124

BROADBENT, D.E. (1954). The role of auditory localization and attention in memory span. Journal of Experimental Psychology, 47, 191-196

BROADBENT, D.E. (1958). Perception and communication. London: Pergamon Press

BRODMANN, K. (1914). Physiologie des Gehirns. In F. KRAUSE (Hrsg.), Allgemeine Chirurgie der Gehirnkrankheiten. Stuttgart: Enke

BROWN, J. F. (1931a). The visual perception of velocity. Psychologische Forschung, 14, 199-232

BROWN, J. F. (1931b). The thresholds for visual velocity. Psychologische Forschung, 14, 249-268

BRUCKMEYER, F. (1963). Beurteilung von Lärmbelästigung durch Bezug auf den Störpegel. Österr. Ing. Z., 6, 315-321

BRUNER, J.S. & GOODMAN, C.C. (1947). Value and need as organizing factors in perception. Journal of Abnormal and Social Psychology, 42, 33-44

BRUNER, J.S. & POSTMAN, L. (1949). Perception, cognition, and behaviour. Journal of Personality, 18, 15

BURKE, L. (1952). On the tunnel effect. Quarterly Journal of Experimental Psychology, 4, 121-138

CAMPELL, N. R. (1938). Symposium: Measurement and its importance for philosophy. Aristotelian Soc. Suppl., Vol. 17

CASSIRER, E. (1944). The concept of group and the theory of perception. Philosophy and Phenomenological Research, 5, 1-36

CHERRY, E.C. (1953). Some experiments on the recognition of speech, with one and with two ears. Journal of the Acoustical Society of America, 25, 975-979

CLARK, C.R. (1984). The effect of noise on health. In D.M. JONES & A.J. CHAPMAN (Eds.), Noise and society (pp. 111-124). Chichester: Wiley

CLARK, W.C. & CLARK, S.B. (1980). Pain responses in Nepalese Porters. Science, 209, 410-412

COLLINS, A.M. & QUILLIAN, M.R. (1972). How to make a language user. In E. TULVING & W. DONALDSON (Eds.): Organization and memory, 107-351. New York, NY: Academic Press

COREN, S. (1969). Brightness contrast as a function of figur- ground relations. Journal of Experimental Psychology, 80, 517-524

COREN, S. (1972). Subjective contours and apparent depth. Psychological Review, 79, 359-367

COREN, S. & GIRGUS, I.S. (1978). Seeing is deceiving: The Psychology of visual illusions. Hillsdale: Erlbaum

COREN, S., PORAC, C. & WARD, L.M. (1984). Sensation and perception. Orlando: Academic Press

CORNSWEET, T.N. (1970). Visual perception. New York: Academic Press

CUSHMAN, W.H. & CRIST, B. (1983). Illumination. In B. KANTOWITZ & R. SORKIN (Eds.), Human Factors: Understanding people-system relationships (pp. 670-695). New York: Wiley

CUTTING, J.E. & KOZLOWSKI (1977). Recognizing friends by their walk: Gait perception without familiarity cues. Bulletin of the Psychonomic Society, 9, 353-356

DALL, O. (1973). Beleuchtungsgestaltung als anthropometrische Aufgabe. Arbeit und Leistung, 6

DESCARTES, R. (1637). La Dioptrique
DIN 66 234: Bildschirmarbeitsplätze, Teil 8: Grundsätze der Dialoggestaltung, Entwurf Juni 1986
DIN 66 290, Teil 1: Gestaltung von maskenorientierten Dialogsystemen, Entwurf September 1986
DIN e.V. (Hrsg.) (1986): Innenraumbeleuchtung mit künstlichem Licht: DIN 5035 / Teil 7. Berlin: Deutsches Institut für Normung
DIVENYI, P.L. & HIRSH, I.J. (1975). The effects of blanking on the identification of temporal order in three tone sequencies. Perception & Psychophysics, 17, 246
DOBELLE, W.H. (1977). Current status of research on providing sight to the blind by electrical stimulation of the brain. Journal of Visual Impairment and Blindness, 71, 290-297
DOBELLE, W.H., MLADEJOVSKI, M.J. & GIRVIN, J.P. (1974). Artificial vision for the blind: Electrical stimulation of visual cortex offers hope for a functional prothesis. Science, 183, 440-444
DOLEZAL, H. (1982). Living in a World Transformed. Orlando: Academic Press
DUNCKER, K. (1929). Über induzierte Bewegung. Psychologische Forschung, 12, 180-259
EHRENFELS, Ch. von (1890). Über Gestaltqualitäten. Vierteljahresschrift für wissenschaftliche Philosophie. XIV. 3
EIMAS, P.D. & CORBIT, J.D. (1973). Selective adaptation of linguistic feature detectors. Cognitive Psychology, 4, 99-109
ELLIOTT, L.L. (1962). Backward and forward masking of probe tones of different frequencies. Journal of the Acoustical Society of America, 34, 1116
EMMERT, E. (1881). Größenverhältnisse der Nachbilder. Klinische Monatsblätter für Augenheilkunde, 19, 443-450
EPSTEIN, W. (1977). Observations concerning the contemporary analysis of constancies. In W. EPSTEIN (Ed.), Stability and constancy in visual perception: Mechanisms and processes: New York: Wiley
EPSTEIN, W. (1980). Direct perception or mediated perception: A comparison of rival viewpoints. The Behavioral and Brain Sciences, 8, 384-385
EYSENCK, M. W., & KEANE, M.T. (1990). Cognitive psychology: A Students Handbook. London: Lawrence Erlbaum Associates Ltd.
FECHNER, G.T. (1860). Elemente der Psychophysik. Leipzig: Breitkopf und Härterl
FESTINGER, L. & EASTON, M. (1974). Inference about the efferent system based on a perceptual illusion produced by eye movements. Psychological Review, 81, 44-58
FINKE, R.A. & KURTZMANN, H.S. (1981). Area and contrast effects upon perceptual and imagery acuity. Journal of Experimental Psychology: Human Perception and Performance, 7, 825-832
FINKE, R.A. (1979). The functional equivalence of mental images and errors of movement. Cognitive Psychology, 11, 235-264
FINKE, R.A. (1980). Levels of Equivalence in Imagery and Perception. Psychological Review, 87, 113-132
FINKE, R.A. (1985). Theories relating mental imagery to perception. Psychological Bulletin 98, 236-259
FINKE, R.A. (1986). Bildhaftes Vorstellen und visuelle Wahrnehmung. In WAHRNEHMUNG UND VISUELLES SYSTEM, 178-185, Heidelberg: Spektrum der Wissenschaft

FLYNN, J.E. (1977). A study of subjective responses to low energy and nonuniform lighting systems. Lighting Design and Application, 7(2), 6-15
FOLEY, J.E. (1970). Prism adaptation with opposed base orientation: The weighting of direction information from the two eyes. Perception & Psychophysics, 8, 23-25
FRESE, M., SCHULTE-GÖCKING, H. & ALTMANN, A. (1987). Lernprozesse in Abhängigkeit von der Trainingsmethode, von Personenmerkmalen und von der Benutzeroberfläche (Direkte Manipulation vs. konventionelle Interaktion). In W. SCHÖN- PFLUG & M. WITTSTOCK (Hrsg.), Software-Ergonomie '87 (S. 377-386), Stuttgart: Teubner
FRISHMAN, L. (1979). The velocity tuning of neurons in the lateral geniculate nucleus and retina of the cat. Pittsburgh, Pa.: Diss.
GARDNER, M.B. & GARDNER, R.S. (1973). Problem of localization in the median plane: Effect of pinnae cavity occlusion. Journal of the Acoustical Society of America, 53, 400-408
GARNER, W.R (1974). The processing of information and structure. Potomac, Md.: Erlbaum
GARNER, W.R. & CLEMENT, D.E. (1963). Goodness of pattern and pattern uncertainty. Journal of Verbal Learning and Verbal Behaviour, 2, 446-452
GELB, A. (1929). Die Farbenkonstanz der Sehdinge. Handbuch der normalen und pathologischen Physiologie, 12, 549-678
GESCHEIDER, G.A. (1985). Psychophysics: method, theory and application. Hillsdale (N.J.): Erlbaum
GIBSON, J.J. (1950). The Perception of the Visual World. Boston: Houghton Mifflin (deutsch: Die Wahrnehmung der visuellen Welt. Weinheim: Beltz, 1973)
GIBSON, J.J. (1957). Optical motion and transformations as stimuli for visual perception. Psychological Review, 64, 288-295
GIBSON, J.J. (1966). The senses considered as perceptual systems. Boston: Houghton Mifflin (deutsch: Die Sinne und der Prozeß der Wahrnehmung. Bern: Huber, 1973)
GIBSON, J.J. (1968). What gives rise to the perception of motion? Psychological Review, 75, 335-346
GIBSON, E.J. (1969). Principles of perceptual learning and development. New York: Appleton-Century-Crofts
GIBSON, J.J. (1979). The Ecological Approach to Visual Perception. Boston: Houghton Mifflin (deutsch: Wahrnehmung und Umwelt. München: Urban & Schwarzenberg, 1982)
GILLAM, B. (1986). Geometrisch-optische Täuschungen. In WAHRNEHMUNG UND VISUELLES SYSTEM. Heidelberg: Spektrum der Wissenschaft
GLUCKSBERG, S. & COWEN, G.N. Jr. (1970). Memory for nonattended auditory material. Cognitive Psychology, 1, 149-156
GOLDSTEIN, E.B. (1984). Sensation and Perception. Belmont: Wadsworth
GOTTSCHALDT, K. (1929). Über den Einfluß der Erfahrung auf die Wahrnehmung von Figuren II. Psychologische Forschung, 12, 1-87
GRANDJEAN, E. (1967). Ermüdung und Leistungsbereitschaft. Naturwissenschaftliche Rundschau, 20, 511-518
GREGORY, R.L. (1966). Eye and brain: The psychology of seeing. New York: Mc Graw-Hill
GREGORY, R.L. (1968). Visual Illusions. Scientific American

GREGORY, R.L. (1973). Eye and brain. 2nd Ed. New York: McGraw- Hill
GUILFORD, J.P. (1967). The nature of human intelligence. New York: Mc Graw Hill
GUSKI, R. (1976). Eine Inhaltsanalyse von Lärmbeschwerden, die bei „Umwelttelefonen“ eingehen. Kampf dem Lärm, 23, 119-126
GUSKI, R. (1987). Lärm. Wirkungen unerwünschter Geräusche. Bern: Huber
GUSKI, R. (1989). Wahrnehmung. Stuttgart: Kohlhammer
HABER, R.N. & HERSHENSON, M. (1965). The effects of repeated brief exposures on the growth of a percept. Journal of Experimental Psychology, 69, 40-46
HABER, R.N. & HERSHENSON, M. (1973). The psychology of visual perception. New York: Holt, Rinehart & Winston
HACKER, W. (1980). Psychologische Bewertung von Arbeitsgestaltungsmaßnahmen. Spezielle Arbeits- und Ingenieurpsychologie, Bd. 1. Berlin: DVW
HAKEN, H. & STADLER, M. (Eds.). (1990). Synergetics of Cognition. Berlin: Springer
HARRIS, C.S. (1980). Insight or out of sight? Two examples of perceptual plasticy in the human adult. In C.S. HARRIS (Ed.), Visual coding and adaptability. Hillsdale, N.J.: Erlbaum
HARTLINE, H.K. & RATLIFF, F. (1957). Inhibitory interaction of receptor units in the eye of Limulus. Journal of General Physiology, 40, 357-376
HARTMANN, E. (1987). Beleuchtung am Arbeitsplatz. München: Bayerisches Staatsministerium für Arbeit und Sozialordnung
HELD, R. & HEIN, A. (1958). Adaptation of disarranged hand-eye coordination contingent upon re-afferent stimulation. Perceptual and Motor Skills, 8, 87-90
HELLER, O. & LOHR, W. (1983). Die phänomenale Beständigkeit: eine Einführung in den Gegenstand. In A. MICHOTTE, Gesammelte Werke, Bd.2: Die phänomenale Beständigkeit. Bern: Huber
HELMHOLTZ, H. von (1866). Handbuch der physiologischen Optik. Leipzig: Voss
HENNING, H. (1915). Der Geruch. I. Zeitschrift für Psychologie, 73, 161-257
HERBARD, J.F. (1824). Psychologie als Wissenschaft, neu gegründet auf Erfahrung, Metaphysik, und Mathematik. Königsberg: Unzer
HERING, E. (1878). Zur Lehre vom Lichtsinne. Wien: Gerold
HERKNER, W. (1986). Psychologie. Wien: Springer
HETTINGER, T., KAMINSKY, G. & SCHMALE, H. (1982). Ergonomie am Arbeitsplatz. Daten zur menschengerechten Gestaltung der Arbeit. Ludwigshafen: Kiehl
HOCHBERG, J. & BROOKS, V. (1960). The psychophysics of form: Reversible-perspective drawings of spatial objects. American Journal of Psychology, 73, 337-354
HOCHBERG, J. & BROOKS, V. (1962). Pictorial recognition as an unlearned ability: A study of one child's performance. American Journal of Psychology, 75, 624-628
HOCHBERG, J. (1971). Perception II. Space and Movement. In: J.W. KLING & L.A. RIGGS (Eds.), Woodworth and Schlosberg's experimental psychology, New York: Holt
HÖGER, R. (1987). Lautheitsurteil und akustischer Kontext. Experimentelle Untersuchungen zu einer mehrdimensionalen Bezugssystemtheorie. München: Profil

HOFFMANN, J. (1983). Das aktive Gedächtnis. Berlin: Springer
HOFFMANN, J., KLIX, F., v.d. MEER, E. & METZLER, P. (1980). Structure and process in human memory. In F. KLIX & B. KRAUSE (Eds.): Psychological Research, Humboldt Universität Berlin 1960-1980. Berlin
HOLST, E. v. (1950). Das Reafferenzprinzip. Naturwissenschaften, 37, 464-476
HOLWAY, A.F. & BORING, E.G. (1941). Determinants of apparent visual size with distance variant. American Journal of Psychology, 54, 21-37
HUBEL, D.H. & WIESEL, T.N. (1959). Receptive fields of single neurons in the cat's striate cortex. Journal of Physiology, 148, 574-591
HUBEL, D.H. & WIESEL, T.N. (1962). Receptive fields, binocular interaction and functional architecture in the cat's visual cortex. Journal of Physiology, 160, 106-154
HUDSON, W. (1960). Pictorial depth perception in subcultural groups in Africa. Journal of Social Psychology, 52, 183-208
HÜPPE, A. (1984). Prägnanz. Ein gestaltpsychologischer Grundbegriff. München: Profil
HURVICH, L.M. & JAMESON, D. (1957). An opponent-process theory of color vision. Psychological Review, 64, 384-404
HUTCHINS, E.L., HOLLAN, J.D. & NORMAN, D.A. (1986). Direct Manipulation Interfaces. In D.A. NORMAN, W.S. DRAPER (Hrsg.), User Centered System Design: New Perspectives in Human-Machine Interaction. Hillsdale: Lawrence Erlbaum
INGLE, D. & COOK, J. (1977). The effects of viewing distance upon size preference of frogs for prey. Vision Research, 17, 1009-1019
ITTELSON, W.H. (1951). Size as a cue to distance: Static localization. American Journal of Psychology, 64, 54-67
JAMESON, D. & HURVICH, L.M. (1959). Note on factors influencing the relation between stereoscopic acuity and observation distance. Journal of the Optical Society of America, 49, 639
JANSEN, G. & HOFFMANN, H. (1965). Lärmbedingte Änderungen der Feinmotorik und Lästigkeitsempfindungen in Abhängigkeit von bestimmten Persönlichkeitsdimensionen. Zeitschrift für experimentelle und angewandte Psychologie, 12, 584-613
JOHANSSON, G. (1973). Visual perception of biological motion and a model for its analysis. Perception & Psychophysics, 14, 201-211
JOHANSSON, G. (1978). Visual Event Perception. In R. HELD, H.W. LEIBOWITZ & H.L. TEUBER (Eds.), Handbook of sensory physiology, Perception, Vol. VIII. Berlin: Springer
JOHANSSON, G. (1986). Visuelle Bewegungswahrnehmung. In: Wahrnehmung und visuelles System. Heidelberg: Spektrum der Wissenschaft
JOHANSSON, G., v. HOFSTEN, C. & JANSSON, G. (1980). Event Perception. Annual Reviev of Psychology, 31, 27-63
JONSSON, E., PACCAGNELLA, B. & SÖRENSEN, S. (1969). Annoyance reactions to traffic noise in Italy and Sweden. A comparative study. Archives of Environmental Health, 19, 692-699
JULESZ, B. (1971). Foundations of cyclopean perception. Chikago: University of Chikago Press
KAGAN, J., MOSS, H.A. & SIGEL, I.E. (1963). Psychological significance of styles of conceptualization. In J.C. WRIGHT & J. KAGAN (Eds.), Basic cognitive processes in children. Monographs of the Society for Research in Child Development, 28, 73-112

KAHNEMAN, D. (1968). Methods, findings, and theory in studies of visual masking. Psychological Bulletin, 70, 404-425
KAHNEMAN, D. (1973). Attention and effort. Englewood Cliffs, N.J.: Prentice-Hall
KAMINSKI, G. & IMMELMANN, K. (1987). Die ökologische Perspektive. In Funkkolleg Psychobiologie, Studienbegleitbrief 9, 57-119. Weinheim: Beltz
KANIZSA, G. (1955). Marzini quasi-percettivi in campi con stimolozione omogenea. Rivista di Psicologia, 49, 7-30
KANIZSA, G. (1979). Organization in Vision. New York: Praeger
KASTKA, J., NOACK, R.H., MAU, U., MAAS, P., CONRAD, U., RITTERSTEDT, U. & HANGARTNER, M. (1986). Comparison of traffic-noise annoyance in a German and a Swiss town: effects of the cultural and visual aesthetic context. In A. SCHICK, H. HÖGE & G. LAZARUS-MAINKA (Eds.), Contributions to psychological acoustics. Results of the 4. Oldenburger Symposium. Oldenburg: Bibliotheks- und Informationssystem der Universität, 312-240
KEBECK, G. (1983). Feldtheorie als Methodologie. Gestalt Theory, 5, 247-266
KEBECK, G. (1991). Fehleranalyse als Methode der Gedächtnisforschung. Wiesbaden: Deutscher Universitäts-Verlag
KEBECK, G., FIGGEN, S. & SCHREIBER, K. (1990). Physikalische und phänomenale Strecken. Gestalt Theory, 12, 96-115
KEBECK, G. & HÜPPE, A. (1985). Zur Möglichkeit einer direkten Entfernungswahrnehmung: Das Verhältnis von objektiver und phänomenaler Mitte. Zeitschrift für experimentelle und angewandte Psychologie, 32, 250-262
KEBECK, G. & MAY, M. (1991). Invarianz gegenüber Transformationen: Ein Vergleich von Raumwahrnehmung und Raumvorstellung. Zeitschrift für experimentelle und angewandte Psychologie, 38, 226-247
KEBECK, G. & SADER, M. (1984). Phänomenologisch-experimentelle Methodenlehre. Gestalt Theory, 6, 193-245
KLATT, D.H. (1980). Speech perception: A model for acoustic- phonetic analysis and lexical access. In R. Cole (Ed.), Perception and production of fluent speech. Hillsdale, N.J.: Erlbaum
KLEINEN, G. (1975). Zur Psychologie musikalischen Verhaltens. Frankfurt: Diesterweg
KOFFKA, K. (1935). Principles of Gestalt psychology. London: Kegan Paul
KOHLER, I. (1962). Experiments with goggles. Scientific American, 206, 62-86
KOPFERMANN, H. (1930). Psychologische Untersuchungen über die Wirkung zweidimensionaler Darstellungen körperlicher Gebilde. Psychologische Forschung, 13, 293-364
KOSSLYN, S.M. (1980). Image and mind. Cambridge, Ma.: Harvard University Press
KOSSLYN, S.M., BALL, T.M. & REISER, B.J. (1978). Visual images preserve metric spatial information: Evidence from studies of image scanning. Journal of Experimental Psychology: Human Perception and Performance, 4, 47-60
KRANTZ, D.H. , LUCE, R.D., SUPPES, P. & TVERSKY, A. (1971). Foundations of measurement (Vol. 1). New York: Academic Press
KRECH, D., CRUTCHFIELD, R.S., LIVSON, N., WILSON, W.A. Jr. & PARDUCI, A. (1985). Grundlagen der Psychologie. Weinheim: Beltz
LAIRD, D.A. & COYE, K. (1929). Psychological measurements of annoyance as related to pitch and loudness. J. Acoust. Soc. Am., 1, 158-163
LEFTON, I.A. (1973). Metacontrast: A review. Percepton & Psychophysics, 13, 161-171

LEIBOWITZ, H.W. & BOURNE, L.E. (1956). Time and intensity as determiners of perceived shape. Journal of Experimental Psychology, 51, 277-281
LIBERMAN, A.M., COOPER, F.S., SHANKWEILER, D.P. & STUDDERT-KENNEDY, M. (1967). Perception of the speech code. Psychological Review, 74, 431-461
LINDSAY, P.H. & NORMAN, D.A. (1972). Human information processing. New York: Academic Press
LINDSAY, P.H. & NORMAN, D.A. (1981). Einführung in die Psychologie. Berlin: Springer
LUCHINS, A.S. (1950). On an approach to social perception. Journal of Personality, 19, 64-84
MACH, E. (1865). Über die Wirkung der räumlichen Verteilung des Lichtreizes auf die Netzhaut. Akademie der Wissenschaften, Wien, mathematisch-naturwissenschaftliche Klasse, 52, 303-322
MARR, D. (1976). Early processing of visual information. Philosophical Transaktions of the Royal Society of London, Series B, 275, 483-524
MARR, D. (1982). Vision: A computational investigation into the human representation and processing of visual information. San Francisco: Freeman
MARR, D., & NISHIHARA, H. K. (1978). Representation and recognition of the spatial organization of threedimensional shapes. Proceedings of the Royal Society of London, Series B, 200, 269-294
MARR, D. & POGGIO T. (1976). Cooperative computation of stereo disparity. Science, 194, 283-287
McCOLLOUGH, C. (1965). Color adaptation of edge detectors in the human visual system. Science, 149, 1115-1116
McGINNIES, E. (1949). Emotionality and perceptual defense. Psychological Review, 56, 244-251
McKENNELL, A.C. (1963). Aircraft noise annoyance around Heathrow airport. London: Her Majesty's Stationary Office
MELZACK, R. & WALL, P.D. (1965). Pain mechanisms: A new theory. Science, 150, 971-979
METELLI, F. (1974). The perception of transparency. Scientific American, 230, 90-98
METZGER, W. (1930). Optische Untersuchungen am Ganzfeld. II. Mitteilung: Zur Phänomenologie des homogenen Ganzfelds. Psychologische Forschung, 13, 6-29
METZGER, W. (1967). Figural-Wahrnehmung. In W.METZGER (Hrsg.), Handbuch der Psychologie (Bd. 1). Allgemeine Psychologie. Göttingen: Hogrefe
METZGER, W. (1973). Gesetze des Sehens. Frankfurt: Kramer
METZLER, P. (1978). Über Zusammenhänge zwischen Bildkodierung und Begriffsrepräsentation im menschlichen Gedächtnis. Berlin: Unveröff. Diss.
MICHAELS, C.F. & CARELLO, C. (1981). Direct Perception. Englewood Cliffs: Prentice-Hall
MINSKY, M.L. (1975). A framework for representing knowledge. In P. WINSTON (Ed.), The psychology of computer vision. New York: McGraw-Hill
MORAY, N. (1967). Where is capacity limited? A survey and a model. Acta Psychologica, 27, 84-92
MOULTON, D.G. & BEIDLER, L.M. (1967). Structures and functions in the peripheral olfactory system. Physiological Reviews, 47, 152

MOYER, R.S. (1973). Comparing objects in memory: Evidence suggesting an internal psychophysics. Perception & Psychophysics, 13, 180-185
MURCH, G.M & WOODWORTH, G.L. (1977). Wahrnehmung. Stuttgart: Kohlhammer
NEISSER, U. (1968). The Processes of Vision. Scientific American
NEISSER, U. (1974). Kognitive Psychologie. Stuttgart: Klett
NEISSER, U. (1976). Cognition and reality. Principles and implications of cognitive psychology. San Francisco: Freeman
NEISSER, U. (1979) Kognition und Wirklichkeit: Prinzipien und Implikationen der kognitiven Psychologie. Stuttgart: Klett-Cotta
NEUMANN, J. & TIMPE, K.-P. (1976). Psychologische Arbeitsplatzgestaltung. Berlin: VEB Deutscher Verlag der Wissenschaften
NORMAN, D.A. & RUMELHART, D.E. (Eds.) (1975). Explorations in cognition. San Francisco: Freeman
NORMAN, D.A. (1969). Memory while shadowing. Quarterly Journal of Experimental Psychology, 21, 85-93
NORMAN, D.A. (1979). Perception, memory, and mental processes. In L.G. Nilson (Ed.). Perspectives on memory research. Hillsdale: Erlbaum.
OSGOOD, C.E. (1952). The nature and measurement of meaning. Psychological Bulletin, 49, 197-237
OSGOOD, C.E., MAY, W.H. & MIRON, M.S. (1975). Cross-cultural universals of affective meaning. Urbana: Univ. of Illinois Press
PAIVIO, A. (1969). Mental imagery in associative learning and memory. Psychological Review, 70, 241-263
PAIVIO, A. (1971). Imagery and verbal processes. New York: Holt, Rinehart & Winston
PAIVIO, A. (1975). Perceptual comparisons through the mind's eye. Memory & Cognition, 3, 635-647
PAIVIO, A. (1978). Comparisions of mental clocks. Journal of Experimental Psychology: Human Perception and Performance, 4, 61-71
PAIVIO, A. & DESROCHERS, A. (1979). Effects on imagery mnemonic on second language recall and comprehension. Canadian Journal of Psychology, 33, 17-28
PALMER, S.E. (1975). The effects of contextual scenes on the identification of objects. Memory and Cognition, 3, 519-526
PALMER, S.E. (1978). Fundamental aspects of cognitive representation. In E. ROSCH & B.B. LLOYD (Eds.), Cognition and categorization. Hillsdale, N.J.: Erlbaum
PALMER, S.E. (1982). Symmetry, transformations, and the structure of perceptual systems. In F. BECK (Ed.), Organization and representation in perception. Hillsdale, N.J.: Erlbaum
PANTLE, A.J. & PICCIANO, L. (1976). A multistable movement display: Evidence for two separate motion systems in human vision. Science, 193, 500-502
PENFIELD, W. & RASMUSSEN, A.T. (1950). The cerebral cortex of man. New York: MacMillan
PFAFFMAN, C. (1974). Specifity of the sweet receptors of the squirrel monkey. Chemical Senses and Flavour, 1, 61-67
PICK, H.L. & PICK, A.D. (1970). Sensory and perceptual development. In P.H.MUSSEN (Ed.), Carmichael's manual of child psychology (Vol. 1). New York: Wiley

POGGENDORFF, J.C. (1860). In ZOELLNER, F., Über eine neue Art von Pseudoskopie. Poggendorffs Annalen der Physik, 110.
POGGIO, T. (1986). Wie Computer und Menschen sehen. In Wahrnehmung und visuelles System. Heidelberg: Spektrum der Wissenschaft
PRINZ, W. (1990). Wahrnehmung. In H. SPADA (Hrsg.), Lehrbuch Allgemeine Psychologie. Bern: Huber
PURDY, J. & GIBSON, E.J. (1955). Distance judgment by the method offractionation. Journal of Experimental Psychology, 50, No. 6, 374-380
PYLYSHYN, Z.W. (1973). What the mind's eye tells the mind's brain: A critique of mental imagery. Psychological Bulletin, 80, 1-24.
PYLYSHYN, Z.W. (1981). The imagery debate: Analogue media versus tacit knowledge. Psychological Review, 88, 16-45
RAUSCH (1966). Das Eigenschaftsproblem in der Gestalttheorie der Wahrnehmung. In W. METZGER (Ed.), Handbuch der Psychologie I.1. Göttingen: Hogrefe
REDDING, G. & WALLACE, B. (1976). Components of displacement adaptation in acquisition and decay as a function of hard and hall exposure. Perception & Psychophysics, 20, 453-459
REIPLINGER, E. & STELTER, H. (1971). Möglichkeiten zur Verminderung der Lästigkeit von Industrielärm bei Schalldruckpegeln unterhalb 50 dB(A). Kampf dem Lärm, 18, 1-4
RICHTER, H.-J. (1988). Planung neuer und Sanierung alter Beleuchtungsanlagen. In Bundesanstalt für Arbeitsschutz (Hrsg.), Beleuchtung am Arbeitsplatz (Tagungsbericht 49). Bremerhaven: Wirtschaftsverlag NW
RIGGS, L.A., RATLIFF, F., CORNSWEET, J.C. & CORNSWEET, T.N. (1953). The disappearance of steadily fixated visual test objects.
Journal of the Optical Society of America, 43, 495-501
ROCK, I. (1975). An Introduction to Perception. New York: Macmillan Publishing Company
ROCK, I. (1977). In defense of unconscious inference. In W. EPSTEIN (Ed.), Stability and constancy in visual perception: Mechanisms and processes. New York: Wiley
ROCK, I. (1983). The Logic of Perception. Massachusetts: M.I.T. Press
ROCK, I. (1985). Wahrnehmung. Heidelberg: Spektrum der Wissenschaft
ROCK, I., & ANSON, R. (1979). Illusory contours as the solution to a problem. Perception, 8, 665-681
ROCK, I. & KAUFMAN, L. (1962). The moon illusion II. Science, 136, 1023-1036
ROHRMANN, B. (1984). Psychologische Forschung und umweltpolitische Entscheidungen: das Beispiel Lärm. Opladen: Westdeutscher Verlag
ROSCH, E. (1973). On the internal structure of perceptual and semantic categories. In T.E. MOORE (Ed.), Cognitive development and the acquisation of language, 111-144. New York: Academic Press
ROSENKRANZ, G. (1968). Rationalisierung durch Beleuchtungs-Suboptimierung I und II. Arbeit und Arbeitsrecht 9 und 11
ROSS, N. & SCHILDER, P. (1934). Tachistoscopic experiments on the perception of the human figure. Journal of General Psychology, 10, 152-172
RUBIN, E. (1915). Synoplevede figurer. Kopenhagen: Gyldendalske
RUBIN, E. (1921). Visuell wahrgenommene Figuren. Kopenhagen: Gyldendalske
RUNESON, S. (1974). Constant velocity – Not perceived as such. Psychological Research, 37, 3-23

SADER, M. (1964). Untersuchungen über Bedingungen subjektiver Lautheit. In Psychologische Fragen der Lärmforschung, Colloq. Berlin-Steglitz 28.-29.2.1964, Deutsche Forsch.-Gemeinschaft Godesberg, 83-86
SADER, M. (1966). Lautheit und Lärm. Gehörpsychologische Fragen der Schall-Intensität. Göttingen: Hogrefe
SAKATA, H. & IWAMURA, Y. (1978). Cortical processing of tactile information in the first somatosensory and parietal association areas in the monkey. In G. GORDON (Ed.), Active touch, 55-72. Amsford, NY: Pergamon.
SCHANK, R.C. & ABELSON, R.P. (1977). Scripts, plans, goals, and understanding. Hillsdale, N.J.: Erlbaum
SCHARNBERG, T., WÜHLER, K., FINKE, H.-O. & GUSKI, R. (1982). Beeinträchtigung des Nachtschlafs durch Lärm. Berlin: Umweltbundesamt
SCHICK, A. (1979). Schallwirkung aus psychologischer Sicht. Stuttgart: Klett-Cotta
SCHIFF, W. (1980). Perception: An Applied Approach, Boston: Houghton Mifflin
SCHMIDTKE, H. (Hrsg.) (1981). Lehrbuch der Ergonomie. München: Hanser
SCHÖNPFLUG, W. & SCHÄFER, M. (1962). Retention und Aktivation bei unspezifischer Zusatzreizung. Zeitschrift für experimentelle und angewandte Psychologie, 9, 452-464
SCHRIEVER, W. (1925). Experimentelle Studien über stereoskopisches Sehen. Zeitschrift für Psychologie, 96, 113-170
SCHUSCHKE, G. (1976). Lärm und Gesundheit. Berlin: VEB Verlag Volk und Gesundheit
SHEPARD, R.N. (1981). Psychophysical complementary. In M. Kubovy & J.R. Pomerantz (Eds.), Perceptual organization. Hillsdale, N.J.: Erlbaum
SHEPARD, R.N. & CHIPMAN, S. (1970). Second-order isomorphism of internal representations: Shapes of States. Cognitive Psychology, 1, 1-17
SHEPARD, R.N. & COOPER, L.A. (1982). Mental images and their transformations. Cambridge, Mass.: MIT Press
SHEPARD, R.N. & METZLER, J. (1971). Mental rotation of three- dimensional objects. Science, 171, 701-703
SHEPARD, R.N. & PODGORNY, P. (1978). Cognitive processes resemble perceptual processes. In W.K. ESTES (Ed.), Handbook of learning and cognitive processes, 189-237, Hillsdale, N.J.: Erlbaum
SHERIF, M. (1935). A study of some social factors in perception. Archives of Psychology, 187, 1-60
SHNEIDERMAN, B. (1982). The future of Interactive Systems and the Emergece of Direct Manipulation. Behaviour and Information Technology, Vol. 1, No. 3, 237-256
SHNEIDERMAN, B. (1983). Direct Manipulation: A step beyond Programming Languages. IEEE Computer, 16, No. 8, 57-69
SHNEIDERMAN, B. (1987). Designing the user interface: Strategies for effective human-computer interaction. Reading: Addison-Wesley
SIEMENS AG (Hrsg.) (1982). Kommunikationssystem EMS 5800 Document-Beschreibung. Berlin: Siemens AG
SPERLING, G. (1960). The information available in brief visual presentation. Psychological Monographs, 47, (11, Whole No. 498)
SPINAS, P., TROY, N. & ULICH, E. (1983). Leitfaden zur Einführung und Gestaltung von Arbeit mit Bildschirmsystemen. Zürich: Verlag Industrielle Organisation

STEVEN, H. (1981). Subjektive Beurteilung der Geräuschemission von Lastkraftwagen. Forschungsinstitut Geräusche und Erschütterungen, Aachen, Bericht 105 05 104/02 im Auftrag des Bundesumweltamtes
STEVENS, J.K., EMERSON, R.C., GERSTEIN, G.L., KALLOS, T., NEUFELD, G.R., NICHOLS, C.W. & ROSENQUIST, A.C. (1976). Paralysis of the awake human. Visual perceptions. Vision research, 16, 93-98
STEVENS, K.A. (1981). The Information Content of Texture Gradients. Biological Cybernetics, 42, 95-105
STEVENS, S. S. (1953). On the brightness of lights and the loudness of sounds. Science, 118, 576
STEVENS, S. S. (1957). On the psychophysical law. Psychological Rewiev, 64, 153-181
STEVENS, S. S. (1958). Problems and methods of psychophysics. Psychological Bulletin, 55, 177-196
STEVENS, S. S. (1959). Cross modality validations of subjective loudness, vibrations and electric shock. Journal of Experimental Psychology, 57, 201-209
STEVENS, S. S. (1962). The surprising simplicity of sensory metries. American Psychologist, 17, 29-39
STEVENS, S. S. (1975). Psychophysics: Introduction to its perceptual, neural and social prospects. New York: Wiley
STRATTON, G.M. (1897). Vision without inversion of the retinal image. Psychological Review, 4, 341-360
STREITZ, N.A. (1985). Die Rolle von mentalen und konzeptuellen Modellen in der Mensch-Computer-Interaktion: Konsequenzen für die Software-Ergonomie? In H.J. BULLINGER (Hrsg.), Software-Ergonomie '85 (S. 280-292). Stuttgart: Teubner
STREITZ, N.A. (1988). Fragestellungen und Forschungsstrategien der Software-Ergonomie. In H. BALZERT, H.U. HOPPE, R. OPPERMANN; H. PESCHKE, G. ROHR & N.A. STREITZ (Hrsg.), Einführung in die Software-Ergonomie (S. 4-24). Berlin: de Gruyter
STROOP, J. (1935). Studies of interference in serial verbal reactions. Journal of Experimental Psychology, 18, 624-643
TAUB, E. & BERMAN, A.J. (1968). Movement and learning in the absence of sensory feedback. In S.J. FREEMAN (Ed.), The neuropsychology of spatial orientated behaviour. Homewood, Il.: Dorsey
TERNUS, J. (1926). Experimentelle Untersuchungen über phänomenale Identität. Psychologische Forschung, 7, 81-136
THURSTON, J. & CARRAHER, R.G. (1966). Optical illusions and the visual arts. Litton Educational Publishing
THURSTONE, L.L. (1927). Psychophysical analysis. American Journal of Psychology, 38, 368-389
THURSTONE, L.L. & THURSTONE, T.G. (1941). Chicago Tests of Primary Mental Abilities. Science Res. Ass., Chicago
TITCHENER, E.B. (1901). Experimental Psychology. Vol.I. New York: Macmillan
TURVEY, M.T. & CARELLO, C. (1986). The ecological approach to perceiving-acting: a pictorial essay. Acta Psychologica, 63, 133-155
ULICH, E. (1986). Aspekte der Benutzerfreundlichkeit. In W. REMMLE & M. SOMMER (Hrsg.), Arbeitsplätze morgen. Berichte des German Chapter of the ACM, Bd. 27 (S. 102-122). Stuttgart: Teubner

ULICH, E. (1988). Arbeits- und Organisationspsychologische Aspekte. In H. BALZERT, H.U. HOPPE, R. OPPERMANN; H. PESCHKE, G. ROHR & N.A. STREITZ (Hrsg.), Einführung in die Software-Ergonomie. Berlin: de Gruyter
ULLMAN, S. (1979). The interpretation of visual motion. Massachusetts: M.I.T. Press
VAN DER MEER, H.C. (1979). Interrelation of the effects of binocular disparity and perspective cues on judgements of depth and height. Perception & Psychophysics, 26, 481-488
VELDEN, M. (1982). Die Signalentdeckungstheorie in der Psychologie. Stuttgart: Kohlhammer
VERHOEFF, F.H. (1935). A new theory of binocular vision. Archives of Opthalmology, 13, 151
WALLACH, H., NEWMAN, E.B. & ROSENZWEIG, M.R. (1949). The precedence effect in sound localization. American Journal of Psychology, 62, 315-336
WARREN, R.M. (1970). Perceptual restoration of missing speech sounds. Science, 167, 392-393
WARREN, W.H.Jr. (1984). Perceiving Affordances: Visual Guidance of Stair Climbing. Journal of Experimental Psychology: Human Perception and Performance, Vol. 10, No. 5, 683-703
WEBER, E.H. (1834). De pulsu, resorptione, auditu et tactu. Annotationes anatomicae physicologicae. Leipzig: Koehlor
WEGEL, R.L. & LANE, C.E. (1924). The auditory masking of one pure tone by another and its probable relation to the dynamics of the inner ear. Physical Review, 23, 266
WEINER, A.S. & BERZONSKY, M.D. (1975). Development of selective attention in reflective and impulsive children. Child Development, 46, 545-549
WERNER, H. (1935). Studies on contour: I. Qualitative analyses. American Journal of Psychology, 47, 40-64
WERTHEIMER, M. (1912). Experimentelle Studien über das Sehen von Bewegung. Zeitschrift für Psychologie, 61, 161-265
WERTHEIMER, M. (1923). Untersuchungen zur Lehre von der Gestalt II. Psychologische Forschung, 2 (4), 301-350
WESTHEIMER, G. (1982). Vision: Space and movement. In: ATKINSON, R.C., HERRNSTEIN, R.J., LINDZEY, G. & LUCE, R.D. (Eds.), Stevens' Handbook of experimental Psychology, Vol. 1: Perception and Motivation. New York: Wiley
WEVER, E.G. (1949). Theory of Hearing. New York: Wiley
WHEATSTONE, C. (1838). Contributions to the physiology of vision. I. Philosophical Transactions of the Royal Society, 13, 371-394
WHITE, B., SAUNDERS, F., SCADDEN, L., BACH-Y-RITA, P. & COLLINS, C.C. (1970). Seeing with the skin. Perception & Psychophysics, 7, 23-27
WILKENING, F. (1988). Zur Rolle des Wissens in der Wahrnehmung. In H. MANDEL & H. SPADA (Hrsg.), Wissenspsychologie, 203-224. München: Psychologie Verlags Union
WITKIN, H.A. (1949). Perception of body position and the position of the visual field. Psychol. Monogr., 63 (7), No 302
WITKIN, H.A., LEWIS, H.B., MACHOVER, K., MEISSNER, P.B. & WAPNER, S. (1954). Personality through perception. New York: Harper & Row
WOLFF, B.B. & LANGLEY, S. (1968). Titel nicht angegeben. American Anthropologist, 70, 494

WOODWORTH, R.S. (19404). Psychology. New York: Holt
WRIGHT, H.N. (1964). Temporal summation and backward masking. Journal of the Acoustical Society of America, 36, 927
WRIGHT, R.H. (1977). Odor and molecular vibration: Neural coding of olfactory information. Journal of Theoretical Biology, 64, 473-502
WYATT, S. & LANGDON, J.N. (1937). Fatigue and boredom in repetetive work. Industr. Hlth Res. Bd. (Lond.), Report 77,1
YUILLE, J.C. (Ed.) (1983). Imagery, memory, and cognition. Hillsdale, N.J.: Erlbaum
ZANFORLIN, M. (1982). Figure Organization and Binocular Interaction. In J. BECK, (Ed.), Organization and Representation in Perception. Hillsdale, N.J.: Erlbaum
ZIMMER, A.C. (1984). Foundations for the measurement of phenomenal symmetry. Gestalt theory, 6, 118-157
ZIMMER, A.C. (1986). The economy principle, perceptual mechanisms, and automated cognitive processes. Gestalt Theory, 8, 174-1875
ZWERINA, H. (1984). Ergonomische Bewertung der Struktur und Schreibweise von Bildschirm-Masken. Zeitschrift für Arbeitswissenschaft, 38, 106-109
ZWERINA; H. (1988). Masken und Formulare. In H. BALZERT, H.U. HOPPE, R. OPPERMANN, H. PESCHKE, G. ROHR & N.A. STREITZ (Hrsg.), Einführung in die Software-Ergonomie (S. 163-174). Berlin: de Gruyter
ZWICKER, E. & SCHARF, B. (1965). A model of loudness summation. Psychological Review, 72, 3-26

Sachregister

Akkomodation 20 f., 61, 68
Amodale Figuren (Scheinfiguren) 13 f., 43 ff., 151, 269 ff.
- Konturen 270 f.
- Oberflächen
Anpassung
Arbeitsgestaltungsmaßnahmen (Kriterien nach Hackman)
Audiogramm
auditiver Apparat 89 ff.
Aufmerksamkeit 157 ff.
- Modelle der Aufmerksamkeitssteuerung 158 f.
- selektive Aufmerksamkeit 159 ff. (Cocktail-Party-Effekt)
- dichotisches Hören 160 f.
autokinetischer Effekt 81 f.

Beleuchtung 207, 221 ff.
- Arten der Beleuchtung (direkte vs. indirekte) 223
- Auswirkung auf Leistungen 223 ff.
- Auswirkung auf Befinden 224 f.
Beleuchtungsgestaltung 225 ff.
- Harmonische Helligkeitsverteilung 226 f.
- Schattigkeit 227 f.
- Blendungsbegrenzung 228
Benutzerfreundlichkeit 231
Bewegungsparalaxe 61, 66
Bewegungswahrnehmung 69 ff., 283 ff., 301 f.
- Bild-Retina-System 71, 79
- Auge-Kopf-System 71
Bildschirmmasken 233 ff.
binaurales Hören 97 f.
binokulare Disparität 61, 67 ff., 131, 282 f.
bipolare Zellen 22
Blindenschrift 116 f.
blinder Fleck 24 ff.

Cornea 19 ff.

Detektor
dioptrischer Apparat 21 f.
direkte Manipulation 232 f.
direkte Wahrnehmung 186, 301 ff.
Doppler-Effekt 95
elektronischer Schreibtisch
Emmert'sches Gesetz 133 f., 150
Empfindung 239 ff.
Ergonomie 221 ff.
Erkenntnisprozeß

Farbenblindheit 53
Farbenkreis 51 ff.
Farbenschwäche 53
Farbmischung 53 ff.
- additive Farbmischung 54
- subtraktive Farbmischung 54
Farbwahrnehmung 49 ff.
Farbwahrnehmung (Theorien) 55 ff.
- trichromatische Theorie 55 f.
- Theorie der Gegenfarben 55 f.
Figur-Grund 39 ff., 150 f., 156, 160
Fließmuster 84 f., 297
Formwahrnehmung 38 ff., 150, 298 f., 308
Fovea centralis 27, 69, 162, 282
Funktionale Äquivalenz 195 ff., 201

Ganglienzellen 22, 24, 31 f., 45
Ganzfeld 35 ff.
Gedächtnismodelle 193
- duale Kodierungstheorie
- Netzwerkmodell 193
- Modell des Bildabtastens 194 f.
Geschmackssinn 111 ff.
- Geschmacksknospen 111 f.
- Hauptqualitäten 111 ff.
- labeled-line - Theorie 113
Geschwindigkeitswahrnehmung 72 ff.
Gestaltgesetze 42, 150 ff.
Gestalttheorie 41 ff., 71, 153, 157, 179, 308
Gradienten 44
Größenkonstanz 13 f.

Haptisch-taktile Wahrnehmung (Hautsinn) 113 ff.
- aristotelische Täuschung 115 f.
- somatosensorischer Homunkulus 114 f.
Hyperopie (Weitsichtigkeit) 21 f.

Identitätswahrnehmung 88
induzierte Bewegungen
Informationsübertragung
- auditive Informationsübertragung
- visuelle Informationsübertragung
interaktives Problemlösen 229
Introspektion 188 f.
Invarianten 130 f., 136, 297 ff., 304, 308
Iris 19 ff.
Isomorphie 201 ff.

Kategorienbildung 177 ff.
kinetischer Tiefeneffekt 271 f.
Kippbilder 40, 169 f.
Kognitive Stile 182 ff.
Komputationale Theorie (Marr) 261, 274 ff., 289
- Repräsentationsformen 275
- Erstkizze 275 ff.
- 2.5-D Skizze 281 ff.
- 3-D Skizze 285 ff.
Konstanzphänomene 75, 123 ff., 273, 299
- Farbkonstanz 128 ff.
- Formkonstanz 135 ff.
- Größenkonstanz 13 f., 130 ff.
- Helligkeitskonstanz 124 ff.
- Erklärungsansätze für Konstanzphänomene 137 ff.
Konstruktivität 261
Kontextabhängigkeit 169 ff.
Konvergenz 61, 69
Konzepterwerb 176 ff.

Lärm 207 ff.
Lärmbelästigung (annoyance) 209 ff.
Lärmgrenzwerte 219
laterale Hemmung 25 f., 147 ff.
Lautheit 208
Lautstärke 93, 208
Lichttechnik 221 ff.
- Leuchtdichte 221 f.
- Farbwiedergabe 222 f.
Linearperspektive 64 f.
Logik der Wahrnehmung (Rock) 261, 264 ff., 288 f.
- Formkonstrukion 265, 266 f.
- Problemlösen 265, 268 ff.
- Relationale Bestimmung 265
- Schlußfolgerung 265
Machsche Bänder 34 f., 149 f.
Maskierung 39
- akustische Maskierung 96 f.
- visuelle Maskierung
McCollough-Effekt 58 f.
Mentale Rotation 153, 204 f.
Mentales Training 206
Menü- und Fenstertechniken 229 f.
Metapher 301
Mondtäuschung 134
Multistabilität 40
Musikwahrnehmung 105 ff.
- Töne 105 ff.
- Geräusch 105 ff.
- Melodien 105 ff.
- Klangfarben 107
Mustererkennung 44 ff.
- datengesteuerte Mustererkennung 45 ff.
- konzeptgesteuerte Mustererkennung 47 ff.
Myopie (Kurzsichtigkeit) 21 f.

Nachbilder (Nacheffekte) 58, 133, 150
New Look 179 ff.
- Selektion 180
- Akzentuierung 181
- Fixierung 181

Ohr (anatomischer Aufbau) 89 ff.
- Ohrmuschel 89, 99
- Mittelohr 89, 91
- Innenohr 89 ff., 120
Ökologische Optik 290 ff.
- Bodentheorie 291 ff.
- Horizont 292
- Licht 295 ff.
- Textur 294 f.
- optische Anordnung 296 f.
- Theorie der Angebote 303 ff.
Okulomotorik 37, 60, 69, 131
olfakorisches System (Geruchssinn) 107 ff.
- Riechepithel 108 f.
- stereochemische Theorie 109
- Geruchsprismen 110 f.

PI-Wert 306 ff.
photopisches Sehen 26 f.

Photorezeptoren 23
Polaritätenprofil
Prägnanz 42 f., 151 ff.
Präzedenzeffekt 100 ff.
Prismenbrillen-Versuche 166 ff.
Projektive Geometrie
Propriozeption 118, 168
Prototypentheorie 178 f.
Psychophysik 72, 238 ff., 250 ff.
Psychophysische Gesetze 253 ff.
- Weber 254 f.
- Fechner 254 ff.
- Stevens 256 f.
Psychophysische Methoden 240 ff.
- Konstanzmethode 240 f.
- Grenzmethode 241
- Herstellungsmethode 241 f.
- Weiterentwicklungen 242
Psychophysische Skalierung 250 ff.
- indirekte Skalierung 252
- direkte Skalierung 252 f.
Puppille 19
Purkinjesches Phänomen 50 f.

Raumwahrnehmung 60 ff., 295, 308 ff.
- auditive Raumwahrnehmung 97 ff.
- visuelle Raumwahrnehmung 174
- monokulare Hinweisreize 174
- binokulare Hinweisreize
Reafferenzprinzip 82 f.
Reaktionszeitmessung
Repräsentation 187 ff., 285 ff.
- analoge Repräsentation 187 f.
- proportionale Repräsentation 192 f.
Retina (Netzhaut) 20 ff., 29 ff., 49 f., 55, 60
rezeptive Felder 31 ff.

Schall 208 f.
- Schallemission 209
- Schallimission 209
- Messung des Schalldrucks 209
- Beschreibung von Schallsequenzen 209 ff.
Schallwellen 93 ff.
- Amplitude 93
- Frequenz 93
- Kompression 93
- Dekompression 93 f.
Schemata 178 f., 262 ff.
Schematheorie 178 f., 261 ff., 289
Schmerzempfindungen 118 f., 248 f.
Schwellen 240 ff.
- absolute Schwellen 240 f.
- Unterschiedsschwellen 240 f.
Schwellentheorie 242 ff.
Schwerhörigkeit 218 ff.
- Altersscherhörigkeit 220
- Lärmschwerhörigkeit 218 f.
Sehbahn 23 f., 27 ff.
- Chiasma opticum 28 f.
- Nucleus geniculatum laterale (NGL) 28 f., 32, 45, 56
- primäre visuelle Cortex 29
Signalentdeckungstheorie (SDT) 246 ff.
Simultankontrast 57, 149 f.
Sklera 19
skotopisches Sehen 26 f.
Software-Ergonomie 207, 228 ff.
Sprachwahrnehmung 103 ff.
- Phoneme 103 f.
- Spektrogramme 103 f.
- Theorien der Sprachwahrnehmung 104 ff.
- Restaurationseffekt 104
Stäbchen 26 ff., 49 ff.
Stereokinetischer Effekt 272
Strahlengang (im Auge) 21 f.
stroboskopische Bewegung 76 ff. (Scheinbewegungen)
- Phi-Phänomen 77
Stroop-Phänomen 164
Sukzessivkontrast 57 ff., 133, 149 f.

Täuschungen (geometrisch-optische T.) 123, 139 ff.
- Horizontal-vertikal-Täuschung 140
- Müller-Lyer-Täuschung 140 ff.
- Ponzo-Täuschung 140, 144 f.
- Poggendorff-Täuschung 140, 145 ff.
- Zöllnersche-Täuschung 147 f.
- Theorien zur Erklärung von Täuschungen
Terristische Ereignisse
Texturgradient 61, 65, 69, 131, 294 f.
Transformation 44, 153, 203 f., 297 ff.

Transparenzeffekt (phänomenale Transparenz)

Vestibularapparat 120
Vexierbild (Suchbild) 16, 41
Vigilanz 163 f.
visual literacy 185
Vorstellungsbilder 124, 186 ff., 206

Wahrnehmung als Hypothesentesten 173 f.
Wahrnehmungszyklus (nach Neisser) 175 f.

Zapfen 26 ff., 49 f.
Zufallsstereogramme